高职高专公共基础课规划教材

人际沟通与语言艺术

（第2版）

董丽萍　主　编

清华大学出版社

北京

内 容 简 介

本书作为反映高职教育教学改革最新理念的新型实用教材,是任务驱动型高职课程开发的一次有益尝试。本书内容包括认识沟通与人际沟通、语言沟通、非语言沟通、沟通技能、职场沟通、日常沟通、谈判、求职、导游、主持、推销等内容。每个任务后附有"案例分析""实践训练"和"自主学习"等内容,通过案例分析和讨论、情景模拟、角色扮演等方式、方法,让学生"做中学,学中做,学做结合",不断提高其人际沟通和交流方面的能力。

本书可作为高职高专院校学生的公共基础课和相关专业学生的教材,还可作为各行业人员提高人际沟通能力的自我训练手册,也可作为各类企业进行岗位培训的教程。

图书在版编目(CIP)数据

人际沟通与语言艺术/董丽萍主编. —2 版. —北京:清华大学出版社,2017(2024.7 重印)
(高职高专公共基础课规划教材)
ISBN 978-7-302-47746-4

Ⅰ. ①人… Ⅱ. ①董… Ⅲ. ①人际关系学-高等职业教育-教材 ②语言艺术-高等职业教育-教材 Ⅳ. ①C912.11 ②H019

中国版本图书馆 CIP 数据核字(2017)第 167559 号

责任编辑:张龙卿
封面设计:徐日强
责任校对:袁　芳
责任印制:宋　林

出版发行:清华大学出版社
　　　网　　　址:https://www.tup.com.cn,https://www.wqxuetang.com
　　　地　　　址:北京清华大学学研大厦 A 座　　　　邮　　编:100084
　　　社 总 机:010-83470000　　　　　　　　　　　邮　　购:010-62786544
　　　投稿与读者服务:010-62776969,c-service@tup.tsinghua.edu.cn
　　　质量反馈:010-62772015,zhiliang@tup.tsinghua.edu.cn
　　　课件下载:https://www.tup.com.cn,010-83470410
印 装 者:三河市龙大印装有限公司
经　　销:全国新华书店
开　　本:185mm×260mm　　　印　　张:19.75　　　字　　数:449 千字
版　　次:2010 年 6 月第 1 版　2017 年 10 月第 2 版　印　　次:2024 年 7 月第 6 次印刷
定　　价:57.00 元

产品编号:075008-02

前　言

　　沟通能力从来没有像现在这样成为个人成功的必要条件。但是当今大学生最欠缺的能力之一就是人际沟通能力。部分大学生的沟通能力差已经影响到其就业乃至职业生涯的良性发展,这也成为用人单位对大学毕业生素质不甚满意的一个重要方面。因此,加强大学生人际沟通能力已成当务之急。鉴于此,我们编写了这本书。该书自 2010 年第 1 版出版以来,被众多兄弟院校选用,先后 11 次印刷,发行近 30000 册。此次在第 1 版的基础上对全书进行了全面修订,补充了最新内容,使之特色更加鲜明,更加符合高职院校人才培养的需要。

　　本书作为反映高职教育教学改革最新理念的新型实用教材,是任务驱动型的高职课程开发的一次有益尝试。它以实际工作和职业能力作为圈定教材范围的标准,设计了"人际沟通和语言艺术"的相关教学任务,每个任务以案例导入,本着"理论够用为度"的原则,先总体阐述完成任务的基本过程和方法等"基本知识",中间加入"小案例""小故事""小训练"和"小贴士"等,增强阅读性、趣味性和操作性,以便于学生在教师的指导下掌握人际沟通与语言艺术的基本知识和方法,为下一步操作训练做准备。此后附以"案例分析""实践训练"和"自主学习"等项内容,"案例分析"和"操作训练"是教师课堂教学的主要内容,通过案例分析和讨论、情景模拟、角色扮演等方式、方法,让学生"做中学,学中做,学做结合",不断提高其人际沟通和交流方面的能力;"自主学习"包括案例分析、自我操作练习等各类题型,方便实用,目的是让学生课后深化对人际沟通和语言艺术的把握,提高这方面的能力。

　　本书由董丽萍任主编,孟顺英、李新宇、刘嫣茹、张岩松任副主编,具体分工为:董丽萍编写绪论、任务 1 和任务 3;孟顺英编写任务 4 和任务 6;李新宇编写任务 7 和任务 8;刘嫣茹编写任务 5 和任务 9;张岩松编写任务 10;包红君、张昀、刘桂华、房红怡、李健、刘晓燕、蔡颖颖、穆秀英、王允、张铭、孙新雨编写了任务 2。全书由刘嫣茹统稿。

　　本书在编写过程中,参考了大量书籍、报刊文献和网络资料,吸收了国内学者最新的研究成果,在此向各位专家、学者表示衷心的感谢。由于编者水平有限,书中难免存在疏漏之处,敬请读者批评、指正。

编　者
2017 年 5 月

目 录

绪论 认识沟通与人际沟通

沟通是把一个组织中的成员联系在一起以实现共同目标的手段。

——[美]巴纳德

 任务目标

- 了解沟通的目标与类型；
- 把握沟通的原则，并能在沟通中加以运用；
- 熟悉沟通的过程；
- 了解沟通障碍产生的原因并能予以克服。

 案例导入

王总经理的一天

王伟是一家公司的总经理，下面我们看一下他一天的工作情况。

早晨 8:00 来到办公室，打开计算机开始处理、收发邮件。

8:20 开始批阅文件，然后开始撰写年度工作报告的提纲。

9:00 浏览了一个地区经理提交的关于改变某项工作流程的备忘录，于是决定要为这件事召开一次会议。

按照约定，他在 10:00 就招聘新员工的相关事宜听取了人力资源部经理小宋的汇报。

11:00 亲自去机场迎接来自美国的客户，并与其共进午餐。

下午 1:30 引导美国客商去公司参观，并就进一步合作事宜进行了磋商。

下午 3:30 接受了一名记者的采访。

下午 4:00 就与美国合作事宜召集各部门经理开了一个紧急会议。

……

上述他一天中的每一件事情都可以称为是一种"沟通"。

0.1 沟 通

1. 沟通的内涵

沟通是各种技能中最富有人性化的一种技能。社会就是由人与人之间互相沟通所形成的网络。沟通渗透于人们的一切活动之中，人们已经习惯于生活在沟通的汪洋大海中，很难设想，要是没有沟通，人们该怎样生活。美国相关机构曾经对25名优秀的管理人员进行调查，发现他们有76%的工作时间是用于沟通的。在现代信息社会，人们对信息的搜索、加工和处理能力已经成为决定其职场竞争力的关键因素。

所谓沟通，就是发送者与接收者之间为了一定目的而运用一定符号，所进行的信息传递与交流的过程。沟通过程涉及沟通主体（发送者和接收者）和沟通客体（信息）的关系以及信息发送者为影响接收者而使用的语言或非语言的行为。在沟通过程中，信息以怎样的方式被传送，又如何传递给接收者；接收者如何解读信息，信息最终以怎样的方式被理解，这都与沟通过程中主体的语言行为息息相关。具体来说，要正确理解沟通的含义，可以从下述几点来把握。

（1）有效的沟通既要传递事实，又要传递发送者的价值观及个人态度。

（2）有效的沟通意味着信息不仅被传递，而且还要被理解。

（3）有效的沟通在于双方能准确理解彼此的意图。

（4）沟通是一个双向动态的反馈过程。这种反馈并非一定要通过语言表现出来，接收者也可以通过其表情或目光、身体姿势等形式将信息反馈给传递者，从而使发送者得知接收者是否接收与理解其所发出的信息，并了解接收者的感受。

小故事 0-1

土著人的最高礼节

有一天，哈佛商学院的一位教授接到非洲土著人的请柬，邀请他到非洲讲授部落的竞争力战略。

教授为了表示对土著人的尊敬，于是准备了好几套西服上路。土著人为了表示对文明国度知名教授的尊敬，准备按照部落最高礼节欢迎他的到来。

讲课的第一天，教授西装革履地出现在土著人面前，讲了一整天，一直在冒汗。为什么呢？原来土著人以最高礼仪在听课——男女全部都一丝不挂，只戴着项圈，凡私处也只遮盖着树叶，在下面黑压压地站成一片。

第二天，教授的讲课同样也是一个冒汗的过程。为了入乡随俗，教授也脱得一丝不挂，只戴了个项圈，私处也只遮盖着树叶。但是土著人为了照顾教授的感情，吸取了头一天的教训，于是全部西装革履。

直到第三天，双方做了很好的沟通，台上台下全穿西装，竞争力战略才顺利地传授下去。

【思考】本案例对你有何启示？

2. 沟通的种类

（1）按照沟通的方法划分，沟通可划分为口头沟通、书面沟通、非语言沟通、电子媒介、手机媒体沟通等。各种沟通方式的比较如表0-1所示。

表 0-1　各种沟通方式的比较

沟通方式	举例	优点	缺点
口头	交谈、讲座、讨论会、电话	快速传递、快速反馈、信息量很大	传递中途经过层次越多,信息失真越严重,核实越困难
书面	报告、备忘录、信件、文件、内部期刊、布告	持久、有形,可以核实	效率低,缺乏反馈
非语言	声、光信号、体态、语调	信息意义十分明确,内涵丰富	传递距离有限,界限模糊,只能意会,不能言传
电子媒介	传真、闭路电视、计算机网络、电子邮件（E-mail）	快速传递、信息容量大、一份信息可同时传递给多人,廉价	单向传递,电子邮件可以交流,但看不见表情
手机媒体	微信、QQ、短信	体积小巧,便于携带,隐蔽性好;普及率高,覆盖面广;手机功能强大,传播迅速	国内手机资费高、网速慢;手机用户结构复杂;手机传播中存在虚假、诈骗、色情、暴力等有害信息

（2）按照组织系统划分,沟通可分为正式沟通和非正式沟通。

① 正式沟通。正式沟通主要包括以下 5 种。

- 链式沟通。在链式沟通中,居于两端的人只能与邻近的一个成员联系,居中的人则可分别与其两侧的人沟通信息。
- 轮式沟通。轮式沟通网络在组织中代表一个主管直接管理部属的权威系统。
- 圆式沟通。此形态可以看成是链式沟通的一个封闭式控制结构,表示 5 个人之间依次联络和沟通。其中,每个人都可同时与两侧的人沟通信息。
- 全通道式沟通。全通道式沟通是一个开放式的网络系统,其中每两个成员之间都有一定的联系,彼此可随时沟通情况。此方式集中化程度很低。
- Y 链式沟通。Y 链式沟通只有一个成员位于沟通的中心,成为沟通的媒介。在组织中,这一网络大体相当于组织领导、秘书班子再到下级主管人员或一般成员之间的纵向关系。

正式沟通方式如图 0-1 所示,各种正式沟通方式的比较如表 0-2 所示。

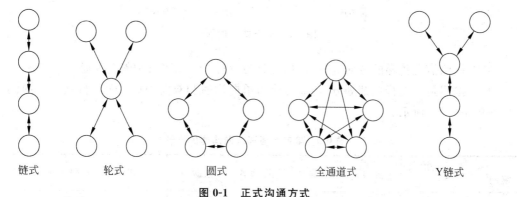

链式	轮式	圆式	全通道式	Y链式

图 0-1　正式沟通方式

表 0-2　各种正式沟通方式的比较

沟通方式 沟通特点	链　式	轮　式	圆　式	全通道式	Y 链式
解决问题速度	较快	快	慢	快	中
正确性	高	高	低	中	高
突出领导者	相当显著	非常显著	不显著	无	中
士气	低	非常低	高	高	中

② 非正式沟通。非正式沟通主要包括以下 4 种。

- 单线式。单线式的传递方式是通过一连串的人，把信息传播给最终的接收者。
- 集中式。集中式的传播方式是把信息有选择地告诉自己的朋友或有关的人，这是一种藤式的沟通传递。
- 偶然式。偶然式的传播方式是按偶然的机会来传播信息，有些人未接收到信息，这与个人的交际面有关。
- 流言式。流言式的传播方式是一个人主动将信息传播给所有与他接触交往的人。

非正式沟通网络如图 0-2 所示。

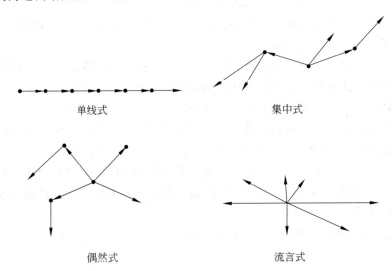

单线式 集中式

偶然式 流言式

图 0-2　非正式沟通网络

（3）按照信息传递的方向划分，沟通可分为下行、上行、平行和斜向沟通。

（4）按照是否进行反馈划分，沟通可分为单向沟通和双向沟通。单向沟通和双向沟通的比较如表 0-3 所示。

表 0-3　单向沟通和双向沟通的比较

特点 类型	速度	准确性	传递者	接收者	干扰	条理性	反馈
单向沟通	快	低	压力小	无信心	小	有条理	无
双向沟通	慢	高	压力大	有信心	大	无条理	有

小案例 0-1

课堂中的沟通

　　阳阳是一名调皮的学生,常常在课堂上捣乱。有一天,第一节上音乐课,阳阳一会儿跟前面的同学捣乱,一会儿乱唱曲子,一会儿自言自语翻音乐书。结果,因为他不遵守纪律而导致全班同学被扣了一颗星。

　　朱老师上第二节思品课,走在去教室的路上得知这件事,当她走进教室的时候,学生们便纷纷告状,诉说阳阳今天如何不遵守纪律。而阳阳坐在位子上,低头不语,好似一个犯了天大错误的罪人。等学生们一一说罢,朱老师请阳阳到讲台上。阳阳慢吞吞地挪了上来,看上去情绪很失落。

　　"阳阳,我想听听你的想法。"朱老师说。

　　阳阳默不作声。

　　"那么,就让朱老师站在你的角度,感受一下此时你内心的想法吧!"朱老师关切地看着阳阳,继续说道,"我想,你听到同学们如此说你的不是,一定感到很没面子,你也一定没有想到同学们对你竟有如此大的意见。"阳阳一个劲地点头。

　　"那么,你认为同学们对你有这么大的意见,今后在班级里还有人愿意和你玩吗?"

　　说到这里,阳阳的泪水"哗"地一下奔涌而出,一边抽泣一边说:"没有了,没有人愿意和我玩了!"

　　朱老师看时机成熟了,便因势利导,说道:"那么,如果你想让同学都认可你,愿意和你玩。今后上音乐课,你如何做才能赢得同学们的尊重与好感?"

　　阳阳一下子说了好多平时老师教育学生课堂上该如何遵守纪律的话。

　　朱老师听了很高兴,鼓励他:"朱老师相信你能用实际行动来证明给同学们看!"

　　"好的,看我的吧!"看着灿烂的笑容又重回到阳阳的脸上,朱老师也笑了。

　　【思考】朱老师与阳阳的沟通是何种沟通? 有何特点? 效果如何?

3. 沟通的准备、过程与要素

　　(1) 沟通的准备。职场中的沟通双方需要交换信息。发送信息的时候,要准备好发送的方式、发送的内容和发送地点。为了提高沟通的效率,需做如下准备工作。

　　① 明确沟通目的。凡事预则立,不预则废。在与别人沟通之前,心里一定要有一个明确的目的,如想得到客户的约见、想在客户心目中留下印象、想使客户对公司的产品感兴趣等。毫无目的的沟通只能算作闲聊天或侃大山,这不是有效的工作沟通。

　　② 制订沟通计划。明确了沟通的目的,就要有较为详细的计划,确定怎样与别人沟通,先说什么,后说什么。如果情况允许,最好列一个表格,把与沟通有关的诸如要达到的目的、沟通的主题、方式、时间、地点、对象和一些注意事项等都列举出来。实践证明,计划制订得越充分,沟通的效果就越好。

　　③ 预测可能遇到的异议和争执。俗话说,世界上没有两片完全相同的树叶,自然也不可能存在两个观点、观念完全相同的人。心心相印的至亲好友之间都会产生大大小小的分歧,何况在工作中接触的都是同事甚至是陌生人。所以,对于可能出现的异议和争执,首先

要有充分的心理准备,还要根据具体情况对其可能性进行尽可能准确的预测,可以根据所掌握的沟通内容和沟通对象等具体情况做出预测,这也是对沟通的必要准备,有利于提升沟通的效果。著名的SWOT分析法从一定程度上明确了沟通所需确认的基本分析要素,这些要素包括：S——Strength(优势),W——Weakness(劣势),O——Opportunity(机会),T——Threat(威胁)。通过对这些要素的分析,最终较为准确地把握双方的优势、劣势,设定一个更合理的目标,或者说沟通各方都能够接受的目标。

沟通的主要目标归类情况如表 0-4 所示。

表 0-4　沟通的主要目标归类

功　能	取向	目　　　标	理论及研究焦点
表达感情	感情	增加组织角色的接受程度	满足、冲突、紧张、角色
激励士气	影响	致力于组织目标的达成程度	权力、顺从、期望、行为改变、学习
信息传递	技术	供给决策所需资料的程度	决策、信息处理、决策理论
任务控制	结构	澄清任务及责任明确程度	组织设计

（2）沟通过程。它是指发送者将信息通过一定的渠道传递给接收者的过程。沟通过程模式如图 0-3 所示。

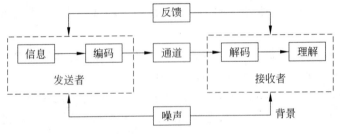

图 0-3　沟通过程模式

沟通的具体步骤如下。

第一步,发送者获得某些观点或事实(即信息),并且有传送出去的意向。

第二步,发送者将其观点、事实以言辞来描述或以行动来表示(即编码),力求不使信息失真。

第三步,信息通过某种通道传递。

第四步,接收者由通道接收到信息符号。

第五步,接收者将获得的信息解码,转化为其主观理解的意思。

第六步,接收者根据自己理解的意思加以判断,以采取不同的反应行为。

由此可见,一个看起来简单的沟通过程事实上包含着许多环节,这些环节都有可能产生沟通的障碍,从而影响沟通目的的实现。现在可以理解,为什么每天我们都有可能遇到一例因沟通而出现的误解、尴尬甚至是矛盾和冲突的事件了。

（3）沟通过程中的要素。要想取得沟通的最佳效果,首先必须把握沟通过程中的要素,这主要包括以下几个方面。

① 发送者与接收者。沟通的主体是人,任何形式的信息交流都需要有两个或两个以

上的人参与。由于人与人之间的信息交流是一种双向的互动过程,所以,把一个人定义为发送者而把另一个人定义为接收者,这只是相对而言,这两种身份可以发生转换。在信息交流过程中,发送者的功能是产生、提供用于交流的信息,是沟通的初始者,处于主动地位;而接收者则被告知事实、观点或被迫改变自己的立场、行为等,所以处于被动地位。发送者和接收者这种地位对比的特点对信息交流的过程有着重要影响。

② 编码与解码。编码是发送者将信息转换成可以传输的信号的过程。解码就是接收者将获得的信号翻译、还原为原来的含义的过程。编码和解码的两个过程是沟通成败的关键。最理想的沟通,应该是经过编码与解码两个过程后接收者形成的信息与发送者发送的信息完全吻合,也就是说,编码与解码完全"对称"。"对称"的前提条件是双方拥有类似的知识、经验、态度、情绪和感情等。如果双方对信息符号及信息内容缺乏共同经验,则容易缺乏共同的语言,那么就无法达到共鸣,从而使编码、解码过程不可避免地出现误差和障碍。

③ 信息。在沟通过程中,人们只有通过"符号—信息"的联系才能理解信息的真正含义,由于不同的人往往有着不同的"符号—信息"系统,因而接收者的理解有可能与发送者的意图存在偏差。

④ 通道。通道是发送者把信息传递到接收者那里所借助的媒介物。口头交流的通道是声波,书面交流的通道是纸张,网上交流的通道是互联网,面对面交流的通道是口头语言与身体语言的共同表现。在各种通道中影响力最大的仍是面对面的原始沟通方式,因为它可以最直接地发出及感受到彼此对信息的态度与情感。因而,即使是在通信技术高度发达的美国,总统竞选时候选人也总是不辞辛苦地四处奔波去选民面前演讲。

⑤ 背景。背景就是指沟通所面临的总体环境,任何形式的沟通都必然受到各种环境因素的影响。沟通的背景通常包括以下几个方面。

- 心理背景。即沟通双方的情绪和态度。它包括两方面内容:一是沟通者的心情和情绪,或兴奋、或激动、或悲伤、或焦虑,不同的心情和情绪会影响沟通的效果;二是沟通双方的态度,如果沟通双方彼此敌视或关系淡漠,则其沟通常常会由于偏见而出现误差,双方都较难准确理解对方的意思。

- 社会背景。即沟通双方的社会角色及其相互关系。不同的社会角色关系有着不同的沟通模式。上级可以拍拍你的肩头,告诉你要勤奋、敬业,但你绝不能拍拍他的肩头,告诉他要乐于奉献。因为对应于每一种社会角色关系,无论是上下级关系,还是朋友关系,人们都有一种特定的沟通方式,只有采取与社会角色关系相适应的沟通方式,才能得到人们的认可。

- 文化背景。即沟通者的价值取向、思维模式、心理结构的总和。通常人们体会不到文化背景对沟通的影响。实际上,文化背景影响着每一个人的沟通过程,影响着沟通的每一个环节。当不同文化发生碰撞、交融时,人们往往能较明显地发现这种影响。例如,由于文化背景的不同,东西方人在沟通方式上存在较大的差异:东方人重礼仪,多委婉;西方人重独立,多坦率。东方人多自我交流、重心领神会;西方人少自我交流、重言谈沟通。东方人认为和谐重于说服,西方人认为说服重于和谐。这种文化差异使得不同文化背景下的管理人员在沟通时遇到不少困难。

- 物理背景。即沟通发生的场所。特定的物理背景往往造成特定的沟通气氛。如在能容纳千人的大礼堂进行演讲与在自己的办公室高谈阔论,其气氛和沟通过程是大相径庭的。而在嘈杂的市场听到一则小道消息与接到一个电话特意告知你一则小道消息,给你的感受也是截然不同的:前者显示出的是随意性,而后者体现的却是神秘性。

⑥ 噪声。噪声就是妨碍信息沟通的任何因素,噪声存在于沟通过程的各个环节。典型的噪声包括以下几个方面的因素。

- 影响信息发送的噪声:表达能力不佳、词不达意;逻辑混乱、艰深晦涩;知识经验的不足,使解码造成局限;发送者不守信用、形象不佳等。
- 影响信息传递的噪声:信息遗失,外界噪声干扰,缺乏现代化的通信工具进行沟通,沟通媒介选择不合理等。
- 影响信息接收和理解的噪声:知觉的选择性,使人们习惯于对某一部分信息敏感,而对另一部分信息"麻木不仁""充耳不闻";接收者的选择性理解,他们往往根据自己的理解和需要对信息进行"过滤",造成信息传递的差异;信息量过于巨大,过犹不及,使接收者无法分清主次,对信息的解码处于抑制状态等。

⑦ 反馈。即将信息返回给发送者,并对信息是否被接收和理解进行核实,它是沟通过程的最后一个环节。通过反馈,信息交流变成一种双向的动态过程,双方才能真正把握沟通的有效性。如果反馈显示接收者接收到并理解了信息的内容,这种反馈称为正反馈,反之则称为负反馈。反馈可以检验信息传递的程度、速度和质量。获得反馈的方式有很多种,直接向接收者提问,或者观察接收者的面部表情,都可获得其对传递信息的反馈。但只借助观察来获得反馈还不能确保沟通的效果,将观察接收者与直接提问法相结合能够获得更为可靠、完整的反馈信息。

 小案例 0-2

老板的脸是办公室的"晴雨表"

很多德国公司的中国员工,往往待不了几天就跳槽,原因是德国公司的气氛太压抑。导致气氛压抑的直接原因就是"可怕"的德国老板。

赫敦咨询管理有限公司的菲比,虽然年轻,但已经是位有好几年工作经验的人力资源经理了。大学刚毕业,她进入一家外资银行,行长就是德国人。菲比有幸在20世纪90年代初就领略到德国人"古板""严谨"的工作作风。她回忆,那个时候,所有人对德国行长都怕得不得了,连中国香港地区员工也不例外。不到万不得已,谁都不会主动和行长说话,对他都是敬而远之。老板脸一沉,办公室一片死寂;老板心情好,大家统一微笑。老板的脸就是办公室的"晴雨表"。

对于老板的命令,员工只有服从,不能商量。菲比清楚地记得,她刚到银行不久,行长的秘书休产假去了。她在毫无准备的情况下,被指派暂时接替行长秘书的工作。一次,行长让她找出"Mercedes-Benz"和"DaimlerChrysler-Benz"两个文件,他开会要用。菲比听了半天,还是不知道这两个文件到底是什么东西,也不知老板要的文件是关于哪方面的。行长没有考虑到她是顶替别人工作的,对文件不熟悉,没有给予她任何解释和提示。菲比也根本不敢问,毫无头绪地对着一大堆文件,不知从何下手。

第二天,没有看见文件的老板给她下了最后通牒,明天早餐会前必须把文件放在他桌上。德国行长压根不关心为什么菲比没能找到文件,而她更不敢解释。菲比一度曾想请假,不去上班,避免见到德国行长。可是躲得过初一,躲不过十五,只好硬着头皮去上班。终于,找到了老板需要的两个文件。

【思考】在与人沟通过程中有哪些需要注意的因素?

4. 有效沟通的条件

(1) 高情商是有效沟通的先决条件。长久以来,高智商一直被视为事业和生活方面成功的先决条件,后来人们发现仅凭高智商是远远不够的,事业的发展和生活的幸福,情商在其中也扮演着重要的角色。在美国,曾有人追踪过哈佛大学一些学生在中年的成就,从薪水、生产力、社会地位等诸多方面的考察来看,发现在校考试成绩高的人不见得社会成就高。就一个40岁左右的中年人来说,智商与其当时的社会地位有一定的关系,但影响更大的是处理挫折、控制情绪、与人相处的能力。在社会中生存,每个人都必须面对各种纷繁复杂的关系网,情商高低决定了人一生的去向,与外界沟通的程度取决于人的情商。社会交际能力较差的人,常常感到活得很累,他们活没少干,力没少出,辛苦没少搭,却时常事与愿违,得不偿失。纵使他们获得了足够的成功机会,最后也可能因不会交际而错失机会,功败垂成。因此,沟通能力的优劣可以决定一个人的成功与否,情商又决定沟通能力的优劣。要提高沟通能力,首先要提高情商。

(2) 良好的文化素养是有效沟通的前提。沟通的信息是包罗万象的,在沟通中,我们不仅在传递信息,而且还在表达情感,提出意见。要想有效与人沟通,就必须具备一定的文化素养。沟通手段的运用,社交礼仪的展现,言语表达的技巧,处理问题在"度"上的把握,都是一个人综合素质的体现。美国著名汉学家约翰·塞维斯在一篇刊登在《洛杉矶时报》的纪念文章中这样描写周恩来同志给人的印象:"凡是见过周恩来的人,没有谁会忘记他。他精神饱满,富于魅力,长相漂亮,这是原因之一。他给人的第一印象是他的眼睛。浓密的黑眉毛下边有一双炯炯有神的眼睛,在凝神看着你。你会感觉到他在全神贯注地看你,会记住你和他说过的话。这是一种使人立即感到亲切的罕见的天赋。1941年在重庆第一次会见他时,我的感觉就是这样。在重庆和延安的那些日子里,同他谈话,每次都是思想智慧的交锋,十分愉快。他文雅、和蔼、机警而不紧张,不会使人提心吊胆,幽默而不挖苦人或说话带刺,他能非常迅速地领会你的想法,但从来不在你表达遇到困难时表示不耐烦,他自己思维敏捷而不要花招,他言行如行云流水而不夸夸其谈,他总是愿意开门见山地谈问题,而又总设法寻找共同的见解。他在设法使我们趋向赞同他对中国和世界事务的看法,他自己对这些看法是深信不疑的。但是他这样做,靠的是冷静的说理、清晰温和的措辞、广博的历史知识和对世界的了解及深入掌握的事实和细节。"文化素质修养决定着一个人的行为方式,决定着一个人沟通能力的高低。

(3) 语言表达能力是有效沟通的重要基础。人际沟通主要是通过语言,语言表达能力和技巧直接影响着人际沟通的效果。提高语言表达能力首先要培养自己的语感。语感是指人对语言的感知和反应能力,也叫语言的触发功夫。语感强的人具有很强的语言感知能力和语言感应能力,前者是指当一连串的线性结构的语流通过听觉或视觉传入自己大脑的时候,能迅速而准确地领会其含义和情味;后者是指当某种事物或事件呈现在眼前,或某种意念产生于脑海时,能快捷地找到准确而生动的词语,并进行语言的编码,将其连贯有序地表达出来。

小故事 0-2

梁启超对对子

清末的梁启超有一次到武昌讲学,拜访当时的湖广总督张之洞。张之洞自恃位厚爵显、才高学富,想难为梁启超一番,便出了个上联,让他答对:"四水江第一,四时夏第二,先生居江夏,谁是第一? 谁是第二?"这个问题很难回答:江淮河汉四水,长江排第一;春夏秋冬四季,夏季为第二。你梁启超来到我坐镇江夏的张总督管辖的地盘里来了,谁居首位呢? 梁启超自然听出了对方的倨傲之势,却又不好说自己居于对方之上。该怎么说呢? 他稍加思索,便对出了下联:"三教儒在先,三才人在后,小子本儒人,何敢在前? 何敢居后?"

【点评】如今人们日常沟通交谈,很少是出题作诗对对联了,但这种对于语言的感知和反应如此之迅捷、精当和简练的智慧,确实是一个人十分重要而又特别实用的本领。

提高语言表达能力还要注意语言表达的简洁精练,这是说话的基本功,它体现出说话人分析问题的快捷和深刻的能力,是其认识能力和思维能力的高超表现。它能使听者在较短的时间内获得较多的有用信息,有助于博得对方的好感,同时这也是说话人果断性格的表现。要做到这一点,头脑里必须储存一定量的材料,并且临场交流时能选用恰当的词语表达思想、思路清晰、层次分明。

提高语言表达能力还要注意语言表达的生动形象。生动形象是语言魅力的基本因素,能增强语言的感染力,吸引听众的注意力。要善于运用各种修辞方法,把深刻的道理寓于具体事实中,使之通俗易懂。语言的幽默风趣能使你到处受欢迎,幽默也是一种智慧,是人的内在气质在语言运用中的外显,在人际沟通时能活跃气氛,化解尴尬。

此外,委婉含蓄这一语言技巧在交际中的作用是很大的,是人际交往的缓冲术。在自我表露时,可绕过一些难以直言的内容,在拒绝对方的要求、表达与对方不同的意见或批评对方时,可以维护对方的自尊,给对方留足面子。

0.2 人际沟通

1. 人际沟通的基本内涵

所谓人际沟通,就是指人与人之间进行信息传递和情感交流的过程。通过人际沟通,人们彼此交流思想、观点、情感、态度和意见,从而达到交流信息、调节情绪、增进友谊、加强团结的目的。在现代社会中,人际沟通的广度和深度不仅是人们生活质量的重要体现,而且也是组织沟通、团队沟通的前提和基础。可以说,有效的管理沟通都是通过有效的人际沟通来实现的。

实际上,人际沟通的内涵是涵盖广泛、错综复杂的。但它的最基本内涵却只涉及内容和关系两个方面。所谓内容,是指人际沟通中的信息;所谓关系,是指沟通双方在互动中所建立的相互联系。两者紧密相连,不可分割,共同构成人际沟通内涵的基本框架,使每个沟通均包含着一定的内容和所确定的相应关系。因此,研究人际沟通的规律,从剖析、理解、处理其内容与关系之间的内在联系入手,是十分重要的。

（1）内容与关系对人际沟通的作用与影响。通常任何一个欲交流的信息是携带着相应的内容和一定的关系在传、收双方之间进行沟通的,它的效果和稳定状况如何,则自始至终与其内容和关系的相互作用及彼此影响密切相关。事实上,同样的沟通内容可有不同的关系水平,以致产生不同的沟通效果。反之,同样的关系水平也可有不同的沟通内容,但常可以维持相对稳定的沟通。例如,在某医院病房工作的护士甲和护士乙,一天护士甲对护士乙说:"请与我一道给病人送药好吗?"显然,从该信息的关系层面来看,甲向乙提出这个请求,是处在与乙平等的地位出发的,表明两人的关系为对等状态,因而易被乙接受,与甲共同为病人送药。以后如果甲维持与乙的这种对等关系,那么无论请求与乙一道为病人做什么(注射、导尿、灌肠、测血压等),均可得到相应的合作。倘若甲对乙的说法变为:"你想与我一起给病人送药吗?"这时尽管两种说法的内容信息均为"一起给病人送药",但后一说法所显示的甲、乙两人之间的关系是呈互补状态的,所处的地位也存在着一定的差异。于是甲的要求易被乙拒绝,结果难以达到"一起为病人送药"的目的。可见指导、帮助沟通双方正确处理彼此之间的关系,合理利用内容沟通和关系沟通的相互作用与正面影响,对客观认识人际沟通规律,准确掌握它的规范和运作技巧是大有裨益的。

（2）内容和关系之间的实质性。所谓人际沟通,实质上就是要沟通双方建立真正的相互关系。因此,紧扣人际沟通的真实含义,以建立关系为主线,揭开表象、剖析事实、克服偏见、反复实践,是学会沟通的有效途径。具体来说,应做到以下几点:①确保沟通双方首先获得对方的好感,尽可能避免悖逆接收者的感情来说话。客观根据人们的气质特点(如对好友说的话洗耳恭听,对讨厌者说的话逆反排斥等),使沟通的对方在充满善意或好感的认知基础上,开展友好、有效的人际沟通。②积极建立关系、融洽感情,努力使沟通双方能自觉为对方着想,以良好的人际关系增进友谊,加强信任,弥补过失,消除误解,切实保障人际沟通的正常运转。③从内容和关系双重角度来加深对信息的正确理解。即通过在沟通双方之间构建可靠的关系,进而影响对内容的理解和认同。

小案例 0-3

两次效果迥然不同的裁员

由于受全球经济危机的影响,一家网络公司的经营遭到严重打击,最后决定裁员。

第一次裁员。

地点：公司的会议室。

方式：通知全部被裁人员到会议室开会,在会议上宣布被裁人员,并且要求每个人立即拿走自己的东西离开办公室。

效果：公司所有被裁员工都感到很沮丧,离开后到处述说对原公司的不满,造成较坏的社会影响。留用的员工人人自危,极大地影响了公司的士气。

第二次裁员。

地点：星巴克咖啡厅。

方式：人事专员在咖啡厅单独约见每个被裁人员，耐心、细致地向他们解释公司的决策，由于公司的原因致使他暂时失去了这份工作，请他谅解，并给他一个月的时间寻找下一份工作。同时表示，如果公司运营情况好转，需要聘请人员，会首先想到重新聘请这些老员工。

效果：被约谈的员工得知情况后，都接受了事实，并且表示，如果公司需要他的时候随时可以通知，他会毫不犹豫地再回到公司。留用的员工听说后，觉得公司尊重员工，感到颇为欣慰，企业向心力增强。

【思考】为什么两次裁员的沟通效果反差这么大？

2. 人际沟通的特点

由于人是有思想、有感情的高级动物，所以人际沟通与其他形式的沟通相比，具有下述特点。

（1）沟通双方都是交流活动的积极参与者。沟通双方积极参与交流，其前提在于人际沟通的双方都有共同的动机。在人际沟通过程中，每一个参与者都是积极的主体。双方之间的沟通是一个相互作用的互动过程。

（2）人际沟通受到人际关系的影响。俗话说"酒逢知己千杯少，话不投机半句多"，人际沟通总是在一定的人际关系下进行的，人际关系的状况直接影响人际沟通的深度、广度，影响着人际沟通的方向。

（3）人际沟通会出现障碍。人际沟通过程中，沟通双方的社会文化因素和心理因素，包括沟通双方的社会地位、文化水平、风俗习惯和社会传统，以及个人的需要、动机、情绪、兴趣、价值观、个性、经验与知识结构等，都会造成人际沟通的障碍，产生信息的过滤和曲解，从而妨碍人际沟通的正常进行，这是人际沟通过程中特有的一种现象。这样的特点在中国文化背景下显得尤为突出，中国俗语所说的"逢人只说三分话，未可全抛一片心"，说的就是人际关系对人际沟通的影响。

（4）人际沟通的主要工具是语言。除了书面语言以外，人际沟通还经常通过口头语言进行。在口头沟通过程中，除了语言符号系统外，语音、语调、停顿、重音以及语速等辅助语言符号系统也会传递大量的信息和丰富的情感，同时，表情、姿态、手势等非语言符号系统在沟通过程中也起到很大的作用，因此，在口头沟通时常常出现言外之意和弦外之音。

（5）人际沟通信息传递迅速，交流形式与内容随意性较大。人际沟通是人与人之间直接的信息传递，不经过第三者，因此信息传递速度比较快，信息传递的数量也较少受限制。特别是当人际沟通只限于两人之间时，其传递效果往往是比较好的。但是人际沟通也有另一方面的特点，就是人际沟通的形式与内容随意性较大，双方可以根据具体情景对人际沟通的形式和内容进行调整和改变。如果人际沟通的链条过长，其信息传递效果就会呈明显下降趋势。据有关研究显示，第一个信息传播者将信息传递给第二个人时，信息量只有原来的70%；第二个人将信息传递给第三个人时，信息量只有原来的55%；第三个人将信息传递给第四个人时，信息量只有原来的30%。

小案例 0-4

一次不欢而散的沟通

汪大伟正和下属李明春谈话,这是对李明春迟到和缺席的第二次警告。李明春争辩道,在同事中,他的工作做得最多。汪大伟知道李明春是一名很好的员工,但不能容忍他违反公司的制度。

汪大伟:"小李,你知道今天早上为什么叫你来?上个月我们讨论过你的问题,我认为你正设法改进。但当我检查月度报告时,我发现你迟到了四次,并且多休了两天病假。这说明你根本没把我的谈话当回事。小李,你的业绩很好,但态度不佳。我再也不能容忍这样的行为了。"

李明春:"不错。我知道我们上个月谈过,我也努力准时上班,但是最近交通非常拥挤。工作的时候我是十分投入的,你应该多注意我的工作效率,与我们组的老王相比,我的工作量要大得多。"

汪大伟:"现在不谈老王的事,而是你。"

李明春:"不,应该谈老王和其他几位同事的事。我比大多数同事做得好,而我在这儿被批评,这不公平。"

汪大伟:"小李,我承认你的工作很出色,但公司的制度也很重要。你平均每月迟到4~5次,你不能总这样。我该怎么样处置你呢?我真不愿意使用正式警告,你知道那意味着什么。"

李明春:"是的,我了解正式警告,我想我会更加注意,但我认为我比其他人工作努力,该获得应有的回报。"

汪大伟:"好的,小李。如果没有这些问题,你的出色业绩会得到回报的,如果你想挣更多的钱或被提升,你应该按时上班,遵守公司的规章制度。"

李明春:"好的,我认为你是对的,但是对于你这样的处理方式,我仍持保留态度。"

汪大伟:"小李,随你选择。如果你下个月的记录仍不好,我将使用正式警告。"

李春明:"好的,但是我还是认为这不公平。"

【思考】汪大伟在人际沟通上存在什么问题?

3. 人际沟通的作用

人际沟通除信息的传递外,还包括情感、思想、知识和经验等多方面的交流,它对于改善人际关系、调整和转变人的行为都具有十分重要的意义和作用。具体来说,人际沟通的作用主要表现在下述几个方面。

(1) 人际沟通有助于增长知识,开阔视野,丰富经验。在人际沟通过程中,个体可从对方那里吸取对自己工作、学习和生活有意义、有价值的知识与经验,以别人的长处弥补自己的不足,借鉴别人的优势来改变自己的劣势,学习他人的成功经验,吸取他人的失败教训,以此扩充自己的知识积累,更好地提高自己对环境的适应能力。

(2) 人际沟通有助于改善人际关系。有效的人际沟通可以把沟通双方的思想、情感、信息进行充分的、全方位的交换,从而达到增加共识、增进了解、联络感情的效果,有效改善人际关系。世界上最美的东西就是人与人之间的情感联结,而人与人之间的情感联结就是通过人际沟通来实现的。沟通的过程使积极的情感体验加深,使消极的情感体验减弱,从而使人际关系不断得以改善。

(3) 人际沟通有助于自我定位。唐太宗说:"以铜为镜,可正衣冠;以古为镜,可知兴替;以人为鉴,可明得失。"这句话道出了人际沟通有助于认识自我、进行自我定位的作用和功能。因为人在与他人的沟通过程中,理解了别人的同时,也认识了别人眼中的自己。人们从他人对自己的反映、态度和评价中,发现自己的长处和短处,找到自己恰当的社会位置,为自我的设计、发展、完善创造了有利条件。离开了人际沟通,人就永远无法客观地认识他人,也无法真正地了解自己。

(4) 人际沟通有助于心理健康。沟通与交往是人类最基本的社会需要之一。根据美国管理学家马斯洛的需求层次理论,每个人都有归属和社交的需要,通过彼此间的相互沟通和交往,可以诉说各人的喜怒哀乐,这样就增进了成员之间思想和情感的交流,促使其产生依恋之情。人际沟通有助于人的心理健康,正如有人所说的那样:"当我们快乐时,把我们的快乐告诉朋友,会使快乐加倍;当我们痛苦时,把我们的痛苦告诉朋友,会使我们的痛苦减半。"

(5) 人际沟通有助于提高团队的效率。人际沟通是组织管理的基础,离开了人际沟通,管理功能的发挥以及管理目标的实现是不可能的。良好的人际沟通能够把各人的知识、专长和经验融合在一起,使其能够更好地与他人合作,从而构建一个高效的工作团队,取得事业的成功。

🔍 小案例 0-5

通用汽车公司的"全员决策"

通用汽车公司(GM)是全球最大的汽车公司,其核心汽车业务及子公司遍及全球,共拥有325000名员工。1981年杰克·韦尔奇接任总裁后,认为公司管理得太多,而领导得太少,"工人对自己的工作比老板清楚得多,经理们最好不要横加干涉"。为此,他实行了"全员决策"制度,使那些平时没有机会互相交流的职工、中层管理人员都能出席决策讨论会。杰克·韦尔奇开展的"全员决策",消除了公司中官僚主义的弊端,减少了烦琐程序。实行"全员决策"后,通用公司在经济不景气的情况下取得了巨大成功。杰克·韦尔奇本人被誉为全美最优秀的企业家之一。当企业的运营管理出现了新问题,管理者与被管理者以及管理者与管理者、被管理者与被管理者之间必须通过良好有效的沟通交流,才能找准症结,通过分析、讨论、决策,及时将管理问题解决。

4. 人际沟通的基本原则

人们在社会生活中进行人际沟通和人际交往时,不仅要有良好的、正当的动机,遵循普遍的社会道德规范,而且还需要采取正确的方法并遵循一定的原则。

(1) 尊重原则。人人都有自尊心,都有受人尊重的需要,都期望得到别人的认可、注意和欣赏。这种需要的满足会增强人的自信心和上进心;反之则会使人失去自信,产生自卑,甚至影响其人际交往。因此,在沟通中首先要遵循相互尊重的原则。尊重原则要求沟通者讲究言行举止的礼貌,尊重对方的人格和自尊心,尊重对方的文化背景。这里既包括要善于运用相应的礼貌用语,如称呼语、迎候语、致谢语、致歉语、告别语、介绍语等;也包括遣词造句的谦恭得体、恰如其分,如多用委婉征询的语气;还包括平易近人、亲切自然的态度。当然,对对方的尊重不仅仅表现在沟通形式上,更表现在沟通中所交流的信息和思想观念上,即要把对方放在平等的地位上,以诚相待,摒弃偏见,讲真话。

小案例 0-6

意 外 收 获

福斯米德先生受命为公司新落成的办公楼采购 320 台空调机。他下决心要把这件事办好,一定要让领导满意。经过充分考虑,他决定在确定供货商之前,进行一次充分的调查。除了考察价格和质量外,他认为还应该考虑供货方的售后服务情况。因为售后服务在成交之前只能靠对方的承诺来判断,可是仅凭承诺不足以规避风险。他要寻找一家真正关心顾客利益的销售商。对于那些只做一锤子买卖、对顾客的利益漠不关心的销售商,坚决不与他们合作。

福斯米德先生开始走访那些空调专卖店和综合电器商场。他隐瞒了自己的身份,闭口不提购买空调机的事情。他一家一家地推开那些商家的店门,当那些满脸笑容的店员问他是否要购买空调机的时候,他就立即告诉他们说:"不,我只是想为家里那台空调机配一个空调罩,不知你们是否能够卖给我一个?"

他发现在听到这句话之后,几乎所有的人都立即将脸上的笑容冷却下来,他们对这种小买卖没有丝毫的兴趣,福斯米德对他们的态度变化,早有心理准备。

后来,他只好扩大自己的走访范围。他在一家规模稍小的空调商店受到了自始至终的欢迎。那家商店的员工并没有表现出不耐烦,他们很热情地向他推荐了各种款式的空调罩,供他选择。几天之后,福斯米德把这笔巨额订单交给了那家愿意卖给他空调罩的商店,并允许商店在两个月之内把 320 台空调机分三批送到他们公司。对于那家商店,他们仅仅是因为对一位只是想购买一个空调罩的顾客热情相待,而意外地获得了一个巨额订单。

【点评】尊重每一个来访的人,是这家商店赢得福斯米德先生信任的秘诀。这是一个再简单不过的秘诀,但是世界上 90%的商家却忽视了其中的道理。

尊重是不分对象的,学会善待每一个人,有时你会得到意外的收获。

(2)简洁原则。宝洁公司对简洁做了规定,交给高级经理审阅的文件每份不得超过两页。良好的人际沟通是追求简洁的,主张用最少的文字传递大量的信息。无论对谁,沟通简洁都是一个基本点。每一个人的时间和精力都是有价值的,没有人喜欢不必要的烦琐交谈、没完没了又毫无结果的会议。

(3)理解原则。理解原则就是要求沟通者要善于换位思考,要站在对方的处境上设身处地考虑,体会对方的心理状态与感受,这样才能产生与对方趋向一致的共同语言。同时还要耐心、仔细地倾听对方的意见,准确领会对方的观点、依据、意图和要求,这既可以表现出对对方的尊重和重视,也可更加深入地理解对方。

正如《圣经·箴言》中写道:"掌握理解的人是幸福的/善于理解的人/卖掉的是银子/

得到的是比金子还珍贵的东西/理解比宝石还要宝贵/上帝用智慧构成了大地的基础/以理解奠定天柱。"沟通不仅是信息的传递，更是对信息的理解和把握，准确地理解信息的意义才是良好的沟通。理解又是人际沟通的润滑剂，凡事一旦被理解就顺畅了。我们说"理解万岁"，懂得理解的人，其沟通能力一定强，并且到处受欢迎。

小案例 0-7

理　　解

一家电梯公司与某酒店订有维修合同。酒店经理不愿让电梯一次停两个小时以上，因为这样将会给客人造成不便，但这次维修起码需要8小时。电梯公司的代表给酒店总经理打了电话，不过他并没有开口在时间上讨价还价，而是说："我知道你们酒店生意很好。不愿让电梯停太长时间，这样会给客人带来不方便，我理解你的忧虑，我们一定尽力使你满意。可是我们检查后发现需要大修理，否则将会带来更大的损失，那样电梯可能得停更长时间了。我想你更不愿给客人造成几天的不便吧。"最后经理同意停8小时，这比停几天更可取一些。正因为代表对经理方便客人的立场表示理解，才能够说服经理接受他的主张，且没有引起经理的不悦。

【思考】沟通中如何做到理解对方？

（4）宽容原则。人际沟通的双方要心胸开阔、宽宏大量，把原则性和灵活性结合起来，只要不是原则性的重大问题，应力求以谦恭容忍、豁达超然的风度来对待各种分歧、误会和矛盾，以诙谐幽默、委婉劝导等与人为善的方式，来缓解紧张气氛、消除隔阂。事实证明，沟通中心胸开阔、态度宽容、谦让得体、诱导得法，会使沟通更加顺畅并赢得对方的配合与尊重。

小案例 0-8

特殊的房子

贝聿铭是著名的华裔建筑设计师。在一次正式的宴会中，他遇到这样一件事：当时的宴会嘉宾云集，在他邻桌坐着一位美国百万富翁。在宴会中这个百万富翁一直在喋喋不休地抱怨："现在建筑师不行，都是蒙钱的，他们老骗我，根本没有水准。我要建一个正方形的房子，很简单嘛，可是他们做不出来，他们不能满足我的要求，都是骗钱的。"贝聿铭听到后，他的风度非常好，没有直接反驳这位百万富翁，他问："那你提出的是什么要求呢？"百万富翁回答："我要求这个房子是正方形的，房子的四面墙全朝南！"贝聿铭面带微笑地说："我就是一个建筑设计师，你提出的这个要求我可以满足，但是我建出来的这个房子你一定不敢住。"这个百万富翁说："不可能，你只要能建出来，我肯定住。"贝聿铭说："好，那我告诉你我的建筑方案，建在北极。在北极的极点上建这座房子，因为在极点上，所以各个方向都是朝南的。"

（5）准确原则。良好的人际沟通是以准确为基础的。所谓准确，是指沟通所用的符号和传递方式能被接收者正确理解。在沟通中典型的不准确信息有：数据不足，资料解释错误，对关键因素无知，存在没有意识到的偏见，以及对信息的夸张等。如果传递的信息不准确、不真实,不仅会给沟通造成极大的障碍,而且还会失去对方的信任和理解。因此,为了保证沟通的准确性,在信息收集过程中应注意选择可靠的信息来源,用准确的语言或精确的数字客观地记录原始信息;在信息加工过程中,应采用科学的方法,尽可能排除人为因素(如加工者的主观偏见、智力或技术水平的不足)对信息内容及其价值的客观性的干扰。

(6)及时原则。坚持沟通的及时性原则,就是要求在信息传递和交流过程中一定要注意信息的时效性,既要注重传递信息的主要内容,又要注意传递信息产生与发生作用的时间范围及条件,做到信息及时传递、及时反馈,这样才能使信息不因时间问题而失真。

(7)坦诚原则。日本企业之神、著名国际化电器企业松下电器公司的创始人松下幸之助有句名言:"伟大的事业需要一颗真诚的心与人沟通。"松下幸之助正是凭借这种真诚的人际沟通艺术,驾轻就熟于各种职业、身份、地位的客户之中,赢得了他人的信赖、尊重和敬仰,使松下电器成为全球电器行业的巨人。

有人做过一个统计,从描述人品的词语中选出你认为最重要的几个,真诚被排在了第一位。崇尚真诚是时代的主旋律。真诚既然是人心所向,在沟通中我们就应该坚持它。沟通最基本的心理保证是安全感,没有安全感的沟通交往是难以发展的,只有抱着真诚的态度与人沟通,才会得到意想不到的效果。一个人尽管不善言辞,但有真诚就足够了,没有什么比真诚更能打动人。

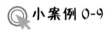 小案例 0-9

女孩用真诚打动了他

记得在西方经济萧条时期,有个女孩子好不容易找了份工作,在一家首饰店做销售员。一天早晨清扫时,她不小心打翻了首饰盒,六枚戒指只找回了五枚。这时她发现有位男青年匆匆向门口走去,女孩凭直觉断定准是他捡走了,因为早晨商店里人很少。女孩赶上去叫住了他,很真诚地说:"你知道现在工作很难找,这是我的第一份工作,家里还有母亲等我赡养。"男青年顿了一会儿,跟她握了一下手(戒指在手里),说:"祝你好运!"女孩用真诚打动了他。

【思考】女孩的沟通有何独到之处?

(8)谦虚原则。谦虚是我国的传统美德,也是搞好人际关系的一条重要法则。在与人沟通交往时,切不可自以为是,认为自己比别人强,摆出一副高高在上、盛气凌人的面孔;否则,不仅得不到别人的好感,而且也很难与他人合作共事。

(9)灵活多变原则。人际关系是一个复杂的系统,沟通和交往的形式和方法也要以变应变,即对不同的人和事要采取不同的对待方法。为人处世无定法,不能信守教条,要具体问题具体分析,灵活多变,讲究策略。

(10)渐进原则。人际交往一般都有一个逐步发展的过程,即初交、常交和深交三个阶段。在三个不同的交往阶段里,应该把握不同的交往尺度。在初交阶段,常常有些拘谨、别扭等不自然的感觉。此时要注意消除不安、紧张和胆怯情绪,但不能无休止地说个没完没了,防止初次交往就给人留下不好的印象。进入常交阶段后,随着交往的增多和友谊的增长,应注意观察和了解对方的情况,特别是性格、兴趣和爱好方面的情况,寻找和发现双方的共同点、共鸣点，加固友谊的基础。到了深交阶段，双方感情在长期接触中深化发展了，双方有了深厚的友谊。一旦有了这种友谊，应该倍加珍惜。

（11）互动原则。沟通是互动的，不是一方的事，需要双方共同参与。有传递有反馈，有说有听，才有双方意见的交流，在来来回回互动中达成共识。那么，如何实现互动呢？共享说话权利是互动的前提。在与人交谈时口齿伶俐固然是件好事，但是用之过度，独自一人滔滔不绝地大发议论，可就不识趣了。谈话是不该一个人唱独角戏的，每个人都有表现的本能欲望，所以共同支配时间对沟通尤为重要。尽可能要长话短说，言简意赅。给别人时间，听听他人的高见，既是对对方的尊重，也会让你有所收获。克林顿就说过，他在倾听别人说话时能学到很多东西。还有在交流时，不可自我吹嘘，这种炫耀会影响你的形象，必要的神秘感反而会增加你的魅力。

沟通从"你"开始。不要尽谈论自己，尤其在众人聚会的场合里，最糟的莫过于将所有话题集中在自己身上。只要场合及语法恰当，尽可能用"你"做每个句子的开头。这样会立刻抓住听者的注意力，同时能得到他人正面的回应。

要想得到对方的反馈，需要有一定策略。罗斯福的方式很简单，就是在与人接触的前一个晚上，花点时间研究一下客人的背景，于是一见面，共同的话题就源源不断，谈话自然让对方兴趣盎然。在这种氛围中，沟通就能更顺畅。

将自己的愿望变成对方的，也不失为得到对方反馈、达到双赢的好方法。

 **小案例 0-10**

威森的策略

威森为一家画室营销服装设计草图，他经常去拜访一位著名的服装设计师，设计师从不拒绝接见，但也从来不买他的东西。威森一次次失败后，改变了思路。他把未完成的草图，带到买主的办公室。"如果您愿意，希望您帮我一个小忙。"他说，"这是一些尚未完成的草图，能否请您告诉我，我们应该如何把它们完成才能对您有所帮助？"

这位买主默默看了那些草图一会儿，然后说："把这些草图留在我这儿几天，然后再回来见我。"三天以后威森又去了，获得了他的某些建议，取了草图回到画室，按照买主的意思把它们修饰完成。结果是这些服装设计草图全部被设计师接受了。

5. 人际沟通的影响因素

人际沟通是一个连续、动态的变化过程，始终受到沟通者生理、心理和社会的多重因素影响。因此，正确认识这些复杂的因素及其对人际沟通产生的各种作用，对激发沟通动力，去除沟通障碍具有积极的意义。这些影响因素主要如下。

（1）移情效应。所谓移情是指沟通者从对方的角度来感受、理解和分享其情感的过程。它是人际沟通的一个最重要的影响因素，对沟通双方取得理解可发挥关键作用。实际上，站在对方角度理解对方，并及时向他们表达这种理解，既是移情的具体表现，又是有效人际沟通的基本前提，应当引起我们在沟通时的重视并加以应用。

（2）信任程度。人际沟通效果还取决于沟通双方的信任程度。在现实生活中，凡是自己信任的人所传送的信息就比其他渠道来源的信息容易被相信和认同。这种对沟通者的信任程度,主要与对方的权威性、信誉、领导才华、语言魅力以及目的一致性(即判断是否与自己的目的和价值观存在一致)等因素有关。

(3)控制能力。这是指一个人引导和确定与沟通对象某种人际关系的支配力度。它所建立的关系包括互补关系、对称关系和平等关系三种。在互补关系中,由于沟通双方地位不平等,一方常以支配方式要求另一方顺从,显然,此时支配方的控制能力最强。在对称关系中,沟通双方因地位平等,导致以竞争方式争夺控制权,结果是谁也不能控制谁,两者的控制能力呈动态平衡状。在平等关系中,沟通双方的控制能力介于上述两种关系之间,任何一方能否取得控制地位,则需机动灵活地根据当时的沟通状况来确定。

(4)自我显示。在人际沟通过程中,自我显示是沟通者有意地向他人叙述自己真实情况的一种沟通行为,它有利于双方深入沟通了解,促进和发展双方的人际关系,常以主动性、有意性、真实性和独特性等特点,来影响人际沟通的效果。

(5)沟通者状况。主要是指沟通者自身所造成的影响因素。

① 生理因素。如沟通者过度疲劳、身患疾病或聋哑、失语等,均可直接妨碍人际沟通。

② 情绪因素。由于情绪是一种具有感染力的感情因素,因而它对沟通的有效性可产生直接影响。一般轻松愉快的情绪,能增强一个人的沟通能力。而紧张忧虑的情绪,可干扰一个人传递或接收信息的本能。故护士应注意保持平和、良好的情绪,这对维系护患之间的有效沟通是尤为重要的。

③ 智力因素。若沟通双方接受教育程度、知识水平、使用语言和对事物的理解等均存在明显差异,则会造成明显的沟通障碍。

④ 性格因素。通常,性格内向的人因经常独思单处、形单影只,与其他人沟通的动机薄弱,不善于人际沟通。但有时可与少数知心人建立稳定、有效的沟通渠道,从而形成深厚的情感和友谊。性格外向的人由于机敏活泼、乐于表现,与其他人沟通的动机强烈,往往善于沟通,并易获得社会信息和在公共社交场合中产生较大的影响,但其沟通程度并不一定都很深入。

⑤ 感觉和态度因素。首先,沟通时,传送者因需保密或对接收者缺乏信任而将信息删掉、更改或保留,常导致接收者对其所传信息拒收或无法理解,造成沟通困难。其次,当沟通双方因生活经验、社会阅历、价值观念、理解方式存在较大差别时,往往会对传送的信息难以形成准确、恰当的共识,进而使沟通无法继续进行。

小贴士 0-1

帕金森人际沟通 10 法

著名学者帕金森研究出与他人沟通最有效的 10 种方法,人们称为"帕金森定律"。

(1)与人沟通永远不嫌弃。不要因为害怕对方可能的反应,以致迟迟不敢沟通,要知道,因为未能沟通而造成的真空,将很快充满谣言、误解、废话,甚至仇恨。

(2)在沟通的过程中,知识并不一定永远是智慧;仁慈不一定永远是正确;同情不一定永远是了解。

(3)负起沟通成功的全部责任。作为聆听者,你要负起全部责任,听听其他人说些什么;作为说话者,你更要负起全部责任,以确定他们能够了解你在说些什么。绝对不能用一半的心意来对待与你有关的人，一定要有百分之百的诚心。

（4）用别人的观点来分析你自己。把你想象成你的父母、你的配偶、你的孩子和你的下属。想象你走进一间办公室时，陌生人会对你产生什么印象，为什么？

（5）听取真理，说出真理。不要让那些闲言闲语使你成为受害者之一。当你看到或听到你喜欢的，要多听事实。记住，你向外沟通的都是你的意见，也都是你根据有限的资料来源得到的印象。你要不停地从可靠的来源那儿扩大你的资料库。

（6）对你听到的每件事，要以开放的心态加以验证。不要存有偏见，要有充分的分析能力，对真相进行研究与检验。

（7）对每个问题，都要考虑到它的积极面与消极面，追求积极的一面。

（8）检讨一下自己，看看是否能够轻易和正确地改变你扮演的"角色"：从严肃的生意人，变成彬彬有礼的朋友、父母，变成知己或老师。

（9）暂时退出你的生活圈子，考虑一下究竟是哪种人吸引你？你又要吸引什么样的人？他们是不是属于同一类型？你能否吸引胜利者？你所吸引的人是否比你更为成功？为什么？

（10）发展你神奇的"轻抚"。今天、今晚就对你心爱的人伸手轻抚；在明天、在今后的每一天，都要这样做。

6. 人际沟通的障碍

人际沟通的过程也就是人与人之间的信息沟通、思想感情交流和行为互动的过程。在现代社会中，人际沟通范围的不断扩大，人际沟通的频率不断增加，人际沟通的水准不断提高，因而人际沟通的障碍因素也比以往更复杂。分析和研究人际沟通的障碍因素，对于调节人们的沟通行为，搬掉沟通过程中的"绊脚石"，克服障碍，具有重要意义。

一般来说，人际沟通障碍包含知觉障碍、个性心理障碍、文化障碍以及社会障碍等类型。

1）知觉障碍。人际沟通障碍产生于人际沟通过程中。在认知对象时经常会出现不同的知觉错误即知觉障碍，最常见的是几种心理效应，如首因效应、近因效应、晕轮效应、投射效应与刻板效应。它们既可以在人际交往中发挥着积极的促进作用，同时也会有其消极作用，即干扰着人们的直觉，使之形成认知误差，最后形成沟通障碍，这里不再赘述。

小故事 0-3

孔子的慨叹

孔子被各地所聘，携众弟子讲学，但是迟迟得不到报酬。当时，孔子生活拮据，当地村民给了他们一些米粮，孔子想，这个米饭让谁来煮我才放心呢，他想到了大弟子颜回，颜回平日忠厚老实，不贪图小便宜，于是他就把煮米饭的任务交给颜回，颜回欣然接受。

过了一会儿，孔子忍受不了米饭香味的诱惑，便到厨房，刚到厨房门口，他看到了一幕：颜回正手抓着米饭，大口地在吃。孔子十分生气，自己最喜爱的好弟子，怎么会这样呢？孔子回到了书房，此时大弟子把米饭也端进了书房让师傅吃，孔子心想，我要考验他一下，看看颜回是否真的不懂尊师重道呢？于是，孔子就和颜悦色地说："我们难得吃一回米饭，先祭祭祖吧!"古时候,祭祖必须是干净的食物,如果食物被沾染了肮脏的东西,那就是对祖先的大不敬。当时,颜回一听要祭祖,扑通一声给师傅跪了下来,说:"师傅,不能祭祖,因为这些米饭已经被我抓过了,也吃过了。"孔子当时心里暗喜,想孺子还算可教,接着颜回说了一句让孔子非常震惊的话:"因为厨房年久失修,又没有清理过,当我打开锅盖时,热气使棚上的灰掉到了锅里,米饭脏了,我想扔掉太可惜了,就把这些脏的吃掉,既可以让我吃饱,也可以让师傅您吃到干净的米饭,多好啊。"当时,孔子心中深深叹息,原来我亲眼看到的也不是真的。

【思考】孔子为什么慨叹?

2) 个性心理障碍。一个人的个性心理主要指个性倾向性与个性特征,包含性格、气质、态度、情绪、兴趣等;另外也包含自卑、自傲、羞怯、孤僻、嫉妒、偏见等消极性心理特征。这些心理特征对人际沟通有着严重的制约作用。

(1) 态度。沟通的基本问题是如何把握态度,一个人的态度不对,技巧再好也是枉然。人在沟通交流的过程中,无论处于什么位置,都应根据自己的要求、兴趣去理解和分析对方的信息并做出积极反馈,调整自己的言行,达到信息交流的目的。

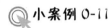 **小案例 0-11**

拼 地 图

从前,美国有一个牧师,他在一个星期六的早晨起来,正为自己要在十分困难的情况下进行唠叨的布道而发愁。当时他的太太去买东西了,天空正下着雨,他的小儿子又吵闹不休,令人烦心。后来这个牧师在无可奈何的情况下,捡起一本旧杂志,一页一页地翻着,当翻到有一幅色彩艳丽的世界地图时,就把它撕了下来,然后将它撕成碎片,扔到地板上,对小儿子说:"小约翰,你要是能将这幅地图重新拼起来,我就给你 25 美分。"

牧师以为他的儿子为此会花上大半个上午,可是不到 10 分钟,就有人敲他的房门,是他的儿子抱着拼好的地图进来了。牧师非常惊讶地看着这准确无误的世界地图,便问:"孩子,你是怎么完成这幅拼图的?"小约翰说:"这非常容易,在地图的另一面有一个人的照片,我就把这个人的照片拼在一起,再翻转过来,我想,如果这个人是正确的,那么,这个世界地图就是正确的。"这个牧师终于笑了,给了儿子 25 美分,并且说:"你也替我准备了明天的讲道。假如一个人是正确的,他的世界也是正确的。"如果一个人想改变他的世界,首先他应该改变自己。

【思考】你认为态度与沟通方式有何关系?

(2) 情绪。研究表明两个人的沟通 70% 是情绪,30% 是内容。如果沟通时情绪不对,内容就会被扭曲;情绪激动时,人们很难条理清晰地思考问题,思想也会被模糊,常会口不择言,伤人情感。而面对情绪激动的对方,大部分人都会变得怒不可遏、拒不接受,而不能平静理智地驳倒对方,乃至产生冲突。所以,沟通内容之前,情绪层面一定要梳理好。

小故事 0-4

善于管控情绪的李世民

唐太宗李世民每次听完魏征讲话后都要出去走一走,有人不解地问唐太宗:"这是为何?"

他回答说:"我怕我杀了他。"

其实,魏征是谏议大夫,原先是唐太宗哥哥的人,魏征不因原主子被唐太宗杀了而巴结他,相反,他能坚持原则照样批评唐太宗。但唐太宗知道他讲的是对的,怕情绪影响自己对信息的正确接受,只有选择出去散步,让情绪正常。

唐太宗管控自己情绪的能力极强,不愧为唐代最杰出的明君。

【思考】管控情绪还有哪些方法?

（3）自卑。自卑是由于对自己的知识、能力、才华过低地评估而轻视自己,是一种自我封闭心理。自卑是一种认为自己不如别人的情绪体验,主要表现为缺乏信心,妄自菲薄,对自己的能力估计过低;在成功时多归之于外部原因,遭挫或失误时则做内部归因,过分自责。自卑是严重影响人际沟通的心理障碍,直接阻碍一个人走向社会,危害个人发展和人际交往。

小案例 0-12

聪明的父亲

一个人在遭受挫折以后,如果不能正确对待自己就会产生自卑心理。有一个叫小文的女孩,在参加工作第一次单独外出接洽生意时就遭到了失败,被同事取笑后,她哭着跑回家,在父母的劝解下仍然不能释怀,觉得自己一无是处。这时她父亲拿出一支笔和一张白纸,要她在白纸上画黑点,只要想到自己的不足和缺点就在纸上点一点,画定之后,父亲问她:"你看到什么?"她说:"我看到无数的黑点,无数的缺点。"父亲又说:"还看到什么?"她说:"除了缺点还是缺点。"

父亲一再地启发,女儿终于发现"白纸部分大于黑点部分"。父亲又启发她:"将你的优点和长处盖在黑点上,还剩下多少黑点? 是不是白纸更大了? 这就是你的发展空间,是不是空间很大?"女儿认真地思考之后,点了点头,心情开朗了,鼓足勇气重新开始自己的事业。

父亲一次次开导,一步步启发,终于让女儿变得自信,最后当上了公司的销售经理。

【思考】消除自卑心理,你还有什么好办法?

（4）自傲。自傲是自以为比别人高明而骄傲,是一种过度的自我接受倾向。它是自尊心过分膨胀的表现,主要表现为狂妄自大、目空一切、不自量力、想入非非,设想自己如何了不起,能干大事业,对身边小事不屑一顾,对身边人贬低,不愿与人沟通交往。

（5）羞怯。羞怯既指害羞也指胆怯。根据斯坦福大学的心理学家所做的调查,在抽样调查的一万多名成人中,约40%的人有不同程度的羞怯心理,且男女人数比例基本持平。羞怯心理较重的人在人际交往中常表现为话未开口脸先红、话语低沉、心乱跳,遇到困难,宁可憋在肚子里,也不好意思向他人请教。羞怯心理会影响人的正常交往。

（6）孤僻。孤僻是指孤寡怪癖而不合群的人格表现,常表现为独往独来、离群索居,对他人怀有厌烦和戒备的心理;与人交往时显得漫不经心、敷衍了事。有时看上去似乎也较活跃,但常给人一种做作的感觉,人们一般都不愿主动与之交往。

孤僻常在以下几种情景中表现得更为突出：自身不受别人理睬而不得不独处时，常会有失落感和自尊心受伤感，这时就会显得更加孤僻而不愿与人交往；当与别人交往而当众受到讥讽、嘲笑、侮辱和指责时，常会产生神经过敏，以为别人都瞧不起自己，这时就会闷声不响、郁郁寡欢，或者恼怒异常、撒手离去等。孤僻的人常缺乏朋友之间的欢乐与友谊，缺乏群体的支持，看不到生活的美好。

（7）嫉妒。嫉妒是与他人比较，发现自己在才能、名誉、地位或境遇等方面不如别人而产生的一种由羞愧、愤怒、怨恨等组成的复杂的情绪状态。嫉妒是人类的一种普遍的情绪，有积极作用，也有消极作用。有些人嫉妒是出于不服与自惭而不甘居下，这会激励其奋发努力、力争上游。这时嫉妒就是一种积极的心理与行为。然而很多人在产生嫉妒心理之后，不能将其转化到积极的方面，而是立即将嫉妒心理转变为嫉妒行为，成为影响身心健康、学习工作和人际交往的一个重要障碍。另外，嫉妒心强的人往往事事好胜，使得别人不愿与其交往，从而感到更加孤独、寂寞。

（8）偏见。偏见是产生人际交往障碍的另一种个性心理障碍，它指的是不给别人以公正的考察便贸然做出判断，属于先入为主的一种交往成见。错误的判断、盲目的推理、无知的肯定和否定，都是造成偏见的因素。持有偏见的人往往拼命维护自己的偏见，即使事实证明他错了，他仍会坚持下去。持有偏见可以说是人际交往中的大忌，它一点一点地腐蚀人们的独立判断能力，在人际交往中设置了一道难以逾越的屏障。

小案例 0-13

日本公司的偏见

20世纪30年代，一家日本公司从美国进口一台工业机床。一个月后，美国厂商收到日本公司发来的电报："机床无法使用，请速派一位调试员协助调试。"

美国厂商马上派一位专家去日本帮助调试，但日本公司很快又发来一封电报："贵方派来的调试人员太年轻，请重新派遣一位有丰富经验的调试人员。"

美国厂商的回复出人意料："请贵公司放心接受该调试人员的服务，该调试人员是贵公司所购机床的发明人。"

这是日本公司的偏见，在事实面前日本公司哑口无言。

【思考】如何克服偏见？

3）文化障碍。文化障碍是人们由于言语谈话、举止行为、风俗习惯等不同，在相互沟通时所产生的各种分歧和冲突。随着世界性市场的形成，人们在沟通中十分重视文化因素，因为正如美国的《公共关系手册》所指出的那样："对外关系的交恶，十有八九不是出于利益的冲突，而是语言文化、传统等方面的隔阂。"文化障碍包括以下几个方面。

（1）语言障碍。人与人之间的信息沟通主要是借助语言来进行的（包括口头语言和书面语言），而语言只是作为交流思想的工具，它并不是思想本身，它只是用以表达思想的符号系统。由于人们的语言修养不同、表达能力不同，对同一种思想观念或事物，有的表达得很清楚，有的表达得不清楚。同样，对同一组信息，有人听后马上理解了，有人听来听去不知其所以然；有人听后做这样的解释，有人听后又做那样的解释。用语言，特别是用各种不同的语言或者文字表达思想、表达事物，往往会产生听不懂、曲解或断章取义的现象，形成语言障碍。

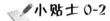 **小贴士 0-2**

外国人为何交白卷

近期，网上流传这样一段话。

一外国人来华留学四年，主攻汉语，临毕业，参加中文晋级考试，题目很少，暗喜，再仔细一看，懵了，题目如下。

请写出下面两句话的区别在哪里？

① 冬天，能穿多少穿多少；夏天，能穿多少穿多少。

② 大龄未婚青年产生的原因有两个：一是谁都看不上；二是谁都看不上。

③ 女孩给男朋友打电话：如果你到了，我还没到，你就等着吧；如果我到了，你还没到，你就等着吧。

④ 单身的原因：原来是喜欢一个人；现在是喜欢一个人。

这名外国人泪流满面，交了白卷，然后回国了。

【思考】 这名外国人为什么会交白卷回国了？试题中每句话的真实含义是什么？

（2）观念障碍。观念属于思想范畴，由一定的经验和知识积累演化而成，是一定社会条件下人们接受、信奉并用以指导自己行动的理论和观点。不同年龄、不同阅历、不同社会背景的人，会有不同的观念，这种观念上的差异会成为他们之间沟通的障碍。例如：青年人认为老年人保守僵化，老年人认为青年人幼稚轻浮；售货员认为自己的职业是"伺候"顾客、低人三分，顾客认为拿钱买货理应被"伺候"。

（3）习俗障碍。习俗即风俗习惯，是在一定历史文化背景下形成的具有特别固定的调整人际关系的社会因素，如礼节方式、审美传统等。习俗世代相传，是经过长期重复出现而约定俗成的习惯法，虽然不具有法律的强制力，但对人们的行为和思想有相当大的约束和影响作用，不可忽视。忽视习俗因素往往会造成误解，导致沟通失败，甚至会使沟通对象大受伤害，再也不愿往来。

 小案例 0-14

海员们为何大怒

一天，六位外国海员来北京某饭店用餐。海员们胃口很好，豪饮之际，那一盘盘端上来的菜肴如风卷残云般，被一扫而空。唯有那条大黄鱼，只吃了上面的一半，下面的一半却没动。笑盈盈的服务员见此情景，便热情地拿起公筷，把鱼翻了过来。想不到这几位海员勃然大怒，把筷子一摔，离席而去。这位服务员一片好心，为什么反而触怒了海员呢？原来，海员长年在海上工作，最担心的是翻船，而把鱼翻个身，"翻"这个动作是他们最忌讳的。"忌讳"也是风俗习惯的一个部分。

【思考】 怎样克服习俗障碍？

（4）文化程度障碍。沟通双方的受教育程度、经验水平、文化素质和文明程度差距过大,信息接收者对信息的内涵不理解或不接受,也会造成沟通障碍。

小故事 0-5

秀 才 买 柴

有一个秀才去买柴,他对卖柴的人说:"荷薪者过来!"卖柴的人听不懂"荷薪者(担柴的人)"三个字,但是听得懂"过来"两个字,于是把柴担到秀才面前。秀才问他:"其价如何?"卖柴的人听不大懂这句话,但是听得懂"价"这个字,于是告诉秀才价钱。秀才接着说:"外实而内虚,烟多而焰少,请损之。(你的木柴质量不好,燃烧起来会浓烟多而火焰小,请减些价钱吧。)"卖柴的人因为听不懂秀才的话,于是就担着柴走了。

【思考】怎样克服文化程度障碍?

4) 社会障碍。社会系统方面的沟通障碍因素很多,这里主要探讨一下空间距离和组织结构,因为它们在诸多社会系统方面的交往障碍因素中是最主要的。

(1) 空间距离障碍。发送者与接收者空间距离过远、中间环节过多,就有可能使信息失真或被歪曲;传递工具不灵,通信设备落后,造成接收者不了解信息内容的思想观念;信息在传递过程中还会受到自然界各种物理噪声的干扰,更加重了沟通障碍。

(2) 组织结构障碍。组织结构障碍主要表现在以下几个方面。

① 传递层次过多造成信息失真。让我们看一个有名的故事,据说历史上某部队一次命令传递的过程是这样的。

少校对值班军官:今晚 8 点左右,哈雷彗星将可能在这个地区看见,这种彗星每隔 76 年才能看见一次。命令所有士兵穿野战服在操场上集合,我将向他们解释这一罕见的现象。如果下雨就在礼堂集合,我会给他们放一部关于彗星的影片。

值班军官对上尉:根据少校的命令,今晚 8 点,76 年出现一次的哈雷彗星将在操场上空出现。如果下雨,就让士兵穿着野战服列队前往礼堂,这一罕见现象将在那里出现。

上尉对中尉:根据少校的命令,今晚 8 点,非凡的哈雷彗星将身穿野战服在礼堂出现。如果操场上有雨,少校将下达另一个命令,这种命令每隔 76 年才出现一次。

中尉对上士:今晚 8 点,少校将带着哈雷彗星在礼堂出现,这是每隔 76 年才有的事。如果下雨,少校将命令彗星穿上野战服到操场上去。

上士对士兵:在今晚 8 点下雨的时候,著名的 76 岁的哈雷将军将在少校的陪同下,身着野战服,开着他那"彗星"牌汽车,经过操场前往礼堂。

经过五次传递,少校的命令已经变得面目全非,信息失真率达到 90% 以上。同理,如果组织结构庞杂、内部层次过多,每经过一个层次,往往就会产生差异,使信息失真或流失,积累起来,便会对沟通效果带来很大影响。

② 沟通渠道单一造成信息量不足。这种沟通中的组织障碍主要是指信息的传递基本上是单向的——上情下达。组织结构的安排不大便于从下往上提建议、商讨问题,因而送到决策层的信息量明显不足。

此外,沟通渠道不当也会造成沟通障碍。沟通渠道可以是书面形式,也可以是口头形式,其选择也会在很大程度上影响沟通的效果,在沟通的双方之间造成不同的理解。

⊘ **小案例 0-15**

罗尔与员工沟通的方式

　　威金全帝百公司是一家以英国为根据地的跨国企业，1990 年在英国证券交易所发行股票，主营产品包括电子、食品、器具和信息服务。

　　罗尔是该公司的市场部经理。他负责 3 名地区主管和 80 名员工。

　　星期一早上，他和往常一样走进自己的办公室。

　　透过窗子，他看到员工正在激烈地讨论什么，但是当他走近他们身旁时，他们却停止了讨论。

　　罗尔意识到，他们可能正在讨论自己，而且是不利的消息。

　　他回到自己的办公室，努力思考着员工究竟在讨论什么。

　　总经理盖瑞敲了敲门，走进了他的办公室。

　　"罗尔，我不得不提醒你，上个周末，你给我们发的电子邮件对大家是一个致命的打击。现在，人心惶惶，整个工作都乱成一团。"盖瑞说。

　　"电子邮件？"罗尔努力回忆自己上个周末的工作，"你是说我发给大家的一封邮件，内容是关于上周会议中通过的关于我们公司财务困难以及可能裁员的邮件？"

　　"是的，就是它。"盖瑞回答。

　　"我们的会议上不是讨论过可以向所有员工通报吗？"罗尔疑惑地问。

　　"可是，罗尔，"盖瑞解释说，"我们的意思是，你应该直接找员工谈话，告诉他们这个坏消息，了解他们的反应，并且尽可能地解答他们心中的疑惑。如果那样做的话，就能最大限度地减少他们心中的恐惧和不安。现在，你却用电子邮件发送给他们。种种猜测漫天飞，公司几乎处于一片混乱之中。"

　　事实告诉罗尔：应该直接找员工谈话，而不能公开发电子邮件，那样也许工作顺利，风平浪静。

　　【思考】怎样克服沟通渠道障碍？

　　③ 机构臃肿造成沟通缓慢。市场竞争要求组织迅速决策，迅速占领市场，而机构臃肿却造成组织与沟通对象的沟通缓慢，极不适应市场经济的要求。

　　（3）社会角色障碍。这包括社会地位不同造成的障碍、社会角色不同造成的障碍、年龄差异造成的障碍和性别差异造成的障碍。

　　① 社会地位不同造成的障碍。居高位、掌实权者如果官僚主义作风严重，下属就会敬而远之，由此便阻塞了上下沟通的渠道。克服社会地位障碍的有效方法是发扬民主，干群广泛接触，经常对话，相互听取意见。

　　② 社会角色不同造成的障碍。在管理过程中，如果管理者不能以平等的态度对待下属和同事，总喜欢用教训人的口吻与下属和同事说话，那么他与下属和同事之间就会产生隔阂，导致管理沟通的障碍。解决的办法是管理者发扬民主作风，对下属和同事要尊重，有事一起商量，共同寻求解决问题的途径，这样才能达到有效沟通。

✎ **小贴士 0-3**

对　话

老板：这项工作到现在都还没有完成！

雇员：我一直都在想办法，只是……

老板：不要强调客观原因，耽误工作造成的损失，从你这月的薪水中扣除！

雇员：是，对不起，老板，我尽快吧。

【点评】 这里老板借助他的社会地位优势在交流中貌似占据了有利地位，但实际上这次武断专横的沟通，使双方都失去了开诚布公地探讨工作中出现的问题障碍和寻求更佳解决方案的机会。老板最后以扣薪水作为威胁，从完工时效上可能会有一定的督导效果，但从人性化管理的角度看，却大大打击了雇员的积极性和忠诚度，很可能导致这项工作仓促敷衍了事，影响了工作的内在质量和实际效果。

③ 年龄差异造成的障碍。年龄是人的阅历的体现和反映，是时代的年轮和缩影。由于不同年龄的人所处的时代不同、环境不同，这就决定了每个年龄段的人无不带着所处时代的烙印，因此其思想观点、行为习惯甚至世界观也有所差别，这正是人们所说的"代沟"。可以说，在不同的年龄阶段，"代沟"是人际沟通的主要障碍。

④ 性别差异造成的障碍。由于性别的差异，男性和女性有着不同的语言表达方式和习惯。有研究表明：男性通过交谈来强调自己的身份，而女性通过交谈来改善人际关系。也就是说，男性的说和听是一种表达独立意识的行为，而女性的说和听是一种表示亲密的行为。因此，对于许多男性而言，交谈主要是为了保持个体独立和维持社会等级秩序与身份；而对于许多女性来说，交谈则是为了亲近而进行的活动，女性通过交谈寻求认同和支持。例如，男性经常会抱怨女性一遍又一遍地谈论她们的困难，女性则批评男性没有耐心听她们说。实际情况是，当男性听女性谈到问题和困难时，他们总是希望通过提供解决方案来表现他们的独立和对问题的控制。相反，女性则将谈论困难看作是拉近彼此距离的一种方法。女性谈到困难是为了获得支持和理解，而不是想听取男性的建议。

7. 人际沟通障碍的克服

尽管在人际沟通中会遇到各种各样的障碍，但只要人们树立正确的沟通理念，采用科学的沟通渠道和方法，就能克服沟通中的障碍，实现有效沟通。具体来说，克服人际沟通障碍的总体策略与技巧主要有以下几种。

（1）明确沟通目的。沟通双方在沟通之前必须弄清楚沟通的真正目的是什么，动机是什么，要对方理解什么。确定沟通目标，沟通内容就容易理解和规划了。

（2）保持积极的态度。态度对人的行为具有非常重要的影响。在人际沟通中要尽可能保持乐观、积极、向上的态度，避免消极、悲观的态度，在沟通中保持平和的心态，这样才能达到沟通的预期效果。

（3）尊重别人的观点和意见。在沟通中，无论自己是否同意对方的意见和观点，都要学会尊重对方，给对方说出意见的权利，同时将自己的观点更有效地与对方进行交换。

（4）坚持实事求是，以理服人。在人际沟通过程中，不仅说话办事要实事求是，言论行为还要符合社会规范,相处交往要体谅他人。与人交往发生矛盾时,最好的办法是避开对方最有力的攻击,寻找对方薄弱环节有理有力地进行反击,以理服人。如果与人交往中发现自己确实错了,切不可强词夺理,不妨主动认错,赔礼道歉,这样显得诚恳而又豁达,更易赢得别人的谅解、同情和赞许。

（5）以情动人。在人际沟通中要善于驾驭自己的感情,根据不同的人、事以及环境、气氛,恰当地、情真意切地表达自己的喜、怒、哀、乐,以打动对方。只有真正的感情才具有力量,才能够感染和打动人。

（6）正确地运用语言。在人际沟通过程中,语言是必不可少的工具。正确地运用语言,选词造句准确恰当,中心鲜明突出,逻辑思维严密,语言流畅,语气语调依人依事合理选择、恰到好处,就能够保证人际沟通获得更大的成功。

（7）保持积极健康的心态,进行换位思考。在人际交往过程中,做到"己所不欲,勿施于人",经常进行心理换位。同时,还要保持良好的心态,积极主动与他人进行沟通,做到不卑不亢、平等真诚,这样才能避免因自卑和自负造成的沟通障碍,赢得他人的尊重。

（8）用非言语信息打动人。非言语信息往往比语言信息更能打动人。因此,如果你是发送者,你必须确保发出的非语言信息能够起到强化语言的作用。如果你是接收者,则要密切注意对方的非语言信息的提示,以便全面理解对方的意思、情感。

（9）选择恰当的时间和地点进行沟通。一定要选择对方清醒的时间传递信息,并且传递信息时有张有弛、疏密得当,让接收信息的人感到轻松愉快;在地点上,要尽量减少干扰因素,使沟通双方感到轻松自然。

（10）针对沟通对象进行沟通。发送者要根据接收者的心理特征、知识背景等状况,调整自己的谈话方式和措辞,要避免以自己的职务、地位、身份为基础去进行沟通。

◎ 小案例 0-16

一次订餐经历

小刘供职的公司计划与当地房地产中介协会合作举办"全国房地产中介发展论坛",时间是5月10日上午9:00—11:40,地点在珠江大学科技楼讲学厅。公司计划在讲座结束后,给听讲座的人每人供应一份麦当劳套餐。小刘的工作是布置讲学厅并安排送餐。

9日下午,小刘来到珠江大学布置好讲学厅,晚饭后与协会的工作人员去采购讲座必需品。他们来到市中心百欣广场对面的沃尔玛采购,刚好隔壁就是麦当劳餐厅,她决定去这家餐厅看看。这家麦当劳餐厅不是距离学校最近的,考虑到送餐的便捷性,初始她并没有选择这家店。一进入餐厅,小刘直接找了餐厅的经理,一位年轻漂亮的女服务员接待了她。她身上似乎还有着学生的气息,这让小刘觉得她应该是工作很细心的人。小刘直接表示:公司要筹办一次讲座,需要提供送餐业务,时间是明天上午,大约是70人(讲学厅有64个座位,会议邀请了讲师和老师共20多位,但由于学生的数量不好估计,她考虑暂订70份)。在听过小刘的简述后这位漂亮的女经理表示送餐没问题。小刘认为送餐时间是最关键的因素,她接着就强调了要11:30送到(小刘想到送餐太早凉了不好吃,送晚了讲座已经结束会影响效果,觉得套餐应该在讲座结束前10分钟,也就是11:30送到)。女经理表示时间也可以保证。小刘又说了送餐地点——珠江大学科技楼三楼讲学厅,女经理听到她说完后，表示自己已经清楚了。为了保险，小刘特意画了指示图，女经理看过表示完全明白，并表示送餐员是搭的士送餐，司机都很清楚珠江大学的位置，一定不会误事。时间和地址这两个最重要的问题明确后，女经理开始追问小刘送餐的具体数量，小刘清楚当时是没法确定数量的，表示先预订70份。最后她们约定第二天上午10:00前给电话确定最后套餐的数量。在留了电话、交付200元定金后，小刘满意地离开了。

第二天早上讲座顺利开始，因为相同的主题讲座已经办了两场，合作方的主讲人也是个很有经验的专业人士，讲座受到了珠江大学师生的欢迎，在讲座开始40分钟时就已经有91人了，还有不少学生是站着在夹道聆听的。9:55的时候，小刘按照约定给麦当劳餐厅电话，女经理接的电话，考虑到后面应该还有听众来，套餐要多预留几份，订了100份套餐。

讲座顺利进行，小刘很开心，就在这时合作方的代表告诉小刘说讲座就要结束了，问她套餐何时送来？

小刘看表才11:15，竟然比计划提早25分钟，这时小刘只能去协调了。她马上打电话到麦当劳餐厅，得到的答复是送餐的同事已经出来了，"应该最多10分钟就到了。"小刘心里计算着，又立刻进入讲学厅想法先稳住听众，和合作方的代表商议临时来个抽奖问答。有了奖品马上调动了大家的情绪，她心中想着又能应付个十来分钟了。

抽奖结束了，大家很开心，可是送餐依然没有到，这时小刘有些着急了，马上再次打电话给餐厅，得到的答复是已经出门十多分钟了。听到女经理这么说，小刘心里比较生气，昨晚她漂亮的形象也开始有点模糊了，出门打车十多分钟了怎么还会没到？小刘直接询问送餐员的电话，可是女经理说还是她自己联系，小刘感觉有些受骗，可是似乎无能为力，只是表示让她赶紧联系再回电话，相对昨晚的甜言，听了女经理的话让小刘有些不寒而栗。时间一分一秒都很难熬。好不容易让合作方的代表再和听众互动十分钟，小刘又打餐厅电话，回答是快到了，小刘感觉真不知该说些什么，女经理的形象已开始在她心中坍塌了。时钟指向11:40了，看着有几位听众要离开了，她再三挽留并表示有套餐送，可他们还是离开了。

没有办法，小刘还是给餐厅打电话想直接联系到送餐员，经理没有给她电话只是说送餐员已经到了。她追问到哪里了，女经理只是说送餐员说到了，也没说到了哪里。小刘听了十分生气，她对女经理说你不告诉我送餐员电话就叫他们联系我。女经理只是一个劲地道歉，但小刘很难再相信她的话了。她冲向科技楼下，没有看到送餐员的身影，也不知究竟到没到，学院有几个大门，也不知到了哪个门口。正在跑来跑去，电话响起，总算有了和送餐员直接的沟通。问清楚送餐员的位置，她跑到了学院西门，没时间生气训斥了，大家一起抬套餐到了讲学厅。这时已是11:50，于是赶快给大家发餐。看着大家拿着套餐离开，小刘才松了一口气。

事情还没有结束，由于时间的延误，已经有20余人离开了，套餐剩余了25份，自己留5份还多余20份，这肯定是不能接受的，唯一的办法是退回餐厅。可是小刘也没有十分的把握，打电话给餐厅女经理，先表达了自己的意见，因为怕餐厅拒绝退餐，她表示因为送餐迟到20分钟导致20份套餐没有送出，餐厅要因为自己的送餐延误而承担这一结果。经过一番协商，15份套餐退回，还有10份只能小刘和同事们自己吃了。平时也算喜爱的麦当劳汉堡此时让小刘有些讨厌了。

讲座结束了，突发事件也处理完成，可是小刘心里还是对那位麦当劳女经理有意见，虽然事后送餐员解释是出租车司机找不到路延误了时间，可是她认为这是女经理做事不细致，协调不力导致的。而自己事先没有和讲座主讲人沟通清楚也造成了后来的仓促。沟通是可以解除很多误会的，但是沟通也是最容易让人疏忽的。

【思考】你认为这次订餐造成延误的主要负责人是谁？如果你是本案例的主人公，在订餐过程中如何避免事件的发生？

8. 人际沟通的相互作用分析

（1）相互作用分析的理论基础

相互作用分析的理论是加拿大学者伯恩提出的一种提高人际交往能力和促进信息沟通的方法。这种分析理论认为，个体的个性是由三种比重不同的心理状态构成，这就是"父母""成人""儿童"状态。取这三个单词的第一个英文字母，Parent（父母）、Adult（成人）、Child（儿童），所以简称人格结构的 PAC 分析。PAC 理论把个人的"自我"划分为"父母""成人""儿童"三种状态，这三种状态在每个人身上都交互存在，也就是说这三者是构成人类多重天性的三部分。

① "父母"状态。"父母"状态以权威和优越感为标志，通常表现为统治、训斥、责骂等家长制作风。当一个人的人格结构中 P 成分占优势时，这种人的行为表现为凭主观印象办事，独断独行，滥用权威，这种人讲起话来总是"你应该……""你不能……""你必须……"。

② "成人"状态。表现为注重事实根据和善于进行客观理智的分析。这种人能从过去存储的经验中估计各种可能性，然后做出决策。当一个人的人格结构中 A 成分占优势时，这种人的行为表现为：待人接物冷静，慎思明断，尊重别人。这种人讲起话来总是："我个人的想法是……"

③ "儿童"状态。"儿童"状态像婴幼儿的冲动，表现为服从和任人摆布。一会儿逗人可爱，一会儿乱发脾气。当一个人的人格结构中 C 成分占优势时，其行为表现为遇事畏缩，感情用事，喜怒无常，不加考虑。这种人讲起话来总是"我猜想……""我不知道……"。

（2）人际交往个性中的 P、A、C 比重

每个人的三种心态比重不同，形成了不同的行为特征。

P 高 A 低 C 高——专制幼稚型。喜怒无常、难以共事、支配欲强，有决断能力，喜听歌颂和被照顾。

P 高 A 低 C 低——专制型。墨守成规、照章办事，家长作风，不合潮流，养成下属依赖性。

P 低 A 低 C 高——幼稚型，有稚气，用幼稚幻想决策，喜寻求友谊，对人有吸引力。

P 低 A 高 C 低——正统成人型。客观而重现实，工作刻板、待人较冷漠，只谈公事，不谈私事，难以共事。

P 高 A 高 C 低——父母成人型。易把"父母"心态过渡到"成人"状态，经训练学习和经验积累，是成功管理者。

P 低 A 高 C 高——为成人与儿童型。将"成人"和"儿童"心态结合在一起，是理想管理者，对人对事物都能搞好。

父母自我状态、成人自我状态和儿童自我状态这三种状态是一个人在其成长过程中逐

步形成而成为心理结构的组成部分。当人们进行交往时,实质上是这些状态进行相互作用。

（3）相互作用分析的类型

① 互应性沟通（AA 型）。互应性沟通是一种在符合正常人际关系的自然状态下的反应,也是为人所预期的反应。这时,相互作用是平行的,对话可以很好地进行下去,不会引起矛盾。如主管:这任务一星期能完成吗? 下属:如果没有其他干扰的话,我想是能够的。

② 交叉性沟通（PC 型）。在沟通中,如果沟通双方不是适当的反应或预期的反应,就可能成为交叉性沟通。这时,沟通角色相互作用是交叉的,这样,信息沟通就会出现矛盾而中断。如甲:这工作你怎么做得这样不负责任,你要重做! 乙:你少来指手画脚,你自己管好自己就是了。

③ 隐含性交流。这是一种最为复杂的交流方式。在隐含性交流中,发送者没有把真正的信息明白地表达出来,而是隐含在另一种社交客套之类的交流之中。如科长:张先生（科员）,上面想请你到山东当分支单位的主管,不过我想你不大适合。科员:你说对了,我想留在机关。

（4）PAC 人格结构理论应用意义

了解 PAC 分析理论,有助于我们在交往中有意识地觉察自己和对方的心理状态,做出互补性或平行性反应,使信息得到畅通。倘能在交往中把自己的情感、思想、举止控制在成人状态,以成人的语调、姿态对待别人,给对方以成人刺激,同时引导对方也进入成人状态,做出成人反应,那就有利于建立互信、互助关系,保持交往关系的持续进行。国外对管理人员进行 PAC 分析理论教育,帮助他们了解人们在相互接触中的心理状态,取得了良好的效果。

小案例 0-17

PAC 理论应用两例

1. 某社区民警调解邻里纠纷

社区民警来到报警的小区居民家中,对话如下。

民警:大爷,是你报的警吗? 发生了什么事?

大爷:隔壁装修噪音太大影响我休息,你必须让他立刻停止装修。否则我天天打 110。

民警:大爷,我已经看过了,让他们中午和早晚休息时段必须停工,其他时间也尽量减少装修声音。

大爷:不行。如果不停工就得给我噪音补偿费。

民警:我和他们商量了,一月给您 50 元,你看行吗?

大爷:行啊。

民警:大爷,我看您家水管都锈了,地砖也掉了不少,墙也掉皮了……也该装装了。

大爷:是啊,早就想装了,可是我腿脚不好,干这个有点困难。

民警:大爷,您不用着急,如果您信得过我,到时我帮您张罗张罗。

大爷:那敢情好。

民警：大爷，您要装修也有噪音啊，也得给人家噪音补偿费啊。

大爷：是啊，赶紧把人家的钱退回去吧。岁数大了糊涂了，让你为难了。

民警：大爷不用急，我没拿人家的钱，那是我临时垫的。邻里之间要互相礼让，互相包容，互相帮衬。

【点评】对于大爷这种命令型的家长状态，该民警首先扮演了一个服从听话的乖孩子，将大爷的所有要求都接受下来；其次当大爷恢复正常的成人状态后，适时地创造了一个现实情境，使大爷设身处地地认识到邻里关系的重要性，最终圆满解决邻里纠纷。

2. 某社区民警协助居委会清理地下室

社区民警对强占地下室且拒不腾退的居民郭某做工作，对话如下。

民警：老郭，你知道抢劫、盗窃是犯罪吧。

郭某：知道。

民警：地下室是小区居民共有的公共财产。你强占四间，就是抢劫或盗劫四间房。现在北京商品房多少钱一平方米？四间多少钱？算起来你该判刑了。

郭某：谁又不是没进过局子。我看谁敢动我的东西，我跟他玩命。

民警：你儿子上班了吧？

郭某：儿子是大学老师，公家人。

民警：大学老师好啊，你不想让你儿子有一个在监狱服刑的爸爸，让他脸上无光吧。

郭某：我还真怕影响我儿子。可是，这四间房里的东西我一时半会儿也搬不完啊。

民警：没关系，只要你同意腾房子，我和居委会说说宽限你几天，你看多少天够？10天成不成？

郭某：行，有您这几句话，我10天后交房钥匙。

民警：你和居委会签个协议，也约束一下你，保证10天后交房。

【点评】对于郭某这种无理取闹的儿童状态，该民警首先扮演了一个严厉的父母，警告郭某强占地下室是一种违法行为，会受到法律的制裁。同时又用郭某最在乎的儿子的感受打动他；其次，当郭某恢复到正常的成人状态时，以成人对成人的状态适时地提出签订协议，宽限时间，保证兑现的要求和条件，圆满地解决了居委会的棘手问题。

9. 人际沟通风格

在人际沟通过程中，我们依据一个人在沟通过程中的表达方式是直接还是间接，是理性还是感性，以及沟通过程中做决策的速度是非常果断还是需要很长时间，就把我们在工作和生活中遇到的人分为了随和型、表现型、分析型和支配型四种不同的类型。

感情流露多、做事不果断且慢的人被称为随和型的人。他总是微笑着看着你，但是他说话很慢，表达也很慢。另外一种，感情外露，做事非常果断、直接，热情而有幽默感，活跃、动作非常多，而且动作非常夸张，这样的人属于表现型。有的人在决策的过程中果断性非常弱，感情流露也非常少，说话非常啰唆，问了许多细节仍然不做决定，这样的人属于分析型。最后一种，感情不外露，但是做事非常果断，总喜欢指挥、命令他人，这样的人属于支配型。

不同人际沟通风格的人具有不同特征，他们的沟通方式也不同。

（1）随和型。随和型的人具有合作、友好、赞同、耐心、轻松、亲切、稳定、不慌不忙、面部表情和蔼、频繁的目光接触、说话慢条斯理、声音轻柔、抑扬顿挫、使用鼓励性的语言、大局为重、和为贵等特征。

与该类型的人沟通的时候，首先要建立好关系，力求创造友善的环境氛围，减少他们的戒备心。同随和型的人沟通的过程中还要注意始终保持面带微笑，和蔼可亲，说话要比较慢，要注意抑扬顿挫，不要给他们压力，要鼓励他们多发表看法，去征求他们的意见。所以，与他们沟通时多提问："您有什么意见？您有什么看法？"再者，沟通过程中要时常注意同他们有频繁的目光接触，每次接触的时间不长，但是频率要高。另外，亲情、友情方面的话题对他们有吸引力。

（2）表现型。表现型的人具有热情、冲动、愉快、幽默、外向、直率友好、不注重细节、令人信服、合群、活泼、快速的动作和手势、生动活泼、抑扬顿挫的语调、有说服力、善言辞、善于鼓动气氛等特征。

与表现型的人沟通的时候，首先，我们的声音一定要洪亮，并且要伴有相应的动作和手势；其次，在沟通的过程中，我们要对表现者给予关注及兴趣，对他们的积极表现要多加赞赏，他们讲话时要认真倾听，在打断前对他们的说法加以肯定；再次，与表现型的人沟通的过程中说话要非常直接；最后，沟通时要多从宏观的角度去说："你看这件事总体上怎么样？最后怎么样？"

（3）分析型。分析型的人具有精确、慎重、清高、严肃认真、有条不紊、语调单一、真实、沉默寡言、埋头苦干、面部表情少、动作慢、合乎逻辑、语言准确、注意细节、有计划有步骤、喜欢引经据典、喜欢有较大的个人空间等特征。

与分析型的人沟通时，首先，沟通前要给他们时间，让他们做准备，因为他们不喜欢仓促行事；其次，要注重细节，遵守时间，尽快切入主题，态度要认真，不要有太多的目光接触，更要避免有太多身体接触；最后，分析型的人一般喜欢书面沟通，与他们沟通时要用准确的语言，如专业术语是他们的爱好，沟通过程中能列举一些具体的数据并配以事实、图表、符号、附件说明等工具会取得更好的效果。

（4）支配型。支配型的人具有锐利、勇敢、果断、咄咄逼人、指挥人、计划性强、独立、有能力、热情、面部表情比较少、情感不外露、审慎、强调效率、有目光接触、说话快且有说服力、语言直接、注重事实、适应性强及目的性强等特征。

与该类型的人沟通时要开门见山，讲话时要直截了当，坚定果断，但要表现出对他们的尊重，其中战略目标、行动计划、进程、解决办法之类的话题更容易引起他们的谈话兴趣。另外，与他们沟通时要有信心并要伴有一定的目光接触，最好身体稍向前倾。鉴于该类型的人计划性及目的性强等特点，沟通时要以解决问题为导向，要注重效率与结果。

案 例 分 析

1. 拿破仑·希尔亲身经历的故事

拿破仑·希尔叙述过这样一个自己的亲身经历：有一天，有位老妇人来到我的办公室,送进来她的名片,并且传话,她一定要见到我本人。我的几位秘书虽然多方试探,却无法诱使她透露她来访的目的及性质。因此,我认为,她一定是位可怜的老妇人,想要向我推销一本书。同时,我想起了母亲,也是一位女人,于是我决定到接待室去,买下她所推销的书;不管是什么书,我都决定买下来。

当我走出我的私人办公室,踏上步道时,这位老妇人——她站在通往会客室的栏杆外面——脸上开始露出了微笑。

我曾经见过许多人微笑,但从未见过有人笑得像这位老妇人这般甜蜜。

这是那种具有感染力的微笑,因为我受到她的精神影响,自己也开始微笑起来。

当我来到栏杆前时,这位老妇人伸出手来和我握手。一般来说,对于初次到我办公室访问的人,我一向不会对他太友善,因为如果我对他表现得太友善了,当他要求我从事我所不愿做的事情时,我将很难加以拒绝。

不过,这位亲切的老妇人看起来如此甜蜜、纯真而无害,因此,我也伸出手去。她开始握住我的手,到这时候,我才发现,她不仅有迷人的笑容,而且还有一种神奇的握手方式。她很用力地握住我的手,但握得并不太紧。

她的这种握手方式向我的头脑传达了这项信息:她能和我握手,令她觉得十分荣幸。在我的公共服务生涯中,我曾经和数千人握过手,但我不记得有任何人像这位老妇人这般深通握手的艺术。当她的手一碰到我的手时,我可以感觉到我自己"失败"了。我知道,不管她这一次是要什么,她一定会得到,而且我还会尽量帮助她达成这项目标。

换句话说,那个深入人心的微笑,以及那个温暖的握手,已经解除了我的武装,使我成为一个"心甘情愿的受害者"。

这位老妇人十分从容,好像她拥有了整个宇宙一般(而我当时真的相信,她拥有这种力量)。开始说:"我到这儿来,只是要告诉你(接着,就是一个在我看来十分漫长的停顿),我认为你所从事的,是今天世界上任何人都比不上的最美好的工作。"她在说出每一个字时,都会温柔但紧紧地握一握我的手,用以强调。她在说话时,会望着我的眼睛,仿佛看穿了我的内心。

在我清醒之后(当时的样子仿佛昏倒了,这已经成为我办公室助手之间的一大笑话),立即伸手打开房门的小弹簧锁,说道:"请进来,亲爱的女士,请到我的私人办公室来。"我像古代骑士那般殷勤而有礼地向她一鞠躬,然后请她进去坐一坐。

在以后的45分钟内,我静静聆听了我以前从未听过的一次最聪明而又最迷人的谈话,而且都是我的这位客人在说话。从一开始,她就占了先,而且一路领先,直到她把话说完之前,我一直不想去打断她的话。

她一坐在那张大椅子上之后,立刻打开了她所携带的一个包裹,我以为是她准备向我推销的一本书。事实,确实是书,是我当时主编的一份杂志的合订本。她翻阅这些杂志,把她在书上做了记号的部分都一一念出来。同时,她又向我保证说,她一直相信,她所念的部分都有成功哲学作基础。

在她这次访问的最后3分钟内,在我处于一种完全被迷惑,而且能够彻底接受别人意见的状态下,她很巧妙地向我说明了她所推销的某些保险的优点。她并没有要求我购买,但是,她说明的方式,在我心理上造成了一种影响,驱使我主动想要购买。虽然我并未向她购买这些保险,但她仍然卖出了一部分保险。因为我拿起了电话,把她介绍给另一个人,结果她后来卖给这个人的保险金额,是她最初打算卖给我的保险金额的 5 倍。

【思考与讨论】

(1) 拿破仑·希尔与老妇人的人际沟通成功吗?为什么?

(2) 本案例对你有什么启示?

2. 午餐

有一位叫培洛的美国人,曾是 IBM 排名第一的推销员,创造过用 17 天完成全年销售任务的奇迹。后来培洛决定自己创业,公司叫作 EDS。当公司发展到几万员工后,他把这个公司以 30 亿美元的价格卖给了美国通用汽车公司。卖之前,美国通用汽车公司的总裁到了培洛的 EDS 总部,他看了之后很满意。这位总裁对培洛说:“你的公司管理得不错,我们应该有很多合作的空间和机会。”到了午餐时间,他问培洛:“贵公司主席用餐的餐厅在哪里?”培洛说:“我们公司没有啊!”总裁问:“那贵公司有没有高级主管用餐区?”培洛说:“对不起,总裁,我们公司没有。”总裁问:“那我们今天中午怎么吃饭啊?”培洛说:“就排队跟员工一起吃自助餐好了。”美国通用汽车公司的总裁到了他即将收购的公司,连一个主管的餐厅都没有,还要排队吃自助餐?这位总裁觉得不可思议。排队取餐之后,他问培洛:“我们坐在哪里?”培洛说:“就跟员工一起坐呀!”于是那位总裁一边吃一边与员工聊天。吃到一半的时候,培洛说“我们换一张桌子吧”。这位通用汽车的总裁觉得更不可思议了。吃完之后,通用汽车的总裁说:“培洛呀,虽然你这个公司没有什么高级主管餐厅,但你公司的菜是我吃过的自助餐里最好的。”原来培洛在企业里天天排队吃自助餐,是在监督厨房;而他每餐中间换一桌跟基层的员工聊天,是为了时刻了解公司的营业状况。

【思考与讨论】

(1) 你同意培洛的做法吗?为什么?

(2) 本案例对你有何启示?

3. 通天塔

《圣经》上说:人类的祖先最初讲的是同一种语言。他们在底格里斯河和幼发拉底河之间,发现了一块异常肥沃的土地,于是就在那里定居下来,修起城池,建造起繁华的巴比伦城。后来,日子越过越好,他们决定在巴比伦修一座通天的高塔,来作为集合的标记,以免分散。因为大家语言相通,同心协力,通天塔修建得非常顺利。上帝得知此事,又惊又怒:因为上帝是不允许凡人达到与自己同样高的高度的。他看到人类这样统一强大,心想,人类讲同样的语言,就能建起这样的巨塔,日后还有什么办不成的事情呢?于是,上帝决定让人世间的语言发生混乱,使人们相互言语不通。人们各自操起不同的语言,感情无法交流,思想很难统一,就难免出现互相猜疑、各执己见、争吵斗殴,这就是人类之间误解的开始。修造工程因语言纷争而停止,团队的力量消失了,通天塔也就半途而废了。

【思考与讨论】

请结合实际分析该故事的含义。

4. 焦急的李经理

星期一通常是公司最繁忙的日子,当李经理走进办公室的时候,秘书早将一沓文件放在他的办公桌上。每天都要花费大量的时间处理很多这样的文件,李经理很是头疼。

李经理开始埋头处理文件的时候,电话铃响了,是技术总监打来的,他告诉李经理他准备辞职。最近一直在公司内部流传着的小道消息"公司的竞争对手在挖技术总监"的事情被证实了,李经理心中一阵恼火。技术总监了解公司最新开发产品所有的第一手资料,而这些资料是竞争对手梦寐以求的,技术总监此时投奔到对手旗下对公司是很不利的事情。既恼怒又担心的李经理在电话中没想好如何跟技术总监谈这件事,而技术总监又很快挂断了电话。

放下电话,李经理一时也想不出什么好办法,他着急地在屋子里踱步。此时,秘书推门进来,说员工们对此次裁员计划有很多不满,特别是前两天裁掉老刘这件事。老刘已在公司工作多年并接近退休,这样裁员让员工觉得公司很无情,大家也没有安全感,需要经理给出一个解释,此时被裁减的员工代表也聚集在会议室里等待经理的说法。裁员本身已经影响了公司的士气,但一想到可能要面对盛怒的离职员工的代表,李经理不由得产生一丝担忧,这可不是一般的谈话,如果处理不好,带来的后果可能是不堪设想的。

可是眼下由于技术总监的辞职电话干扰了他的注意力,他甚至猜想竞争对手是否已经掌握了新产品的技术,接下来他该怎么办?需要与竞争对手人力资源部经理联系吗?还是直接汇报上司?还是找技术总监本人谈话呢?

可是目前最紧急的问题是,他该如何面对并说服离职员工代表。由于焦急,他竟然找不到合适的说辞来向大家解释公司目前的处境。与员工代表会谈的时间就要到了,可李经理还在自己的办公室焦急地走来走去……

【思考与讨论】

(1) 李经理的沟通能力如何?他应怎样解决目前面临的问题?

(2) 作为一名经理应如何提高自身的沟通能力?

实 践 训 练

1. 测试:你是一个善于沟通的人吗?

通过下面的测试,你会对自己的沟通能力有所把握。

(1) 你刚刚跳槽到一个新单位,面对陌生的环境,你会怎样做?

　　A. 主动向新同事了解单位的情况,并很快与新同事熟悉起来

　　B. 先观察一段时间,逐渐接近与自己性格合得来的同事

　　C. 不在意是否被新同事接受,只在业务上下功夫

(2) 你一个人随着旅游团去旅游,一路上你的表现是怎样的?

　　A. 既不请人帮忙,也不和人搭话,自己照顾自己

　　B. 游到兴致处才和别人交谈几句,但也只限于同性

　　C. 和所有人说笑、谈论,也参与他们的游戏

(3) 因为你在工作中的突出表现,领导想把你调到你从未接触过的岗位,而这个岗位你并不喜欢,你会怎样做?

　　A. 表明自己的态度,然后听从领导的安排

　　　　B. 认为自己做不好，拒绝

　　　　C. 欣然接受，有挑战才更有意义

　　(4) 你与一位好朋友的性格爱好颇为不同，当产生矛盾的时候，你怎么做？

　　　　A. 把问题暂且放在一边，寻找你们的共同点

　　　　B. 妥协，假意服从一位好朋友

　　　　C. 非弄明白谁是谁非不可

　　(5) 假设你是一个部门的主管，你的下属中有两人因为不合常到你面前互说坏话，你怎样处理？

　　　　A. 当着一个下属的面批评另一个下属

　　　　B. 列举他们各自的长处，称赞他们，并说明这正是对方说的

　　　　C. 表示你不想听他们说这些，让他们回去做事

　　(6) 你认为对于青春期的子女的教育方式应该是怎样的？

　　　　A. 经常发出警告，请老师协助

　　　　B. 严加看管，限制交友，监听电话

　　　　C. 朋友式对待，把自己的过去讲给孩子听，让他自己判断，并找些书来给他看

　　(7) 你有一个依赖性很强的朋友，经常打电话与你聊天，当你没有时间陪他的时候，你会怎样做？

　　　　A. 问他是否有重要事，如没有，告诉他你现在正忙，回头再打给他

　　　　B. 马上告诉他你很忙，不能与他聊天

　　　　C. 干脆不接电话

　　(8) 因为一次小小的失误，在同事间产生了不好的影响，你怎么办？

　　　　A. 走人，不再看他们的脸色

　　　　B. 保持良好心态，寻找机会挽回影响

　　　　C. 自怨自艾，与同事疏远

　　(9) 有人告诉你某某说过你坏话，你会怎样做？

　　　　A. 从此处处提防他，不与他来往

　　　　B. 找他理论，同时揭他的短

　　　　C. 有则改之，无则加勉，如果觉得他的能力比你强，则主动与他交往

　　(10) 看到与你同龄的人都已小有成就，而你尚未有骄人业绩，你的心态如何？

　　　　A. 人的能力有限，我已做了最大努力，可以说问心无愧了

　　　　B. 我没有那样的机遇，否则……

　　　　C. 他们也没有什么真本领，不过是会溜须拍马

　　(11) 你虽然只是公司的一名普通员工，但你的责任心很强，你如何把自己的意见传达给最高领导？

　　　　A. 写一封匿名信给他

　　　　B. 借送公文的机会，把你的建议写成报告一起送去

　　　　C. 在全体员工大会上提出

　　(12) 在同学会上，你发现只有你还是个"白丁"（平民百姓），你的情绪会是怎样的？

A. 表面若无其事，实际心情不佳，兴趣全无

B. 并无改变，像来时一样兴致勃勃，甚至和同学谈起自己的宏伟计划

C. 一落千丈，只顾自己喝闷酒

（13）在朋友的生日宴会上，你结识了朋友的同学，当你再次看见他时你会怎样做？

A. 匆匆打个招呼就过去了

B. 一张口就叫出他的名字，并热情地与之交谈

C. 聊了几句，并留下新的联系方式

（14）你刚被聘为某部门的主管，你知道还有几个人关注着这个职位，上班第一天，你会怎样做？

A. 把问题记在心上，但立即投入工作，并开始认识每一个人

B. 忽略这个问题，让它消失在时间中

C. 与个别人谈话，以确认关注这个职位的人

（15）你和小王一同被领导请去吃饭，回来后你会怎样做？

A. 比较隐晦地和小王交流几句

B. 同小王热烈谈论吃饭时的情景

C. 绝口不谈，埋头工作

评分标准见表 0-5。

表 0-5　评分标准

选择＼题号	(1)	(2)	(3)	(4)	(5)	(6)	(7)	(8)	(9)	(10)	(11)	(12)	(13)	(14)	(15)
A	2	0	1	2	0	1	2	0	1	2	0	1	0	2	1
B	1	1	0	1	2	0	1	2	0	1	2	2	2	1	0
C	0	2	2	0	1	2	0	1	2	0	1	0	1	0	2

结果分析如下。

0～10分：在与人沟通方面你还很欠缺，你基本上是个我行我素之人，即使在强调个性的今天，这也是不可取的。你性格太内向，这使你不能很好地与人沟通。在与人沟通的过程中，内向的性格是你的一大障碍，你应该在认识到自己不足的同时尽量改变这种性格，跳出自己的小圈子，多与人接触，凡事看看别人的做法，这样，你就有希望成为一个受欢迎的人。

11～25分：你的沟通能力比上不足比下有余，再加把劲儿，就可以游刃有余地与人交流了。你的缺点是：做事求完美，总希望问题能解决得两全其美，而实际是不可能的。不管别人，你就想这样。提高你的沟通能力的法宝是主动出击，这会使你在人际交往中赢得主动权，这样，你的沟通力自然会迈上一个新的台阶了。

26～30分：你可以大声地对别人说：与人沟通，我行。因为你知道如何表达自己的情感和思想，能够理解和支持别人，所以，无论是同事还是朋友，上级还是下级，你都能和他们保持良好的关系。但值得注意的是，你不可炫耀自己的这种沟通能力，否则会被人认为你是故意讨好别人，是虚伪的。尤其在不善于与人沟通的人面前，要隐而不要显，以真诚去打

动别人，你的好人缘才会维持长久。

（资料来源：张文光.人际关系与沟通[M].北京：机械工业出版社,2015.）

2. 技能训练

目的：体会沟通的方法。当环境及条件受到限制时，学会去改变自己，用各类沟通方法来解决问题。

形式：将全体学员分成 14～16 人一组。

类型：问题解决方法及沟通。

时间：30 分钟。

材料：摄像机、眼罩及小贴纸。

场地：教室。

操作步骤：

（1）让每位学员戴上眼罩。

（2）给他们每人一个号，但这个号只有本人知道。

（3）让小组根据每人的号数，按从小到大的顺序排列出一条直线。

（4）全过程不能说话，只要有人说话或摘下眼罩，游戏结束。

（5）全过程录像，并在点评之前放给学员看。

（资料来源：惠亚爱.沟通技巧[M].北京：人民邮电出版社,2013.）

【思考与讨论】

（1）你是用什么方法来通知小组你的位置和号数的？

（2）沟通中都遇到了什么问题？你是怎么解决这些问题的？

（3）你觉得还有什么更好的方法？

3. 沟通游戏：找到合适的距离

游戏目的：让游戏者知道沟通应该需要合适的距离；使双方通过沟通确定他们的最佳距离。

游戏人数：10 人。

游戏场地：不限。

游戏时间：30 分钟。

游戏用具：无。

游戏步骤：

（1）两人一组，让其面对面站着，间隔 2 米。让两个人一起向对方走去，直到其中有一方（如 A）认为是比较合适的距离（即再往前走，他会觉得不舒服）再停下。

（2）让小组中的另一个（如 B）继续往前走，直到他认为不舒服为止。

（3）现在每个小组都至少有一个人觉得不舒服，事实上，也许两个人都不舒服，因为 B 觉得他侵入了 A 的舒适区，没有人愿意这样。

（4）现在请所有人都回到座位上去，给大家讲解四级自信模式（见后面）。

（5）将所有的小组重新召集起来，让他们按照刚才的站法站好，然后告诉 A（不舒服的那一位），现在他们进入自信模式的第一阶段，即很有礼貌地劝他的同伴离开他，例如："请你稍微站远一点好吗？这样让我觉得很不舒服！"注意，要尽可能地礼貌，面带微笑。

（6）告诉 B 们，他们的任务就是对 A 们笑一笑，然后继续保持那个姿势，原地不动。

（7）A 中现在有很多人已经对他的搭档感到恼火了，他们进入第二级，有礼貌地重申他的界限，例如："很抱歉，但是我确实需要大一点的空间。"

（8）B 仍然微笑不动。

（9）现在告诉 A 们，他们下面可以自由选择怎么做来达成目的，但是一定要依照四级自信模式。要有原则，要控制你的不满，尽量达成沟通和妥协。

（10）如果你们已经完成了劝服的过程，就回到座位上。

四级自信模式：

- 第一级：通过有礼貌地提出请求，设定你个人的界限。你可以使用下面的表述："你介意往后退一步吗？""我觉得我们距离有点近。"

- 第二级：有礼貌地再次重申你的界限或边界。你可以使用下面的表达："很抱歉，我真的需要远一点的距离。"

- 第三级：描述不尊重你的界限的后果。你可以使用下面的表述："这对我很重要，如果你不能往后退一点，我就不得不离开。"

- 第四级：实施结果。你可以使用下面的表述："我明白，你选择不接受，正如我刚刚所说的，这意味着我将不得不离开。"

（资料来源：邹晓春. 沟通能力培训全案[M]. 北京：人民邮电出版社，2014.）

【思考与讨论】

（1）当被人跨越到你的区域时，你是否会觉得很不舒服？ 如果别人不接受你的建议，你会有什么感觉？

（2）是不是每一组的 B 都退到了让 A 满意的地步，是不是有些是 A 和 B 妥协以后的结果？

（3）有多少人采用了全部的四级自信模式？ 有没有人只采用了一级，对方就让步了？有没有人直接使用了第四级或直接转身离开？

培训师语录：

只要大家心平气和地沟通，总会找到双方的合适距离。

人与人之间要保持合适的沟通距离，距离太远，不利于及时沟通和深入沟通；距离太近，会让人产生紧张和压迫感，影响沟通效果。

自主学习

1. 沟通的内涵是什么？ 沟通有哪些种类？

2. 人际沟通的内涵和特点是什么？ 它有哪些基本原则？

3. 你通过电子邮件联系国外的朋友，请你说出在这一沟通过程中沟通的各个要素是什么。

4. 你认为跨国企业中，沟通最大的障碍来自哪里？ 为什么？

5. 在沟通遇到障碍时，人们经常提到代沟，请问代沟主要体现在哪些方面？ 你与家长之间有代沟吗？代沟能不能消除？

　　6. 就你的组织而言，你认为目前存在哪些人际沟通问题？应如何解决？

　　7. 阅读以下文字然后回答问题。

黑色幽默

　　有三个人要被关进监狱三年，监狱长允许他们三个人每人提一个要求。

　　美国人爱抽雪茄，要了三箱雪茄。

　　法国人最浪漫，要一个美丽的女子相伴。

　　而犹太人说，他要一部与外界沟通的电话。

　　三年过后，第一个冲出来的是美国人，嘴里鼻孔里塞满了雪茄，大喊道："给我火，给我火！"原来他忘了要火了。

　　接着出来的是法国人。只见他手里抱着一个小孩，那个美丽的女子手里挽扶着一个小孩，肚子里还怀着第三个。

　　最后出来的是那位犹太人，他紧紧握住监狱长的手说："这三年来我每天与外界联系，我的生意不但没有停顿，反而增长200％，为了表示感谢，我送你一辆劳斯莱斯！"

【思考与讨论】

　　三个囚犯的不同结果说明了什么？

任务 1　语言沟通

谈话,和作文一样,有主题,有腹稿,有头尾,不可语无伦次。

——梁实秋

 任务目标

- 明确有声语言的特性和要求;
- 能够运用语言沟通的基本原则开展人际沟通;
- 熟练掌握并运用语言沟通的技巧;
- 能够以良好的声音质量进行人际沟通。

 案例导入

君臣对话

在南朝时期,齐高帝曾与当时的书法家王僧虔一起研习书法。有一次,高帝突然问王僧虔说:"你和我谁的字更好?"这问题比较难回答,说高帝的字比自己的好,是违心之言;说高帝的字不如自己,又会使高帝的面子挂不住,弄不好还会将君臣之间的关系弄得很糟糕。王僧虔的回答很巧妙:"我的字臣中最好,您的字君中最好。"皇帝就那么几个,而臣子却不计其数,王僧虔的言外之意是很清楚的。高帝领悟了其中的言外之意,哈哈一笑,也就作罢,不再提这事了。在人际沟通中,有时候运用委婉的说法能更容易或更好地达到目的。

1.1　有声语言:语言沟通的重要方式

1. 有声语言的特性

有声语言是用语音表达或接受思想、感情,以说、听为形式的口头语言。从语言运用看,有声语言在传情达意的过程中最直接、最普遍、最常用。有声语言具有如下特性。

(1)有声性。有声语言是靠语音来表情达意的,其中各个语言单位均有声音。有声语言根据表达的需要对声音的高低、升降、快慢做语调变化。有声性是有声语言的本质属性。

(2)自然性。有声语言通俗、平易、自然。它保留了生活中许多语音、词汇和语法现象,如方言、俚语、俗语、儿话、象声、叠音等词汇以及省略、易位现象,表达时生动、自然。

(3)直接性。有声语言的传达和交流以面对面为主要形式,信息传递直接、快捷。有声语言还以丰富的态势语和类语言来支配，使之更完美。

（4）即时性。有声语言突发性、现场性强，现想现说，可舒缓，可急迫，可重复，可更正，可补充。

（5）灵活性。有声语言的表达可根据所处的语言环境随时调整、变化。表达者在不同的地点、场合，面对不同的任务对象，对谈论的话题、选择的角度、切入的深度等都可以随机应变。

小案例 1-1

景泰蓝食筷

一家涉外宾馆的中餐厅，中午时分，用餐的客人很多，服务员忙碌地在餐台间穿梭。

一桌的客人中有好几位外宾，其中一位外宾在用完餐后，顺手将自己用过的一双精美的景泰蓝食筷放入随身带的皮包里。服务员看在眼里，不动声色地转入后堂。不一会儿，她捧着一只绣有精致花案的绸面小匣，走到这位外宾身边说："先生，您好，我们发现你在用餐时，对我国传统的工艺品景泰蓝食筷表现出极大的兴趣，简直爱不释手。为了表达我们对您如此欣赏中国工艺品的感谢，餐厅经理决定将您用过的这双景泰蓝食筷赠送给您，这是与之配套的锦盒，请笑纳。"

这位外宾明白自己刚才的举动已被服务员看到，颇为惭愧。只好解释说，自己多喝了一点，无意间误将食筷放入包中。感激之余，希望能出钱购下这双景泰蓝食筷，作为此行的纪念。餐厅经理亦顺水推舟，按最优惠的价格，记在主人的账上。

【点评】聪明的服务员既没有让餐厅受损失，也没有令客人难堪，圆满地解决了问题，并收到良好的效果。恰当得体的语言沟通，不仅能够化解矛盾，解决问题，而且能达到良好的交际效果。在这个案例中，有声语言的特性得以充分的彰显。

2. 有声语言的基本要求

有声语言表达的目的是实现人与人之间思想和感情的交流，表达者都希望对方能明白、理解和接受自己的意思。这就要求有声语言要符合口语表达的基本要求。

（1）准确流畅。说出的有声语言如果词不达意、前言不搭后语，很容易被人误解，达不到交际的目的。因此在表达思想感情时，应做到口音标准、吐字清晰，说出的语句应符合规范，避免使用似是而非的语言。应去掉过多的口头语，以免语句割断；语句停顿要准确，思路要清晰，谈话要缓急有度，从而使交流活动畅通无阻。语言准确流畅还表现在让人听懂，因此言谈时尽量不用书面语或专业术语，因为这样的谈吐让人感到太正规、受拘束或是理解困难。

（2）词汇丰富。要想把话说好说贴切，充分发挥有声语言的表意功能，还要有丰富的词汇储备，只有在这个基础上才能精心选择最确切、最恰当的词汇，正确地反映客观事物，真切地表达自己的思想感情。为此就要努力学习词汇，掌握丰富的词汇以及成语、格言、歇后语、惯用语、谚语等，并以它们为原料，根据不同场合的需要，精心加以选用，增强说话的艺术效果。试想一说起话来就没词，颠来倒去就是那几句话，没有一点生动活泼的语言，难免让人觉得枯燥无味，味同嚼蜡。

（3）清亮圆润。有声语言音色优美，如黄莺般清凉、朝露般晶莹圆润，善于变化，富有磁性，富有艺术魅力，令人心情舒畅。这是针对有声语言运用提出的进一步要求，是使日常用语艺术化，从而达到最佳的表达效果。为此首先要注意声音的情感变化，说话内容庄重，应用严肃的声音；内容平和，应用舒缓的声音；情感悲切，应用沉郁的声音；情感亢奋，应用高亢的声音；情感急骤，应用短音；情感惬意时，则用长音。其次要自觉克服大喊大叫、漏气、带有喉音、鼻音太重和发音抖动等毛病，正确使用呼吸器官和共鸣腔，加强对声音的控制能力，使呼吸、声带闭合与咬字协调起来，从而达到声音和谐、适度、清亮、圆润的目的。

（4）热情自然。热情是对表达内容的兴奋之情或激情，使声音听起来富有表现力。表现力是热情的最大的信号，通过改变音质、音量、语速等使声音与语言内容、思想情感相吻合，使听众更容易理解，哪怕是表达者语义上的细微差别。而完全缺乏热情则会造成声音单调，这会使交流的气氛沉闷压抑，使听众昏昏欲睡。热情的声音就好像是一盆火，听众即使是一块冰也会被烤融化。自然意味着当我们在讲话时对语言的内容和意图要有回应，使语言富有活力、真实。要想做到声音自然，对语言内容的熟悉非常重要，还有不要死记硬背语言内容，学会自然地表述语言内容，使它听起来好像讲话者在用心考虑语言内容和他的听众。"宁要自然的雅拙，也不要做作的乖巧。"卡耐基认为，声音自然，才能把意念表达得更为清楚，更为生动；否则，难以引起对方的共鸣。

小案例 1-2

导游巧解顾客顾虑

一次，导游王勇接待一个美国旅游团，在旅游商店看到一位美国游客在看一幅"嫦娥奔月"，并在考虑是否购买。王勇走上前去，向他介绍中国国画的艺术和相关的背景知识，客人很感兴趣。最后，王勇告诉这位美国游客，在华盛顿的宇航馆里也有一幅"嫦娥奔月"，图旁的说明是："在人类历史上，是谁第一个产生到月亮上去的想法？是中国古代的嫦娥女士。"这位美国游客非常感谢王勇的帮助，买下了这幅"嫦娥奔月"国画。

【点评】王勇的介绍，把物品的文化价值与实用价值巧妙地结合起来，促成了这位美国游客的购买。语言沟通的效果迅速，能够立刻看到对方的反馈和回应。

1.2　语言沟通的基本原则

语言沟通的基本原则是人际交往活动中运用语言表情达意、进行信息交流时所必须遵循的准则，它贯穿于交际语言运用的一切方面和每个过程的始终，是一种制约性的因素。在人际交往过程中，只有自觉遵守语言交际原则，才能有效地增加语言交际信息的传递量，融洽人与人之间的关系；反之，如果背离了这些原则，就会削弱甚至破坏交际语言传播的效果，难以达到人际交往的目的。归纳起来，语言沟通的基本原则主要有以下几个方面。

1. 礼貌待人

礼貌是对他人尊重的情感外露，是谈话双方心心相印的导线。人们对礼貌的感知十分敏锐。有时,即使是一个简单的"您""请"字,都可以让他人感到一种温暖和亲切。在人际交往中,可以从以下几个层次达到礼貌待人、沟通情感的目的。

（1）语言表达要满足交际对象对自尊的需求。其目的在于利用礼貌文明的语言艺术与技巧,达到快速消除隔阂、沟通感情、拉近距离的作用。在人际交往中,初次见面的恰当称呼,寒暄中的礼貌用语,交谈中的言语分寸,分别时的告别祝词等,都应当体现出尊重对方的主观意向。

在词语的选用方面,使用得体的敬辞和谦辞可以体现出对他人的尊重,也是一个人有教养的重要表现。比如,与客人初次见面时说"您好",与客人久别重逢时说"久违了"。求人解答问题时说"请教",请人协助时说"劳驾",要帮助别人时说"我能为您做些什么",看望别人时说"拜访",等候别人时说"恭候",陪伴别人时说"奉陪",不能陪客人时说"失陪",有事找人商量时说"打扰",让人不要远送时说"请留步",表示歉意时说"抱歉",表示感谢时说"谢谢"。像"后会有期""祝您好运""一路顺风""万事如意"等告别用语也都体现出对他人的尊重。

（2）要根据具体环境选择使用富有亲和力的词语,拉近交往距离,沟通相互之间的情感,使与交际对象的合作成为可能。在人际交往中,渴望受到尊重是每个人的基本心理需求,你想要得到他人的尊重,自己先要善于主动接近对方,缩短人际距离,沟通相互情感。其实,做到尊重别人并不难,有时只需一个微笑、一句问候、一声敬称、一对善于倾听的耳朵,就会给别人的心情带来阳光和温暖,当然也会为您自己带来真挚的友谊与和谐的交际。

小案例 1-3

祝您生日快乐

美国有位著名的女企业家,想在 24 岁生日那天为自己购买一辆福特牌小轿车。当她向福特轿车经销店的售货员询问轿车情况时,售货员见她衣着普通,认定她无意购买,便随意应付几句,又借口用午餐离去。女企业家只得出门散步,准备等售货员用完午餐后再登门。在闲逛时,她发现在附近另有一家轿车经销店,就顺便入内询问。这家经销店的售货员十分热情,不仅认真解答她的询问,还和她聊天、拉家常。当得知她是为自己 24 岁生日购买轿车后,又非常客气地请她稍等片刻。出门不一会儿,这位售货员拿着一束玫瑰花回来,真诚地说:"小姐,您在生日之际光临本店,是本店的荣幸,我代表本店赠您一束玫瑰花,祝您生日快乐!"这位女企业家十分感动,在进一步询问了该店经销的轿车的品种、性能后,用稍高的价格购买了一辆该经销店的轿车。不久,她周围的许多朋友也在她的推荐下购买了这家经销店的轿车。

【思考】本案例对你有何启示?

（3）欣赏、赞美他人,说话人在语言交流过程中,要肯定他人的优点,尊重他人的人格,尽量减少对别人的贬损,增加对别人的赞誉。希望得到别人的注意和肯定,是人所共有的心理需求,而欣赏正是满足这种需求的一种交际方式。人际关系大师卡耐基说:"避免嫌弃人的方法,那就是发现对方的长处。"因此,在交际中,我们应抱着欣赏的心态来对待每一个人,时时留心身边的人和事,多发现别人的优点和长处。赞美是欣赏的直接表达。有道是"良言一句三冬暖"，真诚的赞美不仅能激发人们积极的心理情绪，得到心理上的满足，而且可以给别人也给自己带来好心情，还能使被欣赏赞美者产生一种交往的冲动。托尔斯泰说得好："就是在最好的、最友善的、最单纯的人际关系中，称赞和赞许也是必要的，正如润滑油对轮子是必要的，可以使轮子转得快。"利用心理上的相悦性，要想获得良好的人际关系，就要学会不失时机地赞美别人。

2. 坦诚真挚

在语言交际中，说话人的感情直接影响表达的效果，也影响着听话人的理解和接受。待人真诚，给人以充分的信任，可以激励他人的工作热情，提高工作效率。其实，感情本身就是一种教育力量，最有效的手段是以情感人，以理服人。唯有入情入理、坦诚真挚、充满信任的话语，才能够深入人心，引起别人的共鸣，受到他人注意。人际交往中要做到坦诚真挚，需要注意以下两方面。

（1）说真话，以坦诚的心取信于人。"言必信，行必果"，这是沟通时收到良好谈话效果的重要前提。例如，深圳蛇口工业区负责人，在国外和一个财团谈判，由于对方自认为技术设备先进，漫天要价，使谈判陷入僵局。正在这时候，这个财团所在的商会请他去发表演说。他讲道："中国是个文明古国。我们的祖先早在一千多年以前，就将四大发明，指南针、造纸、印刷术和火药的生产技术，无条件贡献给人类。而他们的后代子孙，从来没有埋怨他们不要专利权是一种愚蠢的行为。相反，却称赞祖先为世界科学的进步做出了杰出贡献。现在，中国在与各国的经济活动中，并不要求各国无条件出让专利，只要价格合理，我们一分钱也不少给……"这番发自蛇口工业区负责人内心的讲话，在外国人心目中引起了巨大的震动和强烈的反响，他们的许多先进技术正是从中国导入的。蛇口工业区负责人的讲话，引起了与会者的热烈掌声，而且使谈判对手终于愿意降低专利费，双方达成了近三亿美元的合作项目。"心诚能使石开花"，这段发自内心的讲话，借助历史事实，寓意深刻，语气直率，不仅没有因此影响到谈判合作项目的达成，反而让人们更深层地感受到了中国人的诚心与诚信，取得了谈判对手的理解与支持。

（2）感情真挚，态度诚恳。与人交流沟通中，诚恳而真挚的态度是语言交往目的得以实现的基础。"善大，莫过于诚"，热诚的赞许与诚恳的批评，都能使彼此间愿意了解；信任、倾诉、交心，正如《庄子·渔父》中所说："不精不诚，不能动人"，"真在内者，神动于外，是所以贵真也"。只要肯尊重对方的特殊能力，高度地给予信任和肯定，任何人都会乐于将其优点表现得淋漓尽致。如果你希望某人懂得自尊自爱，你就该率先表现出你对他的信任和尊重。

🔍 小案例 1-4

陈 毅 市 长

解放初期，陈毅任上海市市长时，一天他来到一家纺织业经理家里，笑道："某老板，我冒昧来访，您欢迎吗？"这位老板正在为一件事发愁，就发起牢骚来，说："陈市长，今天工会又来要我废除'搜身制'。不当家不知柴米贵。工人下班有抄身婆搜身，还经常丢纱呢，如果取消搜身制度，纱厂还不被偷光！"陈毅品口茶道："某老板，我在法国当过工人，那个工厂大得很,老板也比你厉害得多。厂子四周筑起高墙,拉上电网,还雇了一帮带枪的警察。对每个下班的工人,从头搜到脚,那过细的劲头,身上硬是一根针也藏不住。但结果呢?原料、零件还是大量丢失,为什么呢?老板把工人只当成会说话的工具。劳动很苦,工资很少,工人实在无法养家糊口。工厂赚了钱对工人毫无好处,他为什么不拿呢?现在中国不同啰,工人翻身当主人了,他们懂得工厂生产搞得好,新中国才能富强起来,工人才能改善待遇。你们虽然是私营企业,但也是新民主主义经济的一个组成部分,一样可以有利于国,有利于民。所以,依我之见,你应该在纺织业带个头,用我的办法试试看,废除搜身制,关心工人的利益,待工人如朋友、如兄弟,有困难多与他们商量着办,我相信眼前的困难会克服得顺利一点。"陈毅的这番语言,既替"老板"着想,又为工人撑腰,以情动人,以理感人,从外国说到中国,从旧社会说到新社会,分析入情入理、客观具体,并给予对方充分的信任,收到了良好的谈话效果。

3. 平等友善

在人际交往中,我们不仅要尊重他人的人格、他人的个性习惯、他人的权力地位、他人的情感兴趣和隐私,还要尊重彼此存在的外显或内在的心理距离,要有人人平等、一视同仁的谈话态度,切忌给人居高临下、自以为是的印象。只有在人际交往中保持自尊而不盲目自大,受人尊敬而不傲慢骄横,才能得到对方对你个人、对你的组织甚至对你的国家的尊重,才能谈得上真诚合作、平等合作。

小案例 1-5

"平民艺术家"赵丽蓉

"演员是人民给养活的,有艺无德可对不住观众啊。"被誉为"平民艺术家"的赵丽蓉,在她所追求的艺术事业中,始终把"观众"放在首位,对来自他人的关爱之情,也常以自己真挚独特的谐趣表达出来。一次大年初一,中央电视台开招待酒会,每个参加者都得一个大西瓜。赵丽蓉一眼瞥见旁边的记者没有,便将自己的那个西瓜放在记者座位底下,说:"你大老远赶到北京来采访,不待在家里过年,这西瓜你就带回家去孝敬父母吧。"这"土气儿"十足的言谈,比那些虚情假意的关怀之类,不知"引人入胜"了多少倍!在她身上,没有了那种司空见惯的矫情、虚饰与浮躁,而多了几分质朴、风趣与豁达。难怪乎,她那平等友善的态度和语言中的缕缕真情,至今仍令人难以忘怀。

在人际交往中,尽管人与人之间身份、地位等方面的情况可能不同,但是,交际双方在人格上是平等的,在心理上是对等的,平等是建立良好人际关系的前提。我们绝不能把自己高抬一寸,把别人低放一尺,有意与对方"横着一条沟,隔着一堵墙",给别人一种"拒人于千里之外"的感觉。

4. 区分对象

在人际交往中,对于交际主体来说,最重要的莫过于研究交际对象,根据交际对象的性别、年龄、生活背景、心理特征等因素的差异来选择恰当的语言,以求明晰地表达自己的思想,达到正常的语言交际的目的。也就是所谓"到什么山上唱什么歌""见什么人说什么话"。如果不考虑对方的实际情况，信息流通渠道就会因此而出现偏差，甚至"阻塞"，交际也会随之而停止。

小案例 1-6

周恩来巧解《梁山伯与祝英台》

1954年，周恩来总理出席日内瓦国际会议，为了向外国人宣传中国，表明中国爱好和平的愿望，决定为外国嘉宾举行电影招待会，放映越剧艺术片《梁山伯与祝英台》。为此，工作人员准备了一份长达16页的说明书。周恩来看后笑道："这样看电影岂不太累了？我看在请柬上写上一句话就行，即请您欣赏一部彩色歌剧电影：中国的《罗密欧与朱丽叶》。"果然，一句话奏效，外国嘉宾都知道了这部电影要讲述的故事。

5. 换位思考

韩非子在《说难》中写道："凡说之难，在知所说之心。"在现实社会，随着人们日常交往的日益频繁，摩擦、矛盾也会随之增多，很多人只强调他人对自己应该承认、理解、接受和尊重，却忽视对等地去理解和尊重他人；只注重自己目的实现，却无视他人的利益和要求。在这种倾向支配下，他们常常不顾场合和对方心情，一味由着自己的性子去交往，致使在交往中由于语言使用缺乏得体性而出现尴尬的局面。所以，在很多时候，注意交际场合的特点，多进行换位思考，灵活应变，将心比心，以诚换诚，才能达到心灵的沟通和情感的共鸣。

小案例 1-7

老田鸡，退居第二线

某局新任局长宴请退居二线的老局长。席间，端上一盘油炸田鸡。老局长用筷子点点说："喂，老弟，青蛙不能吃，是益虫！"新局长不假思索，脱口而出："不要紧，都是些老田鸡，退居第二线，不当回事了。"老局长闻听此言，顿时脸色大变，连问："你说什么？你刚才说什么？"新局长本想开个玩笑，不料说漏了嘴，触犯了老局长的自尊，顿觉尴尬万分，席上的友好气氛顿时被破坏。此时，一旁的秘书连忙接口说："老局长，他说您已经退居二线，吃点田鸡不当什么事。"老局长听此言觉得有道理，才又重提筷子，你敬我让，气氛开始回升。

【点评】宴席上，新局长对那位退居二线的老局长的处境和心理未能予以充分的理解，缺乏换位思考的意识，使用了不当语言犯了忌讳，如果不是这位秘书灵活应变，差点酿成无法挽回的局面。

所以，在语言交际时，必须换位思考，无论是话题的选择、内容的安排，还是语言形式的采用，都应该根据特定场合的表达需要来决定取舍，做到灵活自如。

6. 切合情境

运用语言进行信息传递、情感交流，离不开一定的时间、地点和场合，要使这种传递活动获得好的效果，语言运用不仅要符合特定的时代背景和此时此地的具体情景，还要恰当地利用说话时机，把握时间因素，力求切情切境，入旨入理。

小案例 1-8

餐厅经理的妙语

在杭州的"美食家"餐厅,一对新人在举行婚礼时,正赶上滂沱大雨下个不停。新人和客人们被大雨淋得很懊丧,婚礼气氛很不愉快。这时,餐厅经理来到 100 多位客人面前微笑着,高声说:"老天爷作美,赶来凑热闹。这是入春以来的第一场好雨。好雨兆丰年,这象征着今天这对新人的未来是十分幸福的。雨过天晴是艳阳天,象征着今天在座的所有客人都将迎来更加灿烂的明天。我提议:为了创造和迎接雨过天晴的明天,大家干杯!"话音刚落,整个餐厅的情绪和气氛发生了 180 度的转变,沉寂的婚礼场面,气氛一下子变得热烈起来。

相反,如果不切合情境,不分场合,信口开河,往往造成不良后果。

7. 明确目的

交际语言是一种为了实现一定的交际目的而进行的双向交流的传播活动,无论是与他人拉家常、叙友情,或是进行学术报告、演讲、谈判、采访乃至解说、寒暄、拜访、提问等,都是为了实现信息传递,沟通情感,增进了解,阐明观点等特定的交际目的而进行的。当与他人说话时,需要针对交际对象的特点和语言环境做出必要的调整,还要根据语言交流的主题,选择和使用恰当的语言,做到有的放矢,取得缓解气氛,增进友情的作用。如,瑞士厄堡村有一块要求游客不要采花的通告牌,上面分别用英、德、法三种文字写着:"请勿摘花""严禁摘花""喜爱这些山峦景色的人们,请让山峦身旁的花朵永远陪伴着它们吧!"由此不难看出瑞士旅游业人士对不同游客的民族心理特点的充分考虑。英国人讲面子,崇尚绅士风度,因此,用"请";德国人严守律令,故采用"严禁";法国人浪漫且重感情,所以用了富有激情的语句。这样就与不同交际对象的民族心理特点相吻合了。

小案例 1-9

"便宜"二字赶跑顾客

曾有一位营业员向外国顾客介绍商品时,因为不了解外国顾客的情况,而按照对中国顾客的方式来接待,结果就把顾客赶跑了。

事情是这样的:有一位英国客人在商店里表示出对一件工艺品感兴趣时,该营业员取出该工艺品,然后对客人说:"先生,这件不错,又比较便宜。"顾客听了她的话后,丢下商品,转身而去。

为什么这些话会把这位顾客赶跑呢?原来是"便宜"二字,因为在英国人心目中,买便宜货有失身份,所以这桩买卖没有做成。

1.3 语言沟通技巧

在沟通过程中,常常会遇到一些矛盾、顾此失彼、难以两全的情况,使你处于两难的境地。例如,我们常会碰到下列情景:既想拒绝对方的某一要求,又不想损伤他的自尊心;既想吐露内心的真情，又不好意思表述得太直截了当；既不想说违心之言，又不想直接顶撞对方；既想和陌生的对方搭话，又不能把自己表现得太轻浮和鲁莽……凡此种种，难以一一列举。但概而言之，都是一种矛盾：行动和伤害对方的矛盾，自己利益和他人利益的矛盾，自己近期利益和长远利益的矛盾。

适应这些情况，产生了各种各样的语言表达艺术，它缓解了这些矛盾。这种表达的语言艺术从表面上看，似乎违背了有效口头表达的清晰、准确的要求，但实际上是对清晰、准确原则的一种必要的补充，是在更全面考虑了各种情况之后的清晰和准确，是在更高阶段上的清晰和准确。

语言艺术的具体方法因人、因事、因时、因地而异，没有绝对的适用任何情况的方法。这里介绍一些沟通技巧，供参考。

1. 积极表达期望

心理学中的"皮格马利翁效应"启示我们：赞美、信任和期待具有一种能量，它能改变人的行为，当一个人获得另一个人的信任、赞美时，他便感觉获得了社会支持，从而提高了自我价值，变得自信、自尊，获得一种积极向上的动力，并尽力达到对方的期待，以避免对方失望，从而维持这种社会支持的连续性。语言沟通中，积极的语言反应表达出积极的心理期望。皮格马利翁效应也验证了积极的心理期望和暗示所产生的强大影响。要做到评议表达的积极，可从以下几个方面来把握。

其一，避免使用否定字眼或带有否定口吻的语气。如用双重否定句不如用肯定句来代替，必须使用负面词汇时，则尽量使用否定意味最轻的词语。"我希望""我相信"这两种说法有时表明你没有把握，或者传递出有些盛气凌人的信息；而赞扬现在的行为可能暗示对过去的批评。

其二，强调对方可以做的而不是你不愿或不让他们做的事情，以对方的角度讲话。如说"我们不允许刚刚参加工作就上班迟到"（消极表达）就不如说"刚刚参加工作的人保证按时上班很重要"（积极表达）。

其三，把负面信息与对方某个受益方面结合起来叙述。可以说"你可免费享用20元以内的早餐"（积极表达），而不是说"免费早餐仅限20元以内，超出部分请自付"（消极表达）。

其四，如果消极方面根本不重要，干脆省去。如对方决策时不需要这方面的信息，信息本身也无关紧要，或者以前已经提供了这方面的信息。

其五，低调处置消极面，压缩相关篇幅。篇幅大，表明在强调信息。既然不想强调消极信息，就尽量少用篇幅，出现一次即可，不必重复。

2. 注意推论与事实

通常在观察外界的时候，人们在获得所有的必要事实之前就开始进行推论，推论的形成相当快，以致很少有人仔细考虑它们是否真的代表事实。"他未完成工作，因为偷懒"，"如果您听了我的建议，您就了解我的意思了"，这些语句表示的并非事实，而是推论。因此不良的沟通就产生了。徐丽君、明卫红主编的《秘书沟通技能训练》（科学出版社，2008年版）中对此进行了分析。有6种基本方法可以分辨事实陈述和推论陈述如表1-1所示。

表 1-1 事实陈述和推论陈述

事 实 陈 述	推 论 陈 述
根据第一手资料下断言	在任何时间下断言——根据事前、事后、事情发生时的经验
根据观察下断言	根据任何一人的经验下断言
必须根据所经历的经验	超出自己所经历的经验之外
根据经验的陈述	无界限地根据经验推论陈述
达到最大的可信度	仅有很小程度的可信度
得到具有相同经验的人士的认同	有此经验的人士不认同

为了避免妄下推论,在与人沟通过程中应当注意以下情况。

(1)学会区分哪些是事实,哪些是推断。

(2)当根据从别人那里得到的信息做出决策时,要评估推断的准确性,并获得更多信息。

(3)听取别人的汇报时,让其陈述事实而不是听取他人的评价。

(4)在说服别人时要使用具体的事实而非个人的价值判断。

(5)使用文字沟通时,要表明自己的推断以便别人了解自己的看法。

(6)意识到事情的复杂性,不要将其简单化。

(7)当只看到两种选择结果时,有意识寻找第三种甚至更多种可能出现的情况。

(8)意识到自己所得的信息是经过过滤的,自己并没有得到所有的事实。

(9)尽量向别人提供背景信息,以便别人能够准确地解释自己的观点或看法。

(10)以具体的证据、事实和事例来支持笼统的陈述与评价,避免诸如“这个人的素质不高”这样的论断。

(11)检查自己的反应,保证自己的决策建立在合理的证据之上。

3. 进行委婉表达

“委婉”一词人们并不陌生,它在修辞学中,又是修辞格的一种。但“委婉”并不仅仅指修辞的方法。在书面语中,它主要表现为一种语言的表达方式;在沟通中,它又是一种处理问题的态度和方法。恰当地运用委婉,能够鲜明地表明人们的立场、感情和态度。这样做,既使对方乐于接受,达到说话的目的,又可增强语言的形象性和生动性。

(1)直意曲达。语言总要表达某种意思,亦即说话者要达到表明自己态度和感情的目的。但这个意思是通过迂曲委婉的说法来表达的,这也是利用了人们思维的曲折性和复杂性来达到的。

小故事 1-1

“人 中”

传说汉武帝晚年时很希望自己能长生不老。一天,他对侍臣说:“相书上说,一个人鼻子下面的‘人中’越长,命就越长;‘人中’长一寸,能活一百岁。不知是真是假?”东方朔听了这话,知道皇上又在做长生不老的梦了。皇上见东方朔面有不悦之色,喝道:“你怎么敢笑我?”东方朔脱下帽子,恭恭敬敬地回答:“我怎么敢笑话皇上呢? 我是在笑彭祖的脸太难看了。"汉武帝问："你为什么笑彭祖呢？"东方朔说："据说彭祖活了 800 岁，如果真像皇上刚才说的，'人中'就有 8 寸长，那么他的脸不是有丈把长吗？"汉武帝听了，也哈哈大笑起来。

【点评】 东方朔要劝谏皇上不要做长生梦了，但又不好直言去规劝，只能用旁敲侧击的方法，委婉地表达自己的意思。这种批评使汉武帝愉快地接受了。

要达到沟通的最佳效果，不一定都用直言不讳的说法，用委婉的说法可能会达到意想不到的效果。

（2）易于接受。人们总是希望对方能够接受自己所发出的信息，并做出相应的反应。这就首先要让对方能够接收你发出的信息。委婉的语言可以帮助你达到这个目的。

小故事 1-2

聪明的蚊子

美国小说家马克·吐温到某地旅馆投宿，人家早告诉他此地蚊子特别厉害。他非常担心晚上是否能安稳睡觉，想要事先向服务员打招呼，又觉得这样做未必效果好，服务员不一定乐意接受。他在服务台登记房间时，一只蚊子正好飞过来。马克·吐温灵机一动，马上对服务员说："早听说贵地蚊子十分聪明，果然如此，它竟然会预先看我的房间号码，以便夜晚光临，饱餐一顿。"服务员听了不禁大笑起来，结果就记住了他的房间号码，并相应地采取了一系列防蚊子措施，使马克·吐温这一夜睡得很好。马克·吐温如果生硬地告诉服务员要怎样赶蚊子，就不一定能达到这种效果。马克·吐温的话很委婉，让服务员易于接受，当然也就乐意尽心服务了。

在日常生活中也常有这样的例子：当你要求别人做一件事，或者指责别人哪里有过失的时候，你要尽量选择让对方感到有回旋的话，仿佛把主动权送给了对方。例如某一员工衣帽不整有碍企业形象，你可以说："这样还算挺好的，但如果能够再把这个颜色换一下，会更好些。"这样的话语会使员工乐于接受，也就心悦诚服地愿意改正。

委婉的语言是曲折地表达自己的意思，听话者感到你是为他着想，或者感到合情合理，这就容易达到自己的目的，也给人以教育和启迪。

（3）言简意赅。委婉的语言表现形式是婉转温和，这就形成了它隐约、含蓄的特点，也就使委婉的语言容量较大，语言虽然很简洁通俗，含义却是相当深刻的。请看下面一段对话。

问：你有过感叹吗？

答：感叹是弱者的习气，行动是强者的性格。

问：扬州大明寺一进门有尊大肚佛，两侧有副对联。上联是"大肚能忍忍尽人间难忍之事"，下联是"慈颜常笑笑尽天下可笑之人"。你能做到吗？

答：我如果能做到我就成佛了。

问：你有烦恼与痛苦吗？

答：越有追求的人，烦恼与痛苦越多。成功之后将是快乐。

可以看出，答话者回答问题时，总是用迂曲的方式作答，语言浅显通俗，含义却值得咀嚼。

（4）手法新颖。委婉表达产生于人际沟通中出现了一些不能直言的情况。一是总会存在一些因为不便、不忍或不雅等原因而不能直说的事和物，只能用一些与之相关、相似的事物来烘托要说的本意。二是总会存在接受正确意见的情感障碍，只能用没有棱角的软化语言来推动正确意见被接受的过程。还有一些其他类似的情况。黄漫宇在其编著的《商务沟通》（机械工业出版社，2016 年版）中列举了如下新颖的委婉手法，值得我们在人际沟通中一试：

① 用相似相关的事物取代本意要说的事物。如恩格斯《在马克思墓前的讲话》中说："3 月 14 日下午两点三刻，当代最伟大的思想家停止了思想。……他在安乐椅上安静地睡着了——但已经是永远地睡着了。"恩格斯用"停止思想""睡着了""永远地睡着了"来取代"死"的概念。

又如在餐厅中人们谈到上厕所，一般都用"洗手间"来取代"厕所"这一概念。

② 用相似相关事物的特征来取代本意事物的特征。在一次记者招待会上，一位美国记者问周总理："请问中国人民银行有多少资金？"周总理说："中国人民银行现有 18 元 8 角 8 分"——直接回答，涉及国家机密；拒绝回答损害招待会和谐气氛；不予回答，有损总理个人风度。借用人民币面值总额取代资金总额这一特征，真可谓三全其美，妙不可言。

③ 用于相似相关事物的关系类推与本意事物的关系。作家谌容访美时，用"能与老共产党员的丈夫和睦生活了几十年"来间接回答关于她与共产党关系的提问。有人问："听说您至今还不是中共党员，请问您对中国共产党的私人感情如何？"谌容回答："你的情报很准确，我确实还不是中国共产党党员。但是我的丈夫是个老党员。而我同他共同生活了几十年尚无离婚迹象，可见……"

④ 用某些语气词如："吗、吧、啊、嘛"等来软化语气，这样可以使对方不感到生硬。比较下列三组句子。

别唱了！今天别去了！你不要强调理由！

别唱了好吗？今天别去了吧！你不要强调理由嘛！

无疑第二组中的每一句都显得比较客气婉转，会使对方易于接受，有更大的说服力。

⑤ 用个人的感受取代直接的否定。例如，把"我认为你这种说法不对"用"我不认为你这种说法是对的"，把"我觉得你这样不好"用"我不认为你这样好"来取代。

⑥ 以推托之词行拒绝之实。例如：别人求你办一件事，你回答说办不到会引起不快。你最好说："这件事目前恐怕难以办到，今后再说吧，我留意着。"——推脱给将来和困难。

再如，别人请你去他家玩，你要说没空，来不了，会令人扫兴，你最好说："今天恐怕没有时间，下次一定来。"——推脱给将来和没空。又如，别人向你借钱，你手头也不宽裕，你可以说："这件事我将同我的内当家商量商量。"——推脱给将来和爱人。

⑦ 以另有选择行拒绝之实。例如，有人向你推销一件产品，你不想要，你可以说："产品还可以，不过我更喜欢另一种产品。"又如，有人要求下星期一进行下次洽谈，你不想在这天洽谈，你可以说："定在星期五怎样？"

⑧ 以转移话题行拒绝之实。例如，甲问："星期天去不去工厂参观？"乙答："我们还是先来商量一下，下次推销的安排怎样准备吧。"又如，甲问："我们明天去展销大厅再见面好

吗?"乙答:"好吧,不过我想时间定在展销前不如定在展销后。"

4. 使用模糊语言

我们在客观世界里所遇到的各种各样的客观事物,绝大多数都没有一个明确的界限。作为客观世界符号表现的语言也必然是模糊的。巧妙地利用语言的模糊性,使语言更能发挥它神奇的效用,是人际沟通追求的目标之一。

（1）化难为易。"化难为易"也称"化险为夷"。在人际沟通中,常会遇到难以应付的棘手场合,也会有非说不可却难以启齿的局面,怎么办? 成功的沟通者往往会用模糊语言,使自己摆脱这种尴尬的处境。

小案例 1-10

机智的售货员

在某商场,有一位顾客拿了几个西红柿,然后混杂在已经称好重量并交款的蔬菜中转身就走。这时,售货员发现了这一情况。如果她高喊"捉贼",势必会影响商场的秩序,损伤商场的声誉,可能会大吵大闹一番。富有经验的售货员会两手一拍说:"哎呀! 请您慢走一步。我可能刚才不注意,把蔬菜的品种拿错了,您再回来查查看。"这位顾客无奈也只得回来,售货员把蔬菜重新称过,随手就将西红柿拣了下来。售货员此时说"可能""查查看"都是模糊词语,收到了神奇的表达效果。

（2）缓和语气。在某些情况下,对方可能故意损害你,使你怒发冲冠、情绪激动,气氛顿时紧张起来。在这种情况下,注意使用模糊语言,易于控制自己的情绪,缓和气氛,使事态朝好的方向发展。

小案例 1-11

司 机 下 车

在我国南方一个城市,正值下班时间,乘车的人特别多,车已爆满。乘客们把车堵得严严的,车内乘客不容易看到车已行驶到哪一站。尽管司机报告站名,但车内人声嘈杂,总有乘客没听清,错过站。有一位错过站的乘客慌慌张张地擂门大叫:"司机下车!"司机也非常生气,正要酝酿几句奚落挖苦的话,正巧这时一位乘客及时地插嘴说:"司机不能下车。司机下车了,谁来开车?"这时,不仅那位错过站的乘客情绪缓和下来,连司机也和颜悦色起来。

【点评】 这位聪明的乘客就是利用"司机下车"一句话的模糊性来为司机解了围,剑拔弩张的气氛缓和了,一场争吵避免了。可见,如果我们用模糊语言来淡化紧张气氛,就可以控制情绪。它能使我们与他人交往时不致紧张,即使在一触即发的关键时刻,它也可以使我们从容地脱身出来,离开不愉快的窘境或矛盾旋涡。

（3）点到为止。模糊语言要有分寸,要点到为止。不该说的不说,能把自己意思表达明白,却不伤害别人,不能直言不讳,要把自己的意思曲折地表达出来,并且要让对方明白。

小案例 1-12

精神病院的采访

我国著名的一位播音员到精神病院采访,采访提纲中原先写的是:"您什么时候得的精神病?"这位播音员感到这种话会刺激病人,就临时改口问道:"您在医院待多久了?住院前感觉怎么不好呢?"委婉含蓄地提问,采取的是模糊语言,使对方易于接受,不致产生反感。

在采访结束时,这位播音员说:"您很快就要出院了,真为您高兴。"

精神病患者对于"精神病"这个词十分忌讳,播音员在采访时自始至终注意回避这个词。

模糊语言的运用要掌握分寸,过于模糊,对方不了解自己的意思,就失去了交际的作用;过于直露,又会伤害别人。只有既模糊又适度,在模糊语言中透露出自己真实的语意,才能达到交际的目的。

(4)偷换概念。为了顺利沟通,有时候,我们还不得不使用更为"有趣"的一招——偷换概念,借以掐断矛盾的"导火索",模糊焦点,回避矛盾,转移谈话内容,起到平复对方心情的作用。

小故事 1-3

靳 阁 老

明代人靳贵曾当过武英殿大学士,人称靳阁老。他有一个儿子,科举屡屡落第。但多年后,靳阁老的孙子反倒金榜题名。靳阁老恨铁不成钢,训斥儿子无能。这时儿子笑道:"你的父亲不如我的父亲,你的儿子不如我的儿子,我怎么能算无能呢?"靳阁老听后转怒为喜。

【点评】其实,靳阁老一开始关注的是儿子本身的才能,焦点指向在能力和表现上,而儿子的反驳牵扯到各自父亲和儿子的表现,实际上是偷换了概念。在实际交流中,由于对方并不会总是注意到一些逻辑错误,所以,这种方法经常能取得很好的效果。

5. 不妨幽默表达

小案例 1-13

服务员的幽默

一位顾客在一家餐馆用餐,有一道菜很久没送上来,他不耐烦地问服务员:"我还有一道菜怎么还没有送上来?"服务员笑着耐心询问:"请问您点的是什么菜?"顾客没好气地说:"炒蜗牛!"服务员立即说:"哦,蜗牛是个行动迟缓的动物。"一句话把顾客给逗乐了,然后,服务员马上说:"真是对不起,先生。请您稍等,我这就去催。"

【点评】我们不但要把话说得清楚明白、礼貌得体,还要把话说得有趣,增强语言的感染力。这就要借助幽默的力量。

幽默一词在古代汉语中已有,它的含义是寂静无声。现在人们早已不在原意上使用幽默一词,它倒成了一个外来词语,是英语 humor 的音译。幽默是一种含蓄而充满机智的辞令,是一种经过艺术加工的、最生动的语言形式和表达手法,是一个人的思想、学识、才华、灵感在语言运用中的结晶。正如林语堂先生所说:"幽默是一种人生态度。"在生活中,无论是文人雅士还是寻常百姓,无论是亲朋好友、邻里还是夫妻间,幽默的话语几乎无处不在,它已成为一种健康的文化和艺术,是人际交往的调节剂。

1) 幽默的作用。幽默的作用很多,主要有以下方面的作用。

(1) 幽默可以化解难堪,融洽关系。例如:

在一个庆功会上,一个将军在与一个士兵碰杯的时候,士兵由于紧张,举杯时用力过猛,竟把一杯酒都泼到了将军的头上,士兵当时就吓坏了,可老将军却用手擦了擦头顶的酒,笑着说:"小伙子,你以为用酒能治好我的秃顶啊,我可没听说过这个药方呀!"说得大家哈哈大笑。

(2) 幽默可以化解矛盾,缓和气氛。例如:

一个小孩看到一个陌生人,长着很大的鼻子,马上大叫:"大鼻子。"小孩的父母感到很难为情,很对不起人。陌生人却幽默地说:"就叫我大鼻子叔叔吧!"大家都能由此一笑了之了。

一个人在车上不小心踩了别人一脚,忙连声道歉。被踩的这个人风趣地说:"不,是我的脚放错了地方。"这人大度地认为,事情发生了,已无可挽回,又不是故意的,也没有什么损失,何不一笑了之呢。

一个顾客在餐厅吃饭,米饭中沙子很多,服务员歉意地问:"净是沙子吧?"顾客大度地回答:"不,其中也有米饭。"既批评了餐厅,也免除了尴尬局面。

(3) 幽默可以用来含蓄地拒绝。例如:

一位好友向罗斯福问及美国潜艇基地的情况。罗斯福问道:"你能保密吗?"好友回答:"能。"罗斯福笑着说:"你能我也能。"好友也就知趣地不再问了。

(4) 幽默可以揭露缺点,针砭时弊。例如:

领导:"你对我的报告有什么看法?"

群众:"很精彩。"

领导:"真的? 精彩在哪里?"

群众:"最后一句。"

领导:"为什么?"

群众:"当你说'我的报告完了',大家都转忧为喜,热烈鼓掌。"

这段幽默讽刺了领导干部长篇大论,不着边际的作风。

(5) 幽默可以在轻松的气氛下进行严厉的批评。例如:

某商店经理在全体职工大会上说:"要端正经营作风,加强劳动纪律,公私分明,特别是那'甜蜜的事业'——糖果柜台。"

(6) 幽默也是有力的反击武器。例如:

德国大文豪歌德有一次在公园散步,遇到了一个恶意攻击他的批评家。那位批评家不肯让路,并傲慢地说:"我从不给傻瓜让路。"歌德立刻回答:"我却完全相反!"说完,立即转到一边去了。

（7）幽默可以放松心情，感受美好。当今社会高效率、快节奏、信息量大，这样必然会使人的大脑容易产生疲劳。如果我们的生活多点笑声，多点幽默，就会消除人们的烦躁心理，保持情绪的平衡。说话，在某种程度上，具有一定的娱乐性，它不应该让人感到紧张、费力，而应给人一种舒适轻松之感。例如：

有个大财主订了个规矩：庄稼人遇到他，都得敬礼，否则便要挨鞭子。

一天，阿凡提经过这里，碰上了大财主。

"你为什么不向我敬礼，穷小子！"大财主怒不可遏。

"我为什么要向你敬礼？"

"我最有钱。有钱就有势，穷小子，你得向我敬礼，否则我就抽你。"

阿凡提站着不动。

围观的人越来越多，大财主有点心虚，便压低声音对阿凡提说："这样吧，我口袋里有100元钱。我给你50元，你就向我敬个礼吧！"

阿凡提慢悠悠地把钱装进兜里，说："现在你有50元钱，我也有50元钱，凭什么非要向你行礼不可呢？"

周围的人大笑起来，大财主又气又急，一下子把剩下的50元钱抽了出来："听着，如果你听我的，那我就把这50元钱也送给你！"

阿凡提又把这50元钱收了，接着严肃地说："好吧，现在我有100元，你却1分钱也没有了。有钱就有势，向我行礼吧！"大财主目瞪口呆。

这里，阿凡提的故事虽然带有寓言的色彩，但他的话语的确逗人，给人以轻松愉悦之感。

（8）幽默语言可以婉转地提出要求。例如：

1953年，日本首相吉田茂设宴款待来访的美国副总统尼克松夫妇。席间，吉田茂突然转过头对身旁的尼克松夫人微笑着说："有几艘美国驱逐舰在东京湾停泊，请问这些军舰是不是怕您受我们的欺负而来保护您的？"一句话引得大家都笑起来。但是，笑声之中，尼克松已经明白吉田茂的话中之话了。当时，这些军舰在东京湾停泊，引起了日本朝野的普遍不安，吉田茂正是借助幽默的语言来婉转地表达对美国军舰的不满，希望尼克松能命令军舰驶离东京湾。

运用幽默语言提出自己的要求，这种方法在外交谈判、贸易洽谈中使用较多。这种说话方式含蓄婉转，往往具有暗示性、启发性，不会伤害双方感情。如果对方能够接受你的要求，则可以在笑声中主动、乐意地采取措施；如果对方不能接受，那也无伤大雅，全当听了一则笑话，一笑了之。

（9）幽默可以塑造交际中的自我形象。幽默的谈吐是良好性格特征的外露。在人际交往中，每个人都会遇到一些意想不到的情况。这时，为了避免出现僵局，就需要有一种随机应变的能力。而具有幽默感的人，则一定是一个机智、敏捷、善于应付各种棘手问题的能手。例如：

第二次世界大战期间，英国首相丘吉尔到华盛顿会见美国总统罗斯福，要求美国参战抗击德国法西斯。丘吉尔受到了热情款待，并被安排住进白宫。一天早晨，丘吉尔躺在浴盆里,抽着特大号的雪茄烟。门突然开了,罗斯福走了进来。丘吉尔大腹便便,肚子露出水面。两人都甚感窘迫。丘吉尔扔掉烟头,说道:"总统先生,我这个英国首相在您面前可真是一点也没有隐瞒。"说罢两个人哈哈大笑。丘吉尔的一句话体现出他不愧为一个机智、敏捷、处变不惊、具有良好风度的领导者。

一句幽默语,使两位国家领导人从尴尬中解脱出来,同时也加深了了解,增进了友谊。

2) 幽默的表达方法。幽默是人的思想、学识、智慧和灵感的结晶,幽默风趣的语言风格是人的内在气质在语言运用中的外化,幽默风趣的语言风度固然有先天成分的影响,但更有后天的习得。应掌握一些构成幽默的方法,并在语言表达中注意加以运用。

（1）飞白。白指白字、别字。所谓飞白,就是明知其错,故意将错就错地加以援用。根据错误产生原因的不同,可把飞白分为语音飞白、字形飞白两类。

① 语音飞白。即因语音相同、相近而将错就错地加以援用的飞白。例如,中国古代有许多笑话就是利用错别字来制作的,如清代小石道人的《嘻谈续录》中有这么一个笑话:

一个人因为是捐钱得的官,所以不懂官场语言。到任后便去拜见上司。上司问:"贵处风土如何?"他回答说:"并无大风,更少尘土。"上司又问:"春花如何?"他回答说:"今春棉花每斤二百八。"又问:"绅粮如何?"答:"卑职身量,穿三尺六的衣服。"又问:"百姓如何?"答:"白杏只有两棵,红杏倒不少。"上司说:"我问的是黎庶。"他回答说:"梨树很多,但结的梨都很小。"上司说:"我不是问什么梨杏,我是问你的小民。"他赶紧站起来,说:"卑职小名叫狗儿。"

"风土"即风俗,"春花"是指鱼苗,那个花钱买官的人,把"风土"误解为"风"和"土",把"春花"误解为春天的棉花,这都是错误地理解了词语的意思,把它们当成是语素意义的简单相加。这种误解还不是语音飞白,属于语音飞白的是把"绅粮"误解为"身量","百姓"误解为"白杏","黎庶"误解为"梨树","小民"误解为"小名",它们的语音都相同或相近。

② 字形飞白。即因为字形的相似而导致误认、误读的飞白。一个外国留学生在北京学习汉语。一日,他忽然对老师说:"贵国的民族自豪感宣传得极好,只是用语过于单调。到处都是'中国很行''中国人民很行''中国工商很行''中国农业很行''中国交通很行''中国建设很行'。"老师解释说:"你看不仔细,那是'银行'。"外国留学生之所以把"银行"与"很行"混为一谈,就是因为这两个字的字形极为相似,中国人很容易区分这两个字,所以觉得可笑。以下《西游记》中猪八戒扮演者改名的故事也是飞白手法的运用。

在电视剧《西游记》中扮八戒的马德华,原名叫马芮。有一天,老马因患重感冒,到一家颇有名气的医院看病,等了好久,值班护士拿着挂号本在走廊上叫:"马内、马内!谁叫马内?"马芮见没人答应,心想:大概是叫我的吧,就进了门诊室。医生问:"你叫马内?"马芮只好回答道:"是的,我叫马内。"

到化验室抽血后,化验员又高声吆道:"马苗、马苗,谁是马苗?你的血化验好了。"马芮不敢答应,但眼看化验室要关门了,他进去要化验单时,女化验员不耐烦了:"你就是马苗呀,那你刚才是聋了还是哑了?"

马芮去药房取药,药剂师隔着窗户尖声嚷道:"马丙、马丙,你的药好了。"有教训在先,这时马芮不敢怠慢,管他马内、马苗、马丙呢,抓起药就往注射室走去。

到了注射室,女护士见了注射单就笑了:"哟,这个病号怎么叫马肉?马肉,该你注射啦！"马芮哭笑不得。

后来，马芮参加了《西游记》的拍摄，他想这么多人不认识我这个"芮"字，名字一印到屏幕上，还不知道会被人们念成什么呢。干脆，更名，叫马德华吧。

"马芮"，从形体上看，与"马内""马苗""马丙""马肉"也有些类似，这个故事也许进行了虚构，至少进行了加工，由于巧妙地运用了飞白的手法，令人忍俊不禁。

（2）降用。故意使用某些"重大""庄严"的词语来说明一些细小、次要的事情的表达技巧，谓之"降用"。恰当地运用降用，可暗示自己的思想，启发对方思考，令语言风趣生动。毛泽东就是一位极喜欢运用降用的行家里手。例如：

毛泽东的卫士封耀松在与一个女文工团员"吹"后不久，在合肥跳舞时又"挑"上一个大他3岁且又离过婚并带有一个小孩的女演员。毛泽东知道这些情况后，极不赞成此事，并通过当时的安徽省委书记曾希圣及其夫人"搅"散了这段"姻缘"。封耀松为此感到极为沮丧郁闷。毛泽东见状，笑着对封耀松说道："速胜论不行吧！也不要有失败主义，还是搞持久战好。"

"速胜论""失败主义"是抗日战争时期在对日寇入侵这一问题上所持的两种政治、军事观点，而"持久战"则是毛泽东为此而提出的著名论断。这里毛泽东新奇地用"降用"劝诫卫士在婚姻问题上不要急于求成，而应持相反的态度，以及"告吹"后不可有悲观失望情绪，于调侃、戏谑之中，委婉地批评了封耀松在对待婚姻问题上的轻率行为。又如：

常在小区活动室玩牌的老王好久没来了。这次一来，牌友老孙就问："老王啊，怎么这几天都没看见你啊？"

老王一脸的严肃，说："别提了，我被'双规'了！"

老孙吓一跳，问："啊？怎么回事儿？贪污了？"

老王一笑，说："哈哈，我儿子、儿媳妇找我谈话喽，宣布我必须在规定时间、规定地点接送小孙子上幼儿园。"

众人这才明白，哈哈大笑。气氛一下子变得轻松融洽。老王的幽默诙谐更是深入人心。

"双规"是中共纪检（纪律检查）机关和政府行政监察机关所采取的一种特殊调查手段。"双规"一词出于《中国共产党纪律检查机关案件检查工作条例》中第二十八条第一款第（三）项，"要求有关人员在规定的时间、地点就案件所涉及的问题做出说明"。老王将这严肃用语巧妙降用，幽默效果油然而生。

（3）仿拟。故意模仿现成的词、语、句、调、篇及语句格式，临时创造新的词、语、句、调、篇及语句格式，谓之"仿拟"。它是幽默诸多构成法中最常用的一种，往往借助于某种违背正常逻辑的想象和联想，把原来适用于某种语境、现象的词语用于另一种截然不同的新的环境和现象之中，而且模拟原来的语言形式、腔调、结构甚至现成篇章，造成一种前后不协调、不搭配的矛盾，给人以新鲜、奇异、生动的感受。例如：

毛泽东在一次报告中批评某些干部为评级而争吵、落泪时说："有一出戏，叫《林冲夜奔》，唱词里说：'男儿有泪不轻弹，只因未到伤心处。'我们现在有些同志，他们也是男儿，他们是'男儿有泪不轻弹，只因未到评级时'。"这里运用的就是局部改动名句的仿拟之法，显得俏皮成趣、批评有力。

（4）双关。利用双关、比喻、夸张等修辞手法，可使语言生动形象，幽默风趣。例如：

有一学生问导师："我常梦想当上了教授。导师，我要怎么做才能把梦想变为现实呢？"导师答道："少睡觉。"

"少睡觉"是一语双关，其一指少做白日梦，意在规劝他早醒悟，莫抱不切实际的幻想；其二指多用功，不要虚度时光，学习要做到废寝忘食。又如：

孩子："爸爸你当过船长吗？"

爸爸："没有。"

孩子："那妈妈为什么说你脚踏两只船？"

孩子的天真无知，不理解"脚踏两只船"的双关含义，构成了"船"的本义和引申义的矛盾碰撞，造成了幽默情趣。

（5）自嘲。自我嘲讽，是指运用嘲讽的语气来嘲笑自己的缺陷和毛病，以取得别人的共鸣，引起别人会心一笑的方法。笑的规律是优笑劣、智笑愚、美笑丑、成熟笑幼稚。因此，如果公关人员善于显示自己比别人劣、愚、丑或幼稚，就会引人发笑，赢得公众的好感。自嘲还可嘲讽自己做过的蠢事、自己的生活遭遇等。

小故事 1-4

陈嘉漠的自嘲

陈嘉漠是清朝乾隆年间的举人，他的门生众多，可以称得上是桃李满天下。陈老先生80多岁时，身体还十分硬朗，并且与结发妻子恩爱如初。

一年新春，许多门生一道前来为恩师拜年，谁知老先生贪睡，门生们来了之后还没有起床。听说客人来了，便匆匆忙忙穿衣上堂，同众门生寒暄叙礼。他见众门生笑个不停，才发现由于着急，误穿了妻子的衣服。陈老先生自己也觉得好笑，便自我解嘲地说："我已经80多岁了，你师母也80岁了，今天我的做法正中了乡间的俗语'二八乱穿衣呀'。"众门生听了之后，都觉得老头子风趣幽默，大家一笑了之。

【点评】在与人交谈中，当你陷入尴尬的境地时，借助自嘲往往能使你从中体面地脱身。自嘲要求你具备豁达、乐观、超脱的心态和胸怀，同时，你应是一个自信的人。因为，只有足够自信的人才能拿自身的失误、不足甚至生理缺陷来"开涮"，对丑处、羞处不予遮掩，反而把它放大、夸张，最后巧妙地引申发挥、自圆其说，博得众人一笑。

（6）辨析。辨析就是对字形、数字、姓名或其他常用的词组作巧妙的拆卸、组合、分辨、解析。这种"辨析"是一般人预想不到的，极具机智巧妙的动力，听者先深感"出乎意外"，一经思考，又觉得在"情理之中"，在豁然顿悟之中，幽默便油然而生。如在人际交往中，富有幽默感的人，在自己介绍姓名或听人介绍时，会找出姓名中的特点，便于记忆，这么做往往会使人感到亲切自如，例如：

薄一波初次见到毛泽东，当自己介绍姓名后，毛泽东紧握他的双手，嘴里连声说道："好啊，这个字很好！薄一波，薄一波，如履薄冰，如临深渊嘛！"说得周围的同志都笑了起来。

毛泽东风趣的"析姓辨名"，使初次会面的客人顿消紧张情绪，感到他和蔼可亲。

（7）活用。活用熟语，随机应变，改变其原义，借形载义，可使语言富有诙谐感。例如：

一次，国画大师张大千和京剧艺术大师梅兰芳在席间相遇，张大千向梅兰芳敬酒道："梅先生，你是君子我是小人，我敬你一杯。"梅兰芳与众宾客不解。张大千含笑解释道："君子动口，小人动手。你唱戏动口，所以你是君子；我画画动手，所以我是小人。"一句话引得满堂宾客大笑不已。

应该特别指出的是，幽默的表达手法的运用必须自然，切忌强求。第一，幽默只是手法，而非目的；第二，幽默是一种精神现象，不只是简单的笑话或滑稽所能描述。幽默是一种风格、行为特性，是智慧、教养、道德处于优势水平下的一种自然表现。

1.4 提高声音质量

1. 认识声音

有人把人的发声器官比作一架管风琴。肺是风箱，由它提供发声的原动力。气流从肺中自下而上，通过气管上升到喉头，声音就由喉部产生。当人们呼气时，使保护气管开端的肌肉（即声带）紧密地挨在一起，以使空气通过声带时能够产生振动。这种振动产生了微弱的声音，然后该声音再穿过咽部（喉咙）、口，以及在某些情况下上升到鼻腔时被抬高产生共振。在这里，口和鼻腔就成了管风琴的两个管，它们不但可以起到扩大音量的作用，还可以任意变换音色。这样，共振后的声音被舌头、嘴唇、腭和牙齿这些发音器官改造，从而形成了语言体系中的声音。

我们认识发声器官，了解声音如何产生，目的是要在有声语言的训练中遵循其活动规律，正确发挥其功能和作用，从而有效地利用它来发出富有表现力和感染力的声音，增强语言表达的效果。

2. 影响声音质量的因素

现实生活中，去除语言的内容，人们经常能够通过一个人的声音判断出对方的许多信息，如对方的性格、涵养、情绪等；有时甚至单凭一个人的声音就去主观地判断这个人的外貌、形象等特征，尽管判断的结果有时与事实不相符合，这说明声音具有迷惑性。因此声音质量的高低直接影响听众对语言内容和表达者的接受程度。那么，影响声音质量的因素有哪些呢？

（1）音域。音域即每个人声音从低音到高音的范围。大多数人运用音高的范围超过8度，也就是音阶上的8个全音。音域的宽窄直接影响到声音的质量。人们在平时交谈时，音域大多在一个8度左右，而常用的也只有四五个音的宽度，但是如果要同时与众多听众进行交流，如演讲或是表达强烈的思想感情时，这样的音域就显得过窄。因为这时表达者不得不用到音域的极限，自己会感到吃力，声音会变得不自然，而带给听者的则是极不舒服的感觉。如果一个人的音域过窄而造成表达上的障碍，则需要专门为此进行训练，以拓宽自己的音域。事实上对于大多数人来说，不在于是否拥有令人满意的音域，而在于是否最好地利用了他们的音域。

（2）音量。也就是发出声音的强弱、大小。当人们正常呼气时，横隔肌放松，空气被排出气管。当人们讲话时，就会通过收缩腹肌来增加排出空气对振动声带的压力。这种在排出的空气后面更大的力量提高了声音的音量。感受这些肌肉动作的方法是：将双手放在腰部两侧，将手指伸展放在腹部。然后以平常的声音发"啊"，再以尽可能大的声音发"啊"，这时我们会感觉到提高音量时腹部收缩力量的增强。微弱的声音，缺乏力度，使有声语言没有表现力，难于表达强烈的思想感情；而响亮、浑厚、有穿透力的声音，则能做到高低起伏、轻重有别，可以增强声音的表现力与感染力。因此，如果我们的音量不够大，则可以通过在呼气时提高腹部区域压力的方法加以锻炼。

（3）音长。音长也就是声音的长短，它同语速、停顿密切相关，可以影响语言节奏的形成，对声音的质量同样有着不可忽视的作用。语速，也就是讲话的速度。大多数人正常交流时语速为每分钟130～150个字，而播音员的语速一般在180～230个字。可见，对于不同的人，不同的语言环境，语速的差异是比较大的。我们不需要去统一执行哪一个标准语速，因为一个人语速是否恰当关键取决于听众是否能理解他在说什么。通常情况下，当一个人发音非常清楚，并且富有变化、抑扬顿挫时，即使语速很快也能被人接受。

（4）音质。嗓音的音调、音色或声音。它往往是一个人声音的个性。如笛子有笛子的声音，而京胡有京胡的声音。音质决定于共鸣腔的状态和质量的变化。音质直接影响到声音是否优美悦耳，影响到声音的表现力。最好的音质就是一种清楚悦耳的音调。音质上的障碍包括鼻音、呼气声、嘶哑的声音和刺耳的声音。

上述这四个特征，我们一方面要进行良好的训练；另一方面要学会合理地控制这些特征，这样就可以使声音富于变化、轻重有别，从而更加有效地表达语言的思想内容。

小训练 1-1

① 大声朗读下列成语，注意声母和韵母以及声调。

比翼双飞	披荆斩棘	满载而归	丰衣足食	大张旗鼓	推陈出新
南征北战	龙飞凤舞	高瞻远瞩	快马加鞭	和风细雨	洁身自好
轻歌曼舞	先人后己	正本清源	超群绝伦	生龙活虎	日新月异
责无旁贷	此起彼伏	四通八达	按部就班	呕心沥血	峨冠博带
依山傍水	闻过则喜	云淡风轻	而立之年	仗义执言	瞒天过海
鞍前马后	兵强马壮	催眠有术	灯红酒绿	飞崖走壁	甘霖普降
挥毫洒墨	坚决果断	鲲鹏展翅	捞钱索物	闷头写作	千锤百炼
酸甜苦辣	吞云吐雾	心明眼亮	争前恐后	因循守旧	巍然挺立

② 向听众讲述一段个人经历中印象深刻的一件事。

要求：不要照稿宣读，注意吐字发音，并使自己的声音热情、自然、有表现力。可将自己上面的讲话用手机录下来，然后分析研究自己的录音，找到自己语言中的干扰词。再重复自己刚才讲述的内容，重复时注意克服这些干扰，尽量减少干扰词出现的频率。

3. 发声练习

"发声"讲的是声音的问题。声音的好坏直接影响着说话的效果。传说古希腊演说家德莫切克,第一次参加演讲比赛惨败收场,其中一个非常重要的原因就是他的嗓音嘶哑。后来,他苦练嗓音,终于成为享有盛名的演说家。优美的声音,会给人增添一种绚丽光彩,而浊哑的声音,会使得人们的话语黯然失色。声音集中,才能洪亮,才能结实。声音自然,才能毫不做作。声音圆润,才能给人以美感。在发声训练中,我们要求做到"集中、圆润、自然"。正确的发声方式是:"开牙关,要微笑,舌根松,下巴掉,一条声柱通硬腭,声音集中打面罩。"

"开牙关,要微笑"必然引起软腭上提,增加口腔的空间,并具有一定的力量,可以增加口腔共鸣,使声音竖立、明亮、圆润,避免挤压出缺少共鸣、毫不悦耳的扁音来。后声腔适当打开,对充分运用胸腔、口腔共鸣也有好处。"舌根松,下巴掉"是指喉部要放松,以免紧张,妨碍气息的流畅,产生挤压声音的现象。"下巴掉"不是说有意识地把下巴向下拉,而是让自己有一种下巴轻松得如同不存在似的感觉,目的还是让它松弛。"一条声柱通硬腭,声音集中打面罩"是指结合气息的运用,要形成一条声柱(而不是一片)直通硬腭中心线,打到面罩上来,使声音集中,并具有穿透力。

在这个练习的基础上,才能进一步地对声音进行塑造。例如,在朗诵不同文体、不同风格、不同感情、不同人物性格和其他不同艺术形象的作品时,有了良好的发声基础,才能使声音富有表现力和感染力。

我们已经知道,声音的产生并不是单靠哪一个器官完成,而是呼吸器官、消化器官相互协同完成了发声。发音效果的好坏,与呼吸、声带、共鸣器官等有直接的关系。因此,要想提高声音的质量,使自己发出的声音更加富有表现力和感染力,就要从以下几个方面多加练习。

(1)控制气息。气乃声之源。一个人气量的大小、能否正确用气,对语音的准确、清晰度和表现力都有直接影响。唐代文学家韩愈曾说过:"气,水也;言,浮物也。水大而物之浮者大小毕浮。气之与言犹是也,气盛则言之短长与声之高下者皆宜。"因此我们必须学会控制好气息,这样才能很好地驾驭声音。在语言交流中要想使声音运用自如、音色圆润、优美动听,就要学会控制气息,掌握呼吸和换气的技巧。

呼吸的紧张点不应放在整个胸部,而应放在丹田,以丹田、胸膛、后胸作为支点,即着力点。力量有支点,声音才有力度。

① 吸气。吸气时,要双肩放松,胸稍内含,腰腿挺直,缓慢平稳地吸气。要领是:气下沉,两肋开,横膈降,小腹收。这样随着吸气肌肉群的收缩容积立体扩张,有明显的腰部发涨、向后撑开的感觉,注意不要提肩,也不要让胸部塌下去。当气吸到七八成时,利用小腹的收缩力量控制气息,使之不外流。

小训练 1-2

抬重物时,必须把气吸得较深,憋着一股劲,后腰膨胀,腰带渐紧。这正是正确的呼吸方法。多抬几次重物,找出以上感觉。

② 呼气。呼气时,要保持吸气时的状态,两肋不要马上下陷。小腹始终要收住,不可放开,使胸、腹部在努力控制下,将肺部储存的气息慢慢放出,均匀地向外吐。呼气要用嘴,做到匀、缓、稳。在呼气过程中,语音随之一个接一个地发出,从而使有声语言富有节奏。

小训练 1-3

假设桌面上有许多灰尘，要求吹而又不能吹得尘土飞扬。练习时，按吸气要领做好准备，然后依照抬重物的感觉吸足一口气，停顿两秒钟左右，向外吹出气息。吹气时要平稳、均匀，随着气息的流出，胸腹尽量保持吸气时的状态。尽量吹得时间长些，直至将一口气吹完为止。

③ 换气。在语言表达过程中，人们不可能一口气将所要说的内容说完，常需要根据不同内容和表情达意的需要作时间不等的顿歇。许多顿歇之处就是需要换气或补气之处，以保证语气从容、音色优美，防止出现气竭现象。

换气有大气口和小气口两种换气方法。大气口是在类似于朗读、演讲这样的表达时，在允许停顿的地方，先吐出一点气，马上深吸一口气，为下面要说的话准备足够的气息。这种少呼多吸的大气口呼吸一般比较从容，也比较容易掌握。小气口是指表达一段较长的句子时，气息用得差不多了，但句子未完而及时补进的气息。补气时，可以在气息能够停顿的地方急吸一点气，或在吐完前一个字时不露痕迹地带入一点气，以弥补底气不足。要求吸气无声，又音断气连，是一种难度较大的换气方法。

小训练 1-4

① 高声朗读《高山下的花环》中雷军长的一段演说，安排好换气："我的大炮就要万炮轰鸣，我的装甲车就要隆隆开进！我的千军万马就要去杀敌！就要去拼命！就要去流血！！可刚才，有那么个神通广大的贵妇人，她，竟有本事从千里之外把电话打到我这前沿指挥所。她来电话干啥？她来电话是要我给她儿子开后门，让我关照关照她儿子！走后门她竟敢走到我这流血牺牲的战场！我在电话里臭骂了她一顿！我雷某不管她是天老爷的夫人，还是地老爷的太太，走后门，谁敢把后门走到我这流血牺牲的战场上，没二话，我雷某要让她儿子第一个扛上炸药包去炸碉堡！去炸碉堡！"

② 练习下面的绕口令，开始做练习时，中间可以适当换气。练到有了控制能力时，逐渐减少换气次数，最后要争取一口气说完。

五组的小组长姓鲁，九组的小组长姓李。鲁组长比李组长小，李组长比鲁组长老。比李组长小的鲁组长有个表姐比李组长老，比鲁组长老的李组长有个表姐比鲁组长小。小的小组长比老的小组长长得美，老的小组长比小的小组长长得丑。丑小组长的表姐比美小组长的表姐美，美小组长的表姐比丑小组长的表姐丑。请你想一想：是鲁组长老，还是鲁组长的表姐老？是李组长小，还是李组长的表姐小？是五组小组长丑，还是九组小组长丑？是鲁组长表姐美，还是李组长表姐美。

气息控制训练可以把握"深、通、匀、活"四字方针，注意气息和内容的结合。单纯的语音、气息训练效果并不好，需要大家在实际朗读过程中不断体会、运用。

（2）训练共鸣。共鸣指人体器官因共振而发声的现象。在产生共鸣的过程中，共鸣器官把发自声带的原声在音色上进行润饰，使声音圆润、优美。科学调节共鸣器官可以丰富或改变声音色彩，同时起到保护声带的作用，延长声带的寿命。用声的共鸣重心在口腔上下，以口腔共鸣为主。一般提到的共鸣腔有颅腔、鼻腔、口腔、胸腔，这四个共鸣腔最基本。

声乐学习中还有提到腹腔共鸣,不过有些人不赞同这个提法。要想声音圆润集中,需要改变口腔共鸣条件。发音时双唇集中用力,下巴放松,打开牙关,喉部放松,提额肌、颊肌、笑肌,在共同运动时,嘴角上提。可以通过张口吸气或用"半打哈欠"感觉体会喉部、舌根、下巴放松,这时的口腔共鸣会加大。在打开口腔的时候,同时注意唇的收拢。

① 鼻腔共鸣。鼻腔共鸣是由"鼻窦"实现的。鼻窦中的额窦、蝶窦、上颚窦、筛窦等,它们各有小小的孔窦与鼻腔相连,发音时这些小孔窦起共鸣作用使声音响亮、传得更远。运用鼻腔时,软腭放松,打开口腔与鼻腔的通道使声音沿着硬腭向上走,使鼻腔的小窦穴处充满气,头部要有振动感。这样,发出的声音才会震荡、有弹力。但要注意,鼻腔色彩不能过量,过量就会形成"囊鼻音"。

📝 小训练 1-5

词组练习:妈妈　光芒　中央　接纳　头脑

蓝蓝的天上白云飘,白云下面马儿跑,挥动鞭儿响四方,百鸟齐飞翔。

② 口腔共鸣。口抬起,呈微笑状,使整个口腔保持一定张力,口腔壁、咽腔壁的肌肉处于积极状态。这样,声带发出的声音随气流的推动流畅向前,在口腔的前上部引起振动,形成共鸣效果。共鸣时要把气息弹上去,弹到共鸣点。声音必须集中,同时还要带上感情,兴奋起来。这样才会达到一个好的共鸣效果。

📝 小训练 1-6

词组练习:澎湃　冰雹　拍照　平静　抨击　批评　哗啦啦　啪啪扑　哽咽

绕口令:山上五株树,架上五壶醋,林中五只鹿,柜中五条裤,伐了山上树,取下架上醋,捉住林中鹿,拿出柜中裤。

③ 胸腔共鸣。胸腔是指声门以下的共鸣腔体,属于下部共鸣腔体,它可以使声音结实浑厚、音量大。运动胸腔共鸣时,声带振动,声音反着气流的方向通过骨酪和肌肉组织壁传到肺腔,这时胸部明显感到振动,从而产生共鸣。有了这个底座共鸣的支持,声音才会真实,不飘。胸腔的空间及共鸣能量大,发出的声音有深度和宽度,声音更浑厚、宽广。

📝 小训练 1-7

① 胸腔共鸣训练。

"a"元音直上、直下、滑动练习。

词组练习:百炼成钢　翻江倒海　追悔莫及

小柳树,满地栽,金花谢,银花开。

② 发声练习。

口腔打开,使下面一组音从胸腔逐渐向口腔、鼻腔过渡。要求放慢、拖长、找准共鸣位置。

a-mai-mao-mi-mu

③ 朗读共鸣练习。

朗读《七律·长征》(毛泽东),要求放慢速度,有意识地夸张,尽量找出最佳共鸣效果。

声音适当偏后些,使之浑厚有力。注意防止"囊鼻音"。

> 红——军——不怕——远——征——难,
> 万——水——千——山——只——等——闲。
> 五岭——逶迤——腾——细——浪,
> 乌蒙——磅礴——走——泥——丸。
> 金沙——水拍——云——崖暖,
> 大渡——桥横——铁——索——寒。
> 更喜岷山——千——里——雪,
> 三军过后——尽——开——颜。

④ 假设分别向1个人、10个人、50个人、1000个人,在教室、大礼堂、体育场等地朗诵或喊口令,要十分准确地运用声音。

在进行共鸣训练时,扩大共鸣腔要适度,不能无限制,要以不失本音音色为前提。同时,应该学会控制共鸣腔肌肉的紧张度,保持均衡的紧张状态。另外共鸣腔各部位包括肌肉要协同动作,这样声音的质量才能真正提高。

(3) 吐字归音。吐字归音是汉语(汉字)的发声法则,即"出字"和"收字"的技巧。我们把一个字分为字头、字腹和字尾三部分,"吐字"是对字头的要求,"归音"是对字腹尤其是对字尾的发音要求。

① 吐字。吐字也叫咬字。一是注意口型,口型该大开时不能半开,该圆唇的时候不能展唇,尽量使声音立起来;二是注意字头,字头是字音的开始阶段,要求叼住弹出。要做到吐字清晰,发音有力,摆准部位,蓄足气流,干净利落,富有弹性。只有这样吐字才能使声音圆润、清楚。

🗒 小训练 1-8

读下面的绕口令。先慢读,注意分辨声母,发好字头音,读准声调,读几遍后再加速。

① 白石白又滑,搬来白石搭白塔。白石塔,白石塔,白石搭石塔,白塔白石搭。搭好白石塔,白塔白又滑。

② 四和十,十和四,十四和四十,四十和十四。说好四和十,得靠舌头和牙齿。谁说四十是"细席",他的舌头没用力;谁说十四是"适时",他的舌头没伸直。认真学,常练习十四、四十、四十四。

② 归音。字尾是字音的收尾部分,指韵母的韵尾。归音是指字腹到字尾这个收音过程。收音时,唇舌的动作一定要到位,字腹要拉开立起,即在字腹弹出后口腔随字腹的到来扯起适当的开度,共鸣主要在这儿体现。然后收住,要收得干净利落,不拖泥带水,但也不能草草收住。如"天安门"三个字收音时舌位要平放,舌尖抵住上齿龈,归到前鼻韵母"n"音上。只有这样归音才到位,才能使声音饱满,富有韵味。

🗒 小训练 1-9

读下面的绕口令,注意"n"和"ng"的收音。

梁家庄有个梁大娘,梁大娘家盖新房。大娘邻居大老梁,到梁大娘家看大娘,赶上梁大娘家上大梁,老梁帮着大娘扛大梁,大梁稳稳当当上了墙,大娘高高兴兴谢老梁。

4.声音的运用技巧

（1）语调。俗话说,听话听音,锣鼓听声。生动多变的语调是一种表意功能很强的口语修辞手段。语调高低升降的变化可以表达不同的含义,常见的有：

① 高升调。常用于呼唤、号召、惊疑等情感较为激昂的句子。例如：

让我们高举起振兴中华民族的希望火炬,去奋斗！去开拓！去创造我们美好的未来！

② 平直调。多用于一般的叙述、说明句。例如：

我不相信天上有上帝、宇宙有鬼神,但我相信,每个人都有他自己的命运。

③ 抑降调。多用于祈使、感叹等句子。例如：

每个人都有自己的人生航线,但是没有一条会是笔直的,它充满着曲折,我们的历史就是这样。

④ 曲折调。一般表示含蓄、反诘、夸张等情感。例如：

什么"人权自由""博爱平等",全是骗人的鬼话。

小训练 1-10

根据括号内的提示,用恰当的语调说出下面的话。

"你到这里来过？"

① 高兴(这太好了！)

② 惊讶(真没有想到。)

③ 怀疑(这可能吗？)

④ 责怪(你不应该来呀！)

⑤ 愤怒(真是太不像话了！)

⑥ 惋惜(唉！无可挽回的过失。)

⑦ 轻蔑(这种地方你也来,你是什么东西。)

⑧ 冷漠(是否来过与我无关。)

（2）重音。重音是指在句子中某个词语说得特别重或者特别长。重音通常分两类：一类是与句子的结构有关,叫作结构重音；另一类是与强调的某个潜在的语义有关,叫作强调重音。在说话人没有任何强调意思时,句中的结构重音就起作用了,这时的重音是句中组成成分之间相比较而存在的。例如,在简单的主谓句中,旨在说明主语"怎么样了"时,相比之下,谓语重些。如小王买了(重音在"买")。如果句中有宾语,则宾语较重,如小王买计算机了(重音在"计算机")。如果句中有修饰语,则修饰语较重,如楼上的小王买计算机了(重音在"楼上")。强调重音没有固定的位置,是根据表达者所要强调的潜在意义决定的,但强调重心也不是随心所欲的,要根据上下文意思决定。例如,我们要起诉施虐者(实施起诉的不是别人)；我们要起诉施虐者(不是采取别的行为,是起诉)；我们要起诉施虐者(起诉的对象是施虐者)。

小训练 1-11

说出下面的话，注意重音。

他吃了一块蛋糕。

他吃了一块蛋糕。

他吃了一块蛋糕。

他吃了一块蛋糕。

（3）停顿。停顿是指在语言交流中的语句或是词语间声音上的间歇。停顿一方面是我们生理和心理的需要；另一方面它也起到控制节奏、强调重点的作用；同时也是给听者一个思考、理解和接受的时间，使听者更好地理解语义。停顿有多种性质，一是语法停顿，这类停顿基本依据标点来处理，如句号、问号、感叹号的停顿就要比顿号、逗号、分号的长；二是层次停顿，语义的层次需要停顿来表达清楚，这既包括语言中大的意思层次，如一节或一段，也指一句话中的语义的层次；三是呼应性的停顿，如果是一大段的语言内容，往往会出现整体性的呼应或是局部呼应，这种情况声音必须停顿，否则就是造成呼应中断，影响语义的表达，如：这对小燕子，便是我们故乡的那/一对，两对吗？（郑振铎《海燕》）四是音节性停顿，这主要是指节奏感比较强的诗词朗读时，如：空山/新雨后，天气/晚来秋（王维《山居秋暝》）；五是强调性停顿，即为了突出句中的某些重要词语，而在这些词语的前或后稍加停顿，如：有的人活着/他已经死了；有的人死了/他还活着（臧克家《有的人》）。

（4）语速。语速是指语言节奏的快慢。它是体现语言节奏、表达思想感情的重要手段。在现实生活中，凡是兴奋、激动，就会语速加快；而沉思、平静时，语速就变慢。因此一方面语速的运用要与内容、情感有关；另一方面也受不同场合的影响。作报告、播音的语速就相对较慢，而讲课的语速则要快一些，最快的则是我们常常听到的体育赛事的转播解说。

（5）抑扬。抑扬是指语调高低升降的变化。抑扬顿挫才会引人入胜。下面几种语言节奏较为常用，应注意掌握：

① 高亢型。声音偏高，起伏较大，语调昂扬，语势多上行。用于鼓动性强的演说，叙述一件重大的事件，宣传重要决定及使人激动的事。

② 低沉型。语速偏慢，语气压抑，语势多下行。多用于悲剧色彩的事件叙述，或慰问、怀念等。

③ 凝重型。声音适中，语速适当，既不高亢，也不低沉，重点词语清晰沉稳，次要词语不轻不促。用于发表议论和某种语重心长的劝说，或抒发感情等。

④ 轻快型。多扬少抑，听起来不费力。日常性的对话、一般性的辩论都可使用这种语言节奏。

⑤ 紧张型。语速较快，句中不延长停顿。用于重要情况的汇报，必须立即加以澄清的事实申辩等。

⑥ 舒缓型。声音不高也不低，语速从容，既不急促，也不大起大落。说明性、解释性的叙述，学术探讨等宜用。

在不同的场合，要注意运用有效的发音。坚毅激进的声音，可以给人一种奋进感；柔和清脆的声音使人愉快;低缓忧郁的声音让人感伤;而粗俗急躁的声音使人愤怒。所以,要试着去掉自己的发音障碍,调整节奏和音色,使有声语言富有节奏,展示出声音的和谐之美,做个说话受人欢迎的人。

小训练 1-12

综合运用有声语言重音、语速、停顿、抑扬等技巧,根据语言的环境,读下面的内容。

① 伙计们都寻思起来,想什么办法呢? 玉宝坐在旁边也想了一会儿,笑着说:"叔叔,我有个好办法,咱们大家出口气,把那老小子打一顿。"(选自高玉宝《半夜鸡叫》)

② 康大叔显出看不上他的样子,冷笑着说:"你没有听清我的话,看他的神气,是说阿义可怜哩。"(选自鲁迅《药》)

③ 我为少男少女们歌唱,我歌唱早晨,我歌唱希望,我歌唱那些属于未来的事物,我歌唱正在生长的力量。(选自何其芳《我为少男少女们歌唱》)

④ 范柳原冷冷地道:"你不爱我,你有什么办法,你做得了主吗?"白流苏道:"你若真爱我的话,你还顾得了这些!"范柳原道:"我不至于那么糊涂。我犯不着花了钱娶一个对我毫无感情的人来管束我。那太不公平了。对于你,那也不公平。噢,也许你不在乎。根本你以为婚姻就是长期的卖淫合同。"(选自张爱玲《倾城之恋》)

⑤ 一生中能有这样两个发现,该是很够了,即使只能做出一个这样的发现,也已经是幸福的了。但是马克思在他研究的每一个领域,甚至数学领域都有独到的发现,这样的领域是很多的,而且其中任何一个领域他都不是肤浅地研究的。(选自恩格斯《在马克思墓前的讲话》)

案例分析

1. "我请诸君笑一笑"

1956 年,当时的印尼总统苏加诺到清华大学操场演讲,在台下听的除清华的学生以外还有北大的学生,陪同的有戴着墨镜和白手套的外交部部长陈毅。苏加诺是世界名人,步入清华时,学生队伍的秩序一度有些激动性的骚乱,在台上的陈毅显然不悦,气氛有点紧张。有经验的苏加诺总统当然看出来了。他在演讲一开头就说了两句题外话:"我请诸君向前移动几步,我愿更靠近你们。"话一说完,学生队伍活跃了,很快往前移动了几步。接着苏加诺又说:"我请诸君笑一笑,因为我们面临着一个光辉的未来。"青年们轻松地笑了起来,气氛变得十分和谐,在接下来的演讲中不断有热烈的掌声。

【思考与讨论】

(1) 如何运用语言沟通拉近与听众的心理距离?

(2) 本案例对你有何启示?

2. 三位应聘者

刘同学在简历的著作栏里写下了曾发表过一篇关于汇率稳定的文章,以期在银行面试时会有作用。结果在面试中国银行时，当主考官问起她对汇率稳定的观点时，她结结巴巴，说不出个所以然。事实是身为会计专业的她对金融问题根本没有研究，只是托自己学习金融专业的同学在其发表的文章上加入自己的名字。因此，她和中国银行失之交臂。

王同学一心想进入国际性的咨询公司，在遭到拒绝后，转而将目标锁定于国际会计师事务所。最后，只有安永公司给了她面试邀请。原本此机会已是弥足珍贵，但面试中，考官问到她还投递了哪些单位时，王同学将她投递过的单位如数家珍般一股脑儿说出，并表现出极强的兴趣，但就是没有表现出对安永公司的兴趣。结果可想而知，安永公司将她拒之门外。

张同学在面试毕马威公司时，向主考官强调她特别想进入该公司。在解释原因时，她指出毕马威公司的良好背景有利于她以后再次跳槽。最后，毕马威没有给她这个可以再次跳槽的机会。事后，张同学懊恼地表示她当时头脑发晕，不该这样回答问题。

【思考与讨论】

（1）请运用所学的知识针对三位应聘者出现的问题进行分析和评价。

（2）本案例对你有哪些启示？

3. 无与伦比的营销口才

在美国零售店中，有一家知名度很高的商店，它就是彭奈创设的"基督教商店"。

彭奈对"货真价实"的解释并不是"物美价廉"，而是什么货卖什么价。

他有一个与众不同的做法，就是把顾客当成自己人，事先说明货品等次。关于这一点，彭奈对他的店员要求非常严格，并对他们施以短期训练。

彭奈的第一家零售店开设不久，有一天，一个中年男子到店里买搅蛋器。店员问："先生，您是想要好一点的，还是要次一点的？"那位男子听后显然有些不高兴："当然是要好的，不好的东西谁要？"

店员就把最好的一种"多佛牌"搅蛋器拿了出来给他看。男子看了问："这是最好的吗？"

"是的，而且是牌子最老的。"

"多少钱？"

"120元。"

"什么！为什么这样贵？我听说，最好的才六十几元钱。"

"六十几元钱的我们也有，但那不是最好的。"

"可是，也不至于差这么多钱呀！"

"差得并不多，还有十几元一个的呢。"男子听了店员的话，马上面露不悦之色，想立即掉头离去。

彭奈急忙赶了过去，对男子说："先生，您想买搅蛋器是不是，我来介绍一种好产品给您。"

男子仿佛又有了兴趣，问："什么样的？"

彭奈拿出另外一种牌子的搅蛋器来，说："就是这一种，请您看一看，样式还不错吧？"

"多少钱？"

"54元。"

"照你店员刚才的说法,这不是最好的,我不要。"

"我的这位店员刚才没有说清楚,搅蛋器有好几种牌子,每种牌子都有最好的货色,我刚拿出的这一种,是这种牌子中最好的。"

"可是为什么比多佛牌的差那么多钱?"

"这是制造成本的关系。每种品牌的机器构造不一样,所用的材料也不同,所以在价格上会有出入。至于多佛牌的价钱高,有两个原因,一是它的牌子信誉好;二是它的容量大,适合做糕点生意用。"彭奈耐心地说。

男子的脸色缓和了很多:"噢,原来是这样的。"

彭奈又说:"其实,有很多人喜欢用这种新牌子,就拿我来说吧,我用的就是这种牌子,性能并不差,而且它有个最大的优点:体积小,用起来方便,一般家庭最适合。府上有多少人?"

男子回答:"5 个人。"

"那再适合不过了,我看您拿这个回去用吧,保证不会让您失望。"

彭奈送走顾客后,对他的店员说:"你知道刚才你错在什么地方了吗?"

那位店员愣愣地站在那里,显然不知道自己的错误。

"你错在过于强调'最好'这个概念。"彭奈笑着说。

"可是,"店员说,"您经常告诫我们,要对顾客诚实,我的话并没有错呀!"

"你是没有错,只是缺乏技巧。我的生意做成了,难道我对顾客有不诚实的地方吗?"

店员摇摇头。

彭奈又说:"除了说话技巧外,还要摸清对方的心理,他一进门就要最好的,对吧?这表示他优越感很强,可是一听价钱太贵,他不肯承认自己舍不得买,自然会把不是推到我们做生意的头上,这是一般顾客的通病。假如你想做成这笔生意,一定要变换一种方式,在不损伤他的优越感的情形下,使他买一种比较便宜的货。"

彭奈在他 80 岁时的自述中,幽默地说:"在别人认为我根本不会做生意的情形下,我的生意由每年几万元的营业额增加到 10 亿元,这是上帝创造的奇迹吧。"

【思考与讨论】

(1) 请结合本案例对彭奈的口才进行评价?

(2) 本案例对你有何启示?

实 践 训 练

1. 口头语言沟通训练

实训目的:

(1) 通过实训掌握书面语言及口头语言沟通中的各种技巧要领。

(2) 提高运用相关知识解决实际问题的信心和能力。

(3) 养成良好的沟通习惯和风格,形成得体的沟通综合能力。

实训情景：

职业情景 1

你是公司办公室主任，公司曾向某家饭店租用大舞厅，每一季用 20 个晚上，举办员工培训的一系列讲座。可是就在即将开始的时候，公司突然接到通知，要求必须付高出以前近 3 倍的租金。当你得到这个通知的时候，所有的准备工作已经就绪，通知都已经发出去了。单位领导派你去说服对方不要违约，你怎么办？请模拟场景，扮演角色。

职业情景 2

于雪的上司吴总是公司负责营销的副总，为人非常严厉。吴总是南方人，说话有浓重的南方口音，经常"黄"与"王"不分。他主管公司的市场部和销售部，市场部的经理姓"黄"，销售部经理又恰好姓"王"，由于"黄"和"王"经常听混淆，于雪非常苦恼。这天，于雪给吴总送邮件时，吴总让她"请黄经理过来一下！"是让王经理过来还是让黄经理过来？于雪又一次没听清吴总要找的是谁。面对这种情况，于雪该怎样处理？

实训内容：

（1）根据职业情景 1，模拟演示的沟通协调过程。

（2）根据职业情景 2，为秘书于雪找出一个两全其美的办法，并演示沟通过程。

实训要求：

（1）本实训可在教室或情景实训室进行。

（2）先分组讨论，再进行角色模拟演示。

（3）分组进行，每组 3～5 人，一人扮演部门公司经理，一人扮演秘书于雪，一人扮演公司吴副总经理。分角色轮流演示，每组分别演示以上两个情景。

（4）要求编写演示角色的台词与情节，用语规范，表达到位。

实训提示：

（1）利用口语交流的技巧。

（2）注重沟通的目的与策略。

实训总结：个人畅谈沟通体会，教师总评，评选出最佳口头语言沟通者。

（资料来源：徐丽君，明卫红.秘书沟通技能训练［M］.北京：科学出版社，2008.）

2. 实训：答记者问演练

苹果公司公共关系部为配合新近推出的 iPhone 7 的推广拟举行一次新闻发布会。这款新产品 iPhone 7 的特点、性能等信息请从网络搜集整理。

假如你是苹果公司公共关系部的工作人员，请为苹果公司 iPhone 7 上市组织一次模拟新闻发布会。具体如下。

实训地点：模拟会议实训室。按新闻发布会要求进行现场布置。

实训步骤：

（1）全班同学分为 3 组，每组指定一个组长。由组长扮演苹果公司公共关系部的部长，其他同学扮演苹果公司公共关系部的成员。

（2）请各公共关系部分别制定新闻发布会的程序，并挑选主持人和发言人；拟写发言提纲。

（3）其他各组扮演受邀的各新闻单位，并挑选记者，准备提问。

（4）由其中一组担任苹果公司公共关系部，举行新闻发布会，其他各组的成员担任记者。进行现场演练。

（5）各组对本次活动进行总结，指导教师进行点评。

实训要求：本实训也可选择在教室进行，但应对环境作适当的布置；每组进行演练的时间应控制在 20 分钟以内；条件允许的情况下可以将新闻发布会的过程制作成录像，在训练结束后进行讨论。

自 主 学 习

1. 请设想，在下列情况下，应该怎么说？

某俱乐部举行的一次招待会上，服务员倒酒时，不慎将啤酒洒到一位宾客那光亮的秃头上，服务员吓得手足无措、目瞪口呆。这位宾客却微笑着说：“……”

一位主持人在报幕的时候不慎将《猎人舞曲》报成了《腊八舞曲》，如果当时你是这位主持人的搭档，你会说：“……”（杨利平，2013 年）

2. 如果你在公共场所排队等候时有人插队，假设插队的人分别是青年学生、中年女工人、中年男知识分子和农村老大爷，你应如何劝说他们不要插队？请分组讨论，各小组推荐一名代表上台演示。

3. 结合下面的事例回答问题。

（1）某君赴宴迟到，匆忙入座后，见一烤乳猪就在面前，于是大为高兴地说：“还算好，我坐在乳猪的旁边。”

话刚出口，才发现，身旁一位胖女士怒目相视。他急忙赔着笑脸说：“对不起，我是说那只烧好了的。”（黄雄杰，2006 年）

问题：某君这次交流的失误在哪里？

（2）有位脾气很不好的旅客，因为不满意柜台小姐安排的机位，在机场对小姐大吼大叫。

过了一会儿，这位小姐见他还没有意思住嘴，后面又有许多旅客排着队等候划票，于是就对他说：“先生，你再吵，我只好请警卫来处理了。”

没想到这位先生更变本加厉，他大吼：“你少吓唬我！我不是傻瓜！”

小姐听了这话，笑了笑，仍然用温和的口气说：“很对不起，我刚才没注意到这一点。”

后面排队的旅客都哈哈大笑，笑声中，这位不讲理的旅客摸摸鼻子离开了柜台。（黄雄杰，2006 年）

问题：柜台小姐的潜台词是什么？这样的回答好不好？如果由你来处理，你会怎么说？

（3）一家知名外贸公司举行一次别开生面的宴会招聘考试，有一位小伙子表现良好，深深吸引了面试官。宴席上，小伙子走到这家公司的人事经理面前，举杯说道：“刘经理，结识您很荣幸，我十分愿意为贵公司效力。但如果确实因为名额有限我不能梦想成真，我也不会气馁的，我将继续奋斗，我相信，如果我不能成为您的助手，那就一定会是您的对手"。

他的话提醒了这家外贸公司的人事经理。最后,公司录取了这个小伙子。（王晶,2014年）

问题:你觉得这位小伙子的这番话说得好吗? 为什么?

（4）有一对夫妻开了一家玩具店,聘请了一个店员。这个店员很勤快,服务态度也好,老板非常满意。有一天店员嘟囔了一句:"我的合同后天就到期了。"老板听了以后,内心十分焦虑,整天闷闷不乐。既怕合同到期店员不干了,临时找不到人,影响生意,又怕店员要求加薪,自己无法满足,影响感情。（谭满益,2010年）

问题:假如你是店老板,该怎样解决这个问题?

（5）一位农村大娘去买布料,售货员迎上前去热情地打招呼:"大娘,您买布呀? 您看这布多结实,颜色又好。"谁知这位老大娘听了颇不高兴,嘴上冷冷地说:"要这么结实的布有啥用,穿不坏就该进火葬场了。"售货员一听,略一沉思,笑眯眯地说:"大娘,看您说到哪儿去了,您身子骨这么硬朗,再穿几件也没问题。"一句话说得大娘高兴起来,爽快地买了布,还直夸售货员心眼儿好。（袁红兰,2014年）

问题:为什么在听了售货员的几句话以后,农村大娘的态度会有这么大的变化? 这个故事让我们在人际交往过程当中得到什么样的启发?

4. 运用语言沟通的知识和技巧,由3～4名同学自由组成小组,其中一人为讨论组织者,任选以下问题进行讨论,5～8分钟完成讨论,并派一人当众综述沟通结果。

（1）你们几位同学都是电影爱好者,打算成立一个校内影迷协会,作为发起者请讨论它的可行性方案。

（2）你们几个同学是超级数码影迷,一直想自导、自拍、自演一部DV,现在商量实施方案。

（3）如果你们班有一名同学因经济困难假期无钱回家,几个好朋友想帮助他,但他的自尊心很强,讨论一个最得体的办法。

（4）假设你们班得到优秀班集体的奖金1000元,你们几个是班干部,现在商议一下这笔奖金的处置方案。

5. 声音模仿练习。

（1）模仿我国著名体育解说员宋世雄的一段解说词,注意发音准确、感情饱满。

1981年的世界杯女排赛,中国女排第一次获得世界杯赛冠军,也是五连冠的开始。同年,中国男排大翻盘战胜韩国,取得世界杯赛资格。宋世雄高亢的解说,让人记忆深刻。他回忆,当时声音颤抖,一个字一个字地从嘴里蹦出来。

"亲爱的听众、亲爱的观众,当你看到中国女排运动员在场上的精彩表现,可曾想到,她们付出了多少代价啊! 年轻的小将郎平,为了提高身体机能,让医生踩她的双腿,疼得她流出了眼泪,咬破了嘴唇,也不哼一声。她曾经这样说:'我是个新队员,要接受严格的考验,接受最艰苦的训练,绝不被困难吓倒……'"

（2）模仿黄健翔的一段解说词,尽量快而不乱、发音准确。

2006年6月26日,在第18届世界杯足球赛八分之一决赛意大利对澳大利亚的比赛中,当比赛进入伤停补时的最后时刻,意大利左后卫格罗索突入澳大利亚队禁区助攻,被澳大利亚后卫绊倒。裁判判给意大利队一个点球。这时黄健翔有一段颇具争议的"激情"解说。

"伟大的意大利的左后卫！他继承了意大利的光荣传统。法切蒂、卡布里尼、马尔蒂尼在这一刻灵魂附体！格罗索一个人代表了意大利足球悠久的历史和传统,在这一刻他不是一个人在战斗,他不是一个人！

托蒂,面对这个点球。他面对的是全世界意大利球迷的目光和期待。

施瓦泽曾经在世界杯预选赛的附加赛中扑出过两个点球,托蒂应该深知这一点,他还能够微笑着面对他面前的这个人吗？10秒钟以后他会是怎样的表情？

这个点球是一个绝对理论上的决杀。绝对的死角,意大利队进入了八强！

胜利属于意大利,属于格罗索,属于卡纳瓦罗,属于赞布罗塔,属于布冯,属于马尔蒂尼,属于所有热爱意大利足球的人！

澳大利亚队也许会后悔的,希丁克,他在下半时多一人的情况下打得太保守、太沉稳了,他失去了自己的勇气,面对意大利悠久的历史,他没有再拿出他在小组赛中那种猛扑猛打的作风,他终于自食其果。"

（3）模仿一段新闻联播的播报。

（4）模仿一段名人的演讲或讲话（如马云、俞敏洪、奥巴马等）。

任务 2　非语言沟通

有许多隐藏在心中的秘密都是通过眼睛被泄露出来的,而不是通过嘴巴。

——[美]爱默生

任务目标

- 明确语言沟通与非语言沟通的联系和区别;
- 了解非语言沟通的作用;
- 运用非语言沟通的表现形式做好非语言沟通。

案例导入

一个微小举动

某城市电台的一位主持人时常经过一个地下通道,见到一个男孩坐在通道的一角弹着吉他唱歌。男孩总是戴着一副墨镜,显然是个盲人。他的歌唱得很好,并且唱的大多是一些人们喜欢的歌曲。主持人为了听他唱歌,常常走得很慢,等他一曲唱完,便走到他跟前放下一点零钱再离开。

有一天下雨了,男孩唱的是主持人很喜欢的《光辉岁月》。她就站在那里倾听,男孩唱得很投入,她也被他的投入打动了。他唱完的时候,她像往常一样,在他的琴袋里放下零钱。这时,男孩突然抬起头说:"谢谢你,谢谢你多次给我的帮助。我还要谢谢你,你每一次经过的时候,都是蹲下来往我的琴袋里放钱。我在这里唱了3年的歌,你是唯一一个蹲下来放钱的人。我听得出你走路的声音,你总是轻轻地蹲下来,轻轻地离去,虽然我的眼睛看不到你。"她很吃惊。他摘下墨镜,一双很大的眼睛,却没有光泽。他又说:"我就要离开这座城市了,今天我在这里就是为了等你来。我想在我临走的时候唱一首歌给你。"

男孩子调了一下琴弦,轻轻地唱起了《你的眼神》。歌曲很优美,令人感动。

一点点小事,一个微小举动,孤立地看起来微不足道,不算什么,但在人际沟通中所带来的刺激和影响并不小。

2.1　非语言沟通的含义

据研究,高达93%的沟通是非语言的,其中55%是通过面部表情、身体姿态和手势传递的,38%是通过声调传递的。

所谓非语言沟通,是指不通过口头语言和书面语言,而是通过其他的非语言沟通技巧,如声调、眼神、手势、空间距离等进行沟通。因为非语言沟通大多通过身体语言体现出来,所以通常也叫身体语言沟通。在沟通过程中,非语言沟通与语言沟通关系密切,而且经常相伴而生。

首先,通过非语言信息,使语言信息得到补充与强化。如一位经理敲击桌子或者拍一下同事的肩,或通过语调来强调相关信息的重要性。当谈到某个方向,伴随着手指的指示,可以加深印象。在语言信息和非语言信息出现矛盾的时候,非语言信息往往更能让人信服。当某人在争吵中处于劣势时,嘴里却颤抖地说道:"我怕他? 笑话!"事实上,从说话者颤抖的嘴唇不难看出,他的确感到恐惧和害怕。

其次,非语言信息可以代替语言信息,有效地传递许多用语言都不能传递的信息,而且作为一种特定的形象语言,它可以产生语言沟通所不能达到的交际效果。在日常工作中,我们也都在自觉或不自觉地使用非语言沟通,来进行信息的传递和交流,既省去不少口舌,又能达到"只可意会,不可言传"的效果。比如,当经理走进办公室,显出一副伤脑筋的样子,不用说,他与上司的见面很糟糕。

但是,语言沟通和非语言沟通也有很大的区别。惠亚爱主编的《沟通技巧》(人民邮电出版社,2008 年版)一书中对此进行了专门论述。

(1)沟通环境。在非语言沟通中,我们只需运用到眼睛,因此可以不必与人直接接触。比如,你可以通过一个人的着装、动作判断他的性格与喜好;可以通过他的收藏品判断他的业余爱好;也可以通过他的表情看出他与朋友的关系程度;通过约会的地方可以看出他对约会的重视程度。非语言沟通可以不为被观察者所知,而语言沟通一般要面对面进行。

(2)反馈方式。除了语言之外,对于对方所给予的信息,我们给予大量的非语言反馈。我们的很多感情反应是通过面部表情和形体位置的变化表达的,例如,通过微笑和点头来表示对别人说的内容感兴趣;通过坐立不安或频频看手表来表示缺乏兴趣。

(3)连续性。语言沟通从词语开始并以词语结束,而非语言沟通是连续的。无论对方在沉默还是在说话,只要他在我们的视线范围,他的所有动作、表情都传递着非语言信息。比如在一家商店里,一个妇女在面包柜台旁徘徊,拿起几样,又放下,还不时地问面包的情况,这表明她拿不定主意。一位客户在排队,他不停地把口袋里的硬币弄得叮当响,这清楚地表明他很着急。几个小孩试图确定自己的钱能买收款处附近糖果罐中的多少糖果,收款员皱着眉头叹了口气,可以看出她已经不耐烦了。商店中所有人都向我们传递着非语言信息,并且是连续的,直到他们从我们的视线中消失。

(4)渠道。非语言沟通经常不止利用一条渠道。例如,想象在观看一场足球赛时你所发送的信息:你穿有某队代表色的衣服,或者举起牌子,别人就能判断你喜欢哪支球队;当该队得分时,你跳起来大声喊叫。这样,在你非语言沟通中,你既使用了视觉渠道,又使用了声音渠道。又比如一次会议,地点在五星级饭店,配有最好的食物,高层领导出席,着装正式。这些都表明此次会议非常重要。

(5)可控程度。我们很难控制非语言沟通,其中控制程度最低的领域是情感反应。高兴时你会不由自主地跳起来,愤怒时会咬牙切齿。我们的绝大多数非语言信息是本能的、偶然的，这与语言沟通不同，在语言沟通时，我们可以选择词语。

（6）结构。因为非语言沟通是无意识中发生的，所以它的顺序是随机的，并不像语言沟通那样有确定的语言和结构。如果坐着与人交谈，你会计划你要说的话，但不会计划什么时候跷腿、从椅子上站起来或看着对方，这些非语言动作对应着交谈期间所发生的情形。仅有的非语言沟通规则是一种行为在某种场合是否恰当或被容许。例如，在一些正式场合，即使你遇到再不高兴的事，也不能跳起来，而要喜怒不形于色。

（7）掌握。语言沟通的许多规则，如语法、格式，是在结构化、正式的环境中得以传授的，如学校。而很多非语言沟通没有被正式传授，主要是通过模仿学到的，例如小孩子模仿父母、兄弟姐妹和同伴，下属模仿上司。

总之，人们的成功需要两座桥梁来沟通：一座是语言沟通；另一座是非语言沟通。两者缺一不可。

小贴士 2-1

美 文 欣 赏

让我们来看一篇精彩的短文——《美与善的化身》，这是著名摄影家侯波撰写的她心目中的伟大女性宋庆龄。内容如下。

在我的摄影生活中，给我留下最亲切印象的，还要算宋庆龄副主席。

宋庆龄在各方面都是中国妇女的骄傲。你把形容一位伟大革命家和形容伟大而美丽的女性的最好词语合在一起，那就是宋庆龄。

1957年毛泽东访问莫斯科时，宋庆龄是代表团的副团长，要我陪伴她住在一起。

乍一接触宋庆龄，我的印象是美丽、高贵、优雅，像高山白雪，令人观止。住到一起，我深切感受到的又是端庄、宁静、温柔、睿智、贤惠，她是美与善的化身。她每一个动作，举手投足都十分自然；无论是一瞥目光、一个微笑，还是一声轻唤，都充满了美的魅力，令人陶醉，使人入迷。难怪许多人都说，她只要往那里一站，就为中国人争了光！

但是，她绝不是孤傲，可望而不可即。她就在你身边，并且时时用那颗温暖善良的心在同你交流。给你讲理想和事业，给你讲人民的历史，讲妇女解放。

宋庆龄一天吃两餐。由秘书、苏联卫士、翻译和我陪她一道吃饭。每次都是我坐在她对面。她礼貌、优雅，很讲卫生，实行分餐制。她喜爱吃煎甜饼子。

每次吃饭，她总是站起来，把一张甜饼子夹到面前的碟子里，而后拿起来递给苏联卫士。卫士用双手接过放有煎甜饼子的碟子，然后将自己面前的空碟子交给宋庆龄。宋庆龄再夹一张饼子放入碟中，递给翻译。翻译接过后，就把自己的空碟子交给宋庆龄。依次下来，她给每人都夹过了甜饼子，自己才坐下来，大家开始吃饭。

苏联卫士曾说："宋庆龄是我见过的最伟大最美丽最亲切的女性！"

点评：本文有一个显著的特点，主要是通过对宋庆龄非语言行为的细致描绘来展示这位伟大女性的高大形象。我们可据此来领略非语言沟通的艺术魅力。

2.2 非语言沟通的作用

非语言沟通作为沟通活动的一部分,在完成信息准确传递的过程中起着重要的作用,它能使有声语言表达得更生动、更形象,也能更真实地体现表达者心理活动的状态。

1. 代替语言

我们现在使用的大多数非语言沟通经过人类社会历史文化的积淀而不断地传递、演化,已经自成体系,具有一定的替代有声语言的功能。许多用有声语言所不能传递的信息,通过非语言沟通却可以有效地传递。另外,非语言沟通作为一种特定的形象语言,它可以产生有声语言所不能达到的交际效果。在日常工作中,我们也多在自觉或不自觉地使用各种非语言沟通来代替有声语言,进行信息的传递和交流。在传递和交流信息的过程中,既省去过多的"颇费言辞"的解释和介绍,又能达到"只可意会,不可言传"的效果。例如:

有一次,曾任美国第16届总统的林肯作为被告的辩护律师出庭。原告律师将一个简单的论据翻来覆去地陈述了两个多小时,听众都不耐烦了。好不容易才轮到林肯辩护。只见他走上讲台,一言不发,先把外衣脱下,放在桌上,然后拿起玻璃杯喝了口水,接着重新穿上外衣,然后又喝水,这样的动作重复了五六次,逗得听众笑得前俯后仰。这时,林肯才在笑声中开始了他的辩护。

林肯与其他听众一样,对原告律师啰啰唆唆、翻来覆去的发言极为不满,却又不便直言指责。于是,他上台之后,进行了一系列体态动作,幽默表演,以此代替有声语言嘲弄原告律师,抒发出他心中的不满。一举胜过千言万语,收到了无声胜有声的表达功效。

🔍 小案例 2-1

毛主席的挥手之间

方纪的《挥手之间》描述了在抗日战争时期,毛泽东去重庆谈判前与延安军民告别时的动作。"机场上人群静静地站立着,千百双眼睛随着主席高大的身影移动。""人们不知道怎样表达自己的心情,只是拼命挥着手。""这时,主席也举起手来,举起他那顶深灰色盔式帽,举得很慢,很慢,像是在举一件十分沉重的东西,一点一点地,一点一点地,等举过头顶,忽然用力一挥,便在空中一动不动了。""举得很慢很慢"体现了毛泽东在革命重要关头对重大决策严肃认真的思考过程,同时,也反映了毛泽东和人民群众的密切关系和依依惜别之情。"忽然用力一挥"表现了毛泽东的英明果断和一往无前的英雄气概。毛泽东在这个欢送过程中一句话也没有讲,但他的手势和动作却胜过千言万语。

2. 强化效果

在语言交际的过程中,表达者的神情容貌、举手投足、身姿体态,始终伴随着有声语言来传递出相应的信息。在一般情况下,动态的、直观形象的体态语,与有声语言的协调统一,会同时作用于听者的视觉器官与听觉器官,从而拓宽信息传输渠道,补充和强化有声语言信息的传递效果,使人产生更深刻的印象。例如:

英国前首相丘吉尔在一次演讲中说："我们现在的生活水平比历史上任何时期都高，我们现在吃得很多。"讲到这里，他故意停了下来，看着听众好一会儿，然后，他盯着自己的大肚皮说："这是最有力的实证。"

丘吉尔在这段演讲中首先妙用停顿，把听众的注意力吸引到自己身上，然后巧妙地运用"盯着自己的大肚皮"的体态语来辅助有声语言进行论证，产生了妙趣横生、令人捧腹的表达效果。

3. 体现真相

非语言沟通大多是人们的非自觉行为，其中所包含的信息往往都在交际主体不知不觉中显现出来。它们一般是交际主体内心情感的自然流露，与经过人们的思维进行精心提炼的有声语言相比，非语言沟通更具有显现性。非语言沟通在交际过程中可控性较小，其所传递的信息更具有真实性。正因为非语言沟通具有这个特点，因而非语言沟通所传递的信息常常可以印证有声语言所传递信息的真实与否。在现实交际中常出现"言行不一"的现象。正确判断一个人的真实思想和心理活动，要通过观察他的身体语言，而不是有声语言。因为有声语言往往会掩饰真实情况。日常工作中，同事之间的一个很小的助人动作，就能验证谁是你的真心朋友。在商务谈判中，可以通过观察对方的言行举止，判断出对方的合作诚意和所关心的目标等。

小故事 2-1

麻将后面的政治新闻

我国新闻界的前辈徐铸成先生有一次谈到他早年采访中的一段经历。1928年阎锡山和冯玉祥曾经酝酿联合推反蒋介石，可是当冯玉祥到达太原时，阎锡山却把他软禁起来，借此行动向蒋介石要钱要枪。后来冯玉祥的部下做了一番努力，才逐步扭转危局。那天徐铸成到冯玉祥驻太原的办事处采访，看到几个秘书正在打麻将，心里一动，估计冯玉祥已经脱身出走了，因为冯治军甚严，如果他在家的话部下是不敢打牌的。徐铸成赶紧跑到冯玉祥的总参议刘志洲家采访，见面就问："冯玉祥离开太原了？"对方大吃一惊，神色紧张地反问："啊？你怎么知道？"这个简短的对答，完全证实了徐铸成的判断。徐铸成就这样通过一桌麻将和采访对象的神色语气，获得了冯玉祥脱身出走的重要信息。以后他又经过深入地访谈，摸清了冯玉祥、阎锡山将再度联合的政治动向，在当时这是一条极其重要的政治新闻。

4. 表达情感

非语言行为主要起着表达感情和情绪的作用，例如，相互握手表示着良好人际关系的建立，父母摸摸小孩子的脑袋表示爱抚；夫妻、恋人、朋友间的拥抱表示着相互的爱恋和亲密。在历史上，管宁通过"割席"这个无声行动拉开了同不专心学习的伙伴华歆的距离；汉文帝垂询贾谊时，"夜半虚前席"则缩小了君臣之间的距离。最典型的是吴敬梓的《儒林外史》有一回写严监生病入膏肓，弥留之际已不能说话，但是还不咽气，把手从被单里拿出来，赵氏慌忙揩揩眼泪，走近上前道："爷，别人都不相干，只有我晓得你的意思！你是为那灯盏里点的是两茎灯草不放心，恐费了油。我如今挑掉一茎就是了。"说罢，忙走去挑掉一茎。

众人看严监生时,点一点头,把手垂下,顿时就没有了气。这段描写固然是夸张地刻画了严监生吝啬的性格特点,但更说明了人在不能说话的情况下能用体态语言来表情达意。

5. 调节气氛

在语言交际过程中,体态语所表达的情感信息往往具有暗示作用,而表达者可以有意通过表情、目光、手势、体姿等手段调动或影响交际对象的情绪,启发或引导对方的思路,调节语言交际的气氛,从而掌握语言交际的主动权。有时,通过体态语辅助有声语言来调控语言交际活动,可以化不利的、被动的局面为有利的、主动的局面,以实现交际目的。例如:

2000多年前,马其顿国王亚历山大远征印度,途中断水,面临全军崩溃的危急时刻,亚历山大在战马上作鼓动演讲:"勇敢的将士们,我们只要前进,就一定会找到水的。"说这话时,他的右臂向正上方高高举起,五指张开,然后,迅速有力地挥下,给人以确定无疑的感觉。当讲到"壮士们,勇敢地前进吧!"时,亚历山大则右手平肩向后收回,然后迅速有力地将五指分开的手掌猛地推向前方,表现一种势不可当、所向无敌的气势,给将士们以极大的精神激励。

马其顿国王亚历山大在作鼓动讲演时,伴随慷慨激昂语言的是果断而强有力的手势和迅猛向前不可阻挡的手势,这些体态语的恰当运用调动和激发了将士们昂扬奋发的情绪,引导他们相信并赞成自己的观点,激起了他们奋勇前进、一往无前的斗志。可以说,亚历山大国王用伴随有声语言的体态语牢牢把握住了交际的主动性,并成功地达到了预期的目的。

6. 展示素质

态势语言不仅可以补充、替代、强调有声语言,也是一个人思想情感的外化,是个人修养、风度、个性等方面的展示。良好的态势语言,能够提升一个人在听众心目中的地位,从而建立一种信任,同时还能给听众带来美好和谐的审美愉悦。而不当的态势语言则会降低其在听众心目中的地位,影响听众对其语言信息的接收。例如,一个人举止从容,说明其为人冷静;慌慌张张说明其不够自信或是缺少条理;面部微笑,说明心态阳光,对听众友好;而面部僵化说明其历练不足或是心理素质欠佳等。无论我们是否有意识地使用着态势语言,我们总是以某种态势出现在听众面前,而这种态势能够把人性格特征、内在涵养等方面的信息无声地传递给听众。态势语言既是一个人德才学识等各方面修养的外化,也是其特有的行为气质的外在方式。《世说新语·容止》讲述了这样一个故事。

魏武将见匈奴使,自以形陋,不足雄远国,使崔季珪代,帝自捉刀立床头。既毕,令间谍问曰:"魏王何如?"匈奴使答曰:"魏王雅望非常;然床头捉刀人,此乃英雄也。"魏武闻之,追杀此使。

虽然曹操装扮成地位低下的卫士,可是,曹操高度的政治、军事文化素养,长期养成的封建时代的政治家的特有气质,并没有被他矮小的身材所掩盖,而被匈奴来使一语道破。

📝 **小贴士 2-2**

形体语言的含义

- 小幅度摇腿或脚表示紧张;

- 将一只脚放在另一只脚上表示兴奋；
- 脚尖的指向度过于偏则给听众一种"不太热情"之感；
- 弯腰给人一种压抑情绪；
- 频频将手插入衣袋给人一种紧张的表现，尤其是拇指向外更不雅观；
- 将两手大拇指呈八字形插放侧面有一种威严感；
- 如果猛然坐下，给听众的感觉是演讲者太随便、太紧张；
- 挺直腰部反映出情绪高昂、充满自信，但太过头则给人一种骄狂姿态；
- 深坐给人一种老成之感，但年轻人演讲时忌用；
- 突出腹部表示自信满足，如果刻意体现则表达趾高气扬之感；
- 轻拍自己腹部，表示自己有风度和雅量；
- 把手按在腰腹上表示自己忠诚、可靠；
- 耸肩表示示威和吓唬对方，配合摇头或双手表示不明白、没办法之意；
- 抬头表示遐想、傲慢等；
- 点头表示同意、欣喜、致意、肯定、承认、感谢、应允、满意、认可、理解、顺从；
- 摇头表示否定；
- 侧头表示疑问；
- 歪头行礼表示天真；
- 抱头表示不同意；
- 垂头走路表示心事重重；
- 步频较快、轻松表示"春风得意"；
- 走路时眼光正视前方，手摆幅度大，表示趾高气扬，目空一切；
- 走路时拖着步子，速度太慢表示自卑、紧张、没有信心；
- 女性走路时手臂抬得高，显得精力充沛和快乐。

2.3 非语言沟通的构成与运用

1. 非语言沟通的构成

在美国一个现代化的养蜂场中养了几百箱的蜜蜂，每一个蜂巢里都被装上一面很大的放大镜，只要按下按钮，蜂巢内部就会被电灯照得通明。因此，任何时候，不管是白天或夜晚，这些蜜蜂的一举一动都能被很细致地观察到。在语言交流中，表达者的情况也与此相似，听众都在用心观察，以期更好地理解其意图。在这种情况下，其个人外表上最微小的不协调之处，也会显得格外醒目。所以在语言交流的训练中，非语言训练至关重要，尤其在细节处理上。非语言沟通主要包括目光语、表情语、体态语、手势语四个方面。

（1）目光语。"眼睛是心灵的窗户"。眼睛是最能传神的，是口语交流中表达感情信息的重要渠道，会产生很强的感染力。兴奋、热情的目光会使听众高兴；和蔼、关切的目光会使听众感到亲切；坚定、自信、充满希望的目光会使听众受到鼓舞；冷峻如剑的目光会使听众毛骨悚然；充满仇恨的目光会使听众怒火中烧。因此，应注意运用目光语来表达内在的丰富感情。目光语主要体现在时间、部位、方式三个方面。

① 时间。实验表明，在整个语言交流过程中，双方的目光相接累计应达到 50％～70％ 的时间，只有这样，才能在彼此间建立起信任和喜欢。如果目光相接不足全部交谈时间的 1/3，则表示对交流内容不感兴趣。还要注意的是，在语言交流中除关系十分亲密外，一般连续注视对方的时间应在 1～2 秒内，否则会给对方造成不舒服的感觉。如果长时间对异性注视或是上下打量，这都是不合礼仪的行为。

② 部位。目光语的部位在场合不同、对象不同的情况下而有所不同。在业务洽谈、交易磋商、贸易谈判等这些公务活动中，目光停留的部位是对方的前额至双眼这一区域，显得认真严肃、有诚意、积极主动，容易把握交谈的控制权。在大多数的社交场所，目光停留的部位则是对方的双眼至嘴这一区域，显得友善尊重，富于关切。而对于异性之间，特别是恋人之间目光则更多停留在对方的双眼和胸部之间，对于关系并不密切，甚至陌生人之间，这种目光语则是不合礼仪的。

③ 方式。目光语的使用方式主要有以下三种：一是环视法。这是用眼睛环视听众的方法。在环视过程中要做到神态自然，视线在全场按一定幅度自然地流转，环视场内听众。这种目光可以控制听众的情绪，了解听众反映，检查语言表达的效果。但头部不可大幅度地转动，以免扰乱听众视线，分散听众的注意力；也不可以过于呆板，使听众感到僵化而无生气。二是注视法。这是把视线集中到某一听众或某一区域，只同个别或部分听众交流的视线，以对听众做比较细致的心理调查，启发引导全场听众专心听讲，或制止个别听众在场内小声议论、搞小动作等。但注视个别听众时目的要明确，时间不宜过长，能让听众充分理解其意图即可。三是虚视法。这是用眼睛似看非看的方法。虚视要求睁大眼睛面向全场听众而不专注某一点，使每一个听众都感觉到被注视。这种目光能够控制全场，可以克服语言交流中的怯场心理；在回忆和描述某种情景时，还可以表示思考，带领听众进入想象的理想境界，使听众受到优美意境的熏陶和感染。目光语必须注意与面部其他表情协调一致，与有声语言密切配合，而且反应要灵敏、自然、和谐，不可随意挤眉弄眼，生硬做作。运用虚视法，要做到"目中无人，心中有人"。

小训练 2-1

① 向同桌讲一段自身经历的故事，要求恰当运用目光语，训练时长 10 分钟。

② 假设前方的固定物是你喜欢的人，请对着镜子和自己说话，进行目光语的练习。

(2) 表情语。面部表情能反映一个人的内心，它是"心灵的镜子"。这面镜子，是由脸的颜色、光泽、肌肉的收与展，以及脸面的纹路所组成的。它以最灵敏的特点，把具有各种复杂变化的内心世界，如高兴、悲哀、痛苦、畏惧、愤怒、失望、忧虑、烦恼、疑惑等最迅速、最敏捷、最充分地反映出来。面部表情包括眼、脸、眉、口四个部分。因为前面的内容已对目光语进行了详细的阐述，在此对面部表情中的"眼"就不再重复，只阐述其余三个部分。

① 脸。脸的表情依靠脸面肌筋动作和肌肉颜色、纹路的变化，而脸面肌肉颜色纹路的变化又跟脸面肌筋动作的变化密切相关。一般是"愉快""和谐""善意"的表情，脸上肌筋动作都向上；"不快""悲哀""痛苦"的表情，脸上的肌筋动作都向下；若在感情剧烈的时候，脸上的肌筋动作，一部分向上，一部分向下，一部分向左右牵扭，失去其和谐性。我们在训练

表情语时，可以选择一些感情丰富的演讲词，经过认真研读领会之后，带着感情对镜训练面部表情，使面部表情能够准确鲜明地反映出自己内在的真实感情。

② 眉。眉和目相连，眉目常联合传情。如眉目低垂表示冷漠；眉目骤张表示恼怒；双眉紧锁表示忧愁；眉飞色舞表示兴奋等。在运用表情语时，眉的动作变化，必须和眼睛变化协调配合。

③ 口。口形变化能够表情达意。具体情况有以下几个方面：口角向上表示"高兴""愉快""谦逊"；口角向下表示"忧愁""失望"；嘴唇紧闭、口角向下表示"厌恶""不满"；嘴唇微开、口角向下表示"悲哀""痛苦"；口大张表示"畏惧""恐怖"；口角平直而嘴紧闭表示"警惕""坚定"；口角平而嘴唇颤抖表示"气愤""激动"等。上述口形与脸面、眼神要协调配合，不能截然分开。

语言交流中，人的表情主要在面部，它受两种因素的制约：一是对听众的态度；二是所讲内容。对听众的态度，表情的基调应是微笑，它是"招人喜欢"的秘诀；就内容来说，表情应丰富，喜怒哀乐都可出现，比如有位推销员，他出现在客户面前时，全身散发出一种气息，仿佛在说他很高兴能来到这儿，他很喜欢他即将进行的推销工作。他总是面带微笑，而且显得十分乐意见到客户。因此，很快地，他的客户必然会觉得他十分亲切，而对他大表欢迎。

小训练 2-2

① 播放优秀节目或优秀演讲片段，指出在节目或演说过程中，主持人使用了哪些面部表情，试着解释每个表情所表达的意义。

② 请列举出用"眉""眼""目"表示内心情感的成语，并且试着通过面部表情表现出来。

（3）体态语。我们常说"坐有坐相，站有站姿""立如松，坐如钟，卧如弓，行如风"。这些体态规范在语言交流中虽然不必完全效仿，但我们却要明白，稳定优美、舒适自然的体态，有利于塑造一个人良好的形象。体态语主要指站姿、坐姿、移动。

① 站姿。脚是整个人体的底盘，脚的姿势关系到人的"站相"。而且许多姿态发源于此，站立姿态适当，会觉得全身轻松，呼吸畅快，易于旋转，让听众看着顺眼、舒适，体现着一种体态美、形象美。语言交流中表达者的体态、风貌、举止、表情都应该给听众以协调平衡以致美的感受。演讲家曲啸说："听众就是演讲者的镜子，而且是多棱镜，从各个角度来反映演讲者的形象。要想从语言、气质、神态、感情、意志、气魄等方面充分地表现出演讲者的特点，也只有在站立的情况下才有可能。"恰当的站姿主要有两种。

一是"丁"字式站姿。站立的姿势，一般提倡"丁"字步。一只脚在前，一只脚在后。两脚之间呈 90 度垂直达到"丁"字形，两腿前后交叉距离以不超过一只脚板的长度为宜。站立时，全身的力量都应集中在前脚上，后脚跟略为提起。其中，右脚在前，左脚在后，可称为"右势丁字形"；左脚在前，右脚在后，可称为"左势丁字形"。这种"丁"字站姿用于表达强烈的感情，有利于调动听众的兴趣和情绪。运用"丁"字站姿需要注意的是两脚不宜紧靠在一起，否则会显得呆板，没有精神；两只脚不要平行地放在一条直线上，因为两腿所构成的平面，与前排听众的视线构成平行状态，如果身体的重力均等落在两只脚上，就会形成机械对称，失去对比，不仅毫无美感，而且直接影响语言的效果。

二是"稍息式"站姿。"稍息式"站姿是两脚之间任何一脚略向前跨步,两脚之间呈75度角,脚跟距离在5寸左右。这种站姿要求两腿均须直立,一身力量多半集中在后脚。前脚只有辅助作用。在交流过程中,也可以根据需要随时变换左势和右势。要改变站姿时,只要后脚前进一步,变左势为右势,或变右势为左势即可。"稍息"式站姿在语言交流中广泛运用,特别是在说理、达意、传知等场合时,一般都用这种形式。

除此之外,站姿应注意收腹挺胸,做到"松而不懈,挺而不僵"。要克服不良的习惯动作:身子东摇西晃,背着手来回走动,以脚尖"打点",紧张时抓耳挠腮等。

② 坐姿。优雅美观的坐姿,不仅能塑造完美的自我形象,还可以减轻自己的疲劳。男性坐着的时候,要抬头、挺胸、收腹、两眼平视对方,两腿与肩平齐,要表现出男性的自信与大方。女性的坐姿与男性要求不同,强调坐姿要优雅,要求坐在凳子的1/3或1/2处,不要靠椅背,胸脯不要靠前桌,身体稍稍向左或右侧15度为宜,一只脚的拇指紧接着另一只脚的脚跟,膝盖并拢。不论是男性还是女性,都切忌"跷二郎腿",如果"跷二郎腿"还轻轻抖动,这就会传达出说话者漫不经心、懒散、对话题不感兴趣等信息。长时间的交流,可采取坐姿和站姿相结合。这样既能减少自己的劳累不适,也能形成一种"动静相济"的效果。动静结合更能突出表达所注重的思想情感。罗斯福认为交流的技巧在于"亲切、简短、坐着说"。"坐着说"比较随便,这对于"拉家常"式的交流较为适合。

③ 移动。移动是指整个身体的运动。在语言交流中,有的人自始至终都会完全静止地站着,而有的人则可能不断走动。动与不动的原则是,如果没有移动的理由,最好的做法是站在原地。理想的移动应该有助于强调过渡、强调观点或将注意力吸引到语言内容的一个特别的方面。避免不自觉的运动,跳动或是摇晃,不停地左右换脚,从场地的一侧走到另一侧。这都会给听众造成眼花缭乱之感。

小训练 2-3

① 请同学轮流站到讲台,大家当场指出其站姿是否规范。

② 请同学走上讲台坐在座位上,说几句简短的话,再回到自己的座位上坐好,台下同学和老师评论该同学的表现。

③ 每一位同学绕教室走一圈,老师和其他同学指出其走姿是否合乎要求,指出其存在的问题。

(4) 手势语。"手是人的第二张脸"。手的动作是态势语言的核心。在整个态势语言中,手势使用频率最高,作用也最明显。它不仅能够表情,还会达意。一些人上台讲话时,不能用、不会用或乱用手势,是因为缺乏手势语运用的严格训练。

① 手势语活动范围。手势语活动范围分为上中下三个区域。上区(肩部以上):手势在这一区域活动,多表达积极、宏大、激昂的内容和感情。如表示坚定的信念、殷切的希望、胜利的欢呼、幸福的祝愿、愤怒的抗议等。"让我们扬起风帆,向着光明的未来奋勇前进!"右臂向斜上方打出,表示奋斗的决心。中区(肩部至腹部):手势在这一区域活动,多表达叙述事物和说明事理,一般表示比较平静的心情。"请相信我,我一定会做好这项工作的。我虽没有名牌大学的文凭,但我有勇于进取、敢于负责的品质"。右臂抬起,手抚心区,表示忠诚。下区(腹部以下):手势在这一区域活动,多表示否定、不悦、鄙视、憎恶和厌弃的内

容和情感。"考试作弊,这是令人不齿的欺骗和盗窃行为。我们着重承诺,此类行为决不会在我们中间发生!"右手臂放在胸前,然后迅速向斜下方打出,表示厌恶、憎恨。

② 手势语分类。手势语具体分为情意手势、指示手势、象征手势和象形手势四种。情意手势是随着语言内容的起伏发展而用来表达自身思想感情的手势动作。如指心表示忠诚,抚胸表示悲哀等。指示手势是在交流过程中显示听众视觉范围内的事物的动作。如在说到你、我、他和这边、那边时,轻轻用手指示一下,使听众产生一种形象化的感觉。象征手势是伴随内容高潮的到来,用来引发听众心理上的联想的一种行为动作。如讲到"队友们,让我们团结起来,共同奋斗吧"时,可以把手果断地向前方伸出,以示未来,体现着一往无前的精神。象形手势可以模拟事物形状引起听众联想,给听众一个具体明确的印象。如"什么是爱? 爱不是索取,而是奉献",双臂在胸前平伸,臂微弯,手心朝上,模拟心状物。

另外,手势中手指的作用也是不可以忽视的,它可以表示数目,可以指点他人和自己。当对某人表示崇敬、赞扬之意时可伸出大拇指。拳头的动作相对来说少一些,它一般用来表示愤怒、决心、力量或警告等意思。但不到感情激烈时不要用,而且不可多用。

🖊 小训练 2-4

请根据以下语句的内容给出相应的手势语和表情语。

- 请大家安静,安静!
- 什么是爱? 爱,不是索取,而是奉献!
- 他转身朝着黑板,拿起一支粉笔,使出全身的力量,写了两个词语:"法兰西万岁!"然后他待在那儿,头靠着墙壁。话也不说,只向我们做了一个手势:"散学了——你们先走吧!"
- 在过去的一年中,在座各位将我们的销售额不可思议地提高了 17.17%! 这在公司的整个历史上还从来没有过,从来没有! 由此我们的利润不只是提高了 5% 或 10%,而是 13%,整整 13%!
- 大家不要慌,请大家跟我来!
- 我现在要明确地告诉对方辩友,你们犯了一个严重的逻辑错误!
- 现在,请让我们大家在此,心平气和地交换一下对这个问题的看法。
- 现在,摆在我们面前的有两条道路:一是勇往直前奋战下去,有成功的可能,但也有失败的风险;二是原地踏步,坐以待毙。
- 这几天,大家晓得,在昆明出现了历史上最卑劣最无耻的事情! 李先生究竟犯了什么罪,竟遭此毒手? 他只不过用笔写写文章,用嘴说说话,而他所写的、所说的,都无非是一个没有失掉良心的中国人的话! 大家都有一支笔,有一张嘴,有什么理由拿出来讲啊! 有事实拿出来说啊!
- 我要感谢我的竞选伙伴。他发自内心地投入竞选,他的声音代表了那些在他成长的斯克兰顿街生活的人们的声音,代表那些和他一道乘火车上下班的特拉华州人民的声音。现在,他将是美国的副总统,他就是乔·拜登!

2. 非语言的运用

在人们的语言交流过程中,有声语言始终起着主导的作用。非语言对有声语言的辅助、补充、替代与强化作用,表明非语言只是完成表达任务的手段而不是追求的最终目标。因此,对非语言的运用要注意符合以下要求。

(1) 自然真实。自然真实是与交流双方建立信任的基础,这是对态势语言运用的最基本要求。孙中山曾经这样告诫人们:"处处出于自然。"动作生硬,刻意表演,姿态做作,如背台词一般,这种态势会使听众感觉别扭,不真实,缺乏诚意,矫揉造作除了能够使听众心生反感之外,起不到任何积极作用。

(2) 符合个性。卡耐基比喻一个人的手势,就如同他的牙刷,应该是专属于他个人使用的东西,人人各不相同,只要他们顺其自然,每个人的态势语言都应各不相同。我们可以学习他人得体的态势语言,但并不是完全复制,否则就失去了风格。生活在不同时代、不同文化、不同国度的人其态势语言的风格也会有所不同。不难发现,当今的中国领导人和美国领导人,在语言表达中通过态势传递的个性都是不同的。因此,在态势语言的学习上,要结合自身个性特点,训练态势。例如一个人如果平时就比较安静,与人交谈时不喜欢用手势,那么在交流中也不必一定要加入手势,因为使用者首先自己会感到别扭,所做出的手势往往就会僵硬,不够自然。

(3) 服从内容。口语交流中的一举一动、一颦一笑,都应目的明确,与语言的内容一致,服从语言内容的要求,从而切实起到传情达意的需要。同时要善于随着语言内容、情感的变化适当地变换动作和姿态,以期生动活泼,富于魅力。如果交流的内容是一个相对严肃的话题,那么态势语言也应庄重严肃;反之,如果交流的内容是一个相对轻松的话题,那么态势语言也应活泼轻松。

(4) 合乎礼仪。在上述原则基础上,表达者需要修正自己的态势,使其符合礼仪规范的要求,因为态势语言无声地向听众展示着个人素质。态势语言的举止优雅、彬彬有礼、张弛有度可以显示出表达者良好的教养和从容自信的内涵,从而使听者加深对其个人魅力的认同。如果一个人态势上粗鲁无礼、缺乏修养,那么他很难在听众中建立起信任。美国总统尼克松在他的《回忆录》中对周恩来总理的谈话风度作了如下描述。

周恩来的敏捷机智大大超过了我能知道的其他任何一位世界领袖。这是中国独有的、特殊的品德,是多少世纪以来的历史发展和中国文明的精华结晶。他做人很谦虚,但透着坚定。他优雅的举止,直率而从容的姿态,都显示出巨大的魅力和泰然自若的风度。他从来不提高讲话的调门、不敲桌子,也不以中止谈判相威胁来迫使对方让步。他在手里有"牌"时,说话的声音反而更加柔和了……在谈话中,他有四个特点给我留下了不可磨灭的印象:精力充沛,准备充分,谈判中显示出高超的技巧,在压力下表现得泰然自若。

从这段话中我们可以看出,周总理的态势语正是他的智慧、品德的外在表现。

为了使自己的态势语言自然得体,在日常训练与运用中必须注意以下几个问题:一是不要与内容脱节。如一位演讲者在说完:"让我们张开双臂,迎接这个春天吧!"之后才生硬地举起双手,这样就破坏了和谐美。二是不要夸张、表演。无"雕饰"的态势语言才会给人以美的享受,否则只能产生负效应,如一位演讲者最后说到"我们要勇往直前!"时,她前腿弓,后腿绷,右手伸向斜上方来了个造型,使全场哗然。三是不要过频过滥。在交流中,态势语言毕竟是一种辅助性的手段,决不能喧宾夺主。无目的重复"掏心"动作,不仅没有任何意义,而且会使听众眼花缭乱,破坏语言的效果。四是不要生硬模仿他人。每人讲话时都有自己的动作习惯,态势语言的设计要根据自身的条件加工提炼。五是不要违反礼仪规范。如莫名其妙地傻笑,眼睛望着天花板,不时地用眼睛瞟向听众,东摇西晃,抓耳挠腮,挖鼻孔、揉眼睛,手无处可放,等等。

🔍 小案例 2-2

梁实秋描述梁启超演讲时的风采

梁实秋在《记梁任公先生的一次演讲》中有以下描述。

出场给人的第一印象。

我记得清清楚楚,在一个风和日丽的下午,高等科楼上大教堂里坐满了听众,随后走进了一位短小精悍秃头顶宽下巴的人物,穿着肥大的长袍,步履稳健,风神潇洒,左右顾盼,光芒四射,这就是梁任公先生。

演讲中的激情四溢。

先生的讲演,到紧张处,便成为表演。他真是手之舞之足之蹈之,有时掩面,有时顿足,有时狂笑,有时叹息。听他讲到他最喜爱的"桃花扇",讲到"高皇帝,在九天,不管……"那一段,他悲从中来,竟痛哭流涕而不能自己。他掏出手巾拭泪,听讲的人不知有几多也泪下沾襟了! 又听他讲杜氏讲到"剑外忽传收蓟北,初闻涕泪满衣裳……",先生又真是于涕泗交流之中张口大笑了。

案 例 分 析

1. 管理沟通与闲聊

时间：星期五 15:30。

地点：宏达公司经理办公室。

经理助理李明正在起草公司上半年的营销业绩报告。这时公司销售部副经理王德全带着公司销售统计材料走进来。

"经理在不在?"王德全问。

"经理开会去了。"李明起身让座,"请坐。"

"这是经理要的材料,公司上半年的销售统计材料全在这里。"王德全边说边把手里的材料递给李明。

"谢谢,我正等着这份材料哩。"李明拿到材料后仔细地翻阅着。

"老李,最近忙吗?"王德全点燃一支烟,问道。

"忙,忙得团团转! 现在正忙着起草这份报告,今晚大概又要开夜车了。"李明指着桌上的文稿回答道。

"老李,我说你啊应该学学太极拳。"王德全从口中吐出一个烟圈说道,"人过四十,应该多多注意身体。"

李明闻到一股烟味,鼻翼微微翕动着,心里想:"老王大概要等抽完了这支烟才离开,可我还得赶紧写这篇报告。"

"最近,我从报上看到一篇短文,说无绳跳动能治颈椎病。像我们这些长期坐办公室的人,多数都患有颈椎病。你知道什么是'无绳跳动'吗?"王德全自问自答地往下说,"其实很简单……"

李明心里有些烦,可是碍于情面不便逐客,他瞥了一眼墙壁上的挂钟,已经16:00了,李明把座椅往身后挪了一下,站起来伸了个懒腰说:"累死我了。"李明开始动手整理桌上的文稿。

"'无绳跳动'与'有绳跳动'十分相似……"王德全抽着烟,继续着自己的话题……

【思考与讨论】

(1) 王德全的行为是管理沟通还是聊天?为什么?

(2) 李明用哪些非语言行为暗示了自己的繁忙或是不耐烦?如果你是王德全,遇到这种情况会怎么办?

(3) 你认为李明该怎么做才能更明确地传递信息?

2. 审讯

以下是第二次世界大战时期著名反间谍专家奥莱斯特·平托上校审讯一个纳粹间谍的故事。

当时盟军部队已经进入比利时,德军仓皇溃退。一天,两名士兵在驻地附近逮捕了一个叫艾米里约·布朗格尔的人。平托上校感觉到:这个人的穿着和谈吐虽然是典型的北方农民,口音也是地道的瓦隆地区(比利时某地区,当地说法语)的土音,但他粗壮的颈部和魁梧的运动员体型,与当地常见的惰性十足的人截然不同,于是决定对他进行首次审讯。

问:你是农民吗?

答:过去是,现在不是。德国鬼子抢走了我的牲畜,杀死了我的家人。

问:会数数吗?

答:数数?

问:对,把桌上这盘豆子数一数吧。

答:一、二、三……(慢慢地用法语数)

在第一次审讯中,上校未发现任何破绽,但仍不气馁,决定进行第二次审讯。这次审讯换用了特殊的方式:他派人在布朗格尔的住处放了几捆草,一个士兵点着了后,烟从门的下面进到了屋里,值勤的士兵用德语大喊:"着火了!"布朗格尔惊醒,动了动,又睡了。接着平托上校用法语大声喊道:"着火了!"布朗格尔一下子跳了起来,绝望地敲打着门。这一次,上校仍未发现破绽。

第三次审讯,上校又用了新的方案。在布朗格尔被带来时,上校拿起一支从他身上搜出的铅笔。

问:你带这个干什么?

答:不就是支铅笔吗?

问:用他来写情报?

答:(流露出不屑回答的样子)

"可怜的家伙"上校用德语向身边的军官说,军官也用德语反问:"为什么?"上校说:"他还不知道明天上午就要被绞死,已经21点了。他肯定是个间谍,不会有别的下场。"

平托上校一边说一边用眼睛斜视着布朗格尔，特别注意他的眼睛和喉头。但布朗格尔没有任何表示，他以神态证明自己不懂德语。很明显，第三次审讯没有结果，到此为止，上校几乎绝望了，开始怀疑自己以前的判断。但直觉让他进行最后一次审讯——第四次审讯。如果再没有突破，就决定立即释放了。

最后一次审讯是这样进行的：当布朗格尔像平时一样走进平托上校的办公室时，上校装作正看一份文件，看完后拿起铅笔在上面签了字，然后抬起眼睛突然用德语对布朗格尔说："好啦，我满意了，你自由了，现在就可以走了。"布朗格尔长长地出了一口气，动了动肩膀，像是卸下了一个沉重的包袱，他仰起脸，眼睛放着光，愉快地呼吸着自由空气。当他发现平托上校嘲笑的眼光时，一切都已经晚了，身后的士兵已紧紧地抓住了他。

【思考与讨论】

（1）此案例反映了非语言沟通的哪些特点？

（2）本案例对你有哪些启发？

3. 想当然的老外

一个旅游团的客车路过一片农田的时候，车上的外国人看到窗外农民在锄草，就用英语对导游说："中国的农民太有环保意识了，宁可用锄头锄草也不用农药，我要和他沟通一下！"

女导游惊诧地说："你们怎么沟通啊，他不懂英语的，我来帮你吧！""不用，谢谢，我们的手势是相通的，地球本身就是一个村子而已！"

这名外国人下车后走到农民跟前，两人比画了一阵手势后，这名外国人兴冲冲地回来了："中国的农民素质真的很高！"导游问他："你聊了些什么啊？"这名外国人说道："我伸出一个大拇指意思是'我们生活在一个地球，我尊敬你如此地热爱环保事业！'这个农民伸出两个手指告诉我'地球有南北两极'；我伸出四个手指告诉他'地球有四大洋'，他伸出七个手指意思是说'地球有七大洲'；我伸出九个手指告诉他'太阳有九大行星'，他伸出一个食指告诉我说'都围绕一个核心在旋转'。"这名外国人兴奋地一口气说完这些话。导游十分怀疑这名外国人的一面之词，更无法想象一个普通农民会和这名外国人这样沟通，于是下车询问农民以弄清楚。农民听了导游的话，生气地说："这名外国人太能吹牛了，他伸出一个手指说'我一顿能吃一个馒头'，我伸出两个手指告诉他'我能吃两个馒头'，他伸出四个手指说'我能吃四个'，我告诉他'我饿的时候能吃七个馒头'；他竟然告诉我能吃九个，我就说你的胃口真好！"

【思考与讨论】

（1）结合本案例谈谈如何对体态语进行解读？

（2）本案例对你有哪些启发？

4. 如此"高僧"

吴礼权在其著作《言语交际与人际沟通》（暨南大学出版社，2013年版）中讲述了这样一个故事。

在明代，佛教界中人也并非个个都是得道高僧，而是鱼龙混杂，其中不乏滥竽充数的南郭先生。当时，有一位颇为知名的僧人，法号"不语禅"。他虽然名声很大，其实是个毫无学识、毫无见识的庸人。说的直接点，也就是个佛教界的骗子。他的所谓名气，其实都是当时不甚发达的"传媒"（即口耳相闻的人际传说，捕风捉影，见风是雨，最不靠谱）炒出来的。知情者都知道，不语禅之所以能在佛学界混事，而且还混得风生水起，成为当时名噪一时的"高僧"，都是因为他有两个有见识、有学识又能说会道的侍者（相当于今天我们所说的"助理"）代他发言。

有一天，不语禅的两个侍者刚好出外办事，寺里就来了个云游的和尚，说是慕名远道而来，想见主持不语禅。不语禅没办法，只得摆出主人的姿态予以接待。因为都是同行，不能失了礼节！宾主寒暄施礼已毕，云游和尚便开口请教道："高僧，什么是'佛'？"

这是佛学的一个基本问题，做僧人的应该人人都明白的，是不需解释的。但是，因为这是佛学的基本问题，所以它也是佛学界谁都回答不好的问题，最能见仁见智。云游和尚是来取经的，当然要问这样的经典问题。

不语禅一听，顿时傻了眼，不知如何回答。于是，急得东张西望，希望两位侍者快点回来解围，不然丑就出大了。可是，看了半天，连两个侍者的影子也没有。

云游和尚见不语禅东顾西盼，不知何意，但又不便多问，遂又换了一个话题，问道："请问高僧，什么是'法'呢？"

不语禅不听则罢，一听这个问题，顿时脑袋"嗡"的一声，真的要昏过去了。因为他压根儿就不懂佛家的什么"法"。大概是觉得实在太惭愧了，不语禅这次不仅没有勇气直视云游和尚，甚至都不好意思左右顾盼了，所以只得仰头看屋顶，低头看脚下，极力避免与云游和尚四目相对。因为"眼睛是心灵的窗户"，他怕从窗户里泄露出他内心的一切。

云游和尚不知就里，遂再向不语禅问了一个问题："高僧，不知您是如何看待'僧'的？"

不语禅一听这话，以为云游僧是故意讽刺他枉穿袈裟，枉称僧人，遂更是羞愧难当，既不好意思左右顾盼，也不好意思上看下看，索性闭上眼睛，假装打坐了。

云游僧见此，既怕惊扰了大师，又心有不甘，自己不远千里而来，竟然与高僧未交一言，岂不是莫大的遗憾？想了想，云游僧又向不语禅问了一个问题："贫僧还有一个问题请教，敢问高僧，何谓'加持'？"

不语禅听云游僧问到这个问题，更是恨不得寻个地缝钻进去，或是一头撞死算了，因为他从来就不懂这些佛家术语的真正内涵。想到此，不语禅不由自主地伸出手去。

云游僧看到不语禅闭目养神伸手、端坐岿然不动的样子，似乎突然有所顿悟，于是起身而去。

云游僧刚走出寺院，就看到了不语禅的两个侍者外出归来。云游僧与二人见过礼，抑制不住喜悦的心情，脱口而出道："高僧就是高僧！'不语禅'果然名不虚传！贫僧问什么是'佛'，高僧东顾西盼，意思是说'人有东西，佛无南北'。贫僧又问什么是'法'，高僧仍然不语，只是看上看下，意思是说'法平等，没有高下'。贫僧再问何谓'僧'？高僧只是闭目打坐，意思是说'白云深处卧，便是一高僧'。贫僧最后又问什么是'加持'，高僧则闭目伸手，意谓'加持便是接引众生'。这等大禅，真是'明心见性'啊！"

两位侍者回到寺里，不语禅见之，大骂道："你们两人都跑到哪里去了？也不来帮我。今天来了一个野和尚，他问什么是'佛'，我答不出，就盼着你们赶快回来，但却东看你们不见来，西看你们也不见来；他又问什么是'法'，我哪里答得出，真是尴尬得要命，只好上看下看，可谓是上天无路，入地无门；他又问什么是'僧'，我实在没有办法了，只好闭目假睡；没想到这个野和尚问个没完，又问我什么是'加持'，我自愧一问三不知，还做什么长老，不如伸手沿门去乞讨也罢。"

【思考与讨论】

（1）结合本案例谈谈非语言沟通的作用。

（2）本案例对你有何启示？

实 践 训 练

1. 沟通游戏

游戏目的：证明沟通有时完全可以通过肢体动作完成，而且同样行之有效；证明通过手势和其他非语言的方法完全能够实现人与人之间的沟通。

游戏形式：全体学员，2人一组。

游戏时间：10分钟。

游戏要求：

（1）向对方介绍自己。一方先通过非语言的方式介绍自己，3分钟后双方互换。

（2）在向对方进行自我介绍时，双方都不准说话，整个介绍必须全用动作完成，大家可以通过图片、标识、手势、目光、表情等非语言手段进行沟通。

（3）请大家通过口头沟通的方式，说明刚才通过肢体语言所表达的意思，与对方的理解进行对照。

（资料来源：王建民.管理沟通理论与实务[M].北京：中国人民大学出版社，2005.）

【思考与讨论】

（1）你用肢体语言介绍自己时，表达是否准确？

（2）你读懂了多少对方用肢体语言表达的内容？

（3）对方给了你哪些很好的线索使你了解他？

（4）我们在运用非语言沟通时存在哪些障碍？

（5）我们怎样才能消除或削弱这些障碍？

2. 身体语言测试

你了解身体语言吗？

（1）当一个人试图撒谎时，他会尽力避免与你的视线接触。（对/错）

（2）眉毛是一个传达感情状态的关键线索之一。（对/错）

（3）所有的运动和身体行为都有其含义。（对/错）

（4）大多数身体语言交流是无意识行动的结果，因而是个人心理活动的最真实流露。（对/错）

（5）在下面哪种情况下，一个人最可能采用身体语言交流方式？（　　　）

A. 面向 15～30 人发表演讲　　　　B. 与另外一个人进行面谈

(6) 当一位母亲严厉斥责她的孩子,而又面带微笑时,孩子将会(　　　)。

　　A. 相信语言信息　　　　　　　　B. 相信身体语言信息

　　C. 同时相信两种信息　　　　　　D. 两种信息都不相信

　　E. 变得迷惑不解

(7) 如果你坐在图 2-1 中的位置 1 的时候,另外一个人坐在哪个位置才能够最充分地显示出合作的姿态,并最有利于非语言交流?

图 2-1　座位图

(8) 如果你想表示要离开,那你将采用什么样的动作? 请写下来。

(9) 别人对你的反应取决于你通过交流留给他们的印象。(对/错)

(10) 下面哪些举动能使你给人留下更好的印象?(　　　)

　　A. 谈话中不使用手势　　　　　　B. 避免较长的视线接触

　　C. 仅偶然地露出微笑　　　　　　D. 上述所有动作

　　E. 不包括上述任何动作

(11) 身体语言交流相对于口头交流有许多优势,你能列举出一些吗?

参考答案见表 2-1。

表 2-1　参考答案

题号	答案	说　明
(1)	错	因为人们已变得更加难以预料。"撒谎者不敢看他人的眼睛"已成为一般常识,所以狡猾的撒谎者常常能够在双目直视你的情况下撒谎,要识别谎言,我们需要捕捉其他更能说明问题的信号
(2)	对	我们的眼睛是最能表达内心活动的面部因素之一,另一个则是嘴唇
(3)	对	我们可能并没有每一个姿势中都有意地去传达某种信息,但这些动作和姿势却不可避免地落在对方眼里并产生一定的感想
(4)	对	通过身体语言,可以发现别人的心理活动,这一点取得了专家共识
(5)	A	当面对 15～30 个人讲话时,你需要对 15～30 双眼睛和嘴唇做出反应。这将比只与一个人面谈更能刺激你使用身体语言交流
(6)	E	尽管身体语言信号(微笑)比语言信号(责骂的语句)有更强的作用,但两者的混合导致的结果将是迷惑不解
(7)	4	位置 1 和位置 4 之间有桌角相隔,两个人可以随时调整自己与桌角的距离,从而改变两个人之间的距离。因此,在谈判中,坐在位置 1 和位置 4 的两个人会较少地受空间环境的影响,更易于非语言交流

续表

题号	答案	说明
(8)		最好的信号是有意无意地用眼睛扫一下你的手表、站起身来、在慢慢站起来时拍拍大腿、慢慢地挪向门附近或是靠在门框上等
(9)	对	因为我们总是根据别人给我们的整体印象做出反应，其他人对我们的反应也是同样的
(10)	E	当你自然地使用手势、目光接触、微笑等身体语言时，会给别人留下好的印象
(11)		身体语言给你的印象更深刻，它们有助于传达真诚、信任等语言交流所达不到的效果；它们能够传达更微妙的言下之意；身体语言信息有助于我们洞察他人的真情实感。当然，身体语言信息也存在一些严重的缺陷；它们可能会泄露我们的秘密；它们很容易被误解；它们的含义因不同的文化背景而不同；它们可能需要长时间地重复进行才能被人理解

（资料来源：张喜春，刘康声，盛暑寒.人际交流艺术[M].北京：清华大学出版社，北京交通大学出版社，2014.）

自 主 学 习

1. 分析自身日常语言交流中的态势语言，找到不符合规范的态势，尝试纠正。

2. 如果你是老师，要做一位同学的思想工作。你应该采用什么样的坐姿？

3. 如何理解面部表情在态势语言中的作用？

4. 古人云："言之不足，手之舞之，足之蹈之。"请就此论断来说明有声语言与体态语言之间的关系。

5. 态势语设计。

（1）熟读下面一段独白，设计相应得体的态势语。

当 我 老 了

当我老了，不再是原来的我。请理解我，对我有一点耐心。

当我把菜汤洒在自己的衣服上时，当我忘记怎样系鞋带时，想一想当初我是如何手把手地教你。

当我一遍又一遍地重复你早已听腻的话语时，请耐心地听我说，不要打断我。你小的时候，我不得不重复那个讲过千百遍的故事，直到你进入梦乡。

当我需要你帮我洗澡时，请不要责备我，还记得小时候我千方百计哄你洗澡的情形吗？当我对新科技、新事物不知所措时，请不要嘲笑我，想一想当初我怎样耐心地回答你的每一个"为什么"。

当我由于衰老而无法行走时，请伸出你年轻有力的手搀扶我。就像你小时候学习走路时，我扶你那样。当我忽然忘记我们的谈话主题时，请给我一些时间让我回想。其实对我来说，谈论什么并不重要，只要你能在一旁听我说，我就很满足。当你看着老去的我，孩子，你不要悲伤。理解我，支持我，就像你刚开始学习如何生活时我对你那样。当初我引导你走上人生之路，如今请陪伴我走完最后的路程。给我你的爱心和耐心，我会报以感激的微笑,这微笑中凝结着我对你无限的爱。

（2）学生自己选择感兴趣的内容,用5分钟时间做准备,做一次简短的讲话,要求使用得体的态势语。通过录像回放,首先让训练者进行自评,然后教师与学生再给予评价。

6. 观摩演讲或观摩电影。

有目的地观察别人的手势、表情,仔细研究,博采众长,并经常对镜练习、矫正。多积累,烂熟于心,形成自己的动作。

7. 阅读以下文字然后回答问题。

我的财富都被他抖掉了

有一位华侨到国内洽谈公司业务,洽谈了好几次,最后一次来之前,他曾对朋友说:"这是我最后一次洽谈了,我要跟他们的最高领导谈,谈得好,就可以拍板。"过了两个星期,他和朋友偶遇,朋友问:"谈成了吗?"他说:"没谈成。"朋友问其原因,他回答:"对方很有诚意,进行得也很好,就是跟我谈判的这个领导坐在我的对面,他跟我谈判时,不时地抖动他的双腿,我觉得跟这样的人合作会很不舒服,好像我的财富都被他抖掉了。"

【思考与讨论】

（1）根据文化背景分析非语言的含义,怎样理解案例中这位华侨的看法?

（2）搜集身边某些人不正确的非语言表达,设置情境,将他们集中展示出来并做出点评。

任务3　沟通技能

聪明的人,借助经验说话;而更聪明的人,是根据经验不说话。

——古希腊民谣

 任务目标

- 了解倾听的作用并掌握倾听的策略;
- 灵活运用说话的语言技巧,达到沟通的目的;
- 掌握有效提问的语言技巧;
- 巧妙回答,提高沟通的艺术性。

 案例导入

夫妻沟通的两个场景

场景一

妻子:累死我了,一下午谈了三批买房的客户,最后那个女的,挑三拣四,不懂装懂,烦死人了。

丈夫:别理她,跟那种人生气不值得。

妻子:那哪儿行啊! 顾客是上帝,是我的衣食父母!

丈夫:那就换个活儿干呗,干吗非得卖房子呀?

妻子:你说得倒容易,现在找份工作多难啊! 甭管怎么样,每个月我还能拿回家三千元钱。都像你的活儿,是轻松,可是每个月拿几百元钱够谁花呀? 眼看涛涛就要上大学了,每年的学费就万把元吧?!

丈夫:嘿,你这个人怎么不识好歹? 人家想帮帮你,怎么冲我来啦?

妻子:帮我? 你要是有本事,像隔壁小萍丈夫那样,每月挣个四五千元,就真的帮我了。

丈夫:看着别人好,和他过去! 不就是那几个臭钱吗? 有什么了不起!

场景二

妻子:累死我了,一下午谈了三批买房的客户,最后那个女的,挑三拣四,不懂装懂,烦死人了。

丈夫:大热天的,再遇上个不懂事的顾客是够呛。快坐下喝口水吧。(把她平日爱喝的冰镇酸梅汤递过去)

妻子:唉,挣这么几个钱不容易,为了涛涛今年上大学,我还得咬牙干下去。

丈夫:是啊,你真是不容易,这些年,家里主要靠你挣钱撑着。

妻子：话不能这么说，涛涛的功课、人品，没有你下力，哪儿能有今天的模样？唉，我们都不容易。

通过这个案例，我们可以看出不同的沟通方式取得的沟通效果截然不同。实际上，要进行有效沟通离不开听、说、问和答等沟通技能，本任务就着重介绍这方面的基本知识和技巧。

3.1　听

1. 倾听的作用

听是人类最基本的能力之一，是用耳朵接收声音，除了少数人听不到声音之外，我们大多数人都享有这种与生俱来的天赋。如今，国际倾听协会这样为倾听下定义：倾听是接收口头及非言语信息、确定其含义和对此做出反应的过程。口语交际中，听的重要性并不被多数人认同。很多人认为听是一种被动的行为。他们很可能会感到烦闷，如果他们不参与谈话还可能会感到无精打采。这种认识显然存在着很大的误区。

古今中外很多谚语和传说都表明了听的重要性，例如俗话说：听君一席话，胜读十年书。俗话又说：会说的不如会听的。英国谚语："沉默是金，说话是银。"传说：上帝在造人时之所以给人一张嘴巴、两只耳朵，就是因为他认为听比说更重要。可见人们如何看重听了。

对我们大多数人来说，倾听是从我们听到别人讲话声音开始的，但倾听与听有什么区别呢？一般学者认为："听"是人体感觉器官接收到的声音；或者换句话说，"听"是人的感觉器官对声音的生理反应。只要耳朵听到谈话，我们就是在听。想想你在听到电影中的外语对话时，你就会明白，听到并不意味着理解。"充耳不闻"就是说的这种情况。

倾听虽然以听到声音为前提，但更重要的是我们对声音必须有所反应，必须是主动参与的过程，在这个过程中，人必须思考、接收、理解，并做出必要的反馈。同时，倾听的对象不仅仅局限于声音，还包含理解别人的语言、手势和面部表情等。在此过程中，我们绝不能闭上眼睛只听别人说话的声音，而且还要注意别人的眼神及感情等表达方式。

小故事 3-1

"听"来的钢盔

第二次世界大战期间，一位叫亚德里安的美国将军利用战斗的间隙到战地医院探望伤员。他毫不张扬地走进病房，静静地坐在病床边，倾听每一位伤病员讲述自己"死里逃生"的经历。其中一位炊事员说，他听到炮弹呼啸而来，就不假思索地把一口锅扣在自己的头上，虽然弹片横飞，战友倒下了一大片，他却幸免一死。听到这里，亚德里安将军略有所悟地点了点头，走到这位炊事员床前同他握手，脸上露出赞赏的微笑。

后来他发布一道命令：让每个战士都戴上一口"铁锅"。

于是，在人类战争史上，"钢盔"这个重要发明，就因为一位将军有耐心和雅量倾听一个炊事员的"唠叨"而诞生了。据说，这个别出心裁的"发明"，使七万余名美军在第二次世界大战中免于战死。

将军诚意的倾听，表示出了对战士生命安全的关注和高尚的人品，他满足对方倾诉并寻求尊重的愿望，而自己也在获得尊重的同时，获得了创造的灵感，从而做出重大决定。

倾听的作用表现为以下方面。

（1）倾听是获取信息开阔视野的重要途径。"听君一席话，胜读十年书"，这句俗语从倾听的角度说明了倾听是获取信息开阔视野的重要途径。有数据显示：在我们获取信息的途径即听、说、读、写所占的时间中，听占到了53%。然而现在是网络化时代，面对面沟通被有些人忽视，由此产生的"宅男""宅女"现象越来越引起人们的担忧，这从另一个角度说明倾听的缺失对现代人造成的不良影响。与其将自己封闭在一个狭小的空间里，还不如走出家门倾听来自各界的声音，那样对你的未来才更有帮助。

（2）倾听是对别人尊重和鼓励的特殊方式。根据人性特点，我们都知道，人们往往对自己的事更感兴趣，对自己的问题更关注，更喜欢自我表现。一旦有人专心倾听我们的话，我们就会感到自己被重视。我们真诚投入地倾听他人的倾诉，恰到好处的反应，是对他人尊重和鼓励的最好方式。

（3）倾听是为自己争取主动的关键。在时机未到时选择倾听并保持沉默是一种"大智若愚"的艺术，在商业活动中多听、少说甚至不说，这样做的目的是获得最大的利益。少开口不做无谓的争论，对方就无法了解你的真实想法；反之，你可以探测对方动机，逐步掌握主动权。因此，"雄辩是银，倾听是金"。

小故事 3-2

爱迪生的沉默

爱迪生发明电报以后，西方联合公司想购买此发明。其妻建议开价2万美元，他觉得太高了，但还是打算照妻子的建议要价。谈判在西方联合公司办公室进行。买方代表问："对你的发明，你打算要多少钱呢？"爱迪生欲言又止陷入思索，现场一片沉默。随着时间的推移，沉默变得难熬，购方代表急躁起来，试探性地问："我们愿意出10万美元买下你的发明，你看怎么样？"结果双方成交。

（4）倾听可增进彼此的理解与信赖。表露内心的事，可以消除两人之间的误会、隔阂、不信任与敌对，使两人之间关系更为密切。由此来看，倾听可谓是彼此沟通的桥梁，误解与愤恨都会随着有效的倾听而化为乌有，感情也会伴着彼此的倾听更进一步。

（5）倾听有利于获得身心健康与成功。倾听可改善周围环境的气氛，有利于获得身心健康与成功。心理学家们指出，善于倾听的人容易克制冲动，控制愤怒，拥有一个较为平和的人际环境，这对于成功与健康是有百益而无一害的。

小案例 3-1

哈里的助听器

销售员哈里，因为听力不好，每次面对客户的时候，只好看着客户说话时的口形来判断客户说的是什么,然后再做出回答。

　　一次,哈里在老约翰的办公室里进行销售拜访,是关于一批钢铁的采购合同。在约翰提到对这批货品的品质要求、运输要求以及到货期限等问题时,哈里眼也不眨地盯着老约翰的脸,生怕错过了一个字,甚至还时不时地在笔记本上做记录。这时,正是春暖花开的季节,窗外景色明媚、阳光灿烂,几只鸟儿在欢快地叫着。

　　可是,哈里因为听力欠佳,无心在乎这一切,只是专注地看着老约翰的嘴唇在动。直到会谈结束,哈里才松了口气,老约翰也很满意地从座位上起身,双方约定了下次见面的时间。

　　之后,哈里去看了医生,医生给了他一副助听器,告诉他这种仪器可以使他的听力变好。哈里用了一下,果然效果不错,于是他就每天都戴着这副助听器。

　　那天,哈里如约来到了老约翰的办公室,他听得很清楚,所以注意力也不知不觉地就分散了。一会儿,他看着窗外的景色发呆,一会儿他被清脆的鸟叫声给吸引住了,过了一会儿,有推门声,哈里探头看了一下,原来是老约翰的秘书端咖啡进来,于是,哈里的目光一直追随着女秘书的身影。

　　老约翰很生气,说道:"我一直很欣赏你工作时的专注劲,你可以一小时一小时地看着我,听我说话而不分神,让我觉得受到了尊重,这是其他销售人员所不曾做到的。可是,今天,你却很不在意地听我说话,让我觉得很诧异,虽然我们的合同已经谈得差不多了,但我还是要等下一次再做决定。"

　　哈里听了,十分吃惊,他本来以为这副助听器能够给自己的销售生涯带来帮助,没想到却使客户大为恼火。现在他才明白,原来专注地聆听对他的工作是这么重要。

　　那么,下一次见老约翰的时候,他还要不要戴助听器呢?

　　【思考】没助听器时哈里是怎么表现的?为什么有助听器反而使他惹得老板极为生气?

　　2. 倾听的障碍

🐱 小故事 3-3

巴顿将军怎么了?

　　巴顿将军为了显示他对部下生活的关心,搞了一次参观士兵食堂的突然袭击。在食堂里,他看见两个士兵站在一个大汤锅前。

　　"让我尝尝这汤!"巴顿将军向士兵命令道。

　　"可是,将军……"士兵正准备解释。

　　"没什么'可是',给我勺子!"巴顿将军拿过勺子喝了一大口,怒斥道:"太不像话了,怎么能给战士喝这个?这简直就是刷锅水!"

　　"我正想告诉您这是刷锅水,没想到您已经尝出来了。"士兵答道。

　　【思考】是什么原因导致了巴顿将军的尴尬?

　　一般来讲,倾听有五个层次:一是听而不闻。如同耳边风,"左耳进右耳出",完全没有听进去。二是敷衍了事。"嗯""喔""哎""好好好",略有反应其实是心不在焉。三是选择地听。只听合自己心意的，与自己意思相左的一概自动过滤掉。四是专注地听。有些沟通技巧的训练会强调"主动式""回应式"的聆听，以复述对方的话表示确实听到，即使每句话或许都进入大脑，但是否都能听出说话者的本意、真意，仍值得怀疑。五是同理心的倾听。一般人聆听的目的是做出最贴切的反应，根本不是想了解对方。所以倾听的出发点是为了"了解"而非为了"反应"，也就是透过交流去了解别人的观念、感受。在商务沟通中应重视倾听，尽可能做到高层次的倾听，避免低层次的倾听。但事实上并不是所有倾听都能达到理想效果，因为倾听存在着各种各样的障碍，它们会直接或者间接地影响倾听的效果。

（1）来自环境的倾听障碍。环境干扰是影响倾听最常见的因素之一，交谈时的环境各种各样，时常转移人的注意力，从而影响专心倾听。有学者做过试验，一个人同时听到两个信息时，他会选择其中的一个，放弃另一个。这样就很容易忽略另外一个人的信息。具体来说，环境障碍主要从两方面施加对倾听效果的影响。

① 干扰信息传递过程，消减、歪曲信号。如在嘈杂的课堂上，老师的声音几乎被学生的吵闹声淹没了，坐在后排的同学根本就听不到老师在说什么，这跟一个安静的课堂所能达到的效果是迥然不同的。

② 影响沟通者的心境。也就是说，环境不仅从客观上，还从主观上影响倾听的效果，这正是为何人们很注重挑选谈话环境的原因。比如领导在会议厅里向下属征询建议，大家会十分认真地发言，要是换作在餐桌上，下属可能就会更随心所欲地谈谈想法，有些自认为不成熟的念头也在此得以表达。反之亦然，在咖啡厅里上司随口问问你西装的样式，你会轻松地聊上几句，但若上司特地走到你的办公桌前发问，你多半会惊恐地想这套衣服是否有违公司仪容规范。这是由于不同场合人们的心理压力和情绪都大有不同。

（2）倾听者自身的倾听障碍。倾听者本人在整个交流过程中具有举足轻重的作用，倾听者理解信息的能力和态度都直接影响倾听的效果。但由于每个人都有自己的思想和经验，难免在倾听时加上自己的感情色彩，在无形中树立了障碍，无法准确理解别人传递的信息，从而影响了沟通。来自倾听者自身的障碍表现在以下方面。

① 注意力不集中。倾听者受到内部或外部因素的干扰而无法集中注意力，这是最常见的阻碍倾听的因素。当您疲倦时，胡思乱想时，或是对说话者所传递的信息不感兴趣时，您都很难集中注意力。

② 打断说话者。倾听者打断说话者也是阻碍倾听的因素之一。在回应说话者之前，应该先让他把话说完。对说话者缺乏耐心甚至粗鲁地打断他们，这是对说话者本人及其信息不尊重的表现。

③ 缺乏自信。倾听者缺乏自信也是阻碍倾听的因素之一，这是因为缺乏自信会令倾听者产生紧张的情绪，而这种情绪一旦占据了他的思维，就会使他无从把握说话者所传递的信息。也正是为了掩饰这种紧张情绪，许多倾听者总是在应当倾听时擅自发言，打断说话者。

④ 过于关注细节。阻碍倾听的另外一个因素是倾听者过于关注细节。如果倾听者尝试记住所有的人名、事件和时间，那么就会觉得倾听"太辛苦"了。这种紧紧抓住信息中的细节而不抓要点的做法非常不可取，这样做就可能完全不能明白说话者的观点。

⑤ 排斥异议。有些人喜欢听和自己意见一致的人讲话，偏心于和自己观点相同的人。这种拒绝倾听不同意见的人，不仅拒绝了许多通过交流获得信息的机会，而且在倾听的过

程中注意力就不可能集中在讲逆耳之言的人身上,也不可能和任何人都交谈得愉快。

⑥ 心存偏见。倾听者心存偏见会在很大程度上阻碍倾听。偏见让倾听者无法对说话者所传递的信息保持开放和接纳的心态。这是因为,偏见使人在倾听之前就已经对说话者或他所传递的信息做出了判断。

⑦ 太注重说话方式与个人外表。人们倾向于根据一个人的长相或讲话的方式来判断一个人,因此听不到他真正说了什么。有些人常被说话者的口音和个人外表以及行为习惯扰乱心绪,从而影响了倾听效果。

⑧ 厌倦。由于大脑思考的速度比说话的速度快很多,前者至少是后者的 3～5 倍(据统计,人们每分钟可说出 125 个词,理解 400～600 个词),很容易在听话时感到厌倦。因为人们可以接纳一个人说的话,但同时还有很多空余的"大脑时间",人们很想中断倾听过程,去思考一些别的事情。"寻找"一些事做,占据大脑空闲的空间,这是一种不良的倾听习惯。

⑨ 臆测。臆测是指倾听者在倾听过程中凭着自己的主观臆断对说话者的话进行推测或猜想。臆测是沟通的障碍,它常常会使人产生曲解或误解。所以,倾听者要尽力避免对别人进行臆测虽然有时候臆测也可能是正确的但是最好尽可能避免臆测。

小故事 3-4

重 在 倾 听

美国著名的主持人林克莱特在一期节目上访问了一位小朋友,问他:"你长大了想当什么呀?"小朋友天真地回答:"我要当飞机驾驶员!"林克莱特接着说:"如果有一天你的飞机飞到太平洋上空时,飞机所有的引擎都熄火了,你会怎么办?"小朋友想了想:"我先告诉飞机上所有的人绑好安全带,然后我系上降落伞,先跳下去。"

当现场的观众笑得东倒西歪时,林克莱特继续注视着孩子。没想到,孩子的两行热泪夺眶而出,于是林克莱特问他:"为什么要这么做?"他的回答透露出一个孩子真挚的想法:"我要去拿燃料,我还要回来! 还要回来!"

3. 倾听的策略

要想做到有效地倾听,必须运用以下倾听策略。

(1) 创造良好的倾听环境。这应从以下三方面入手。

① 选择合适的场所。场所合适与否直接关系到沟通双方的心理感受和外在噪声的干扰。在公众场合下,应避免在噪声比较大的地方交谈,如施工场所、十字路口。应尽量寻找安静、舒适、典雅、有格调的咖啡厅、茶室等,同时力求避免电话、手机和他人的干扰。如果是在家中聚会,有必要将电视音量关小,保证室内空气清新、舒适,假如临近街道,可以将门、窗关紧,同时注意室内家具的摆放、颜色的搭配等细节问题。

② 选择恰当的时间。公众场所都有自己的高峰期,像公园、商场、节假日风景区,人比较多,咖啡厅晚上人流不息,而餐馆则在中午用餐时间和下午 6 点以后客人较多。选择场所时还应考虑到时间的不同对谈话双方的效果也将不同。

③ 保持一定的距离。说话者跟听话者感情好,私下交谈时则相互挨得紧,恋人更是如此。但如果在正式场合,不论亲疏,都应保持一定的距离。过远,则不容易听清;过近,容易

使说话者感到紧张。

（2）良好的心理准备。倾听，要求倾听者要有良好的精神状态，集中精力，随时提醒自己交谈到底要解决什么问题，听话时应保持与谈话者的眼神接触，但在时间的长短上应适当把握好，如果没有语言上的呼应，只是长时间盯着对方，会使双方都感到局促不安。另外，要努力维持大脑的警觉，保持身体警觉则有助于使大脑处于兴奋状态。

倾听时，应该保持开放的心态，这是提升倾听技巧的指导方针之一。这样做不但使你能考虑到事情的各个方面，还能减少你与说话者之间的防御意识，而这种意识会极大阻碍你们之间的良好沟通。回应说话者时，即使你不同意他的观点，也应对其信息保持积极的态度。

（3）正确的态势语言。人的身体姿势会暗示出他对谈话的态度，自然开放性的姿态，代表着接受、兴趣与信任。根据达尔文的观察，交叉双臂是日常生活中最普遍的姿势之一，一般表现出优雅富于感染力，让人看上去自信心十足。但这常常自然地转变为防卫姿势，当倾听意见的人采取这种姿势，大多是持保留的态度。向前倾的姿势是集中注意力、愿意听倾诉的表现。倾听时交叉双臂，跷起二郎腿也许是很舒服，但往往让人感觉这是种封闭性的姿势，容易让人误以为不耐烦或高傲。

（4）运用倾听的技巧。倾听的技巧主要有以下几个。

① 对主题或说话者产生兴趣。这样做有助于倾听者以积极的态度进行倾听。倾听时，您的目标应当是从每个说话者那里获取知识，但如果您对他们不感兴趣，就很难集中注意力。因此，应当消除自己对主题或是说话者的偏见，使自己对其产生兴趣。倾听时，应该关注说话者提供的信息，而不是他们的外表、性格或是说话方式，不要因为这些因素而对他们加以定论，应该根据他们提供的论据来判断信息的价值。另外，也不要仅仅因为说话者的出色表达就立即对他们做出肯定的判断，出色的表达并不意味着说话者传递的信息有价值。因此，应该等到说话者完整地传递了信息之后，再做出判断。

② 积极关注自己不熟悉的信息。要提升自己的倾听技巧，还应该学会积极关注自己不熟悉的信息。如果在倾听时遇到此类信息，就更需要高度集中注意力。因为如果不这样做，就有可能抓不住信息中的重点。当对方传递的是自己不熟悉的信息时，可以采取下列方法来改变自己：不要因为信息复杂而气馁；使自己对学习产生兴趣；提问以确认说话者的观点。

③ 专注于说话者的主要观点。倾听时，一定要专注于说话者的主要观点，为了全面理解讲话者的言辞中包含的内容和情感，倾听者要集中精力努力捕捉信息的精髓。这样做能避免讲话者的情绪对你产生影响，并且能集中精神理解讲话者所述观点中的重点。

④ 不要过早下结论。要提升自己的倾听技巧，倾听者在倾听时就不要过早下结论。当你不同意说话者的看法时，最自然的反应就是立即不再理会他所传递的信息。尽管你不需要同意说话者的所有观点，但是在下结论之前，还是应该听完他的话。只有听完了全部的信息，才可以彻底地检验并公正地评估说话者的观点、论据和论证过程。

⑤ 复述说话者所传递的信息。通过复述，倾听者可以确定自己是否完全理解了该信息。复述时，倾听者可以用自己的话向说话者概括信息的主要内容，这样能减少对信息的误解和错误的推测。

⑥ 不到必要时，不打断他人的谈话。善于听别人说话的人不会因为自己想强调一些枝微末节、想修正对方话中一些无关紧要的部分、想突然转变话题，或者想说完一句刚刚没

说完的话,就随便打断对方。经常打断别人说话就表示我们不善于倾听,个性激进、礼貌不周,很难和人沟通,所以除了是在不得不说的情况下,否则是不应打断对方谈话的。

⑦ 尊重说话者的观点。每个人都有自己的观点,要鼓励别人说出自己的看法,而不能因为自己的主观意愿,否定自己不同意的观点,如果无法接受说话者的观点,那可能会错过很多学习的机会,而且无法和对方建立起融洽的关系。

⑧ 换位思考。站在对方的角度去考虑他所说的话,以客观的心态去面对说话者,用心去感受说话者的心情,感受他的喜悦或悲伤,这也是做到最高层次倾听的体现。这样做可以避免因心理定式和偏见等产生的障碍。

⑨ 倾听者不应该过于拘谨。倾听者在倾听时过于拘谨使倾听变成了一种被动行为,此时,倾听者绝不会表达自己的观点,他们根本不参与交流,常常只是以"很好"和"我明白你的意思"之类的话来回应说话者。倾听者在倾听时过于拘谨可能是因为害羞,也可能仅仅出于不想给说话者带来麻烦,无论是什么原因,他们的行为都会阻碍有效的沟通。要避免在倾听时过于拘谨,应当遵循以下原则:乐于表达自己的想法;通过提问参与对话;回答问题要干脆;与说话者进行眼神交流。

(5)善于运用其他形式沟通。毕竟只是用听的话,所记住的信息有限,这时候就需要借助一些其他的方式来帮助自己更好地记忆。比如做笔记,这样能更有效地记住对方所说的话。同时通过做笔记也能有选择地记下自己认为更重要的信息,从而避免因为什么都要记下而费时费力。

总之,是否经过严格科学训练,是否能够进行有效倾听的倾听者,在倾听时的表现是截然不同的,表 3-1[1] 中列出了这两种倾听者在相同情境下的倾听表现。请对照自己的倾听习惯,看看自己做得怎样。

表 3-1　不同倾听者在相同情境下的不同反应

差的倾听者	好的倾听者
• 寻找自己感兴趣的领域 • 关注枯燥的主题,兴趣领域很窄,忽略传送错误 • 不记录或记录不完整,主动回应 • 无回应或很少有语言和非语言的回应 • 传递质量差就不认真听了;由于沟通对方的个人特征而不接受;快速地做判断 • 很容易被干扰;集中精力时间短 • 避免困难的资料,不想动脑解决问题 • 遇慢速说话者时做白日梦,注意力不集中 • 打断讲话,并问一些小的问题,做一些使人分心的评述 • 把自己的精力放在两个或多个任务中 • 经常打断对方谈话,喜欢以自我为中心,控制着谈话的话语权 • 容易受感情色彩强烈的话语影响,很难控制自己的情绪	• 寻找对每个人有启迪的内容和信息,照顾到可能感兴趣的新主题 • 关注内容和含义,忽略传递问题,只对其中的信息敏感 • 倾听过程和细节,用多种方法来记录 • 经常以点头和"哦""啊"等来回应,显示主动的身体姿态 • 避免快速地判断,等待,直至完成核心信息的理解 • 抵制各种干扰;长时间集中精力 • 用较困难的材料来刺激思想,寻求解决方案 • 利用间隙时间对信息进行总结和梳理,像关注显性的信息一样关注隐含的信息 • 澄清一些信息,或要求举例,或复述其观点 • 一次只做一件事情 • 不会打断对方的讲话,一直耐心地听对方陈述完,即使有不同意见也不会打断对方 • 能承受负面语言或消极语气,能够很好地控制自己的情绪

---

① 程庆珊.商务沟通[M].大连:东北财经大学出版社,2012.

小案例 3-2

一次倾听达成的交易

在家居装饰卖场的一个店面里，一对父女在挑选地毯，销售人员迎上来，热情地问："您好，两位想要选一款什么样的地毯呢？"

老先生并没有理会销售人员的问话，而是专心地对年轻女士讲着什么。销售人员看两位聊得出神，就暂时停住了接下来要推介产品的话，而是注意听两位讲话的内容。

销售人员从两位的谈话中获得了以下信息。

（1）年轻女士是陪父亲来挑选地毯，这个地毯的使用者和决策者是老先生。

（2）老先生的老伴去世了，女儿为了避免老先生睹物思人，准备对房子进行全新的装修，所以地毯也要换。

（3）老先生对老伴儿思念甚浓，一直在向女儿讲述她去世的妈妈如何喜欢原来的地毯，如何打理和清洗，而现在只剩他一个人，要不要都没有用了。

（4）老先生家里还有一只小狗，老先生认为不用买地毯是因为怕地毯被狗狗弄脏不好清理。

销售人员了解了这些信息之后，又观察到父女两人意见上出现了分歧，父亲不太热衷挑选，而女儿则格外积极，于是销售人员走上去，先向女儿询问家里新装的家具风格，并推荐了与之配套的地毯材质、色调。然后又以向女儿介绍的方式间接说给老先生听，建议地毯的适用位置并介绍了一些除污方法，以免除老先生的顾虑。

最后销售人员直接夸赞老先生有一位孝顺的女儿，并说老先生身体如此健康，要多享受儿女给予的天伦之乐。一方面暗地里安慰了老先生的丧偶之心；另一方面鼓舞老先生去享受新的生活。

就这样，本来无意购买的老先生终于在女儿的坚持和销售人员的建议下，购买了该家店铺的地毯。

【思考】案例中的地毯销售人员运用了哪些沟通技巧？

3.2　说

说话是用语言表达意思，是常见的口头沟通，包括演说、正式的谈话、访谈及非正式的讨论、传闻或小道消息传播。说，当中有问、有答。问和答的技巧，下面要专题讨论。

1. 说话的原则

语言的掌握需要多年的学习和实践。因为制定在所有场合和情况下如何选择语言的规则是不可能的，这里的讨论局限在语言选择的四个重要方面：清楚、得体、有力、传情、生动和道德。

（1）清楚。清楚是思想依靠语言的精确和简单被以能立即理解的方式表达出来的风格特色。一个飞行员死于喷气式飞机的坠毁事故，因为导航员在指导她怎样打开应急门时说得不太清楚,以致使她没有打开。尽管不清楚通常与死无关,但它能导致失败和误解。在大多数情况下,如果你希望得到理解,就必须尽可能清楚地说话。例如,如果你在说一些非常重要的事,或者进行一次正式的演讲,或者接受媒体采访,清楚是必需的,因为你或许没有第二次机会去澄清自己的观点。

① 行话。这是一种非常专业化的语言,以至于在其他地方使用是不恰当的。例如,医生经常使用高度专业化的语言去描述病情。虽然医生们能相互沟通,但与病人沟通时就有障碍。

② 俚语。这种语言不是每个人都能清楚的。当你与朋友非正式交谈时,可以使用俚语。然而,许多俚语具有非常广泛和模糊的含义,它们能适用于几乎所有的事物。如果你用漂亮这个词去描述某个人的 T 恤衫,又用它去描述秀美的风景,你则把每一事物变成了一般的要素。

③ 长句子。有时人们感到,如果花力气学了长而复杂的词语,就应该尽可能地使用长句子。在一个氟化物溶液的瓶子上,广告词这样写道:"把溶液在口里含一分钟后咳吐出。"在消费者不明白"咳吐出"这个词的情况下,应该使用"把它吐出"这个简单的短语。因为这条信息的目的是与消费者沟通,所以应该使用简单的词语,通俗易懂。

只有当更复杂的词语有助于使你的意思更清楚时才使用它们。例如,假设你要把车漆成红色,如果使用一个比红色更准确地描述,最终结果将会更令人满意。你喜欢哪种色度?葡萄酒红色?深红色?朱红色?随着词汇量的增加,将意图传递给听者的可能性也增大了。使用的词汇越多,表达将会越准确。这并不意味着你应该寻找长的词语,相反,熟悉的词汇通常是最好的。

语言的一个充满乐趣的地方是,它提供很多含义上的细微和敏感的差别。选择同样的词语去表达我们的全部思想就像每顿晚饭都吃一个巨无霸汉堡包一样。语言是一个为我们要表达的内容提供了丰富选择的奇妙宴席。

(2)得体。得体,是语言表达的最高原则,因为只有话语得体,才能实现交际目的,才能取得圆满效果。语言表达得体,概括地说,是话说得适当、妥帖、恰到好处,即适时、适情、适势、适机、适人,一切都适度、恰当;具体地分析,则"得"为"适合","体"为"语体",即适合特定语体之意。

遵循得体原则应做到以下三点。第一,适合身份。表达者应把握准自己的身份、地位和文化修养所形成的形象和客观的要求。第二,适切对象,即适切交际对象的心理、文化水平、独特性格和特定的人际关系。第三,适应语境,即切合特定的社会文化背景、自然环境,切合特定的时间、地点、场合和语言环境[①]。请看英国维多利亚女王深夜回家敲门的趣事。

英国著名的维多利亚女王,与其丈夫相亲相爱,感情和谐。但是维多利亚女王乃是一国之王,成天忙于公务,出入于社交场合,而她的丈夫阿尔伯特却和她相反,对政治不太关心,对社交活动也没有多大的兴趣,因此两人有时也闹些别扭。有一天,维多利亚女王去参加社交活动,而阿尔伯特却没有去,已是深夜了,女王才回到寝宫,只见房门紧闭着。女王走上前去敲门。房内,阿尔伯特问:"谁?"女王回答:"我是女王。"门没有开,女王再次敲

---

① 李元授.人际沟通训练[M].武汉:华中理工大学出版社,2014.

门。房内，阿尔伯特问："谁呀?"女王回答："维多利亚。"门还是没开。女王徘徊了半晌，又上前敲门。房内的阿尔伯特仍然是问："谁呀?"女王温柔地回答："你的妻子。"这时，门开了，丈夫阿尔伯特伸出热情的双手把女王拉了进去。

女王第一次回答"我是女王"，这个称谓表现的是她乃一国之君的身份，这个身份属于国家，属于臣民，它是权力和威严的象征，但不属于家庭，不属于阿尔伯特，当然敲不开门了。女王第二次回答"维多利亚"，这个称谓虽比"女王"柔和些，且少了一种高高在上的感觉，但"维多利亚"只是个姓氏，它适合维多利亚整个家族，并不只属于阿尔伯特，没有体现出"一家一妇"的身份和夫妇的亲密关系，所以也没有敲开。第三次回答"你的妻子"，称谓体现了她作为一个家庭成员的身份，没有丝毫的"行政干扰"，完全符合维多利亚女王回到家中的身份，所以她敲开了门，也敲开了丈夫的心扉。

小故事 3-5

总统说话不得体

美国前总统里根一次在国会开会前，为了试试麦克风是否好使，张口便说："先生们请注意，5分钟之后，我将对苏联进行轰炸。"此语一出，众人皆哗然。里根只是随口开了一个玩笑。为此，苏联政府提出了强烈抗议。

另一位美国前总统卡特出访盐湖城，参加摩门教信徒颁发"本年度家庭男人"的仪式活动。他的参谋为他写了一份讲稿，特别注明"幽默"，于是助手给了他三四个笑话。他在发表讲话时全用上了。卡特和他的助手们当然没有意识到，摩门教徒一贯教育他们的孩子不要轻率地看待世事，自然在这样的场合也就不能乱说幽默的话。当时，教堂里有两千多人，卡特讲笑话时，那么多人只是瞪着他，呆若木鸡。

【思考】以上的两个案例中里根和卡特在讲话中犯了什么样的错误？你认为在严肃的场合讲话应该注意哪些方面？

（3）有力。有力的说话方式是那种直接表明观点的，即不使用含糊和限定性词语的说话方式。说话有力的人被视为更可信、更有吸引力和更有说服力的人。在大学课堂里，学生认为使用有力语言的老师更可信和有更高的身份。为了获得有力的说话方式，你应该避免一些特定的沟通行为。

① 避免模棱两可的话和修饰性词语，比如"我猜想"和"某种……"这些表达方式，因为它们会削弱你说话的威力。

② 消除比如"啊"和"你知道"这些含糊的表达方式，这些词语也使说话者听起来不确定。

③ 避开附加提问，即以陈述开始以问题结束的表述，比如"搞一次春游会很有趣，是吗?"附加提问使说话者显得不果断。

④ 不要使用否认自己的表白，否认自己的表白是那些辩解或请求听者原谅自己的词语或表达方式，例如"我知道你或许不同意我的观点，但是……"，以及"我今天确实没准备讲话"。

有许多人用无力的词语或表达方式削弱了自己的交谈或讲话。然而，这些表达方式的使用主要是一个习惯问题，一旦认识到了自己的习惯，就能打破它们。

除了使用有力的语言外，还有使语言更鲜明的一些其他技巧。主要用动词，即语言的行动性词语来沟通，会造成一种紧迫的感觉。"老师指责他"和"孩子们跳上跳下"都是听起来有力的句子。当你把句子安排成主动语态而不是被动语态时，语言变得更加鲜明。"这个男孩踢进了球"要比"球被这个男孩踢进"更有力。

（4）传情。人是有感情的动物，对感情尤为敏感；而语言所负载的信息，除了理性信息之外，还有情感信息。这种情感信息的内涵十分丰富，其功能不仅诉诸人的理智，而且是要打动人的情感。在人际交往中，话语饱含情感，就会在传递信息、思想的同时产生言语魅力，产生感染作用，从而取得圆满的交际效果。

语言表达中如何传情呢？主要有以下三种途径。第一，尊重谅解。它不仅表现出说话者文明礼貌有教养，更重要的是能够缩短情感距离，贴近乃至谐和双方的关系，营造出"亲如一家"的融洽氛围。第二，声中蕴情。说话者利用语音（语气、语调和节奏）的传情性来表达丰富多彩的情感。第三，话语真诚，即言语内容饱含真情实感。在语言表达中，只有真诚的心灵与情感，才能发出磁石般的吸引力，才能唤起听众的热忱，产生撼人的力量。话语真诚表现在：语词选用情感分明，内容表述情真意切[①]。

小故事 3-6

李准说哭常香玉

李准是 20 世纪五六十年代的著名作家，有很高的写作水平，并且他语言也有很强的感染力，他有句自负而又夺人的妙语："没有几下绝招，难得当个作家！我的看家本事是：三句话叫人落泪，三分钟进戏，把读者的心放在我手心里揉，叫他噙着眼泪还得笑！"此话传开去，叫人不服。

时逢"常香玉舞台生涯五十周年庆祝会"，文艺界名流齐来祝贺。专好插科打诨的电影导演谢添一把拉住李准说："李准，我想当众试试你！你说三句话，能让常香玉哭一场，我才服你！"

李准皱皱眉，看看众人，摊摊手为难地对常香玉说："香玉，你看看老谢！今天是你大喜的日子，他偏偏让你哭，这不是难为人吗？"

常香玉说："你今天能让我哭，算你真有本事！"

谢添说："或者签字认输也行！"

李准依旧为难地说："香玉，咱们能有今天，老不容易啊，论起来，你还是我的救命恩人哩！我十来岁那年，跟着逃荒的难民群到了西安，眼看人们都要饿死了，忽然有人喊：大唱家常香玉放饭了，河南人都去吃吧！哗——人们一下子都涌去了！我捧着粥，泪往心里流。想，日后见了这个救命恩人，我给她叩个头！哪想到 1967 年以后，你被押在大卡车上游街，让你'坐飞机'！我站在一边，心里又在流泪，我真想喊一句，让我替替她吧，她是俺的救命恩人哪——"

"老李！你……别说了！"

---

① 李元授.人际沟通训练[M].武汉：华中理工大学出版社,2014.

常香玉猛然打断李准的话，捂住脸，转过身，满脸泪水滚下来，把手绢都打湿了。

大厅里没有一点声息。众人望着李准，沉浸在他讲的故事里，忘记了这是在打赌，连谢添也轻轻吸了一下鼻子……

【思考】李准为什么能说哭常香玉？

（5）生动。生动是一种把思想以引起逼真想象或联想的方式来表达的风格特色。还记得自己在孩提时代听到的那些鬼怪故事吗？最好的是那些令你感到恐惧的故事，即交织着使你血液凝固的尖叫声、悲哀的呻吟声和神秘的号叫声的故事。它们通常是在黑暗的地方，只有一个忽闪忽闪的怪异的灯或一道电光，如果有味道，那肯定是潮湿和发霉的味道。

讲鬼怪故事的人通常用第一人称说话，以"当时我在场"或"发生在我身上"的角度所做的叙述都是特别生动的。为听者重造一种经验，通常能使他们感受到你所感受的，即一种使你的语言更生动的技巧。

当我们说语言生动时，经常是指某人发现了表达原事物的新方式。孩童语言的独特性经常使我们陶醉，因为他们太小，还不懂得各种陈词滥调和过分的表达方式。孩子会把胖大海含片以他们自己的理解说成"上海大胖"，会把夜里正在向上飞的飞机说成"飞机在爬坡。"发现生动语言的一个最好的地方是诗词和歌曲，如"某年某月的某一天，就像一张破碎的脸"。虽然与其他主题相比用于描写爱情的词语更多，但很多歌词作者为我们提供了新的表达形式，因此也为我们提供了看待这种经验的新方式，他们独特的看法使一个古老的主题听起来更新颖、更激动人心。

（6）道德。道德沟通是诚实、令人满意和考虑他人权利的沟通。当沟通者讲述真相时，沟通是诚实的；当沟通者考虑听者的情感时，它是令人满意和为他人着想的。然而，有时诚实和令人满意是矛盾的。例如，当一个朋友向你展示他的新车时说："它很漂亮吧？"即便你认为它不漂亮，你也不应该告诉他。在我们的文化中，这被称为"善意的谎言"，不伤害感情。因为这不是重要的问题，从道德上讲它是能够被接受的。另外，当你的一个朋友每天晚上都喝得不省人事，然后问你是否觉得他是酒鬼，你的回答应该是"是的"。诚实是重要的，因为它关系到另一个人的幸福。

一位叫雷·佩恩的沟通学教授指出，"词语的选择就是对世界的选择。"他提醒我们，因为选择了错误的词语，我们可能对他人造成很大的伤害。许多可能是善意的批评，想帮助对方改正错误，但由于措辞不当，导致对方怨恨，甚至关系破裂，真是"好心没好报"。引起他人痛苦的话在道德上应该受到谴责。

小案例 3-3

肯特太太与女佣

卡耐基的一位住在纽约的朋友——艾尼丝·肯特太太，聘用了一位女佣，要求她下星期一正式上班。她则利用这段空当，打电话给那位女佣的前任雇主，询问了一些她的个人情况，结果得到的评语却是贬多于褒。

女佣到任的那一天，艾尼丝立即告诉她说："莉莉，几天前我打电话请教了你的前任雇主，她说你为人老实可靠，而且煮得一手好菜，带孩子也很细心，唯一的缺点就是理家比较外行,老是把屋子弄得脏兮兮的。我想她的话并非完全可信,从你的穿着可以看出来,你是个很讲究整洁的人,我相信你有这种习惯,一定也会把家里整理得井井有条。我们应该可以相处得宾主皆欢才对。"

事实上他们果然是相处得很愉快,莉莉真的把家里打扫得干干净净,一尘不染,而且工作非常勤奋,宁可自动加班,也不会任工作搁着不做。肯特太太看在眼里,乐在心里。

佩恩也提醒我们,语言选择能影响人们的自我感知。他指出侮辱性词语能把一个人贬低成一种特征("四只眼"和"肥胖")、非人类特性("猪"和"鸡")或者绰号("乡巴佬""三八婆"和"母老虎")。

佩恩的观点提醒我们,使用语言时要注意道德方面的选择。我们所做的许多选择不仅决定我们怎样向他人展现自己,而且也决定在未来若干年里我们相互关系的本质。因此明智和恰当地选择词语是非常重要的。黄金法则是:问一下你自己,如果别人对你说了同样的话,你会感觉怎样。

2. 说话的技巧

说话的技巧包括说话方式的选择和说话的媒介——美妙声音的获得。

(1) 说话方式的选择。

第一,注意对象。说话一定要看对象,这些因素包括:身份、职业、年龄、性别、知识水平、气质性格、兴趣爱好、处境心情等。要根据说话对象的不同情况来确定自己说话的方向。当你与别人说话时,要注意到你需要针对他们及时做出调整;也要熟知你正在讨论的主题,因为它也能影响你对词语的选择;要意识到你所说的内容,这种意识将增加你对他人的敏感度,也能增强你对语言的选择和使用。

📝**小贴士 3-1**

说话看对象

当与小孩沟通时,不要忽略了他的"纯真";

当与少年沟通时,不要忽略了他的"冲动";

当与青年沟通时,不要忽略了他的"自尊";

当与男士沟通时,不要忽略了他的"面子";

当与女士沟通时,不要忽略了她的"情绪";

当与领导沟通时,不要忽略了他的"权威";

当与长辈沟通时,不要忽略了他的"尊严"。

如果是一个豪爽的人,那你说话就应该豪爽一点;如果是一个内秀的人,说话就应该文明一点,这样大家才会喜欢你。所以,在张口说话前一定要注意观察人。

🔍**小案例 3-4**

敬　　酒

一次宴请酒会上,一屋子全是河南人,只有于经理是湖北人。

李喜民主任在敬酒时,对于经理说:"你既有北方人的豪爽,又有南方人的灵秀,我敬你一杯!"

第二,注意观察周围的情况。说话还要看周边的情况,说话要能够恰当地和当时的情景融合到一起,避免说出不合时宜的话来。每一个人都有自己的爱好、自己的风格,如果我们在说话的时候能够抓住对方的喜好,说别人愿意听、喜欢听的话,就能够起到很好的作用,使你备受别人喜欢。

◎ **小案例 3-5**

唐伯虎祝寿

林语堂《说话的艺术》中讲了这样一个故事:有一天,五个儿子为母亲祝寿,请姑苏才子唐伯虎题诗。唐伯虎毫不推却,立刻拿起笔来,第一句写的是"对门老姬不是人"。

第二句尚未写下,主人亲朋,个个都对他怒目而视了。因为今天祝寿,大家应该十分快乐,说着吉利话才对,现在请他题诗,他竟骂起人来,这怎么会不惹人愤怒呢?因为他是有名的吴门才子,所以大家只是怒目而视,不以非礼举动对他,准备看他第二句怎样骂法,然后再来发作。但是,唐伯虎一看周围的环境,知道骂人骂下去一定没有好结果,不能不使大家的情绪缓和一下,所以第二句接下写道"西方王母转凡身"。这样一写,主人亲朋,个个面现笑容,觉得他真不愧是才子,把第一句骂人的话,也变成不是骂人的话了。

可是唐伯虎是善于捉弄人家的,他感觉到周围的人都在啧啧称赞的时候,就把第三句的诗题为"生养五子俱做贼"。这可不对了,又使大家的情绪紧张起来了。因为大家觉得他先前骂人家的母亲,现在又骂到人家的儿子,把一家人都骂到了,这一腔的怒火,势必要爆发出来了。但是,大家还是暂时忍耐着,看他末一句究竟怎样题。

唐伯虎感觉到大家的怒火立刻就要爆发了,因此第四句题为"偷得蟠桃奉母亲"。这一来,又把大家的情绪缓和了下来,大家都觉得他真是一位才子,用着像一种骂人的口吻,写出了一首极好的祝寿诗。

在上面的一段故事中,唐伯虎并不是真心祝寿的,要骂一下那位老姬,倒是他的真心。可是,他看了周围的环境,知道骂了人不会有好处,所以虽然脱口骂了出来,还是立刻改变口吻,使已经骂出的话也成为不是骂人的话,因为他是才子,所以能够有这样灵敏的手腕。

第三,礼貌为先。无论一个人在社会上扮演什么样的角色,充当什么样的身份,礼貌一直是维持人际关系不断互动的规则。有句话叫作"尊重别人就是尊重自己"。一个有礼貌的人到处都会受欢迎,受到人们的热诚接待,而一个习惯于出口不逊的人,就不会得到别人的喜欢。

礼貌就是一个人的名片,说话有礼貌的人到处都会受到人们的欢迎。礼貌不礼貌,看似小事,可有时会直接影响到大事的成败。正如几位名人说的那样:"礼貌是人类共处的金钥匙""礼貌是容易做到的事,也是最珍贵的东西""礼貌周全不花钱,却比什么都值钱""礼貌经常可以替代最高的感情""生活中最重要的是有礼貌,它比最高的智慧、比一切学识都重要"。所以,我们在日常交往中一定要注意礼貌待人。

小案例 3-6

没礼貌的学生

秦昆老师是一所高校有名的教授。有一天，一位外校的同学来找秦教授，要秦教授做他校外的论文评阅人。因为当时规定，论文答辩时要请一个校外的专家来指导。

这位同学一进门，见秦老师的屋里坐了好几位老师在商讨什么问题。他也搞不清哪位是秦教授，就张口问道："谁是秦昆呀？"秦老师听到这个学生直呼自己的名字，脸色微微一变，但还是有礼貌地对他说："我就是，找我有什么事吗？"那位同学大大咧咧地说："噢，你就是秦昆呀，我可早就听说过你了，我是××教授的学生，我的论文你给我看一下！"秦教授到底是有涵养的人，看到这个学生这么没有礼貌，只是随口说道："那你就放那里吧！"

这名学生就把自己的论文往秦老师的桌子上一扔，对秦老师说："你快点看啊！后天我们要论文答辩，你可别耽误我的事！"

秦老师这么有涵养的人也忍受不了了，火气顿时上来，他对这位同学说："这位同学请留步。请问一下是谁找谁办事呀？你的论文拿走，我没有时间给你看！"

第四，善于机变。机变，即说话者针对具体交流情境当中出现的不利因素，当场做出调整以适应事物变化的快速反应能力和应付处置各种意外情况的良好心理素质。善于机变，在沟通中可以应对很多意想不到的场面，一句妙语能帮你摆脱窘境。一个成功的说话者必然善于随机应变，那样才能掌控局面，把握机会，逢凶化吉，转难为易，达到沟通的最佳效果。当然，这种能力与说话人思维的敏捷性、情绪的自控力、知识的广博程度是分不开的。

小故事 3-7

马克·吐温的应变术

美国著名作家马克·吐温写了一部著名讽刺作品《镀金时代》立刻引起轰动，在记者招待会上马克·吐温不禁脱口说道："美国国会议员中有些人是狗养的。"报上连篇累牍加以报道。有些美国议员纷纷抗议，要求马克·吐温在报上公开道歉。马克·吐温答应了，于是在报上公开发文："日前，小的在宴席上信口雌黄，说美国国会议员中有些人是狗养的，议员先生们对此大加问责，细细考虑，此言确有不妥，现修改如下：美国国会议员中有些人不是狗养的。"

第五，幽默风趣。幽默风趣，犹如烹调中必不可少的盐一样，可以调剂人们的精神生活，松弛我们紧张的情绪，并促进人与人之间情感与心灵的交流。语言幽默不失为一种好方法，它能增强语言的表现力，化解尴尬的场面，可以有效地降低人与人之间的"摩擦系数"，化解冲突和矛盾，并能使我们从容地摆脱沟通中可能遇到的困境，同时又使人在忍俊不禁、捧腹不止中体会到深刻的哲理。

小故事 3-8

李抱枕的幽默

著名音乐家李抱枕，曾获得美国哥伦比亚大学音乐教育博士。他致力于国内音乐教育,贡献很大,其中《离别歌》《闻笛》等乐曲流传甚广。

李抱枕平时教导学生十分有趣。他曾告诉学生:早年教授音乐时,一些调皮的学生连8个主要音阶都唱不准,有人唱成"独览梅花青腊雪"。后来,有的学生搞恶作剧,竟唱成"多来米饭少来粥"。引得学生们捧腹大笑,课堂气氛十分活跃,师生关系水乳交融。

一些合唱团的学生在演唱时,常犯只看谱不看指挥的毛病。李抱枕非常幽默地对同学们说:"好的合唱团员把谱记在脑袋里面,不好的合唱团员把脑袋埋在谱里。我恳求各位在唱的时候,多'赏'我几眼,别老是'埋头苦干',因为在实际演出时,我们不能说话,只能彼此'眉来眼去'。"李抱枕一席话,说得大家哈哈大笑,从此唱歌时眼睛再也不离指挥了。

（2）说话的媒介——美妙声音的获得。说话要以声音为载体,是我们了解外面世界的媒介,美妙的声音能带给人美的享受。所以古谚语中就有"良言一句三冬暖,恶语伤人六月寒"的说法,声音的确具有超乎寻常的魅力。所以,能说会道的人都需具备声音的魅力。要想使自己的声音具有魅力,就要提高自己的口语表达能力。

小案例 3-7

声音的魅力

曾经看过这样一个故事:有一天上午,女主人独自在家,当听到门铃声后打开门时,眼前的一幕让她愣住了,一位彪形大汉手拿一把菜刀凶神恶煞地站在门口,妇人见此情形,很快就镇定了,面带微笑温和地说道:"哟!您卖刀啊!请进吧。"进屋后,女主人请他坐下,又热情地为他倒茶,这一意外之举令本想来打劫的大汉不知所措,接着女主人又坐下来温和地与大汉谈论刀,还不时地讨价还价。整个过程,女主人始终用一种亲切的语气和这位男子说话,一切都显得如此的亲切与从容。男子紧张的心情慢慢平静下来,心中本要抢劫的念头渐渐消散了,借机把刀卖给这位女主人,就赶快跑掉了。

声音的魅力竟是如此神奇,着实让人意想不到,但女主人的确凭着那温和而亲切的声音打动了一个本打算打劫的男子,让他迷途知返。

提示:怎样拥有美妙的声音在任务1中已有阐述,这里不再赘述。

3.3 问

在社交活动中,提问往往是交谈的起点,是把话题引向深入的方式之一。因此,会不会问,该怎么问,问什么,都直接影响着交际的效果。

1. 提问的作用

中医讲究的望、闻、问、切四种疗法,在人际交流过程中,同样适用。提问者必须掌握察言观色的技巧,学会根据具体的环境特点和谈话者的不同特点进行有效的提问。提问有以下三个作用。

（1）有利于把握回答者的需求。通过恰当的提问,提问者可以从回答者那里了解更充分的信息,从而对回答者的实际需求进行更准确地把握。

（2）有利于保持沟通过程中双方的良好关系。当提问者针对回答者的需求进行提问时，回答者会感到自己是对方注意的中心，他（她）会在感到受关注、被尊重的同时，更积极地参与到谈话中来。

（3）有利于掌控沟通进程。主动发出提问可以使提问者更好地控制对话沟通的进度，以及今后与回答者进行沟通的总体方向。一些经验丰富的提问者总是能够利用有针对性的提问来逐步实现自己的询问目的和沟通目标，并且还可以通过巧妙的提问来保持友好的关系。

小贴士 3-2

提问的方式

人际沟通的最终目标是达成一个共同的协议。要想充分了解并确认对方的需求、目的，通常要通过提问得知。常见的提问方法有两种，如表3-2[①]所示。

表 3-2　常见的提问方法

提问的方法	开放式问题提问	封闭式问题提问
特点	回答没有框架，可以让对方自由发挥；答案是多样的，是没有限制的	提问时给对方一个框架，让对方只能在框架里选择回答；答案是唯一的，是有限制的
举例	你午餐吃的什么？ 您什么时候有时间？ 你的订购计划是怎样的？ 你为什么喜欢这样的工作？	你吃午餐了吗？ 您是上午有时间还是下午有时间？ 你订购一套还是两套？ 你喜欢你的工作吗？
优势	收集信息全面，得到更多的反馈信息，谈话的气氛轻松	可以引导对方直接给到自己想要的结论，容易控制谈话的时间
劣势	占用一定的沟通时间，谈话内容容易跑偏，不便于控制沟通节奏	收集信息不全面，不利于了解对方的真实意思，只能是确认信息。另外，封闭式问题有时会让对方产生一些紧张或戒备的感觉
应用	时间充裕，需要收集信息，想让对方充分参与、充分主导时用开放式问题	时间有限，需要尽快得出结论，想自己控制局面时用封闭式问题

2. 提问的原则

（1）提问对象的辨识性。提问应因人而异，即从对方的年龄、身份、职业、性格以及不同的民族文化背景出发，选择不同的提问方式和技巧。

小案例 3-8

不会提问的实习记者

临近教师节了，一位实习记者被派往一所省级示范中学，采访在教改中做出突出贡献的张老师。这位实习记者见面就问："您是哪所大学毕业的呀？"张老师回答道："我没上过大学。如果你是来找大学学历的教师，那你找错门了。上过大学的教师，我们学校有的

---

①　秦保红.职场礼仪教程[M].北京：中国人民大学出版社，2016.

是!"结果这位实习记者讨了个没趣。

为了缓和气氛,他转移话题,准备从生活入手,随口问道:"您孩子多大了？该上初中了吧？"张老师脸一红,很不高兴地说:"我还没结婚呢……"随后说声"失陪"便抽身离去。这位实习记者十分尴尬。

（2）提问场合的敏感性。提问要注意场合,比如厕所里一般不适合高谈阔论,办公室里,当对方很忙或正在处理一些急事时,不宜提琐碎无聊的问题；当对方伤心或失意时,不宜提太复杂、太生硬或者是可能引起对方不愉快的问题。注意场合,还要考虑对方的回答,比如一位中学生很想去游泳,但他父母不让去,如果当着他父母的面,你问他:"去游泳吗？"这位中学生可能因为怕他父母会给你一个虚假的回答"不去",如果换个场合提问,其结果可能会说"去游泳"。

（3）提问目的的鲜明性。在提出疑问的时候,要带着鲜明的目的性而提出问题。或者为了寻找答案,或者为了引导对方进一步说明问题,或者作为问题的假设和可能……这些都是提问的目的。鲜明的目的,能够让提问变得有效；然而,鲜明并不等于完全直接地提问,在某些情况下,通过旁敲侧击或者"曲线救国"反倒会比直接询问更有效。此外,还应注意在旁敲侧击、"曲线救国"的时候,一定要紧扣提问的目的,不能迷失于连环的询问中,而失去根本。

（4）提问方式的多样性。在提问过程中,不要拘泥于一种提问方式,单一的提问与回答的形式会使沟通变得不自然、不活跃,会影响到回答者的思维模式。提问的方式要多样,要根据不同的沟通内容、不同的沟通目的、不同的环境,使用不同的提问方式。如提前给出问题,让回答者进行准备,有利于获得相对完整和系统的回答；在现场沟通中进行提问,则可以得到直接而相对真实的回答。连环式的提问具有引导作用；跳跃式的提问则可以开拓思维；设问式的提问可以给出以问为答；反问式的提问则具有权势的威压……

（5）提问语言的简明性。提问的语言不宜过长,要通俗、干净、利索,不要拖泥带水、含糊其词,但应具有启发性和诱导性。提问中的语言必须能为对方所理解,同时要注意提问中不要提一些"是不是""对不对"等不需要动脑、脱口而出的问题,因为得不到正确的或者提问者想要的答案。

（6）提问难度的量力性。提出的问题要与沟通的内容相关,不要出现风马牛不相及的"提问",也不要出现重复的"错问",同时,提出问题的难度要具有量力性,必须考虑到沟通对象的年龄特征、知识水平和接受能力。一般来说,低难度的问题是针对较为具体的特殊的事例,中难度的问题则可以是一些抽象的带有一般规律性的问题,高难度的问题则是以开放式为特征,考量回答者的综合素质。在对群体提问时,难度应控制在中等水平,以大多数的回答者经过思考能够回答为前提,既不要过于简单,也不要过于繁难。

（7）提问留余地的艺术。提问一定要留有余地,以免伤害别人。美国明尼苏达大学拉尔夫·尼科斯基博士对此作了四点概括:一是忌提明知对方不能或不愿作答的问题；二是用对方较适应的"交际传媒"提问,切不可故作高深,卖弄学识；三是不要随意搅扰对方的思路；四是尽量避免你的发问或问题引起对方"对抗性选择",即要么避而不答,要么拂袖而去。

3. 提问的方法

（1）直接提问法。提问者从正面直接提问，开诚布公、干脆利落、直截了当地讲明询问目的，开门见山地提出问题。

在运用正面提问法时要注意情感的铺垫，使对方心理上会舒缓一些，也能合作一些，同时防止提问过于直白的问题，以免显得过分生硬，容易造成询问对象的心理排斥和抗拒，难以获得有价值的信息和材料，而且还会给人一种笨嘴拙舌的感觉。

小案例 3-9

你是否对别人的批评很敏感

有人问美国华尔街 40 号国际公司前总裁马修·布拉："你是否对别人的批评很敏感?"他说："早年，我对这种事情非常敏感。我急于要使公司里的每一个人都认为我非常完美。要是他们不这样想，就会使我忧虑。只要一个人对我有一些怨言，我就会想法子取悦他。可是，我做的讨好他的事，总会让另外一个人生气。等我想要补偿这个人的时候，又会惹恼其他的人。最后我发现，我越想讨好别人，就越会使我的敌人增加。所以，我对自己说：只要超群出众，你就一定会受到批评，还是趁早习惯。这一点对我大有帮助。以后，我决定尽自己的最大能力去做，而把我那把破伞收起来，让批评我的雨水从我身上流下去，而不是滴在我的脖子里。"

（2）限定提问法。人们有一种共同的心理——认为说"不"比说"是"更容易、更安全。所以，一般在沟通过程中，提问者向回答者提问时，应尽量设法不让对方说出"不"字来。提问者在问题中给出两个或多个可供选择的答案，此时可采用限定提问法，即两个或多个的答案都是肯定的。如与别人订约会，有经验的提问者从来不会问对方："我可以在今天下午来见您吗?"因为这种是只能在"是"或"不"中选择答案的问题。如果将提问方式改为限定型，即改问："您看我是今天下午 2 点钟来见您还是 3 点钟来?""3 点钟来比较好。"当他说这句话时，提问的目的就已经达到了。

小案例 3-10

提 问 技 巧

北京远郊区有个山村的群众吃水很困难。后来，在当地政府的关怀下，村民都用上了自来水。记者采访一位老大娘时问道："大娘，您吃上自来水了，高兴吧?"大娘回答说："高兴! 高兴!"这次采访，记者就提了这一个问题，大娘也就连着说了两个"高兴"，心里有话却因记者的直白而没能说出来。如果问："大娘，原先您想到过吃自来水吗?"或者"大娘，听说你们过去吃水好困难?"大娘心里的话就能痛快地说出来。

（3）迂回提问法。迂回提问是指从侧面入手，采用聊天攀谈的形式，然后逐步将问答引上正题。这种提问方式一般时间性不太强，谈话也不受特定场合与报道方式的限制。当沟通对象感到紧张拘束，或者思想有所顾虑不大愿意交谈，或者虽然愿意谈，却又一时不知该怎么谈的情况下，提问者可以采取侧面迂回的提问方式，逐渐将谈话引上正题。应当明确的是,旁敲侧击只是一种手段而不是目的。因此,聊天的内容应当是有目的、有选择的,表面上似乎和采访无关,实质上应该是有关联的。

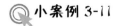 **小案例 3-11**

采访郭秀莲

原山西电视台记者高丽萍,1987 年在采制专题片《重访大寨录》时,她先和郭凤莲聊天。郭凤莲一听说要采访当年大寨的模范人物,就急切地说:"采访别人我没意见,我是不愿意接受采访,我再也不想上电视上报纸了。"记者问她为什么,她说:"前几次有的记者找我,我正好有急事要办不在家,就说我拒绝采访,躲着不见,还有人说我对'三中全会'的政策不满。其实我根本没意见,大寨人现在不就是靠'三中全会'的富民政策富起来的吗?一听他们那样说我,我就生气。"

高丽萍看到对方说到这里,还是一副气鼓鼓的样子,就对她说:"我理解你的心情。可我觉得要让人们真正了解你和大寨人今天的情况,就得你们自己出面说话,大家才信。现在你又不接受我的电视采访,观众怎么能知道你是如何看待'三中全会'的政策呢,更不知道你的近况如何了,你说呢?"果然,这入情入理的一激很有效,郭凤莲马上就说:"那好,你就采访吧。可我从哪说起呢?"当下,记者就给她出了主意,对方也爽快地接受了采访。

(4) 诱导提问法。诱导提问法就是提问者通过采用启发诱导的方式,引导或激活对方的思路,诱发对方的情感,使对方明确双方沟通的范围和内容,从而有针对性地把对方掌握的信息引导出来,这比较适合提问对象不愿意说、不大会说、不想主动说等情形。在某种情况下,诱导提问法还可以有意识地通过提问来使对方落入提问者的"圈套",从而使其承认或否认某种言行。

小故事 3-9

孟子的诱导提问

孟子在劝谏魏惠王时,曾经提出一个问题:"假定有一个人向大王报告:我的臂力能举起三千斤的重物,却拿不起一根羽毛;我的目力能把秋天鸟的细毛看得分明,但一车柴火摆在眼前却瞧不见。你相信吗?"魏惠王说:"不,我不相信。"孟子马上接着说:"这样看来,那个力士连一根羽毛都拿不起,是不肯用力的缘故;那位明察秋毫的人,连一车柴火都瞧不见,是不肯用眼睛的缘故;如果老百姓得不到安定的生活,是不肯干,不是不能干。"孟子开始的问话就是诱导提问法。

(5) 追踪提问法。追踪提问法是指提问者把握事物的矛盾法则,抓住重点,循着某种思路、某种逻辑,进行连珠炮式的提问。这种提问既要按照事物的内在联系,把基本情况和事实真相了解清楚,又要抓住重点,深入挖掘,达到应有的深度。一般来说,提问者对于触及事物本质的关键性材料,以及对方谈话中的疑点,或者从对方谈话中发现的有价值的新情况、新线索,往往会抓住不放,打破砂锅问到底,直至水落石出。这里可采用的提问方式如"还有什么呢?""其他原因呢?""您能进一步解释一下吗?"需要注意的是,追问既要问得对方开动脑筋,又要让对方越谈越有兴趣,态度、语气都要与谈话的气氛协调一致,不要把追问搞成逼问,更不要变成变相"审问"。

(6)假设提问法。假设提问法是指提问者通过假设的方式提出一些假设性的问题,是一种"试探而进"的提问方法。这种提问方法采用"如果""假如"一类的设问方式,不但可以了解采访对象的观点、看法和见解,而且还能深入了解对方的内心世界。

假设提问法往往用来启发沟通对象的思路,引导对方谈出对某个问题、某种事情的真实想法,或者设身处地地为对方着想,积极帮助对方回忆某种情景,或者用来调节对方的情绪,促使对方谈出一些不大想说、不大好说的事情或想法,或者由提问者对人物或事物进行合乎规律的推断、预测,促使对方产生联想和想象,或者提问者已经有了一定的认识,再提出一些假设性问题,同沟通对象开展讨论,促使自己认识的深化。

(7)激将提问法。激将提问法是指以比较尖锐的问题,适当地刺激对方一下,促使对方的心态由"要我说"变为"我要说",从而不能不说,甚至欲罢不能。运用激将提问法时,提问者要考虑自己的身份是否得当,刺激的强度是否适中,还要考虑谈话的气氛怎样。有些时候尖锐、刁钻、奇特,甚至古怪的提问,是"兵行险招",成则大成,败则大败。例如某些西方政治家,也爱接待善于用"激将提问法"的记者,他们通过巧妙地回答记者刁钻刻薄的提问,能够在公众面前显示自己的才能。

小案例 3-12

采　访

《新华日报》有一记者,根据国务院关于搞好安全生产的指示,有一次去南京某厂采访。这是一家数千人的大厂,因安全措施落实得好,连续七年未发生过安全事故。由于记者事先得知该厂领导有思想顾虑,不愿在报上张扬,并曾婉言谢绝过其他记者对这一题材的采访,故记者一坐下来就问:"记不清在哪里听说过了,你们厂今年二月份因安全措施没落实,曾经触电死过一人,是不是?"接待采访的一位副厂长顿感震惊和委屈:"我们厂? 二月份死过人? 不可能!"记者紧追不舍:"为什么不可能?"副厂长激动起来,一边示意厂办主任打开文件柜,出示安全生产记录;一边大嗓门站着讲述该厂抓安全生产的措施与经验,采访大获成功。

(8)转借提问法。转借提问法就是提问者假借他人之口向提问对象提出自己想提的问题,既可以借助第三方提出一些不宜于面对面提出或不太好直说的问题,也可以说明所提问题的客观性,增加提问的力度。例如:

一个青年教师向一位老教授这样提问:"刘教授,我听张主任说,您刚刚发表了一篇关于××问题的学术论文是吗? 据说这篇论文很有影响,方便借我拜读一下吗?"借他人来说事,问中有赞,会让对方欣慰。

(9)限定提问法。限定提问法就是提问者在向提问对象提出问题时,为了避免对方在"是"与"否"的简单回答中可能给出提问者不想出现的否定性的回答,进而在提问时先给出两个或多个可供对方选择的肯定性答案,让对方回答时不自觉地选择其中的一个答案,进而实现提问的目的。例如:

你想约一个人见面。你如果这样问:"您看什么时候您有时间?"或"您看周六上午可以吗?"那么对方很可能会这样回答:"不好意思,我最近没时间。"或"周六上午不行。"

而你如果这样问:"您看是周六上午还是周六下午我来见您?"对方可能这样回答:"周六下午吧,上午我还有点别的事情要办。"

提问的方法丰富多样,提问者都可以根据沟通中的具体情况,灵活地加以运用。同时,这些方法既是相对独立,又是互相联系的。它们可以单独使用,也可以交替或交叉使用。掌握了每种方法的要领,就可以在沟通的过程中运用自如,获取最佳沟通效果。

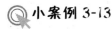 **小案例 3-13**

李燕杰教授发问

一天晚上,演讲大师李燕杰教授刚从夜校上完课回家,一位青年从后面跟上来,非要和他谈心。李燕杰看看眼前的青年,留着小分卷,上穿红色衬衫,下穿牛仔裤,胸前却挂着一个耶稣受难的十字架,心里便明白了眼前这个青年的思想状况。青年诚恳地要拜李燕杰为师,表示要学好文学和外语。李燕杰见他真诚,就和他谈起心。于是,李燕杰(以下简称"李")便开始了一连串的提问。下面是他们的对话。

李:你为什么要戴这个(十字架)呢?

青年:你是搞中国古典文学的,还懂这玩意儿?

李:你真把我看偏了,我要连这个问题都答不上来,今个儿我不就栽了吗?

青年人笑了。

李:你不是在学外语吗? 我问你,"圣经"这个词,英语怎么说?

青年人答不上来。

李:Bible,Bible。你挂十字架,会念祈祷词吗?

青年:不就是"阿门"吗?

李:不对。(从头到尾背了一遍祈祷词)你读过圣经吗? 你知道圣经都讲了什么吗?

青年:不知道,没读过。

李燕杰给青年讲解了圣经的主要内容,然后话题一转,又谈到美的含义。

李:打个比喻,有个女孩子非常漂亮,相貌好,身材好,还有一身白皙的皮肤,看上去非常美。可是有人告诉你,她就是爱在电车上干这个(做一个小偷的动作),这时候你还认为她美吗?

青年:内心与外表不一致,不美。

李:有这么一幅油画,一个修女,外表穿得非常肃穆,内心对耶稣也很真诚,胸前挂着十字架,你觉得美吗?

青年:内外和谐,对基督徒来说,当然美了。

李:那么阁下既不懂圣经又不是教徒,胸前却挂着个十字架,难道你会认为这样很美吗?

青年哑口无言。

【思考】请分析这里李燕杰教授运用了哪些提问方式?

3.4 答

1. 回答的作用

回答问题是沟通过程中的重要环节之一,有效的回答建立在对提问者的观察、了解的基础之上,具有以下三个作用。

(1) 使提问者的疑问得到解答。当提问者提出问题时,或许期待关于沟通话题的更多内容,或许希望与回答者就某些问题展开辩论。回答者的角度就是要解答提问者的疑问,通过成功解答问题,可以增强回答者的讲话的说服力,使对方不但获得信息,而且心悦诚服。

(2) 使回答者获得进一步的展示。回答者在回答问题时,更使自己继续立于讲话者的角度,他(她)拥有提问者所不具备的优势,通过回答的系统性与连贯性,使回答者自身的能力与学识获得进一步的展示,获得沟通对象的认可。

(3) 有利于减少与沟通者之间的误会。在与提问者沟通的过程中,很多回答者都经常遇到误解提问者意图的境况,不管造成这种问题的原因是什么,最终都会对整个沟通进程造成非常不利的影响。因此,回答者应该根据实际情况进一步了解,弄清提问者的真正意图,然后根据具体情况采取合适的方式进行解答,以减少沟通中的误会。

小贴士 3-3

刘吉答青年学生问

刘吉教授是我国著名的演讲家,擅长与青年对话,下面是他任中国科技大学党委书记时与青年学生的对话。

问:您是怎样一下子成了党委书记的?

答:我是先成为共产党员,然后才成为党委书记的,不是一下子,而是两下子。

问:因为我看透了别人,所以我现在只考虑自己,您说我这样做对吗?

答:不对。就因为您只考虑自己,所以才看透了别人。

问:有人说跳迪斯科,扭屁股是颓废,您同意吗?

答:我不同意。中国新疆舞可以扭脖子,蒙古舞可以扭肩膀,为什么迪斯科不可以扭屁股呢? 不都是扭身上的一部分吗?

问:您怎样看待那些以"短平快"手法赚大钱的人?

答:可以"高点强攻",也可以"短平快",我看只要不犯规就行。

问:现代化大生产运用的是高等知识,为什么还要我们补习初中课程呢?

答:有一个笑话说,一个人在吃第五个烧饼时饱了,他说,早知如此,何必吃前四个呢?

问:实行厂长责任制以后,在你们厂是厂长大还是书记大?

答:您最好回家问问,在你们家是您的爸爸大,还是您的妈妈大。

问:您怎样对待老大难问题?

答:老大难,老大难,老大去抓就不难。

问：您喜欢青年留什么样的发型？

答：发型要因各人的头的大小、脸形的方圆长短，以及男女性别而异，决不可以千头一律。

问：您对您的直接顶头上司是什么态度？

答：不阿谀奉承，不溜须拍马，也不背后说他的坏话，我是"三不主义"。

问：有的青年穿着非常入时，可说话非常脏，怎么解释？

答：这叫形式与内容不统一。

【点评】刘吉的回答，运用了多种回答问题的方式和策略，有巧妙回避，有坦诚相对，有溯因解释等，针对不同的问号用了不同的表达方式，或严肃，或轻松，或精确，或模糊，或抽象，或具体，或坦率，或委婉，大都恰到好处。这是一次较为成功的答问。

2. 回答的原则

正如在讲话过程中要把握住要点一样，在问答过程中要把握问答的要点同样重要。如果无法做到，说话者就会失去了说服听众、主导话题的重要机会。因此，在问答过程中，尤其是回答问题的过程中，要始终坚持三条原则，从而把握住话语的主动权。

（1）始终保持回答者的信用。确保自己在回答每个问题时都能保持严肃认真、谦虚礼貌的态度，正确的态度会带来鲜明的回答内容与性格，从而使回答者保持自信。如果回答者在提问者的心目中失去信用，那么在整个沟通的过程中都将处于被动的局面。如果在解答问题的过程中情绪失控或者对听众心存戒备，都将导致回答者的主导地位受到质疑。

（2）用回答来满足听众。面对众多的提问，回答者不必回答所有问题。不要在一个人身上花费太多时间。不过很可惜，大部分回答问题的人都希望能从所有听众那里看到满意和赞许的眼神，于是刻意地将时间花在一个问题上，从而失去了对其他人、其他问题的解答。因此，回答者在面临很多个问题的时候，要学会用一种可以平衡所有对象的方式来解决问题，眼神不要停留在一处太长时间，应保持对整个会场的关注。对问题太多的人可以说："你问了一个非常有深度的问题。可是因为我们有许多听众都有需要解答的问题，我回答问题的时间又非常有限，所以可不可以把机会让给别人？"这样既不失礼貌，又能使正常的进程得以继续。

（3）力求获得其他听众的支持。尊重提问者，让提问者获得持续的尊重，而给予回答者一定的时间和耐心。如果一次被问到过多的问题，比如，"我怎样才能解决人员不足、空间不足、老板也没有给予我足够的信任的问题？"回答者可以这样回答，"你问了3个非常好的问题，可是因为还有其他的听众要提问，就让我先回答一个吧，如果我们还有时间的话再来解决剩下的问题好吗？"以这种方式，即使你只回答了其中部分问题，仍然能够使听众满意。并且，听众将会对回答者产生敬意，因为没有让一个人独占了大家有限的时间。

如果回答者被问到一个偏离主题的问题，那么回答者可以停顿一下，然后问："在座的其他人还有类似的问题吗？"如果没有，就简要地回答一下这个问题，并且告诉提问者自己很愿意在讲话结束后留下来同他进一步探讨这个话题。这个办法在回答那些不怀好意的提问者时也很有效。

周杰伦妙答记者

周杰伦是许多青年朋友非常喜爱的一位华语歌手,拥有众多的"粉丝"。其实,周杰伦不但歌唱得好,他的口才也是数一数二的。

有一次,记者问到周杰伦和某女明星是否有恋爱关系时,周杰伦立即以四句改编诗歌回答道:"绯闻诚可贵,八卦价更高。若为音乐故,两者皆可抛。"周杰伦幽默的话语,顿时引得现场响起一阵阵掌声。

另外,还有一次,周杰伦的国语大碟《魔杰座》全亚洲发片记者会在台北举行,记者会上,周杰伦抢先让大家欣赏了他刚刚完成最后剪辑工作的另一个新专辑主打歌曲《时光机》。演唱完后,主持人在台上问他如果时光能倒转,他最希望回到过去挽回什么? 主持人期待周杰伦可以谈到是否可以挽留什么感情,聪明的周杰伦没有掉进圈套,他出其不意地回答道:"我是看未来的人,即使有时光机我也不希望回到过去,我希望前往未来,看看到时候自己的音乐是否存在。"

【思考】周杰伦对记者的应答高在何处?

3. 回答的方式

回答的方式很多,我们介绍以下几种。

(1) 针对性回答。有时问题的字面意思和问话人的本意不是一回事,我们回答时,就不仅要注意问话的表面意义是什么,更要认清提问人的动机、态度、前提是什么,使回答具有针对性。

对　答

一次,某学校期末考试安排老师监考。有一学生违反考试纪律夹带小抄,被监考老师抓住。其班主任前来求情。于是就有了这样一段对话:"他反正又没看,你高抬贵手饶他这一回吧。"监考老师回答:"国家明文规定,私自拥有藏匿枪支,属于违法行为。如果有人私自藏匿枪支却并未杀人,算不算犯罪呢?"班主任哑口无言。

无独有偶。一次,英国大戏剧家萧伯纳结识了一个肥头大耳的神父。神父仔细打量着瘦骨嶙峋的剧作家,揶揄地说道:"看着你的模样,真让人以为英国人都在挨饿。"萧伯纳马上接过话说道:"但是,看看你的模样,人们一下子就清楚了,这苦难的根源就在你们这种人身上!"

(2) 艺术性回答。这里所说的艺术性包括避答、错答、断答、诡答。

① 避答。这种方式用于对付那些冒昧的提问者所提的问题。有时,某些问题自己不宜回答,但对方已经把问题提到面前了,保持沉默显然被动,就可以避而不答。

小案例 3-16

避 答 两 例

日本影星中野良子来到上海，有人问她："你准备什么时候结婚?"中野良子笑着说："如果我结婚，就到中国度蜜月。"中野良子的婚期是个人隐私，中野良子自然不愿吐露。她虽然没有告诉婚期，却说结婚到中国度蜜月，既遮掩过去，又表现了她对中国人民的友谊。

王光英当初赴我国香港地区创办光大实业公司时，一下飞机，记者们蜂拥而至。一位女记者挤到面前，问道："先生，请问您这次到香港带了多少钱来?"王光英见对方是个女记者，急中生智，这样应答道："对女士不能问岁数，对男士不能问钱数，小姐，你说对吗?"既达到了目的，又很有幽默感。

② 错答。这是一种机警的口语表达技巧，既可用于严肃的口语交际场合，也可以用于风趣的日常口语交际场合。它的主要特点是不正面回答问话，也不反唇相讥，而是用话岔开问话人所问的问题，做出与问话意见错位的回答。请看下面的例子。

小案例 3-17

美丽姑娘的错答

一个美丽的姑娘独自坐在酒吧间里，从她的装扮来看，她一定出身豪门。一位青年男子走过来献殷勤，"这儿有人坐吗?"他低声问。"到阿芙达旅馆去?"她大声地说。"不，不，你弄错了。我只是问这儿有其他人坐吗?""你说今夜就去?"她尖声叫，表现得比刚才更激动。许多顾客愤慨而轻蔑地看着这位青年男子。这位青年男子被她弄得狼狈极了，红着脸到另一张桌子那儿去了。

以上例子是很典型的错答，是用来排斥对方和躲闪真实意思的交际手段，用得很成功。运用错答的语言技巧，一是要注意对象和场合；二是使对方明白，既是回答又不是回答，潜在语是不欢迎对方的问话；三是有时要利用问话的含混意思，答话要模棱两可，似是而非，使对方也无法理解。

③ 断答。就是截断对方的问话，在他还没有说出，或者还没有说完某个意思时，即做出错答的口语交际技巧。它与错答相同之点是答与问都存在人为的错位，即答非所问。它们的不同点是，错答是在听完话之后做的回答，断答是没有听完问话抢着进行回答。为什么不等对方问清楚，就要抢先回答？有以下两种原因：一是等对方把问话全说出，就会泄露出某种秘密，难以收拾；二是待听全问话再回答，就会比较被动，不好应付。因此，考虑对方要问什么，在他的问话未说完时，就迅速按另外的思路回答，一方面可以转移其他听众注意力；另一方面可以使问者领悟，改换话题，免于因说破造成尴尬局面和其他不良后果。

小案例 3-18

女青年三次断答

一对青年男女在一起工作，男方对女方产生了爱慕之情，男方急于要向女方表白心意，女方却不愿将友情向爱情方面发展,女方认为还是不要说破,保持一种纯真的朋友情谊为好。于是,出现了下面的断答。

　　男青年:我想问问你,你是不是喜欢……

　　女青年:我喜欢你给我借的那本公关书,我都看了两遍了。

　　男青年:你看不出来我喜欢……

　　女青年:我知道你也喜欢公共关系学,以后咱们一起交换学习心得。

　　男青年:你有没有……

　　女青年:有哇!互相切磋,向你学习,我早就有这个想法。

　　男青年:……

　　这位女青年三次断答,使男青年明白了她的想法,于是,不再问了,这比让男青年直接问出来,女青年当面予以拒绝,效果要好得多。

　　④ 诡答。这是与诡辩连在一起的回答。诡,怪的意思。诡答,即一种很奇怪的回答。在特殊的情况下,不能、不宜或不必照直回答时急中生智,用诡答技巧做出反常的回答,既增添了谈话的情趣,又应付了难题。

小故事 3-10

老　头　子

　　清朝乾隆年间的进士纪晓岚在官中当侍读学士时,要伴皇帝读书。一天,天色已亮,而乾隆皇帝还没来,纪晓岚就对同僚说:"老头子还没来?"恰巧乾隆皇帝跨门而入,听到他的话,就生气地责问:"老头子三个字作何解释?"纪晓岚急中生智,跪下道:"皇上万寿无疆叫作'老';皇上乃国家元首,顶天立地叫'头';皇上是真龙天子,叫作'子'。"于是龙颜大悦。"老头子"本来是一种对老年人不尊敬的称呼。面对乾隆的责难为了开脱自己的罪责,纪晓岚采用文字拆合法来偷换概念,居然把"老头子"变成了对皇帝的敬称。试想,如果纪晓岚不是运用"诡辩"来应付这样的难题,怎么能避免一场杀身之祸呢?

　　(3) 智慧性回答。智慧性回答包括否定预设回答和认清语义诱导回答两种。

　　① 否定预设回答。预设是语句中隐含着使语句可理解、有意义的先决条件。在正常情况下,这种先决条件的存在是不言而喻的,如"鲁迅先生是哪一年去世的?"这个问话包含有预设:鲁迅先生已经去世。预设有真假之别,符合实际的预设是真预设;反之就是假预设。就问话而言,其预设的真假关系到对问话的不同回答。黑格尔在《哲学史讲演录》中谈到古希腊诡辩学派时曾讲过这么一个例子。有一位诡辩学派的哲学家问梅内德谟:"你是否已经停止打你的父亲了?"这位哲学家提此问题的目的是要迫使从未打过自己父亲的哲学家陷入困境,因为无论梅内德谟做出"停止了"或"没有停止"的回答,其结果都是承认自己打过父亲的虚假的预设。可见,利用虚假预设可以设置语言陷阱。有些智力测试题提问陷阱的设置也是如此。

小案例 3-19

"秦始皇为什么不爱吃胡萝卜？"

在中国中央电视台《天地之间》节目的"乐百氏智慧迷宫"里曾有道智力测试题为："秦始皇为什么不爱吃胡萝卜？"选手们都答不上来。

此问预设了"秦朝时有胡萝卜""秦始皇吃过胡萝卜"这两点，将思考点定在"为什么不爱"。

其实秦朝时还没有胡萝卜。

应这样回答：秦朝还没有胡萝卜，秦始皇当然说不上爱吃胡萝卜了。

② 认清语义诱导回答。人们理解语言会受到已有经验的影响，自然而然地产生某种语义联想。例如：由"春天"会想到桃红柳绿，万紫千红；由"冬天"又会想到寒风凛冽，白雪皑皑；见"晚霞"能想到色彩的绚丽；看"群山"就能想到山势的起伏……既然普遍存在着语义联想，那么就可以利用语义联想来设置陷阱，诱导目标进入思维定式的困境。例如在一个没有星星、看不见月亮的时候，有一个盲人身着黑衣，步行在公路上。在他的后方，一辆坏了车前灯的汽车奔驰而来，奇怪的是，司机在未按喇叭的情况下，却安全地将车停在了盲人的身后。这是怎么回事呢？见到"星星"或"月亮"这些词语，我们一般都会联想到晚上。现在出现了"星星""月亮""黑""灯"等字眼，我们就很容易与"黑夜"联系起来了，而这正是本题的陷阱。它通过这些词语诱导你的思维走向"黑夜"，那样你就会山穷水尽，百思也难得其解了。答案应是：这是白天，毫不奇怪。

语言诱导这种陷阱在智力测试提问中可以说随处可见，知道这种陷阱的特征，有些问题就很容易解答了。

小故事 3-11

顾维钧巧答美国小姐

顾维钧是中国外交界的领袖，25 岁就获美国哥伦比亚大学法学博士学位。他在担任驻美公使时，有一次参加国际舞会，与他共舞的美国小姐突然发问："请问，你喜欢美国小姐，还是中国小姐呢？"这个问题看似简单，其实不易回答。如果说喜欢中国小姐，就得罪了美国小姐；若说喜欢美国小姐，不仅有违心意，且会导致麻烦。顾略加思索后笑道："无论是中国小姐还是美国小姐，只要喜欢我的，我都喜欢。"

【思考】顾维钧的回答妙在何处？

（4）形象性回答。形象性回答是指当提问者提出一个带有一定"理论"色彩的问题时，如果回答者泛泛而谈地讲一些空洞的大道理往往得不到听者的认同，这时不妨用形象化的方法如讲故事、打比方等，将枯燥的道理具象化，让听者品味并深刻理解。

小案例 3-20

韩寒巧妙回答

在我国香港地区的书展读者见面会上，有读者问韩寒："你是如何看待你成长之路上遇到的种种困难挫折的？"韩寒沉思片刻后回答说："一个农夫的驴子不小心掉进了枯井里，农夫绞尽脑汁都没法救出驴子，为免除驴子等死的痛苦，他决定将泥土铲进枯井中把驴子埋了。刚开始驴子叫得很凄惨，后来却渐渐安静了下来。农夫好奇地探头往井底一看：原来，当泥土落在驴子的背部时，驴子便将泥土抖落在一旁，然后站到铲进的泥土堆上面！就这样，驴子很快便上升到了井口！我们在成长之路上难免会陷入'泥土'，换个角度看，它们也是一块块的垫脚石，而想要从'枯井'脱困的秘诀就是将'泥土'抖落掉，然后站到上面去！只要我们锲而不舍地将它们抖落掉，站上去，那么即使是掉落到最深的井，我们也能安然地脱困。"韩寒通过即兴讲述一个"驴子落枯井"的小故事，生动有趣地谈及了成长路上的"枯井"和"泥土"的现实意义，深刻地道出了自己独特的人生观——把困难化作动力，给人以智慧的启迪。

（5）借用性回答。借用性回答就是在回答提问者提出的问题时，巧妙地借用对方问话中的语气和词句等，以一种出人意料又在情理之中的借题发挥式的方法来回应对方，实现一种在特定情境下的理想应答效果。

小故事 3-12

基辛格的回答

1972 年，基辛格随同尼克松访问莫斯科，途中在维也纳就美苏首脑会谈问题举行了一次记者招待会。这时《纽约时报》记者提问一个所谓"程序问题"："到时你是打算点点滴滴地宣布呢？还是来个倾盆大雨，成批地发表协定呢？"从不放过任何机会讥讽《纽约时报》的基辛格，有板有眼地说："我明白了，这位记者先生要我们在倾盆大雨和点点滴滴之间任选一种，这很困难，无论怎样，都是很糟糕的，这样吧，我们点点滴滴地发表成批声明。"

（6）无效性回答。无效性回答是指当提问者提出的问题很难回答时，如果不予理睬或一律说"无可奉告"，既显得对对方不礼貌，又可能使自己当场受窘，所以这时可以做出绝对正确而毫无实质意义的无效回答。

小案例 3-21

王蒙的"大实话"

有一次，一位美国人问作家王蒙："20 世纪 50 年代和 70 年代的王蒙，哪些地方相同？哪些地方不同？"王蒙答道："50 年代我叫王蒙，70 年代我还叫王蒙，这是相同的地方；50 年代我 20 多岁，70 年代我 40 多岁，这是不同的地方。"

中国从 20 世纪 50 年代到 70 年代经历了诸多政治风云，王蒙身处其中，也有许多一言难尽的遭遇和变化，这些内容很敏感和微妙，不容易说清楚，或者王蒙也根本不想再去触及这些往事，而且也不宜或不必贸然向一个陌生的美国人谈这些。所以，王蒙机敏幽默地说了这些绝对正确的看似"切题"却什么也没说的大实话。

案 例 分 析

1. 用心倾听的邱次雪

蝉联过去10年我国台湾地区奔驰车销售前3名的超级业务员邱次雪就是因为懂得听，10年卖出500辆奔驰车。"每个顾客都像一本书，你要用心听才能读得懂。"她说。

20年前，她是个刚入门的业务员。客人上门，3句话后她就不离"车"，业绩总是挂零。直到有一次，一位顾客要她先闭嘴，对她当头棒喝。"后来，我都要求自己先不要说话。"她说，让客人先说话，才听得到他的需求与考量点，而不是先径自推销。

不久前，一位阔太太下巴抬得高高地走进店里看车。同事亲切地上前问候："您要看车吗？"女客人不悦地回答道："来这里不看车，还能看什么？"这时，只见邱次雪静静地端上一杯水，不发一语。女客人开口："你们业务员服务态度很差，卖的车又贵。"邱次雪虚心请教："那我们应该如何改善呢？"她挽着对方的手到贵宾室坐下，门一关，30分钟后，一笔60万元的订单就到手了。

"在这个过程中我一直都没说什么，只是听她抱怨了20分钟。"原来，这位顾客早就锁定了一款车型，但逛了几间车行都没有碰到满意的业务员。邱次雪一边用心地听她抱怨，一边响应，同时也在整理自己的思绪。等客户气消后，她开始与对方聊起家庭生活的经验。不过30分钟，交易就完成了。

【思考与讨论】

(1) 谈谈你对邱次雪"每个顾客都像一本书，你要用心听才能读得懂。"这句话的理解。

(2) 邱次雪为什么能够取得成功？本案例对你有什么启示？

2. 办公室里的沟通

凯茜是一个项目团队的设计领导，该团队为一个有迫切需求的客户设计一项庞大而技术复杂的项目。乔是一个分派到她的设计团队里的工程师。

一天上午九点左右，乔走进凯茜的办公室，凯茜正在埋头工作。

"嗨，凯茜，"乔说，"今晚去观看联赛比赛吗？你知道，我今年志愿参加。"

"噢，乔，我实在太忙了。"

接着，乔便在凯茜的办公室里坐下来，说道："我听说你儿子是个非常出色的球员。"

凯茜将一些文件移动了一下，试图集中精力工作。她答道："啊？我猜是这样的。我工作太忙了。"

乔说："是的，我也一样。我必须抛开工作，休息一会儿。"

凯茜说："既然你在这儿，我想你可以比较一下，数据输入是用条形码呢，还是用可视识别技术？可能是……"

乔打断她的话，说："外边乌云密集，我希望今晚的比赛不会被雨浇散了。"

凯茜接着说："这些技术的一些好处是……"她接着说了几分钟，又问："那么，你怎样认为？"

乔回答道："噢，不，它们不适用。相信我，除了客户是一个水平较低的家伙外，这还将增加项目的成本。"

凯茜坚持道："但是，如果我们能向客户展示这种技术能使他省钱并能减少输入错误，他可能会支付实施这些技术所需的额外成本。"

乔惊叫起来："省钱！怎样省钱？通过解雇工人吗？我们这个国家已经大幅度裁员了，而且政府和政治家们对此没有任何反应。你选举谁都没关系，他们都是一路货色。"

"顺便说一下，我仍需要你提供编写进展报告的资料，"凯茜提醒他，"明天我要把它寄给客户。你知道，我大约需要8～10页。我们需要一份很厚的报告向客户说明我们有多忙。"

"什么？没人告诉我。"乔说。

"几个星期以前，我给项目团队发了一份电子邮件，告诉大家在下个星期五以前我需要每个人的数据资料，而且你可能要用到这些你为明天下午的项目情况评审会议准备的材料。"凯茜说。

"我明天必须讲演吗？这对我来说还是个新闻。"乔告诉她。

"这在上周分发的日程表上有。"凯茜说。

"我没有时间与篮球队的所有成员保持联系，"乔自言自语道，"好吧，我不得不看一眼这些东西了。我用我6个月以前用过的幻灯片，没有人知道它们的区别。那些会议只是一种浪费时间的方式，没有人关心它们，人人都认为这只不过是每周浪费2个小时。"

"不管怎样，你能把你对进展报告的资料在今天下班以前以电子邮件的方式发给我吗？"凯茜问。

"为了这场比赛，我不得不早一点离开。"

"什么比赛？"

"难道你没有听到我说的话吗？联赛。"

"或许你现在该开始做这件事情了。"凯茜建议道。

"我必须先去告诉吉姆有关今晚的这场比赛，"乔说，"然后我再详细写几段。难道你不能在明天我讲述时做记录吗？那将给你提供你做报告所需的一切。"

"不能等到那时，报告必须明天发出，我今晚要很晚才能把它搞出来。"

"那么，你不去观看这项比赛了？"

"一定把你的资料通过电子邮件发给我。"

"我不是被雇来当打字员的，"乔声明道，"我手写更快一些，你可以让别人打印。而且你可能想对它进行编辑，上次给客户的报告好像与我提供的资料数据完全不同，看起来是你又重写了一遍。"

凯茜重新回到办公桌并打算继续工作。

【思考与讨论】

(1) 交流中的问题有哪些？

(2) 凯茜应该怎么做？

(3) 你认为乔要做什么？

(4) 凯茜和乔怎样处理这种情况会更好？

实 践 训 练

1. 倾听技能训练

形式：集体参与。

时间：10分钟。

场地：教室。

材料：任何一则包含一些数字或确切事件的新闻。

程序：

（1）事先从报纸或文摘上选取一则200～300字的故事，注意最好是有简单情节的故事，而不是评论性文章。在课上很不经心地向学员提起，告诉他们你要为他们念一段很有意思的故事。

（2）大声朗读这则故事。

（3）结束后，你会发现学员们对这个故事毫无兴趣，露出厌倦和疲累的表情。

（4）这时拿出一个精致的礼品，说："故事念完了，现在我会就这个故事的内容提几个问题，谁能答对，我就把这个礼物送他。"

（5）然后问5～7个问题，都是一些关于故事的时间、地点、名字和简单情节的问题。

（6）尽管问题简单，你会发现还是几乎没有一个人能全部答对。

分享：

（1）既然大家都是具有一定素质的人，既然都听了这个故事，为什么却没有人能记得非常清楚？

（2）我们不去认真听的原因是什么呢？我们该怎样改进倾听技巧？

（3）如果事先把奖品拿出来，学员们的倾听效果会不会不一样？这是为什么？在没有物质刺激的情况下，我们应怎样提高自己的倾听效果？

（资料来源：谢玉华.管理沟通［M］.大连：东北财经大学出版社，2013.）

2. 说话训练

实训目标：掌握说话的基本技巧。

实训学时：1学时。

实训地点：教室。

实训方法：学生自设场景，分若干小组进行。本案例的模拟演示必须强调进入情景之中，注意细节，讲究语言艺术，注意体态语，把握好表情，恰当运用说话的技巧。

参考场景：

（1）新生入学自我介绍。

（2）参加校学生会文艺部部长竞选。

（3）陪女朋友回家，首次与准岳母见面。

......

3. 问与答互动训练

训练目的：通过训练认识提问技巧在口语交流中的作用，提高言语交流中提问的技巧；通过训练培养良好的倾听习惯，分析语言、词汇的功能，提高语言的理解能力。

训练要求：分组进行，不要准备，随意性提问。可以涉及隐私、人身攻击等，但要控制，把握好度。问与答角色可以互换，不严格规定。

训练实施：学生两人一组，一个扮演提问者，另一个扮演回答者；训练指导老师要求提问者就你想问对方的问题可以随意提问，然后回答者回答，这样一问一答进行，可以反问；训练指导老师要对提问者所提问题进行分析，一方面了解提问者的目的和期望；另一方面分析回答者对所提问题的理解情况，然后辨析所提问题能不能实现提问者的目的；训练指导老师还要分析提问者对回答者的回答是否满意，符不符合自己的要求，是答非所问还是问题理解偏差。

有条件的可以进行录音，然后对照录音与训练对象一同分析。

训练考核：训练双方互评，解决这些问题：你提这个问题的目的是什么？对方的回答有没有达到提问的目的？是问题提得不好还是答非所问？

训练指导老师依据问和答的具体情况给定评价分数。

（资料来源：彭义文.口才训练教程［M］.北京：北京师范大学出版社,2011.）

4. 角色体验

请两位学生扮演小品剧中的人物。

场景：主任办公室

人物：中年女主任、年轻女职员小玲

主任：(面对小玲)小玲，广告部经理告诉我，他让你加班写一份广告词，他说你写得不错呢！

小玲：(满心欢喜地)是啊，我很乐意做这件事。

主任：(低下头写文件)我是怕这种跨部门的事给你增加负担，你不会介意吧？

小玲：(有点不好意思)没关系，我在上夜校的广告班，正好可以用来做练习。我想……

主任：(打断她的话)哦，你的计算机好用吗？(继续低头写文件)

小玲：(轻轻地皱了一下眉头)很好。

主任：对不起。(拿起电话)小张吗？请你告诉老李，过一会儿我要和他谈谈。

主任：(转向小玲看一眼后又低下头)现在，谈谈你的想法。

小玲：我……我一直想……(看见主任正在摆弄圆珠笔，便不说了)

主任：(还在摆弄圆珠笔)你说吧，我听着呢。

小玲：(无奈地)广告班毕业后我想调到广告部去，因为……

主任：(又低头写起来)哦，这个嘛……我们正在考虑让你去学习，但不知你对什么感兴趣？或许……

小玲：(哭丧着脸)我想……

主任：(边写边说)到时候再说吧！(继续低头写)你想一想再来告诉我。

小玲：（百般无奈地搓手,竭力控制自己）……

（资料来源：周璇璇,张彦.人际沟通［M］.厦门：厦门大学出版社,2015.）

问题：剧中的女主任和职员谈话时,有哪些不正确的"听"的行为?

自 主 学 习

1. 请完成以下倾听练习

（1）以"积极倾听,构建和谐班级（校园）"为主题,组织主题班会,请同学们轮流发言,各抒己见。

（2）请总结一下你倾听时存在哪些不良习惯。

（3）为什么沟通过程中倾听占有十分重要的位置? 请谈谈你的体会。

（4）两位同学为一组,每位同学准备一篇有一定信息量的约 800 字的文章,一位同学将文章读给另一位同学听,倾听者要注意使自己保持专注。文章宣读完毕,由倾听者陈述自己获得的信息,宣读者检查对方信息是否准确无误。然后,角色互换,再进行一轮。最后双方谈谈自己倾听中的感受。

（5）"听"的能力训练。

尽管"听"是我们与生俱来的能力,但是它并不是一件容易的事情。以下练习就是最好的说明。

练习 1：教师对学生说："请拿出一支铅笔、一张纸。在纸上画一条约 10 厘米长的垂直线。把你姓氏的第一和最后一个字母写在直线的上方和下方。"注意不要强调最后一个句子中的两个"和"字。教师会发现大多数人会把第一个字母写在线上方而最后一个字母写在线下方。

练习 2：教师让学生迅速回答下列问题。

"有的月份 31 天,有的月份 30 天。那么有多少个月份有 28 天?"

不少学生会回答："一个。"而事实上所有的月份都有 28 天。

问题：

① 以上两个小练习分别说明了倾听中的什么问题?

② 从以上练习中我们应该汲取哪些倾听经验?

（6）到养老院做义工,陪老人聊聊天,注意运用有效倾听的技巧,看看效果到底如何。

2. 请完成以下交谈练习

（1）1986 年 10 月 25 日,邓小平会见英国女王伊丽莎白二世和她的丈夫菲利普亲王。邓小平同志说："这几天北京的天气很好,这也是对贵宾的欢迎。当然北京的天气比较干燥,要是能借一点伦敦的雾那就更好了。我小时候就听说伦敦有雾,在巴黎时,听说登上巴黎铁塔就能看见伦敦的雾。"菲利普亲王说："伦敦的雾是工业革命的产物,现在没有了。"邓小平风趣地说："那借你们的雾就更困难了。"亲王说："可以借点雨给你们,雨比雾好,你们可以借点阳光给我们。"

请问他们在表达怎样的意思？从说话的角度分析这段谈话，看看有哪些值得借鉴的地方？

（2）假如你是一个企业的新职工，经常与工人们在一起，了解了企业的许多情况。一天，经理在和你聊天时，突然问："你是新来的，没有什么偏见，经过这一段时间，你觉得我这个人怎么样？""很好，经理。"但经理却固执地说："你一定要讲真话，我只想听听你的意见，或者从你这里听到别人对我的意见，你不必担心什么。"而这个经理确实也有一些不足和毛病，工人也有所议论。这时，你怎样与经理继续聊下去？

（3）你去拜访一位名人，进屋之后发现主人家养了一只小猫。请以此为话题，设计一段对话。

（4）一天，你逛商场时发现一位营销员好像是当年的校友，在学校时没机会交谈，她好像也觉得你面熟，你主动和她打招呼。你们会谈些什么？

（5）放暑假了，你坐车回家，周围坐着几位年龄、身份、性别不同的陌生人，为消除路途寂寞，你先和他们寒暄几句，使大家都有谈兴。你会怎样说话呢？

（6）将来，你在事业上取得了一定成就，在老同学聚会上，你怎样谈自己的成功？别人赞扬你，你怎样表现谦虚的风度？

（7）你的一位同学做错了事，你告诉了老师，这位同学因怀恨而再不搭理你，请和他说话，恢复你们的友情。

3. 请分析以下情境中"提问"的"得"或"失"

情境1：在一家经营咖啡和牛奶的茶室，刚开始营业员总是问顾客："先生，喝咖啡吗？"或者是："先生，喝牛奶吗？"其回答往往是否定的。后来，营业员经过培训换了一种问法，"先生，喝咖啡还是喝牛奶？"结果其销售额大增。无独有偶。两家卖粥的小店，产品、装修、服务没什么两样，但A店总是比B店多卖一倍的鸡蛋，原因在哪？B店客人进门，服务员会问一句："要不要鸡蛋？"有一半要一半不要。而A店客人进门，听到的是："要一个鸡蛋还是两个？"客人有的要一个，有的要两个，不要的很少。这样，A店的鸡蛋就总是卖得多一点。同样一句话，前后一对调或者做点不起眼的变化，就会出现不同的结局，其实质在于说话人掌握了对方思考的方向。请分析这其中的原因是什么。

情境2：一位传教士在做祷告时烟瘾犯了，问上司："我祷告时可以吸烟吗？"结果上司狠狠瞪了他一眼。另一位传教士祷告时也犯了烟瘾，问上司，结果上司给予了肯定的答复。请分析第二位传教士是怎么问的。

情境3：有一对来自阿坝地区的羌族兄弟，他们演唱的是一首流传千年的大山古歌——《羌族酒歌——唱不起了》。这是一首没有经过任何"艺术加工"、真正的原生态民歌。在无伴奏的情况下，羌族兄弟那极具特色的和声及效果引得专家连声称奇，评委给了很高的分数。只是，在素质考核环节，羌族兄弟的表现不好，得分为零。

为了缓解羌族兄弟俩的尴尬，董卿临时加入了一个小环节。她这样说道"就像这对来自深山的选手不了解外面的世界一样，我们对他们的文化也未必知道。我现场替他们给评委出一道题，请问佩戴在兄弟俩脖子上的这个银质的小壶是干什么用的？请回答。"

顿时，场上场下气氛热烈，评委们纷纷抢答，观众们也众说纷纭。可十几秒后，仍无人答出。

考虑到整个比赛的进程，董卿适时出手，赶紧转场："刚才是否有答对的，现在请这对选手告诉我们正确答案。"

羌族兄弟中的一个走上前来，解释道："这个银制的小壶是进山打猎时用来装油和盐的。"

这一答案解除了评委和观众的疑惑，也缓解了选手的尴尬情绪。顿时，现场报以热烈的掌声。

4. 请分析以下情境中的"回答"好在何处

情境1：2000年10月美国总统大选，当时我国的一位知名教授赴洛杉矶访问。刚下飞机，记者就过来采访他，"请问×教授，你认为美国总统大选谁会获胜？"当时是官方活动，不能信口开河，如果这位教授按照记者的思路，回答谁会获胜，一旦回答错误，就是一件很尴尬的事情。这时，就应该使用外交辞令了，"首先，我要感谢各位记者对我们的关注，此外，我相信美国人民是受过良好教育的人民。美国是强调独立自主的一个民族，所以这次美国总统大选美国人民一定会做出符合自己意愿的选择，而且我相信不管谁当选美国总统，都会促进中美关系的可持续发展。谢谢，我的话完了。"这样的回答，无论最后谁当选，这位教授都不会落入尴尬的境地。

情境2：一次，某记者问杨澜："你想拥有什么样的后半生？"杨澜说："我连前半生还没过完呢，怎么就后半生了呢？"

情境3：我国香港作家陈浩泉的长篇小说《选美前后》描写"香港小姐"准决赛时，为了测试参赛选手谈吐应对的技巧，司仪问参赛的杨小姐："杨小姐，请听题，假如要你在下面的两个人中选择一个作为你的终身伴侣，你会选谁呢？这两个人一个是肖邦，一个是希特勒！"回答肖邦，会落入俗套；回答希特勒，人家会说她神经有毛病。怎么可以选择一个以人民为敌的魔鬼做终身伴侣呢？可是，在这两个人中必须选一个，这样就把杨小姐逼入困境。只见杨小姐说："我会选择希特勒的。"台下观众顿时骚动起来，追问她："你为什么选择希特勒？"她回答可谓绝妙："我希望自己能感化希特勒。如果我能嫁给希特勒，肯定第二次世界大战不会发生，也不会死那么多的人了。"

情境4：1860年，与林肯竞选总统的是当时显赫一时的大人物——民主党派候选人道格拉斯。他依仗自己的财势，专门准备了一辆竞选列车，还在后边安装了一门礼炮，所到之处，他都要鸣礼炮32响。在他看来，只要用强大的气势压倒林肯这个穷小子，就能顺利地当上总统。

与对手不同的是，林肯坐着一辆耕田用的马车，所到之处，他都要亲自走到选民中间，与选民进行亲切的交流。当有人问林肯拥有多少财产时，林肯发表了一段感人至深、令人难忘的演讲："如果大家问我有多少财产，那么我告诉大家，我有一位妻子和三个女儿，都是无价之宝。此外，还有一个租来的办公室，室内有桌子一张、椅子三把，墙角还有大书架一个，架子上的书值得每一个人读，我本人既穷又瘦，脸很长，不会发福。我实在没什么依靠的，唯一的一个依靠就是你们。"

5. 综合评述练习

下面是一些家教对话，请阅读并回答问题。

（1）"一步二步三步，好！跌倒了别哭，自己爬起来再走，好！一二一，一二一……"父亲这样在教孩子走路,朋友们说他是"开孩子们的玩笑"。父亲却回答:"老兄,这不是开玩笑,这是人生之路的第一步,将来在社会上闯世界,全靠这第一步呀!"

（2）这个父亲名叫宋嘉树。他有三女三子,分别是闻名中外的宋霭龄、宋庆龄、宋美龄三姐妹和宋子文、宋子良、宋子安三兄弟。

（3）"这是绝对不行的! 你们刚刚几岁,小小年纪就挑肥拣瘦,什么都要舒舒服服,那长大以后会成什么样子呢? 做人一定要先学会吃苦,才能耐劳,将来才会有出息。"

北宋著名理学家程颢、程颐两兄弟幼小时,一次在饭桌上争抢食物,母亲制止后如此告诫。

（4）"我先借给你,一年后还我。"

一个12岁的小男孩不小心踢碎了邻居家的玻璃,需要赔偿12.5美元。孩子找父亲拿钱赔偿时,父亲这么告诉他。从此,这位男孩每逢周末、假日便外出辛勤打工,经过半年的努力,他终于挣足了12.5美元还给了父亲。这个男孩就是后来成为美国总统的里根。

（5）"你有点口吃,正说明了你聪明爱动脑,想的比说的快些罢了。"

儿子从小就口吃,可母亲说这算不了什么缺陷,甚至还表扬他。她要求儿子一切从自信开始,努力主宰自己的命运。这个口吃的男孩就是杰克·韦尔奇,他长大后成为美国通用电气公司董事长,被称为世界第一经理人。

（6）"孩子,我相信你能行。妈妈也曾经有这样的梦想,只是当我觉得我做一个让病人喜欢的护士更合适时我就放弃了。现在,对你来说,也许正是实现这个梦想的最好时机。"

一个男孩15岁时告诉母亲说自己将来一定要竞选美国总统,母亲这样回答他。这个孩子就是日后成为美国总统的比尔·克林顿,他是美国最优秀、最有魅力的总统之一。

（7）"你们不了解我的孩子,他非常聪明,他不是在捣乱,而是好奇。你们不懂得教育,我来亲自教育他。"

一个小男孩上小学时,对许多事物都好奇,看到气球能在充满气之后飞上天,就找来一些发酵粉,动员想上天的同学来吃。不幸的是,吃了发酵粉的同学疼得在地上打滚。校长知道后,非常生气:"又是你这个捣蛋大王,我把你开除了!"

母亲知道后非常气愤,觉得学校不懂教育,将孩子接回家,亲自给他上课,鼓励他搞实验。这个男孩就是爱迪生。

（8）"我的孩子没有任何毛病,你们不了解,他不是发呆,而是在沉思。他将来一定是位了不起的大学教授。"

母亲带小男孩到郊外去游玩,别的亲友家的孩子,有的爬山,有的游泳,唯独这个小男孩一人默默地坐在河边,凝视着湖面。这时,亲友们悄悄地走到他母亲的身边,不安地问道:"您的孩子为什么总是一个人对着湖面发呆? 是不是神经有毛病啊? 还不趁早带他去医院检查检查?"母亲如上回答亲友的疑问。这个男孩就是爱因斯坦,20世纪最伟大的科学家之一。

【思考与讨论】

（1）运用日常沟通的技巧,对这些家教对话进行剖析,思考除了技巧因素,还需要什么因素才能更好地进行人际沟通。

（2）选择其中一例进行评述。

任务4　职场沟通

与人相处的学问在人所有的学问中应该是排在前面的,沟通能够带来其他知识所不能带来的力量,他是成就一个人的顺风船。

——[美]戴尔·卡耐基

 任务目标

- 明确职场沟通的重要意义;
- 掌握职场沟通的基本原则和语言艺术;
- 灵活运用职场沟通的技巧,提高职场沟通的效果。

 案例导入

不善沟通的约翰

约翰所在的公司要进行人事调动,负责人罗伯特对约翰说:"把手下的工作放一放去销售部工作,我觉得那里更适合你,你有什么意见吗?"

约翰撇了撇嘴说:"意见? 您是负责人,我敢有意见吗?"实际上他的意见大得很,因为当时销售部的状况特别糟糕。

来到销售部后,约翰的消极情绪非常严重,总是板着一副面孔,对同事爱理不理,别人主动跟他打招呼,他也只是应付地点点头,一来二去,同事们渐渐疏远了他。

一天,一个客户打来电话,请约翰转告罗伯特,让罗伯特第二天务必到客户那里参加洽谈会,有非常重要的生意要谈。约翰认为这是绝好的报复机会,就当什么事也没有发生一样,吹着口哨回家了。

第二天,罗伯特将他叫进办公室严厉地说:"约翰,客户那么重要的电话怎么不告诉我? 你知道吗? 要不是客户早晨打电话给我,一笔一千万美元的大生意就白白溜走了!"

罗伯特看了看约翰,一副毫不在乎的样子,根本没有承认错误的迹象,便说:"约翰,说实在的,你的工作能力还不错,但在为人处世方面还不够成熟,我本来想借此机会锻炼你一下,可你却让我大失所望。我知道你心里对我不满,可你非但不与我沟通,反而暗中给我使绊子。你知道吗,部门的前途差一点毁在你手里。你没能通过考验,所以现在我只能遗憾地宣布:你被解雇了。"

鉴于此案的教训,这家公司高管阶层专门召开了一次名为"张开你的嘴巴"的会议,强调并鼓励所有员工要与上级多多进行沟通。

人在职场,必然要与领导、同事、下属等进行交往,交往的效果将直接影响个人的职业生涯乃至发展前途。因为,我们每天至少有1/3的时间是在职场度过的,能否从工作中获得快乐与满足,能否敬业、乐业并最终成就一番事业,领导、同事和下属均扮演着很重要的角色。讲究职场沟通艺术,不仅可以减少矛盾与冲突,还能使职场人际关系更加和谐融洽,大大提高工作效率。所以,有专家认为,一个职场人士必须具备三项基本技能,即:沟通技巧＋管理才能＋团队合作意识。世界上很多著名的大公司也都以此来要求员工。

职场沟通的对象主要包括上司、同事和下属等。对象不同,沟通的技巧也有所不同。但是,无论与谁沟通均应遵循以下基本原则。

一是真诚。在沟通过程中,只有坦诚相见,言必由衷,才能促进理解和信任,才能化解矛盾与隔阂。

二是自信。成功者就是那些拥有坚定信念的普通人。在沟通中,只要充满自信,就能从容不迫,应对自如,就能赢得对方的尊重与认可。

三是友善。即从他人的立场看事情,从对方的角度想问题,以友善的态度与人沟通。

四是理性。沟通一定要清醒、理智,明确沟通的目的,预知沟通的效果,采取可行的沟通方法。不信口雌黄、口无遮拦,不一时冲动、说"过头话",不无谓争执,伤了和气,不斤斤计较、耿耿于怀。

五是尊重。沟通的主体都是平等的,只有互相尊重,平等交流,沟通才能顺利进行。在职场沟通中切记要不责备、不抱怨、不攻击、不谩骂、不说教。

六是互动。沟通是双向性的、不是洗耳恭听、默不作声;也不是口若悬河、夸夸其谈。沟通始终是两个维度之间平等、融洽的互动交流。恪守互动原则,才能在沟通中有说有听,有问有答,对等交流,实现共赢。

4.1　与领导的沟通

与领导沟通,指的是团队成员通过一定的渠道和方式,与管理者或决策层所进行的信息交流。

上下级之间的有效沟通,无论对于组织还是个人,都具有十分重要的意义。仅就下级而言,通过与上级主动有效的沟通,既能准确了解信息,提高工作效能,又能及时表达自己的意愿,形成积极的双向互动。

1. 与领导沟通的基本原则

与职场其他交际对象相比,"上级领导"这个群体往往具有以下基本特征,如图4-1所示,在沟通过程中尤须注意遵循一些基本原则。

图 4-1　上级领导基本特征示意图

（1）不卑不亢。与领导沟通，要采取不卑不亢的态度，既不能唯唯诺诺，一味附和，也不能恃才傲物，盛气凌人。因为沟通只有在公平的原则下进行，才可能坦诚相待，求得共识。

在社交过程中，每个人都有一种心理期待，希望得到别人的尊重、帮助，希望自己应有的地位和荣誉得到肯定与巩固，没有人愿意在一个群体中被孤立和冷落。如果这种愿望得不到满足，就会对周围的人产生隔膜，进而拒绝合作。因此，尊重别人，是每个职场人士必备的一种修养。在工作中，尊重领导的意见，维护领导的威信，理解领导的难处和苦衷，即使提出不同的意见，也会讲究适当的时机，选择易于对方接受的方式，无论是对工作，还是对沟通双方的感情、建立融洽的心理关系，都是很有益处的。

尊重与讨好、奉承有着质的区别。前者是基于理解他人、满足他人正常心理和感情需要的前提，而后者则往往是为了满足一己之私欲。现实生活中，确有一些人为了达到自己不可告人的目的，不惜降低人格，曲意迎合、奉承、讨好领导，不仅屏蔽了领导的耳目，降低了领导的威信，也造成了同事之间心理上的不和谐。绝大多数有主见的上司，对于那种一味奉承、随声附和的人都是比较反感的。

（2）工作为重。上下级之间的关系主要是工作关系，因此，下属在与领导沟通时，应从工作出发，以做好工作为沟通协调之要义。既要摒弃个人的恩怨和私利，又要摆脱人身依附关系，在任何时候、任何问题上都是为了工作，为了整个团队的利益；都要作风正派、光明磊落。切忌对领导一味地讨好谄媚、阿谀奉承、百依百顺，丧失理性和原则，甚至违法乱纪。

（3）服从至上。上级居于领导地位，掌握全盘情况，一般来说考虑问题比较周全，处理问题能从大局出发。在与上级沟通时坚持服从原则，是一切组织通行的原则，是组织获得巩固和发展的基本条件。事实证明，如果下属与上级沟通时拒不服从，那么这样的组织就无法形成统一的意志和严密的整体，组织就会像一盘散沙，不可能顺利发展。当然，服从不是盲从，下属一旦发现领导某些错误，就应抱着对工作高度负责的态度，及时向领导反映，并请求领导予以改正。

小案例 4-1

尊重领导的决定

阿成的工作很简单，就是每天收发文件。领导脾气很好，同事之间相处也很融洽，阿成很希望自己能长期在这里工作。

可是好景不长，一天领导突然找阿成谈话，他说："因为你是外地人，'三金'不好交，以我们公司目前的情况不可能给你转户口，而如果不给你交'三金'，我们就违反了国家的规定。所以……"

阿成听了也不知道该如何是好，他难过地说："我尊重您的决定，虽然我很喜欢这里。"阿成没有再说什么，出门前给领导鞠了个躬，并轻轻地把门带上。

第二天，领导找阿成谈话，他说："我专门跑到相关部门打听了，你还可以留在我们这里上班，但是你要到派出所去办理居住证！"阿成会心地笑了。

【点评】阿成面对领导的"为难"，却非常理智，他的表态体现了对领导的尊重、理解与服从，表示不愿给领导添加麻烦，愿意接受领导的决定，这使领导的权威得到完全体现。果然,他让领导也大受感动,还专门为其排忧解难。这就是服从至上的好处。

（4）非理想化。在与领导沟通中,下属不能用自己头脑中形成的理想化模式去要求现实中的领导,从而造成对领导的过分苛求。坚持非理想化原则,就必须全面地看待领导,既要看到其优点和长处,又要看到其缺点和短处,同时还要能够容纳领导的一般性错误和缺点,克服求全责备的思想。

2. 与领导沟通的方法

（1）主动沟通。有人说:"要当好管理者,应先当好被管理者。"作为下属要时刻保持主动与领导沟通的意识,因为领导工作比较繁忙,不可能经常深入员工去寻求沟通。但在实际工作中,很多下属都害怕直面自己的上司,不敢积极主动地与上司沟通交流,这是一种职场通病。我们应该消除对上司的恐惧感,上司也是人,也有情感,而人与人之间如果没有了交流和沟通,那么情感也会因此而疏离。

小案例 4-2

主动与领导沟通的小丽

小丽在一家化妆品公司做财务,一直以来,她踏实肯干,工作能力也很强。但一直没有得到提升,原因是她不善于主动与老总沟通,许多事都等着老总亲自来找她。后来由于工作上的竞争,她被同事排挤到一边。

小丽吸取失败的教训,辞职后以全新的面貌到另一家公司上班。一个月后她接到一份传真,说她花了两个星期争取到的一笔业务出了问题,她马上去找老总。老总正准备用电话同这位客户谈生意,她就将情况做了汇报,并提出具体的建议和意见。老总掌握这些材料后,与客户交谈时顺利地解决了这一问题。

此后,小丽经常主动向老总汇报工作,及时进行良好的沟通,并在销售和管理方面提出了一些不错的意见和建议,不断得到老总的认可。不久,她被提升为业务主管。

那么,怎样消除对上司的恐惧感呢?

首先,要抛弃"不宜与上司过多接触"的观念。合理的沟通观念应该是:和上司沟通是一个职场人士的基本职责之一,因为领导是决策者和管理者,而下属则是执行者和完成者。在决策执行和目标实现过程中,必须借助沟通了解上司意图,争取上司支持,获得上司认可。

其次,不要害怕在上司那里"碰钉子"。当上司反馈意见不理想时,要从沟通态度、方式等方面进行自我反省。同时,要仔细揣摩领导的态度和意见,并通过换位思考去寻求对领导处理方法的理解。

最后,要用改进沟通技能的方法增强自信。在沟通内容上,尽量做到观点清晰,有理有据,层次清楚。在沟通方式上,采用易被对方接受的沟通频率、语言风格和态度情绪;刚开始时最好采取面对面这种直接交流的方式,相互熟悉之后可借助电话、短信、电子邮件等方式。

小案例 4-3

少说话也有效果

方知渔老实、木讷，很少出声。所以，尽管他工作勤勤恳恳，可是在公司里总是不上不下，几年如一日地待在当初的位置上。

上司最近出差，要带几个下属一道去。在火车上，方知渔的铺位刚好在上司的旁边，两人寒暄了几句后，就陷入了沉默。

突然，方知渔瞥见上司脚上穿着一双新皮鞋，非常显眼。于是就说："头儿，你这鞋子很有品位，在哪里买的？"

原本只是没话找话，但上司一听，顿时眼睛放光说："这双鞋啊，我在香港买的，世界名牌呢！"上司的话匣子一下子打开了，滔滔不绝地讲述自己在服装搭配上的心得，还善意地指出方知渔平时在工作中着装的不足，方知渔只听不说，关键的时候才加一句。两人言谈甚欢。下车的时候，上司意味深长地说："知渔啊，看来以前对你的了解太少了，今后你好好干。"

【点评】赞美对方衣饰细节的变化，能迅速拉近双方间的距离。方知渔歪打正着了。

（2）适度沟通。所谓适度，是说下属与领导的关系要保持在一个有利于工作、事业及两者正常关系的适当范围内，形成和谐的工作环境，沟通既不能"不及"，也不可"过分"。

目前，下对上的沟通存在两大弊端。一是沟通频率过高。有些下属为了博得领导的赏识和信任，有事没事经常往领导办公室跑，既给领导的正常工作造成了干扰，又会让领导认为你缺乏独立工作能力，遇事没有主见。二是沟通频率过低。有些下属以为干好本职就行了，至于是否向领导汇报思想和工作情况则无所谓，因而该请示不请示，该汇报不汇报，目无组织和领导。久而久之，既不利于开展工作，一定程度上也会影响个人和团队的发展前途。

小案例 4-4

乙主任为何里外不好做人

甲和乙是两位新上任的车间主任，业务水平都很高。不过，在与上级沟通时采取的却是截然不同的态度。甲主任认为，一定要和上级搞好关系，于是，有事没事就往厂领导那儿跑，弄得车间员工议论纷纷，都说甲主任只会拍马屁，不关心员工的实际工作。后来这话传到了厂领导耳朵里，领导感到很难堪。与此相反，乙主任则认为"打铁还要自身硬"，一天到晚只知埋头苦干，为了业务生产甚至连车间主任会都不参加。可是车间员工也不买账，他们认为这样的主任不会为员工着想；而厂领导也因为他常常不来开会，心生不满，乙主任由此弄得里外不好做人。

（3）适时沟通。上司一天到晚要考虑的事情很多，因此应根据问题的重要与否，选择恰当的沟通时机。

首先，要选择上司相对轻松的时候。与上司沟通之前，可以通过打电话、发短信等方式主动预约，或者请对方预定沟通的时间、地点，自己按时赴约。假如是个人私事，则不宜在上司埋头处理大事时去打扰,否则就会忙中添乱,适得其反。

其次,要选择上司心情良好的时候。沟通之前,与其秘书或助理先取得联系,以了解对方的情绪状态。当上司情绪欠佳时,最好不要去打搅对方,特别是准备向对方提要求、摆困难或者发表不同意见的时候。

再次,要寻找适合单独交谈的机会。特别是试图改变上司的决定或意向的时候,要多利用非正式场合和没有第三者在场时的情形。这样既能给自己留下回旋余地,又有利于维护上司的尊严。

最后,不要选择上司准备去度假、度假刚回来或吃饭、休息的时间去沟通。因为,这时对方容易分散精力,心不在焉,或者匆忙做出决定。

(4)灵活沟通。由于个人的素质和经历不同,不同的领导就有不同的处事风格。揣摩上司的不同风格,在交往过程中区别对待,往往会获得更好的沟通效果,如表4-1所示。

表 4-1 上司风格类型及沟通技巧

风 格 类 型	性 格 特 点	沟 通 技 巧
控制型 (权力欲强)	实际,果决,求胜心切	简明扼要,直截了当
	态度强硬,要求服从	尊重权威,执行命令
	关注结果,而非过程	称赞成就而非个性或人品
互动型 (重人际关系)	亲切友善,善于交际	公开、真诚地赞美
	愿意聆听困难和要求	开诚布公地发表意见
	喜欢参与,主动营造融洽氛围	忌背后发泄不满情绪
务实型 (干事创业)	为人处事自有标准	开门见山,就事论事
	理性思考,不喜感情用事	据实陈述
	注重细节,探究来龙去脉	不忽略关键细节

(5)定位沟通。正确认识自己的角色、地位,真正做到出力而不"越位",是处理好上下级关系的一项重要艺术。越位是下级在处理与上级关系过程中常发生的一种错误。主要表现在以下几个方面。

① 决策越位。决策是领导活动的基本内容,不同层次的领导决策权限也不同。如果本该上级做出的决策却由下级做出了,就是超越权限的行为。

② 表态越位。一个人对某件事的基本态度,往往与其特定的身份相联系,超越身份胡乱表态,是不负责任的表现,是无效的。

③ 工作越位。本该由上级出面才合适的工作,下级却越俎代庖、抢先去做,从而造成工作越位。

④ 场合越位。有些场合,如应酬客人、参加宴会等,应适当突出上级,下级却张罗过欢,风头出尽,也会造成越位。

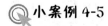 **小案例 4-5**

杨瑞该怎么办

杨瑞是一个典型的北方姑娘,在她身上可以明显地感受到北方人的热情和直率,她非常坦诚，有什么说什么，总是愿意把自己的想法说出来和大家一起讨论。正是因为这个特点，她在上学期间很受老师和同学的欢迎。今年，杨瑞从西安某大学的人力资源管理专业毕业，她认为，经过四年的学习，自己不但掌握了扎实的人力资源管理专业知识，而且具备了较强的人际沟通技能，因此她对自己的未来期望很高。为了实现自己的梦想，她毅然只身去广州求职。

经过一个月反复投简历和面试，在权衡了多种因素的情况下，杨瑞最终决定去东莞市的一家研究生产食品添加剂的公司。她之所以选择了这家公司，是因为该公司规模适中、发展速度很快，最重要的是该公司人力资源管理工作还处于尝试阶段。如果杨瑞加入，她将是人力资源部的第一个人，因此她认为自己施展能力的空间很大。但是到公司实习一个星期后，杨瑞就陷入了困境中。

原来该公司是一个典型的小型家族企业，企业中的关键职位基本上都由老板的亲属担任，其中充满了各种裙带关系。尤其是管理者给杨瑞安排了他的大儿子做杨瑞的临时上级，而这个人主要负责公司的研发工作，根本没有管理理念，更不用说人力资源管理理念。在他的眼里，只有技术最重要，公司只要能赚钱，其他的一切都无所谓。但是杨瑞认为越是这样就越有自己发挥能力的空间，因此在到该公司的第五天杨瑞拿着自己的建议书走向了直接上级的办公室。

"王经理，我到公司已经快一个星期了，我有一些想法想和您谈谈，您有时间吗？"杨瑞走到经理办公桌前说。

"来来来，小杨，本来早就应该和你谈谈了，只是最近一直很忙就把这件事忘了。"

"王经理，对于一个企业，尤其是处于上升阶段的企业来说，要持续企业的发展必须在管理上狠下功夫。我来公司已经快一个星期了，据我目前的了解，我认为公司主要的问题在于职责界定不清；雇员的自主权力太小，致使员工觉得公司对他们缺乏信任；员工薪酬结构和水平的制定随意性较强，缺乏科学合理的基础，因此薪酬的公平性和激励性都较低。"杨瑞按照自己事先所列的提纲开始逐条向王经理叙述。

王经理微微皱了一下眉头说："你说的这些问题我们公司也确实存在，但是你必须承认一个事实——我们公司在盈利，这就说明我们公司目前实行的体制有它的合理性。"

"可是，眼前的发展并不等于将来也可以发展，许多家族企业都是败在管理上。"

"好了，那你有具体的方案吗？"

"目前还没有，这些还只是我的一点想法而已，但是如果得到您的支持，我想方案只是时间的问题。"

"那你先回去做方案，把你的材料放这儿，我先看看然后给你答复。"说完王经理的注意力又回到了研究报告上。

杨瑞此时真切地感受到了不被认可的失落，她似乎已经预测到了自己第一次提建议的结局。

果然，杨瑞的建议书石沉大海，王经理好像完全不记得建议书的事。杨瑞陷入了困惑之中，她不知道自己是应该继续和上级沟通，还是干脆放弃这份工作，另找一个发展空间。

【思考】杨瑞沟通失败的原因是什么？杨瑞到底应该怎么办？请你帮她出出主意。

3. 请示与汇报工作的技巧

请示是下级向上级请求决断、指示或批示的行为；汇报是下级向上级报告情况，提出建议的行为。两者都是职场人士经常性的工作。

小案例 4-6

哪种请示汇报方式好？

"领导，感觉最近员工的士气总是不高，您能不能给我些建议？"

"领导，我感觉最近员工的士气不高，业绩也受到了影响。这两天，我跟大家沟通了一下，感觉主要是临近春节，很多客户都忙着拜年和要账，没有精力跟我们谈广告业务，而我们的业务员也都想着回家过年，所以整个团队士气不高。我感觉春节前这段时间还是很宝贵的，我们必须提高团队的士气，我有两个方案，您看怎样？一是我们在团队内部做个竞赛，业绩排名前六的，公司帮助解决回家的火车票；二是搞个激励活动，对表现良好的，公司准备一个春节大礼包。这两个方案，花费都不会超过 6000 元，而增加的收入可能是 60 万元，您看选择哪个比较好？"

【点评】上司只做"选择题"，不做"问答题"。对于下属而言，把"问答题"抛给上级是不明智的做法，甚至会导致上级出现错误的判断或决定。所以在请示上级时，一定要掌握请示汇报的技巧。

（1）明确程序。请示与汇报工作主要有以下四个步骤。

① 明确指令。一项工作在明确了方向和目标后，上级通常会指定专人负责此项工作。如果上级明确指示自己去完成这项工作，就一定要迅速准确地把握领导的意图和工作的重点，包括谁传达的指令（who）、做什么（what）、什么时间（when）、什么地点（where）、为什么（why），以及怎么做（how）、工作量（how much）。其中任何一点不明白，都要主动询问，并及时记录下来。最后，还要简明扼要复述一遍，以确认是否有遗漏之处或领会有误的地方。当对领导的指令理解模糊时，决不能"想当然"；在执行任务的过程中，遇到困难或疑惑之处，也要及时跟上司沟通，以避免多走弯路，贻误工作。

小贴士 4-1

在面对上司的指示时应询问下面几个问题

上司希望做的是什么？

这项任务的具体目标是什么？

完成这项任务的最佳做法是什么？

公司在这一项目上准备投入多少资源？

怎样进行工作报告？报告中包括哪些内容？什么时候需要报告？应该向谁报告？信息要求以什么形式呈报？

② 拟订计划。在明确工作目标之后，应尽快拟订工作计划，交予领导审批。在拟订工作计划时，应详细阐述自己的行动方案和步骤，尤其是工作进度要有明确的时间表，以便领

导进行监控。以制订月销售计划为例：首先，要明确下个月要达成的业绩目标；其次，要说明这些目标有多少源于老客户、多少源于新客户；最后，要说明打算通过哪些渠道，采用什么促销方案来实现这一目标，等等。这样的月销售计划交上去，既具体可行，也方便领导及时纠正。

③ 适时请教。在工作进行过程中，要及时向领导汇报和请教，让领导了解工作进程和取得的阶段性成绩，并及时听取领导的意见和建议。切不可等工作全部结束后，才将工作情况和盘托出。

④ 总结汇报。工作任务完成以后，应及时向领导总结汇报，总结成功的经验和不足之处，以便在今后的工作中改进提高。与上司沟通自己的工作总结，既显示出对上司的尊重，也有利于展示自己的才干，为赢得上司的赏识和器重奠定基础。

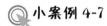 **小案例 4-7**

善于汇报的销售员

一个小伙子名叫小波，是一家酒店的销售员，颇得上司的赏识。他之所以能够得到上司的青睐，一方面是因为业绩突出；另一方面就是小波每做完一笔单子，都会以书面的形式总结出这项业务成功与失败的原因。上司对此非常满意，尽管有些单子完成得不是很出色，但上司从来没有责备过小波，相反，还经常给他提出一些合理化建议。

（2）充分准备。"凡事预则立，不预则废。"无论请示还是汇报，要想达到预期目的，事先都必须认真做好准备。首先，要做好思想准备。向领导汇报，既要消除紧张心理，又要克服无所谓的态度，调整情绪，树立信心，认真对待。其次，要做好资料准备。"巧妇难为无米之炊"，充分占有资料是汇报成功的基础。如果情况不熟悉，或某方面的情况还不明了，就不能凭主观臆断、道听途说去汇报，搞所谓"领导要，我就报，准不准，不知道"那一套。只有通过调查了解，准确掌握情况，才能进行请示汇报。最后，要搞好"战术想定"。如果是就某个特殊问题请求上司批示，自己心中至少要有两套以上的解决方案，并对其利弊了然于胸，必要时向领导阐述明白，并提出自己的主张，争取领导的理解和支持。如果是就某项工作加以汇报，要在明确领导意图的基础上，确定汇报主题，把握汇报重点，组织汇报材料，合理安排内容的顺序与层次；对汇报中可能出现的情况，领导可能提出的问题，要做到心中有数，决不能仓促上阵。

（3）选择时机。除了紧急事件需及时请示、汇报外，还应注意选择以下时机：当本人分管或领导交办的工作告一段落时；工作中遇到较大困难，想求得领导帮助支持时；领导决策需要某方面的信息时；领导主动询问有关情况时；领导有空余时间时，等等。汇报不仅要注意时机，还要区别场合，可以通过会议形式正式汇报的，尽量不要不分场合地临时汇报；当领导公务繁忙或工作中出现困难心情烦躁时，一般不宜贸然开口汇报。应选择领导人乐意听取汇报的时机进行汇报，以取得预期的效果。

（4）因人而异。在请示和汇报时下属应采取不同的方式，以适应不同领导者的风格特点。例如，对于严谨细致的领导者，要解释得详细一点，最好列举必要的事例和数据；对于干练果断的领导者，要注意言简意赅，提纲挈领；对于务实沉稳的领导者，要注意语言朴实，少加修饰;对于活泼开朗的领导者,语言可以轻松幽默一些。总之,要针对领导的个性特点,有针对性地搞好请示和汇报。

小案例4-8

冯涛的汇报技巧

市建材公司的冯涛从一个用户那里考察回来后,敲了经理办公室的门。"情况怎样?"经理劈头就朝冯涛问道。冯涛坐定后,并不急于回答经理的问话,而是显得有些心事重重的样子。因为他十分了解经理的脾气,如果直接将不利的情况汇报给他,经理肯定会不高兴,搞不好还会认为自己没尽力去办。经理看见冯涛的样子,已经猜出了肯定是对公司不利的情况,于是改用了另一种方式问道:

"情况糟到什么程度,有没有挽救的可能?"

"有!"这回冯涛回答得倒是十分干脆。

"那谈谈你的看法吧!"

冯涛这才把他考察到的情况汇报给经理:"我这次下去了解到,这个客户之所以不用我们厂的产品,主要是因为他们已经答应从另一个乡镇建材厂进货。"

"竟有这样的事! 那你怎么看呢?"

"我想是这样的,我们公司的产品应该比乡镇企业的产品有优势,我们的产品不但质量好而且价格还很公道,在该省已经具有一定的知名度……"

【点评】向上级请示汇报一定要掌握技巧,对不同类型的领导采用不同的汇报方式,特别是汇报时涉及坏消息,如果处理不好,可能会引火上身,冯涛的汇报技巧就是根据经理的性格特点,先给经理打预防针,然后再顺势而行。

(5)斟酌语言。向领导汇报工作,一定要抓住重点,简短明快,而不能东拉西扯,词不达意,这样的汇报既浪费领导宝贵的时间,又令人生厌。因此,下级向领导做汇报,一定要有提纲或打好腹稿,使用精辟的语言归纳整理所要汇报的内容,做到思路清晰,观点精练,语言流畅,逻辑性强,遣词用语朴实、准确。关键语句要认真推敲;评价工作要把握好分寸,切忌说过头话;列举数字一定要准确无误,尽量避免"大概""估计""可能"之类的模糊词语。如果语言啰唆,拖泥带水,再好的内容也汇报不出应有的效果。

(6)遵守礼仪。一是准时赴约。要按照事先约定的时间到达。过早到达或迟迟不到,都是严重失礼的行为。二是举止得体。做到站有站相,坐有坐相,文雅大方,彬彬有礼。三是控制好时间。一般情况下,领导总是想先了解事情的结果,所以在汇报工作时要先说结果,再谈过程和程序。这样,汇报工作时就能简明扼要,有效节省时间。四是注意场合。切忌在路上、饭桌、家里汇报工作,更不能在公开场合与领导耳语汇报工作。

此外,请示与汇报还应注意:要按照下级服从上级的原则,坚持逐级请示、汇报;要避免多头请示、汇报,坚持谁交办向谁请示、汇报,以减少不必要的矛盾,提高办事质量和工作效率;要尊重而不依赖,主动而不擅权。请示、汇报要根据工作需要,不能仰仗、依附于领导,时时、事事都去请教或求助。要在深刻领会领导工作思路前提下,积极主动、大胆负责地开展工作。

4. 妥善处理领导的误解

在实际工作中，由于某些特殊的原因，下级可能会无意间得罪领导，遭到领导误解，尤其是在多个领导属下工作、单位人际关系复杂微妙的环境中。遇到这种情形，就必须设法消除误解，否则，就会影响工作甚至个人的发展前途。

小案例 4-9

和 好 如 初

李杰是三年前从基层调到宣传部的，因为宣传部的方部长是一个求贤若渴的人，见李杰在报纸上发表的文章文笔不错，就多方跑动，终于将这个人才网罗到自己麾下。几年后，由于李杰精明能干，厂里调他到办公室工作，厂办主任也很喜欢他。

过了不久，李杰忽然觉得方部长似乎对自己有点看法，关系好像渐渐疏远了。经了解才知道，原来方部长和厂办主任之间有隔阂。方部长认为，李杰已经是厂办主任的人了，有点忘恩负义。误解的形成很简单：一次下雨，恰逢中层干部开会，李杰拿着雨伞去接上司，只发现雨中的厂办主任，却没有看见站在门口躲雨的方部长，这样雨中送伞就送出麻烦了。

盛怒之下，方部长对信得过的人说，都怪他当初看错人了，没想到李杰是个见利忘义的人。时间不长，此话便传到李杰的耳朵里，他这才意识到自己已经被误解，问题严重了。怎么办呢？李杰真的有些为难了，他经过反复思考是这样处理的。

每当有人当面说起自己与方部长的关系时，他总是矢口否认两个人之间有矛盾。这样做一方面可以向方部长表明自己的人品；另一方面可以制止误解继续扩大，便于缓和与方部长的关系。

李杰和方部长在工作中经常打交道。他总是先向部长问好，不管对方理与不理，脸上总是笑呵呵的。逢到工作上一起宴请客人时，李杰总是斟满酒杯，当着客人的面向方部长敬酒，并公开说明正是由于方部长的培养和提拔，自己才有了今天的长进。李杰的感激和态度，不仅是对客人的介绍，更重要的还是一种心灵道白，表示自己并非忘恩负义的小人，最后，方部长终于和李杰和好如初。

宇宙万物，无时无刻不处于矛盾之中。在与领导共事的过程中，磕磕碰碰是在所难免的。其实，矛盾并不可怕，最重要的是我们能够勇敢地正视它，并运用自己的智慧和技巧化解它。上下级之间最常见的矛盾就是彼此之间存在着误解与隔阂。如果处理不当或掉以轻心，误解就会变成成见，隔阂更会扩展成鸿沟，这无疑对下属是极为不利的。

误解缘何而生？这是一个非常复杂的问题，它涉及人的心理活动的复杂性。嫉妒、多疑、防范、自负甚至偏爱，都可能诱发领导心中对别人的不信任感，导致各种误解。这里，我们想要探讨的是产生误解的一般性原因或者说客观性原因，这就是：上下级之间存在着信息不完全或沟通不充分。由于缺乏足够的沟通与交流，彼此对对方的情况没有清晰的认识，在判断事情上难免会加入更多的主观色彩和心理因素，导致对对方的不客观认识和推测。

职场生存——除了沟通还是沟通

　　小芸已在公司做了三年秘书,敬业精神有口皆碑。最近她新换了上司,是负责研发的公司副总经理。这位上司让小芸心烦不已,不是因为他不苟言笑、难以"伺候",而是因为他特别喜欢加班,即使没有应酬,也不会在晚上七点半之前离开办公室。

　　小芸的家离公司比较远,每天下班回家要倒两次公交车和一次地铁,路上至少得花两个小时。另外,每周要上一次夜校,还要与男朋友约会。最初一个月,小芸还能坚持在上司离开办公室之后再下班,慢慢地就感到坚持不下去了。

　　作为职业秘书,小芸一开始就严格要求自己,三年来都是在上司下班后自己才下班,现在这位新上司的工作习惯却让她犯了难。经过一个多月的观察,她发现,新上司也不是每天都有什么重要的事,有一次竟然是在网上玩游戏。

　　小芸希望上司能了解自己的苦衷,却不知道怎么开口。直接告诉上司自己家离公司很远,不能每天都加班到七点半?那就是说自己要比上司先下班,这有违她对自己的职业要求,她不能这么做。即使这么说了,上司也不一定会同意,那今后两人就更难相处了。要么"提醒"上司没事就早点下班?这更不行,这种"提醒"是变相的指责,更有违秘书的道德准则。

　　怎么办?思来想去,小芸最后决定辞职,尽管她舍不得这份轻车熟路的工作还有办公室里的同事。在小芸办完所有离职手续最后与上司告别时,上司问她为什么干得好好的要辞职,是不是他这个上司有什么地方做得不好,这时小芸才把心里的苦水倒了出来。

　　上司这才恍然大悟,但他告诉小芸,自己之所以每天七点半以后才离开办公室,是因为回家的路上有一段在建立交桥,每天上下班时都堵车,所以他总是挨到车流高峰过后才开车回家。

　　"原来是这么大的误会!这种事你怎么不早说?"上司问小芸。

　　小芸无言以对……

　　对待领导的误解,下属最明智的态度就是及时、主动地去消除它,不要让它变成成见与隔阂。怎样消除领导的误解?要从以下几个方面着手。

　　(1)掩盖矛盾。在其他同事或领导面前,极力掩盖彼此之间的矛盾,以防事态进一步扩大。

　　(2)尊重对方。即使领导误解了自己,仍要尊重对方,见面主动打招呼,不管对方反应如何都面带微笑;当误解自己的领导遇到困难的时候,要挺身而出,及时"救驾",用实际行动去感动对方。

　　(3)背后褒扬。一方面可以通过他人之口替自己表白心迹;另一方面能够很好地取悦对方,毕竟,第三者的话总是比较真实、可信的。

　　(4)主动沟通。经过以上多种努力,彼此之间的矛盾会有所缓和,在此基础上,下级要寻找合适机会,以请教的口吻让领导说出产生误会的原因。此时可以做必要的解释,但一定要注意措辞,适可而止,否则就会显得缺乏诚意,引起对方逆反心理。

（5）加强交流。误解消除后,要经常与领导进行思想交流和情感沟通,不断增进彼此之间的了解和友谊,以免误解再次发生。

4.2　与同事的沟通

处理好同事关系对每一位职场人士来说都很重要。所谓同事关系,是指同一组织内部处于同一层次的员工之间存在的一种横向人际关系。同事之间既是天然的合作者,又是潜在的竞争者(见图4-2),这是一种微妙的人际关系,必然会产生既渴望"合作",又警觉"竞争"的复杂心理。因此,职场人士在与同事相处时,应特别注意沟通艺术。

图4-2　同事基本特征示意图

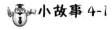小故事4-1

苟攸的智慧

三国时的苟攸智慧超群,谋略过人。他辅佐曹操征张绣、擒吕布、战袁绍、定乌桓,为曹操统一北方建功立业,做出了自己的贡献。在朝二十余年,他能够从容自如地处理政治旋涡中上下左右的复杂关系,在极其残酷的同僚斗争中,始终地位稳定,立于不败之地,原因就在于他能谨以安身,以忍为安,很好地处理同僚关系。他平时特别注意周围的环境,对同僚从不刻意去争高下,总是表现得十分谦卑、文弱、愚钝和怯懦。他对于自己的功勋讳莫如深。这样,他就和其他的同僚和平共处,并且深受曹操宠信,也从来没有人到曹操处进谗言加害于他,朝中朝外口碑极佳。

1. 与同事沟通的基本要求

与同事沟通的基本要求有以下五个方面。

（1）互相尊重。尊重是人的需要,也是沟通的前提。职场人士的尊重需要包括团队成员给予的重视、威望、承认、名誉、地位和赏识,等等。每个成员都希望获得其他成员的承认,要求给予较高的评价,希望自己受到礼遇,获得较高的名誉和地位。因此,高明的领导者都十分重视尊重员工。尊重是相互的。古人语:敬人者人恒敬之。因此,职场中要想得到同事的尊重,就必须首先尊重同事的人格,尊重同事的工作和劳动,尊重同事在整个团队中的地位和作用。

小案例 4-11

小陈为何不受欢迎

小陈是毕业于北京某重点大学的研究生,在单位工作几年后,由于业务能力突出被提拔为车间主任。这对他来说是一个施展才华的大舞台。但他在与别的车间主任交流时,总是流露出对这些工人出身的主任的不屑,开口闭口总是我们研究生如何、你们工人怎样,很快就把自己陷入与其他车间主任格格不入的境地,成为一个不受欢迎的人。最终不得不调换工作岗位。

(2) 真诚待人。常言道:"精诚所至,金石为开。"同事之间要互相沟通,就必须消除不必要的戒备心理,摒弃"逢人只说三句话,不可全抛一片心"的处事原则,襟怀坦荡,以诚相见。唯有真诚,才能打开同事心灵的窗口,才能激起思想和情感上的共鸣。反之,如果当面一套,背后一套,或者说的一套,做的一套,就会失信于人,引起人们的反感。

小案例 4-12

互相帮助

伍兰兰大学毕业后进入一家企业从事销售工作。她是一个勤劳善良的女孩,每天都提前到达公司,把同事的桌椅收拾整齐,把办公室打扫干净。尤其是帮同事江龙收拾好桌椅,由于江龙常常加班,桌上堆满书本,显得十分凌乱。江龙对此非常感激,主动要求带伍兰兰出去洽谈业务。在"师傅"的指引下,伍兰兰的能力提高很快。半年后,伍兰兰自认为已经能够胜任业务工作,私自决定替江龙撰写一份策划方案,并交给了客户。

没想到由于疏忽大意,一组数据被弄错了,客户因此否决了伍兰兰的方案,并且拒绝与他们合作。江龙得知后非常生气。伍兰兰诚恳地承认了错误,并在以后的工作中更加努力,将洽谈好的业务都算在江龙的头上,以此弥补自己的过失。

后来有一天,江龙生病住进医院,伍兰兰主动去医院精心照顾,而且没有放松工作,甚至连江龙的工作也一起处理了。

伍兰兰的一言一行都被同事们看在眼里,渐渐地,她的人缘越来越好,有什么事情大家都愿意真诚地帮助她。

【点评】伍兰兰之所以受到同事欢迎,其实是因为她在用一颗真诚的心去沟通而已。真诚是做人的基石,也是与人相处的根本。(李元授)

(3) 互谅互让。职场人士都希望有一个平和的、令人心情舒畅的工作环境。但是,同事之间由于思想认识、性格修养、观点立场等方面的差异,看问题的角度会有所不同,处理问题的思路与方法也不尽一致。面对这种差异和分歧,首先,不要过度争论,以免激化矛盾,影响彼此之间的关系;其次,要通过换位思考充分理解对方,并本着从工作出发、为全局着想的原则,求同存异,互相谦让。

(4) 分享成绩。同在职场中,成绩的取得与分享、利益的分配,都是令人十分关注的焦点。对于成绩,如果你在工作上有特别的表现,受到嘉奖时,千万别独享成功的荣耀。因为成绩的取得,不是哪一个人能够独自完成的,需要同事明里暗里协助,所谓"一个篱笆三个桩，一个好汉三个帮"，这是大家共同努力的结果。无论是有人与你争功，还是无人与你争功，你都要抱着分享、感恩的心态，才能赢得同事的好感与支持。

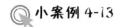 **小案例 4-13**

功劳是大家的

在某单位的一次公开竞聘中，左某战胜了其他几位竞争对手，当上了经理。许多同事对他表示祝贺，更有人当众夸他能力非凡。左某却坦诚地说："其实几位候选人各有长处。论管理我不如老刘，论经营我不如老叶，论公关我不如小王。"后来左某不但以诚意挽留了这几位竞争者，而且还根据他们各自的特长做出了相应的安排。宽厚的气度使他赢得了大家的尊重，也使他在工作中取得显著成就。他上任没多久，单位就取得了很大的业绩。

【点评】左某之所以能得到同事的支持，妙诀就是不把功劳揽在自己一个人怀里，一句"功劳是大家的"，温暖的是人心，赢得的是尊重。

（5）大局为重。同事之间由于工作关系而走在一起，就形成了一个利益共同体。其中的每一分子，都要有集体意识和大局意识。因此，在与上司、同事交往时，要尽量保持同等距离，即使和某些同事情趣相投、关系密切，也不要在工作场合显现出来，以免让别的同事产生猜疑心理；在与本单位以外的人员接触时，更要形成荣辱与共的"团队形象"观念，多补台少拆台，不要为自身小利而害集体大利；不可外扬"家丑"，对自己的同事品头论足甚至恶意攻击，影响同事的外在形象。

2. 与同事沟通的方法

（1）重视团队合作。荀子说过："人力不若牛，走不若马，而牛马为之用，何也？曰：人能群，彼不能群也。"这段话道出了团队合作的重要性。随着社会分工的越来越细，现代企业越来越强调员工之间的沟通协调。作为企业个体，无论自己处于什么职位，在保持自己个性特点的同时，都必须很好地融入集体。比尔·盖茨认为："大成功靠团队，小成功靠个人。"因此，在工作中同事要同心协力、互相支持、共同合作；需要大家共同完成的，要预先商定，配合中要守时、守信、守约；自己分内的事要认真完成，出现问题或差错时要主动承担责任，不拖延，不推诿；确需他人协助完成的，要使用请求的态度和商量性语气，不能居高临下、颐指气使。

小故事 4-2

天堂和地狱的故事

说有一个人请求上帝带他参观一下天堂和地狱，希望通过比较选择自己的归宿。上帝答应了，先带他参观了由魔鬼掌管的地狱。进去之后，只见一群人，围着一个盛满了肉汤的大锅，但这些人看起来都愁眉苦脸、无精打采，一副营养不良、绝望又饥饿的样子。仔细一看，原来，每个人都拿着一只可以够到锅子的汤匙，但汤匙的柄比他们的手臂长，所以没法把东西送进嘴里。他们看起来非常悲苦。

紧接着，上帝带他进入另一个地方。这个地方和先前的地方完全一样：一锅汤、一群人、一样的长柄汤匙。但每个人都很快乐，吃得也很愉快。上帝告诉他，这就是天堂。

这位参观者很迷惑：为什么情况相同的两个地方，结果却大不相同？最后，经过仔细观察，他终于看到了答案，原来，在地狱里的每个人都想着自己舀肉汤；而在天堂里的每一个人都在用汤匙喂对面的另一个人。结果，在地狱里的人都挨饿而且可怜，而在天堂的人却吃得很好，非常快乐。

【点评】团队合作多么重要，在和谐的团队里人们在帮助别人的同时也得到别人的帮助，在相互帮助中，我们体会到了和谐人际关系的幸福快乐。

（2）懂得相互欣赏。人是具有能动思维的主体。人所具有的这种特性，表现在工作中就是有一定的价值目标，即追求理想和信念的成功，也就是成就感。人的成就感包括职业感和事业感两方面。职业感体现为个人对本职工作的态度，事业感则体现为个人追求被群体和社会承认的较高层次的成就。因此，职场人士都有得到赞许的欲望，都希望自己的职业和工作受到别人的重视，得到恰如其分的评价和鼓励。懂得这些，我们就会在长期共事的过程中，善于发现同事的优点、长处及工作中取得的成绩和进步，并加以及时的肯定和赞美。欣赏是人际关系的润滑剂。一句由衷的赞美，既可以表达对同事的尊重，又会赢得对方的好感，进而融洽彼此之间的关系。

（3）主动交流沟通。人际关系是在"互动"中发生联系和变化的。人际关系要密切，注重彼此的交往是前提。因此，在紧张的工作之余不妨主动找同事谈谈心、聊聊天或请教一些问题等，以便加深印象、增进了解。在主动沟通中应把握以下几点：一是选择合适的时间、场合及易引起对方兴趣的话题；二是保持诚恳、谦虚的态度；三是善于体察对方的心理变化，因势利导，随机应变；四是讲究语言艺术，选择"商量式""安慰式""互酬式"等语言，并注意分寸。

（4）保持适当距离。"过密则狎，过疏则间。"同事之间保持适当距离，对人处事才可能客观、公正。每个人都有自己的私人空间，搞好职场人际关系并不等于无话不谈、亲密无间。有时同事之间摩擦不断、矛盾重重，恰恰是由于交往太过密切、随意，侵犯了别人的隐私。所以，当自己的个人生活出现危机时，不要在办公室随意倾诉；要尊重同事的权利和隐私，不打探同事的秘密，不私自翻阅同事的文件、信件，不查看对方的计算机；对同事不过多地品头论足，更不要做搬弄是非的嚼舌者。

小案例 4-14

焦先生的后悔

焦先生刚刚调入某局一个月，一个月来由于他处处小心做事，每每笑脸相迎，所以同事们对他的态度也颇为友善，竟不曾遇到他所担心的任何麻烦。一天，全科室的人决定一块儿去餐厅聚餐以度周末，也邀请了焦先生。席间大家有说有笑，无所不谈，其中有一名同事与焦先生最谈得来，几乎把局里的种种问题，以及科室每位同事的性格、缺点都尽诉无遗。焦先生一时受宠若惊，加之对局里的人事一无所知，很珍惜这样一位"知无不言，言无不尽"的同事，彼此显得相当投机，于是开始放松自己的防卫，便将一个月来看到的不顺眼、不服气的人和事通通向这位同事倾诉而后快，甚至还批评了科里一两个同事的不是之处，借以发泄心中的闷气。

不料这位同事竟是个翻云覆雨之人，不出几日便将这些"恶言"转达给了其他同事，这令焦先生狼狈至极，也孤立至极，几乎在科里没了立足之地。这时焦先生才如梦初醒，悔不该一时激动没管好自己的嘴巴，忘记了"来说是非者，本是是非人"这样一个浅显的道理。

【点评】初到新环境中，必须学会与同事保持一段距离，凡事中道而行，适可而止。在大家面前不要轻易显露行动及言行，学习做个聆听者，"人不犯我，我不犯人"，公平对待每一位同事，避免建立任何小圈子，对谣言一笑置之，深藏不露，如此才能尽快适应新环境，打开新局面，成为办公室中的生存者，而非受害者。（谢红霞）

3. 与同事日常沟通的禁忌

同在一单位，甚至同处一个办公室，每天都要见面谈话，谈话的内容可能无所不包，涉及工作内外的方方面面。因此，在日常沟通中如何把握分寸，就成了不可忽视的一个环节。

（1）不谈论私事。办公室不是互诉心事的场所，虽然这样的交谈富有人情味，能使彼此之间变得亲切、友善。据调查，只有不到1‰的人能够严守别人的秘密。因此，当自己的生活出现危机，如失恋、婚变等，不宜在办公室里倾诉；当自己的工作出现危机，如工作不顺利，对老板、同事有意见，更不应该在办公室里向人袒露。我们不能把同事的"友善"和朋友的"友谊"混为一谈，以免影响正常的工作秩序和自身的形象。

（2）不好争喜辩。同事之间在某些问题上发生分歧很正常，尤其是在座谈、讨论等场合。当别人提出不同意见时，要尊重对方，认真倾听，不随意打断，不急于反驳，在清楚了解对方观点及其理由的前提下，语气平和地陈述自己的观点，并提供支持的理由。切不可抱着"胜过对方"或"证明自己是对的，对方是错的"的心态一味地争执下去，否则就会影响彼此关系，伤害别人自尊。

（3）不传播"耳语"。所谓"耳语"，即小道消息，是指非经正式途径传播的消息，往往传闻失实，并不可靠。在一个单位里，各方面的"耳语"都可能有，事关上司的"耳语"可能更多。这些耳语如同噪声一般，影响着人们的工作情绪。对此，应该做到"三不"：不打听，不评论，不传播。

（4）不过分表现。表现自己并没有错。在现代社会，充分发挥自己的潜能，表现出自己的才能和优势，是适应挑战的必然选择。但是，表现自己要分场合、分方式，美国戏剧评论家成廉·温特尔说过："自我表现是人类天性中最主要的因素。"人类喜欢表现自己就像孔雀喜欢炫耀美丽羽毛一样正常，但刻意的自我表现就会使热忱变得虚伪，自然变得做作，最终的效果还不如不表现。

小案例 4-15

小马的表现

小马是一家大公司的高级职员，平时工作积极主动，表现很好，待人也热情大方。但一天，一个小小的动作却使他的形象在同事眼中一落千丈。那是在会议室里，当时好多人都等着开会，其中一位同事发现地板有些脏，便主动拖起地来。而小马似乎有些身体不舒服，一直站在窗台边往楼下看。突然，他走过来，一定要拿过那位同事手中的拖把。本来地差不多已拖完了，不再需要他的帮忙。可小马却执意要求，那位同事只好把拖把给了他。

刚过半分钟，总经理推门而入。他正拿着拖把勤勤恳恳、一丝不苟地拖着。这一切似乎不言而喻了。从此，大家再看小马时，顿觉他假了许多。以前的良好形象被这一个小动作一扫而光。

【点评】在工作中，往往有许多人掌握不好热忱和刻意表现之间的界限。不少人总把一腔热忱的行为演绎得看上去是故意装出来的，也就是说，这些人学会的是表现自己，而不是真正的热忱。热忱绝不等于刻意表现。在需要关心的时候关心他人，在应当拼搏的时候努力付出，真诚自然，谁都会赞许。而不失时机甚至抓住一切机会刻意表现出自己"与群众打成一片""关心别人""是领导的好下属"，则会让人觉得虚假而不愿与之接近。

（5）不当众炫耀。在人际交往中，任何人都希望得到别人的肯定评价，都在不自觉地维护着自己的形象和尊严。如果当众炫耀自己的才能、长相、财富、地位等，处处显出高人一等的优越感，那么无形之中就是对他人自尊与自信的挑战与轻视，会引起别人的排斥心理乃至敌对情绪。因此，在与同事相处过程中，应该谨小慎微，认真做事，低调做人，即使自己的专业技术很过硬，深得老板赏识和器重，也不能过于张扬。

小案例 4-16

爱吹嘘的多娜小姐

多娜小姐刚到公司的时候，最喜欢吹嘘自己以前在工作方面的成绩，以及自己每一个成功的地方。同事们对她的自我吹嘘非常讨厌，尽管她说的都是千真万确的事实。她与同事们的关系因此弄得很僵，为此，多娜小姐很烦恼，甚至无法在公司里继续工作了。

她不得不向职业专家请教。专家在听了她的讲述之后，认真地说："唯一的解决方法就是隐藏你自己的聪明以及所有优越的地方。他们之所以不喜欢你，仅仅是因为你比他们更聪明，或者说你常常将自己的聪明向他们展示。在他们的眼中，你的行为就是故意炫耀，他们的心里难以接受。"多娜小姐顿时恍然大悟。她回去后严格按照专家的话要求自己。从此，她总是先请对方滔滔不绝地把他们的成绩讲出来，与她分享，而只是在对方问她的时候，才谦虚地说一下自己的成绩。很快，公司同事们就改变了对她的态度，慢慢地，她成了公司最有人缘的人。

【点评】可见，炫耀让人讨厌，谦虚赢得信赖。你尊重别人，别人才会尊重你，才能与同事建立良好的关系。

（6）不直来直去。我们常常认为心直口快是一种难得的品质，有话就说，直来直去，给人以光明磊落、酣畅淋漓之感。其实，不分场合、不看对象的直率，往往也会成为沟通的障碍，特别是当我们有求于对方或者发表不同见解的时候，更不能颐指气使，直截了当。

（7）不随便纠正或补充同事的话。日常交流过程中，可以对某个问题发表自己的见解，但不要随意纠正或补充同事的话，除非工作需要或对方主动请教。否则，会有自以为是、故作聪明之嫌，也会无意损伤对方的自尊心。

⊙ **小案例 4-17**

怎样与同事沟通

小张本是个心直口快的人，说话向来不会含蓄婉转，所以经常得罪同事。一次，饮水机没水了，他对同事小刘说："帮个忙换桶水吧，就你闲着。"小刘一听不高兴了："什么就我闲着？我在考虑我的策划方案呢。"小张碰了一鼻子灰。

小张跑到销售部："吴经理，你给我把这月的市场调查小结写一下吧。"吴经理头也没抬，冷冷地说："刚当上管理员，说话就是不一样。"显然吴经理生气了。小张想，我也没说什么呀。他顺手拿起打印机旁的一份"客户拜访表"问："这是谁制的表？"吴经理的助理夺过表格："你什么意思？"

当天，几个同事在一起谈话，让小张说说对公司管理的看法，小张竹筒倒豆子一吐为快："我认为目前我们公司的管理非常混乱，有令不行，有禁不止，简直一个乡下企业。"大家不爱听了，认为他话里有话。

一会儿同事小王问小张，某某事情可不可以拖一天，因为手头有更重要的事情在做。"有这么做事情的吗？你别找理由了，这可是你分内的事，反正又不是给我做，你看着办！"小张声色俱厉地说。小王也不甘示弱，说："喂，请注意你的言辞。你以为你是谁呀？我就是没时间。"小张气得发抖："我怎么了？本来就是这回事嘛，我不过是实话实说。"

【思考】小张的同事关系何以如此紧张？你若是小张，你将怎样改善同事关系？

4. 劝慰同事的技巧

俗话说：患难见真情。当同事在工作中遇到了麻烦，本人或者家中遭遇了不幸，我们理应伸出援助之手，努力为对方排忧解难，给同事以安慰和鼓励，这是人之常情，也是一种为人处世的美德。但是，要使劝慰真正收到实效，必须掌握劝慰的艺术。

⊙ **小案例 4-18**

笨口拙舌的小王

小王被分配到机关工作，这本是件令人开心的事，但是上班几个月以来，小王却感到很郁闷，由于自己笨口拙舌，总是让同事不高兴。一次，奔丧回来的老李来到办公室，小王马上站起来安慰他说："听说你岳母大人被车撞死了，我们都很难过，希望你节哀顺变。"老李面色阴沉地走出办公室。

（1）劝慰同事的基本要求。这些基本要求包括以下方面。

① 同情而非怜悯。当一个人遭到挫折和不幸的时候，十分需要别人的同情。真正的同情，是站在完全平等的地位上交流思想感情，给对方以精神和道义上的支持，并分担对方的感情痛苦，使不幸者痛苦、懊丧的消极情绪得以宣泄，并逐渐消除其心理上的孤独感，不断增强其战胜困难的信心。怜悯则是对不幸者的感情施舍，其结果，要么是刺伤不幸者的自尊心，使其从心理上拒绝接受；要么使不幸者更加心灰意懒，无法振作精神重新站起来。

② 鼓励而非埋怨。遭遇挫折和不幸的人，由于一时无法摆脱感情上的羁绊，往往会垂头丧气，消极悲观。此时，最重要的是通过积极鼓励，给予其信心和勇气，让他在困难的时

候看到前途和希望。一味埋怨只会使不幸者更加悲观，个别情感脆弱的甚至会走上极端。

③ 安抚而非教训。当一个人遭到挫折，精神处于迷惘状态时，特别需要有人给他及时安抚和真诚开导，针对他此时此刻的心理，循循善诱，积极开导，帮助对方解除忧愁，驱散烦恼。如果以教训人的口吻讲大而空的道理，只能使对方更加不安，甚至产生破罐子破摔的情绪。

④ 选择恰当时机。劝慰效果的好坏，很大程度上取决于能否选择恰当的时机。对生老病死等突发事件要注意及时安慰；当一个人情绪处于失控的情况下，任何劝慰都听不进去，就要等他冷静下来后再去交谈。

（2）劝慰同事的技巧。这些基本技巧包括以下方面。

① 劝慰事业受挫者。对于胸怀大志而又在事业上屡遭挫折和失败的同事，最重要的是对其事业的充分理解和支持。在劝慰过程中，应注意理解多于抚慰，鼓励多于同情。最好的安慰是帮助其总结经验教训，分析面临的诸多有利和不利条件，克服其灰心丧气的情绪，帮助其树立必胜的信心。

② 劝慰患病者。一般来说，生病的人都会感到心情烦躁，有些病人还会顾虑重重，因病住院者更常常感到寂寞、孤单和愁闷。在探望生病同事时，要视其具体情况思考谈话内容。对于身患重症、绝症的同事，即便友情再深，也不能在其面前流露哀伤情绪，以免给病人造成精神上的压力和负担，而应选择较为愉快的事情进行交谈，并多讲些安慰、鼓励的话。

③ 劝慰丧亲者。亲人去世，同事的悲伤心情可想而知。安慰这些同事，专注的倾听尤其重要，要倾听对方的回忆和哭诉，让其悲痛的心情得以宣泄和释放，这样有利于对方恢复心理平衡。此外，还应与同事多谈死者生前的优点、贡献以及后人对他的敬仰怀念，因为，对死者的评价越高，其亲属就越感到宽慰，进而也能尽快解脱丧亲的沉重与悲痛。

④ 劝慰受轻视者。在现实生活中，那些因能力平平或其他原因而被上司和同事轻视的人，往往都存在一个共同的心理缺陷——自卑。因此，劝慰时应多讲些成功人士的典型事例，鼓励对方不要向现实屈服；同时，要善于挖掘对方身上不易觉察的优点和长处，从而唤醒他的自尊心和自信心，使其坚信只要充分发挥自己的主观能动性，就一定能够取得成功，赢得别人的尊重与信赖。

此外，劝慰应注意：避开对方的痛处和能够引起对方伤感的相关讯息；认同对方的感受，以示理解和同情；引导对方把注意力集中到如何解决问题上；控制好自己的情绪；真诚地关注对方，经常关心对方的生活与工作。

4.3　与下属的沟通

1. 与下属沟通的意义

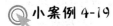 小案例 4-19

与下属沟通不当

美容师小张和小李都是新来的员工，小张热情大方能说会道，吸引顾客来开卡消费的数量比小李多,因此受到店长赵姐的认可,在员工会议上赵姐多次对小张提出了表扬。而小李却寡言少语,只听说她很踏实。眼看2个月试用期快到了,小李开卡落单的数量还不足小张的一半,赵姐就特别找她沟通了好几次,每次都希望她向小张多多学习口才,但每次她都发现小李听后都一脸郁闷,欲言又止。不久后,小李便辞职走人了。接下来,赵姐却发现小张的开卡数量在小李走后,居然没有增加一单,反而流失了好多客户。

此时,老员工周姐向她说了些情况后,赵姐才知道原来能言善道的小张技术不佳,大部分她说服做疗程的客户都是在经过技术能力合格的小李护理后,才决定留下办卡的。此时的赵姐才猛然醒悟,由于自己跟下属的沟通不当,严重伤害了对方的工作热情,最终丢失了一个忠诚的核心员工。

身为管理者,一定要注意做好与下属的沟通,才能知人善用,发挥人才的最大价值。在进行沟通时,也要注意运用良好的方式和技巧,才能达到沟通的目的。

【点评】作为管理者,与下属的沟通,绝对不是聊天和谈工作这么简单,因为与下属沟通最大的目的,就是要通过沟通,充分调动下属的积极性,使他们的潜力得以最大限度发挥。如果沟通的此目的不能达到,你和下属的对话要么属于寒暄,要么可能成为对方离开的导火索。

管理者不仅要把工作设计成为生产产出过程,更应该设计成为人和人交流、协作、沟通,实现员工深层交往需要以及个性、心理满足的过程。管理者必须了解员工的观点、态度和价值,努力帮助员工在工作中实现其价值。实现这一目标的根本途径即是面对面的语言沟通。没有沟通,就没有了解;没有了解,就没有全面、整体、有效及平衡的管理过程。

在现实生活中,上下级出现沟通问题屡见不鲜。管理者在处理人与人之间的各种矛盾时谴责、贬斥、误解,或是以一种"我是领导我怕谁"的态度对待别人,都会把事情搞糟。即使在世界上著名的大公司,类似的事件也屡见不鲜。

 小案例4-20

总裁史蒂芬·盖瑟的转变

美国银行前总裁史蒂芬·盖瑟曾经亲身体会到作为领导者与下级沟通的重要性。20世纪80年代末期,大学刚毕业的他就在一家大规模的投资公司任业务主管。他在洛杉矶西区拥有住宅,开着一辆奔驰,时年不过25岁。此时他自认为是神童,可以呼风唤雨,无所不能,而且在他人面前也毫不掩饰这种自大的态度。

20世纪90年代以后,美国经济开始萎缩,裁员的风暴无情袭来。起初他不以为意。可没想到有一天,老板对他说:"史蒂芬,你的能力没话讲,可是问题出在你的态度上,公司里没有人愿意与你配合,我恐怕必须请你离开公司。"

这真是晴天霹雳,像他这样的人才居然被开除了!此后,经过几个月求职的挫折,他以前那种自大的态度已荡然无存。他终于意识到应该与他人有效沟通,并帮助那些处境不如自己的人。他换了一种态度去待人,变得更有人情味、更可爱、更能共事了。之后周围的人也开始关心他,三年后,他又回到高级主管职位,不过这一次周围的同事都是他的朋友了。

身为领导,不管工作多么繁忙,都要保留与下属沟通的时间。美国前总统里根被称为

"伟大的沟通者",在漫长的政治生涯中,他深切体会到与自己的服务对象沟通的重要性。即使在总统任期内,他也保持着阅读来信的习惯。他请白宫秘书每天下午交给他一些信件,再利用晚上时间在家里亲自回复。美国前总统克林顿也常常利用传媒与人们面对面交流,借此了解他们的想法,表达对他们的关切。即使无法解决所有人提出的问题,但总统亲自到场聆听人们的意见,表达自己的想法,这本身就具有沟通的意义。

真正有效的沟通并不妨碍工作,比如开会、讨论、走廊里的短暂同行、共进午餐的时机,等等,都是进行沟通的机会。要成功地与下属沟通,关键有三点:一是怀有真诚的态度,不走形式;二是保持开放的心态,不搞"一言堂";三是主动创造沟通的良好氛围,不咄咄逼人。

小贴士 4-2

上司喜欢下属的品质

爱岗敬业,忠诚可靠。

独当一面,开拓创新。

自觉主动,服从第一。

乐观向上,勇担责任。

善于沟通,乐于合作。

2. 与下属谈心的技巧

有这样一则寓言:一把坚实的锁挂在铁门上,一根铁杆费了九牛二虎之力还是无法将它撬开。钥匙来了,它瘦小的身子钻进锁孔,只轻轻一转,那大锁就"啪"一声开了。铁杆奇怪地问:"为什么我费了那么大气力也撬不开,而你却轻而易举地就把它打开了呢?"钥匙说:"因为我最了解它的心。"

领导的才能不是表现在告诉员工如何完成工作,而是使员工发挥能力去完成它。因此,身为领导,必须注意通过语言沟通,了解本单位、本部门每个员工有形的和无形的需求,并设法满足其正当需求,如此,员工才会更忠诚、更有凝聚力。而在实际管理工作中,领导者往往重视自身的带头示范作用,却忽视了跟员工的沟通,尤其是上、下级之间的真诚谈心。

(1)贴近下属,寻求沟通。下级对上级,往往存在各种各样的心态:试探、戒备、恐惧、对立、轻视、佩服、无所谓,等等。有的员工在上级面前唯唯诺诺,不敢妄言,在同事面前则落落大方,侃侃而谈。因此,身为领导应该避免使用命令、训斥的口吻讲话,要放下架子,以平易近人、亲切和蔼的姿态去寻求沟通,如经常深入基层和员工之中,通过召开座谈会、个别访谈、即时聊天等形式,了解员工关心的焦点问题,征求员工的意见和建议,关心员工的工作和生活。只有这样,下级才会敞开心扉,畅所欲言。

小案例 4-21

善沟通的奥田

奥田是丰田公司第一位非丰田家族成员的总裁,在长期的职业生涯中,奥田赢得了公司内部许多人士的深深爱戴。他有1/3的时间在丰田城里度过,常常和公司里的多名工程师聊天，聊最近的工作、聊生活上的困难。另有 1/3 的时间用来走访 5000 名经销商，和他们聊业务，听取他们的意见。

（2）仔细倾听，适时提问。沟通艺术的核心在于仔细倾听和适时提问。一个优秀的领导人应该具备"作为一个听者所拥有的非凡技能"和一针见血地提出问题的能力。通过聆听，充分体味下属的心境，了解信息的全部内容；通过提问，促进沟通的深化，探究信息的深层内涵。两者均可为准确分析反馈信息、调整管理方式提供客观依据。因此，在谈心过程中，领导者要尽量少说多听，不随意插话，不轻易反驳；提问要言语简洁，要等对方说完或者说话告一段落时再发言。

（3）设身处地，换位思考。站在他人立场上分析问题，能给人以善解人意、体察入微的印象。这种投其所好的技巧常常具有极强的说服力。要做到这一点，知己知彼十分重要，唯有知彼，方能从对方立场上考虑问题。这就需要领导者经常深入基层开展调研，及时了解和掌握下属的思想动态和关心的利益所在。在谈心时，要善于联系对方的身份、职位和目前的工作、生活境况去揣摩对方心理，做到想对方之所想、急对方之所急，以真正理解对方的思想观点。

小案例 4-22

关　心

财务部陈经理结算了一下上个月部门的招待费，发现有一千多元钱没有用完。按照惯例他会用这笔钱请手下员工吃一顿，于是他走到休息室叫员工小马通知其他人晚上吃饭。

快到休息室时，陈经理听到休息室里有人在交谈，他从门缝看过去，原来是小马和销售部员工小李两人在里面。

"呃，"小李对小马说，"你们部陈经理对你们很关心嘛，我看见他经常用招待费请你们吃饭。"

"得了吧，"小马不屑地说到，"他就这么点本事来笼络人心，碰到我们真正需要他关心、帮助的事情，他没一件办成的。你拿上次公司办培训班的事来说吧，谁都知道假如能上这个培训班，工作能力会得到很大提高，升职的机会也会大大增加。我们部几个人都很想去，但陈经理却一点都没察觉到，也没积极为我们争取，结果让别的部门抢了先。我真的怀疑他有没有真正关心过我们。"

"别不高兴了，"小李说，"走，吃饭去吧。"

陈经理只好满腹委屈地躲进自己的办公室。

【思考】本案例中，陈经理与部下在沟通上存在什么问题？假如你是陈经理，你会怎么做？

（4）拉近距离，平等交流。谈心伊始，要特别重视开场白的作用。可以先扯几句家常，开一些善意的玩笑，以消除对方的拘束感，拉近双方心理上的距离，然后再慢慢引出正题。在阐述自己观点时，要有平等的姿态，晓之以理，动之以情，不以势压人，不训斥命令；音量适中，语气平和，语调自然，态度和蔼；手势或动作幅度等不宜过大；多采用商量性的口吻，例如，"你觉得我的话有道理吗？""你同意我的意见吗？"

小故事 4-3

艾森豪威尔与士兵

艾森豪威尔是第二次世界大战时的盟军统帅。有一次,他看见一个士兵从早到晚一直挖壕沟,就走过去跟他说:"大兵,现在日子过得还好吧?"士兵一看是将军,敬了个礼后说:"这哪是人过的日子哦! 我在这边没日没夜地挖。"艾森豪威尔说:"我想也是,你上来,我们走一走。"艾森豪威尔就带他在那个营区里面绕了一圈,告诉他当一个将军的痛苦和肩膀上挂了几颗星以后还被参谋长骂的那种难受,打仗前一天晚上睡不着觉的那种压力,以及对未来前途的那种迷惘。

最后,艾森豪威尔对士兵说:"我们两个一样,不要看你在坑里面,我在帐篷里面,其实谁的痛苦大还不知道呢,也许你还没死的时候,我就活活地被压力给压死了。"这样绕了一圈以后,又绕到那个坑的附近,那个士兵说:"将军,我看我还是挖我的壕沟吧!"

3. 调解下属矛盾的技巧

只要有人的地方,就必然会有矛盾与冲突发生,而矛盾与冲突的结果,不仅会破坏人与人之间的和谐关系,而且会削弱一个集体的凝聚力和战斗力,降低整个团队的声誉和绩效。因此,领导者的日常管理活动之一就是处理下属之间的矛盾冲突。

小案例 4-23

握 手 言 欢

张某、刘某两人同是某单位一科室的副科长。起初,两人关系融洽,工作上配合十分默契。但在一次中层领导干部竞聘中,张某经过竞聘被提拔为科长,此后张、刘两人的关系就急剧恶化,身为副职的刘某非但不配合张某的工作,反而经常拆台搞内讧。不仅如此,他还不时在背后诋毁张科长,说"张某任科长一职是花钱买来的"之类的话。张科长知道后也暗恨刘某,后来发展到见面不打招呼、两人无话可说的地步。

局领导对此十分重视,局长亲自召集全局领导班子开会研究调停冲突方案。会上,决定先由分管该科的林副局长出面做调停工作。林副局长接到任务后,便分别找张、刘两人单独谈话。谈话内容各有侧重,对刘某主要是让他说说对组织提拔张某有什么看法,如果组织上真有违反干部任用条例之处也希望他提出来,如属实,组织坚决公正决断,但不能无根据地瞎编乱谈。此外,还向他指出班子闹不团结的危害性,不但影响工作,而且影响个人前途,通过谈话使之认识到自己的错误。对于张科长则要求他作为一科之长要以大局为重,要有宽大的胸怀,善于求同存异,虚心听取各种不同的意见和建议,以宽容对待冲突,以礼貌谦让对待冷嘲热讽,不要总是对一些细枝末节斤斤计较,更不能对一些陈年旧账念念不忘。在大是大非面前要冷静头脑,要善于团结下属,共同把工作搞好。

经过第一次谈话后,局领导又按计划安排对张、刘的第二次谈话。这次谈话由局主要领导出面,以邀请张、刘二位科长共进晚餐的方式进行,谈话地点选在原先两位科长关系好时常去的某饭店。大家都按时到位后,先由局长讲话。局长说:两位科长能不计前嫌,迈过门坎,走在一起共进晚餐不容易,局领导感到很高兴,这是科长们以大局为重的一种表现。局长对他们的诚意表示感谢。然后，由两位科长先后发言，谈话间，各表衷心、互赔不是，以求得对方谅解，场面甚是感人。最后便是大家端起团结的酒杯，握手言欢，共祝工作如意！

那么，怎样正确处理下级之间的矛盾，营造和谐、积极的工作氛围呢？

（1）事前有预案。识别冲突，调解争执，是管理者最重要的能力之一。当发现下属间发生冲突时，如果盲目调和，往往收效甚微，搞不好还会火上浇油，弄巧成拙。因此，要对冲突的原因、过程及程度等做详尽的了解后，研究制订出可行的调解方案，并按方案进行。

（2）大局为重。现代社会的一个重要特点就是分工严密，这样可以提高工作效率，但同时也带来了一个不可避免的缺陷，这就是彼此之间缺乏相互了解。在诸多的矛盾冲突中，虽然双方在各自的利益上产生了纷争，但共同的目标还是一致的，因此管理者应让冲突双方清醒地意识到，单纯地指责对方是无济于事的，只有相互配合、密切协助才能解决纷争，才能实现团队的共同目标。事实上，当双方均以单位的整体利益为重时，心中的怒气就会化为乌有。

（3）换位思考。在局部利益冲突中，双方所犯的错误多半是只考虑自己，以自己为中心，而不能体谅对方。让他们互相了解、体谅对方的最好办法，莫过于让他们各自站在对方的立场上去考虑问题。当双方确实做到这一点后，可能就会握手言和、心平气和地协商一种积极性的解决冲突的方法。孔子说："己所不欲，勿施于人。"这正是其设身处地、从对方角度看问题而得出的结论。

（4）折中调和。领导是下属之间矛盾的最终仲裁者。仲裁者要保持权威，就必须坚持公平、公正的原则。如果偏袒一方，就会使另一方产生不满和对立情绪，进而加剧矛盾，甚至将矛盾转化为上下级之间的矛盾，使矛盾性质发生变化。所以，冷静公允，不偏不倚，是处理下属矛盾时最起码的原则，尤其是在调节利益冲突时。此外，很多情况下冲突双方均各有道理，但又各执一词，很难判断谁是谁非。这时候，折中协调、息事宁人是最好的解决办法。

（5）创造轻松气氛。发生冲突双方均抱有成见和敌意，所以在进行调解时缓和气氛很重要。调解不一定在会议上、办公室里进行，有时在餐桌上、咖啡厅、领导家里效果反而会更好。

总之，下属之间的矛盾冲突是多样的，调和的办法不能千篇一律，要在实际工作中根据不同的冲突对象、起因及程度采用灵活的技巧来加以调解。

小贴士 4-3

从《杜拉拉升职记》学职场沟通

《杜拉拉升职记》改编自李可的同名小说，由中国电影集团出品。该片是由徐静蕾执导，黄立行、吴佩慈、莫文蔚等出演的都市爱情片。

影片讲述了职场女性杜拉拉在外企的八年经历，从一个职场新人，到见识各种职场变迁及职场磨炼，最终成长为一个专业干练的 HR 经理，同时收获爱情的故事。定位准确是电影《杜拉拉升职记》成功的一大关键，在中国白领人群可按千万数来计，庞大的受众群体，职场加爱情的剧情，再加上全面宣传，使《杜拉拉升职记》大火，上映十三天即宣告票房破亿。

影片中有很多经典对白,被很多职场人奉为经典,比如以下几个例子。

(1) EQ 在斗争中成长得最快。

(2) You deserve it! ——名至实归和罪有应得。

(3) 升职前,拉拉打心眼儿里觉得自己坐经理位子绝对胜任,到她真正坐到这个位子才发现,原来这个位子上的很多活,是自己以前不了解的。

(4) 经理以下级别叫"小资",就是"穷人"的意思,一般情况下利用公共交通上下班,不然就会影响还房贷。

(5) 经理级别算"中产阶级",阶级特征是他们买的第一个房子不需要贷款,典型的一线经理私家车是"宝来"。

(6) 总监级别是"高产阶级","高产"们有不止一处住房,房子得是在好地段的优质房产或者"别墅",可以自愿享受公司提供的商务车,或同等价格的补贴,自己买车,和车相关的所有费用完全由公司负担。

(7) VP 和 president 是"富人",家里有管家和门房,公司给配着专门的司机,出差坐头等舱。

(8) 爱情不是用来考验的,而是用来珍惜的,对女孩而言,青春苦短,守着一份变数太大的爱情是最大的危险。

(9) 当痛苦有了一个时限,当事人就有了一个熬出头的指望,每过一天,你都知道你正在离痛苦更远。

(10) 多参加集体活动,能增加良性进程。

(11) 商业行为准则,就是公司用正式的书面形式,告诉员工什么可以做、什么不可以做,如果非做会受到什么样的处罚等,公司通过这套准则让员工明白,这里的企业文化认为什么是道德的,什么是不道德的。

(12) 忠诚源于满足。入职培训的忠诚教育,这不仅源于洗脑者的需要,也源于被洗脑者的需要。这和婚姻没有什么两样,人们越满意自己的配偶,越为自己的配偶骄傲和自豪,就越愿意忠诚于自己的配偶。

(13) 真正的外企,富高科技含量的 500 强跨国企业,不需要背《陋室铭》,更不会有性骚扰,而且老板肯定很忙,没有兴趣让我伺候他吹牛两小时,就算老板吹牛吧,一定也吹得非常有魅力。

案例分析

1. 消除上司误解

凯丽是某销售公司的文员。春节前经理交给她一大堆名片和一些精心挑选的明信片,要她按照名片逐一打印寄出。凯丽曾提醒经理将已经发生改变或业务上已没有往来的客户挑出来,但经理不耐烦地说:"你别管,把所有名片都寄出去就是了!"

两天后,当凯丽把打印好的明信片交给经理过目时,经理却大声指责她将一些已经不在中国的客户错误地打印在"最精美"的明信片上。凯丽觉得很委屈，想说出来又担心被经理安个"顶撞上司"的罪名开除，便认了下来。回去后她大哭一场，可心里还是觉得别扭，以致影响了工作。后来凯丽利用休息时间去拜访经理，坦诚地说出内心的想法。结果出乎意料，高高在上的经理竟然向她承认了错误。从此，他们两人在工作上配合相当默契，为公司创造了显著的业绩。

【思考与讨论】

请问凯丽是如何对待和消除上司的误解的？

2. 汇报

佩佩年轻干练、活泼开朗，入行不几年，职位"蹭蹭"地往上升，很快成为单位里的主力干将。几天前，新老板走马上任，下车伊始，就把佩佩叫了过去："佩佩，你经验丰富，能力又强，这里有个新项目，你就多费心盯一盯吧！"

受到新老板的重用，佩佩欢欣鼓舞。恰好这天要去上海某周边城市谈判，佩佩一合计，一行好几个人，坐公交车不方便，人也受累，会影响谈判效果；打车吧，一辆坐不下，两辆费用又太高；还是包一辆车好，经济又实惠。

主意定了，佩佩却没有直接去办理。几年的职场生涯让她懂得，遇事向老板汇报一声是绝对必要的。于是，佩佩来到老板跟前。

"老板，您看，我们今天要出去，"佩佩把几种方案的利弊分析了一番，接着说："所以呢，我决定包一辆车去！"汇报完毕，佩佩发现老板的脸不知道什么时候黑了下来。他生硬地说："是吗？可是我认为这个方案不太好，你们还是买票坐长途车去吧！"佩佩愣住了，她万万没想到，一个如此合情合理的建议竟然被打了"回票"。

"没道理呀，傻瓜都能看出来我的方案是最佳的？"佩佩大惑不解。

【思考与讨论】

请问佩佩哪里做得不对？她应该怎样向老板"汇报"呢？

3. 请假

下面是下属向上司请假的两个结果相反的案例。

职员：今天我有点急事，不来了。

经理：今天公司有好多重要业务要处理。

职员：但是我今天确实是有急事啊！

经理：那你昨天怎么不事先打招呼呢？不然，我会事先安排别人顶替你的业务。

职员：不是急事嘛？我又不是神仙，怎么能未卜先知？谁家里能没点急事？

经理：当然。那你就以家为重吧。（重重地扔上电话。）

职员：经理，您好！非常抱歉，今天家里有点急事，实在没办法，只能向您请假了。

经理：可是，今天公司有一项非常重要的业务要你处理啊！

职员：经理，这个我知道。不过经理啊，我的情况您也知道，不是万不得已，我是从不在紧急关头向您开口请假的。您一向都非常关照我，我也不忍心在紧要关头给您添麻烦。

经理（犹豫了一下）：那这样吧，你给小王打个电话，将你准备好的材料发给她，我再跟她打个招呼，让她辛苦点，今天替你挡一阵。

职员：经理，您真是体贴下属的好领导！太感谢您了！改天请您吃饭！

经理（愉快地轻笑一声）：别拍马屁了。那就这样吧，拜拜！（轻轻地挂上电话。）

【思考与讨论】

（1）两个下属在向上司请假时的沟通方式有何不同？各自产生了什么效果？为什么？

（2）本案例对你有哪些启示？

实 践 训 练

1. 模拟职场沟通训练

实训目标：使学生了解沟通的过程并掌握沟通的基本技能；培养学生的语言表达能力和沟通能力；通过活动，提高学生的团队协作意识以及其他综合能力。

实训学时：2学时。

实训地点：教室或实训室。

实训准备：

（1）分组，每组4～6人，设1人为组长。

（2）以小组为单位，自主选择一种职场沟通形式。

（3）根据要求各组分配人员角色，讨论设计故事情节，并进行认真准备。

实训方法：

（1）按小组顺序进行模拟演练，演练之前，每组派1人说明本组模拟的职场沟通形式及所要表达的主题。

（2）在模拟过程中，各组成员要认真严肃，尽力扮演好自己的角色，言谈举止符合角色要求。

（3）每组演练后，指导教师与学生共同点评。

2. 组织一次主题班会

实训目标：掌握沟通的基本技巧，增进师生及同学之间的了解。

实训学时：1学时。

实训地点：教室。

实训方法：组织一次由全班学生和系领导、任课教师代表参加的主题班会，针对当前教师与学生、干部与同学、同学与同学之间存在的实际问题进行现场沟通。在沟通过程中，要求学生讲究沟通技巧和语言艺术，注意倾听、提问、应答、说服等各个环节，并留心从老师与学生的沟通中体会如何与领导、同事及下属交流。可由班干部或学生主持。

班会参考议题：

（1）大学老师上课该不该点名？

（2）大学生还有统一上早操的必要吗？

（3）大一学生做兼职会影响学习吗？

......

3. 职场沟通能力测试

你的职场沟通能力如何？请回答下列问题测试一下自己的沟通能力。

（1）在说明自己的重要观点时，别人却不想听你说，你会（　　）。

　　　　A. 马上气愤地走开

　　　　B. 不说了，但你可能会很生气

　　　　C. 等等看还有没有说的机会

　　　　D. 仔细分析对方不听的原因，找机会换一个方式去说

（2）去与一个重要的客人见面，你会（　　）。

　　　　A. 像平时一样随便穿着

　　　　B. 只要穿得不太糟就可以了

　　　　C. 换一件自己认为很合适的衣服

　　　　D. 精心打扮一下

（3）与不同身份的人讲话，你会（　　）。

　　　　A. 对身份低的人，你总是漫不经心地说

　　　　B. 对身份高的人说话，你总是有点紧张

　　　　C. 在不同的场合，你会用不同的态度与之讲话

　　　　D. 不管什么场合，你都是以一样的态度与之讲话

（4）在与人沟通前，你认为比较重要的是应该了解对方的（　　）。

　　　　A. 经济状况、社会地位　　　　　　B. 个人修养、能力水平

　　　　C. 个人习惯、家庭背景　　　　　　D. 价值观念、心理特征

（5）去参加老同学的婚礼回来，你很高兴，而你的朋友对婚礼的情况很感兴趣，这时你会告诉她（他）（　　）。

　　　　A. 详细述说从你进门到离开时所看到和感觉到的相关细节

　　　　B. 说些自己认为重要的

　　　　C. 朋友问什么就答什么

　　　　D. 感觉很累了，没什么好说的

（6）你正在主持一个重要的会议，而你的一个下属却在玩弄他的手机并有声音干扰会议现场，这时你会（　　）。

　　　　A. 幽默地劝告下属不要玩手机

　　　　B. 严厉地叫下属不要玩手机

　　　　C. 装着没看见，任其发展

　　　　D. 给那位下属难堪，让其下不了台

（7）你正在跟老板汇报工作时，你的助理急匆匆跑过来说有你一个重要客户的长途电话，这时你会（　　）。

　　　　A. 说你在开会，稍后再回电话过去

　　　　B. 向老板请示后，去接电话

　　　　C. 说你不在，叫助理问对方有什么事

　　　　D. 不向老板请示，直接跑去接电话

（8）你的一位下属已经连续两天下午请了事假,第三天上午快下班的时候,他又拿着请假条过来说下午要请事假,这时你会(　　　)。

　　A. 详细询问对方因何要请假,视原因而定

　　B. 告诉他今天下午有一个重要的会议,不能请假

　　C. 你很生气,什么都没说就批准了他的请假

　　D. 你很生气,不理会他,不批假

（9）你刚应聘到一家公司就任部门经理,上班不久,你了解到本来公司中就有几个同事想就任你的职位,老板不同意,才招了你。对这几位同事你会(　　　)。

　　A. 主动认识他们,了解他们的长处,争取成为朋友

　　B. 不理会这个问题,努力做好自己的工作

　　C. 暗中打听他们,了解他们是否具有与你进行竞争的实力

　　D. 暗中打听他们,并找机会为难他们

（10）你在听别人讲话时,你总是会(　　　)。

　　A. 对别人的讲话表示兴趣,记住所讲的要点

　　B. 请对方说出问题的重点

　　C. 对方老是讲些没必要的话时,你会立即打断他

　　D. 对方不知所云时,你就很烦躁,就去想或做别的事

评分方法:(1)～(4)题,选 A 得 1 分、B 得 2 分、C 得 3 分、D 得 4 分;其余各题,选 A 得 4 分、B 得 3 分、C 得 2 分、D 得 1 分;将 10 道测验题的得分加起来,就是你的总分。

得分指导:

总分在 20 分以下,说明你的职场沟通能力较差,必须加强这方面的学习。但是,只要学会控制自己的情绪,改掉一些不良习惯,你仍能获得他人的理解和支持。

总分为 21～30 分,说明你的职场沟通能力一般,你懂得尊重他人,有一定的自控能力和表达能力,并能实现一定的沟通效果,但是缺乏高超的沟通技巧和积极的主动性。因此,你仍需要继续学习和锻炼,不断提高自己。

总分为 31～40 分,说明你的职场沟通能力很强,稳重,能很好地控制自己的情绪,能从容明白地表达自己,有很高的沟通技巧和人际交往能力。

自 主 学 习

1. 作为大学生,应为走向社会做好准备。从你的暑期打工经历或周围朋友那里收获一些工作中与上级、下属和同事之间沟通的经验,在课堂上讲给同学们听听。

2. 从老师与学生、同事、领导的沟通中体会:①领导如何与下属沟通;②同事之间如何沟通;③下属如何与上级沟通。

3. 设想自己实习或大学毕业来到一个新的工作环境,面对初次见面的领导和同事,应该说的话和说话的技巧。

4. 阅读下面这段文字,然后回答问题。

　　小王是一个大学毕业后参加工作不久的"新人"。她做事认真细致，和同事、下属关系都很融洽，可是她不愿意和上司主动交流。她说其实挺欣赏自己上司的，认为他敬业、有才华、对下属负责，但她不知为什么一见上司就底气不足，对于和上司沟通的事能躲就躲。有一次，因为没有听清楚上司的意思，导致上司交给她的工作被耽搁了，上司事后问她："为什么你不过来再问我一声？"她说："怕您太忙。"上司很生气地说："我忙我的，你怕什么？"时间长了，小王一和上司沟通就紧张，出现脸红、心跳、说话不利索的状态。大家都认为小王怕上司，她自己也这么认为。上司看见她这样，也就很少和她单独沟通。一次，晋升的机会来临了，小王很想把握住这个机会，但她又犹豫了，因为升职后的工作会面临比较复杂的关系，需要经常和上司保持沟通。她觉得自己天生怕领导，因此就错失了良机。

【思考与讨论】

　　假定你是小王，会采取怎样的措施挽回这种被动的局面？

任务5　日常沟通

太阳能比风更快地脱下你的大衣；仁厚、友善的方式比任何暴力更容易改变别人的心意。

——[美]戴尔·卡耐基

 任务目标

- 能够进行自我介绍和介绍他人，体现出较高的语言艺术；
- 能够与沟通对象得体地交谈；
- 能够运用说服的语言艺术进行说服；
- 能够运用赞美的语言艺术进行赞美；
- 能够运用拒绝的语言艺术进行拒绝。

 案例导入

经理室里的对话

小王是一家科教设备公司的推销员，他希望通过勤奋的工作来创造良好的业绩。一天他急匆匆地走进一家公司，找到经理室，于是就有了如下的一段对话。

小王：您好，李先生。我叫王乾，是科教设备公司的推销员。

经理：哦，对不起，这里没有李先生。

小王：你是这家公司的经理吧？我找的就是你。

经理：我姓于，不姓李。

小王：对不起，我没听清你的秘书说你是姓李还是姓于，我想向你介绍一下我们公司的彩色复印机……

经理：我们现在还用不着彩色复印机。

小王：噢，是这样。不过，我们还有别的型号的复印机，这是产品目录，请过目。（接着，掏出香烟和打火机）你来一支？

经理：我不吸烟，我讨厌烟味，而且，我们公司是无烟区。

小王：……

5.1 介　　绍

介绍语是日常人际沟通中为接近对方而常用的表达方法之一。通过相互介绍,以达到相互接近的目的。社交场合主要有两种介绍语:一是自我介绍;二是介绍别人。

1. 自我介绍

自我介绍是最常用的日常人际沟通形式。当我们处于比较正规的场合,面对陌生的公众,首先别忘了把自己介绍给对方。

(1) 自我介绍的时机。因业务关系需要相互认识,在进行接洽时可做自我介绍;当遇到一位你知晓或久仰的人士时,他不认识你,你可做自我介绍:"×××(称呼),您好! 我是××(单位)的×××(姓名),久仰大名,很荣幸与您相识";第一次登门造访,事先打电话约见,在电话里应自我介绍;参加一个较多人的聚会,主人不可能一一介绍,与会者可以与同席或身边的人互相做自我介绍。在出差、旅行途中,与他人不期而遇,并且有必要与之建立临时接触时,可适当做自我介绍;初次前往他人住所、办公室,进行登门拜访时要做自我介绍;应聘求职时需首先做自我介绍,等等。自我介绍前应有一句引言,以使对方或身边的人互相做自我介绍,以使对方不感到突然,如"我们认识一下吧,我叫×××,在××公司公关部工作"。

(2) 自我介绍的要求。做自我介绍时,要及时、清楚地报出自己的姓名和身份。大方自然地进行自我介绍,可以先面带微笑,温和地看着对方说声"您好!"以引起对方的注意,然后报出自己的姓名和身份,并简要表明结识对方的愿望或缘由。进行自我介绍一定要力求简洁,尽可能地节省时间,介绍用时以半分钟为佳。进行自我介绍时所表述的各项内容,一定要实事求是,真实可信。没有必要过分谦虚,一味贬低自己去讨好别人,但也不可自吹自擂,夸大其词,在自我介绍时掺水分,会得不偿失。

根据不同场合、环境的需要,自我介绍的方式有应酬式、公务式、礼仪式、社交式和问答式五种,见表5-1。

表5-1　自我介绍的形式

类　型	适 用 场 合	使 用 目 的	内　　容	举　　例
应酬式	适用于公共场合、一般性的社交场合,如:旅途中、商场里	面对泛泛之交而不想深交的人	只包括本人姓名	"你好,我叫/是张明。"
公务式	适用于工作场合,如:业务洽谈、工作联络	与对方建立工作关系	包括本人姓名、单位、部门或从事的具体工作三要素,缺一不可	"你好,我叫张明,是五湖四海医药公司的营销部经理。"
礼仪式	适用于讲座、报告、演说、庆典、仪式等正规场合	向对方表示友好、敬意	包括本人姓名、单位、职务等项内容,还可以适当加一些谦辞、敬语等	"各位来宾,大家好!我叫张明,我是五湖四海贸易公司的营销部经理。我代表本公司热烈欢迎大家的光临……"

类　型	适 用 场 合	使 用 目 的	内　　容	举　　例
社交式	适用于各类社交活动，如：私人交往、联谊会、网络交流等	使对方认识自己、了解自己，建立进一步交往的平台	包括本人姓名、职业、籍贯、爱好、自己跟交往对象双方所共同认识的人等	"你好，我叫张明，我是2008级营销班的。李军是我的老乡，我们都是北京人……"
问答式	适用于一般的交际应酬场合	应聘求职、应试求学，初次交往等	主要根据提问进行介绍，有问必答	问："请问您贵姓？"答："您好！免贵姓张。"

进行自我介绍时，态度应该自然、友善、亲切、随和。要充满信心和勇气，敢于正视对方的双眼，显得胸有成竹。介绍时语气要自然，语速要正常，语音要清晰，这对自我介绍的成功十分有好处。进行自我介绍时还要注意：

（1）引发对方做自我介绍时应避免直话相问，缺乏礼貌，如"你叫什么名字"，而应该尽量客气一些，用词更敬重些，"请问尊姓大名""您贵姓""不知怎么称呼您""您是……"等。

（2）他人做自我介绍时要仔细聆听，记住对方的姓名、职业等。如果没有听清楚，不妨在个别问题上仔细再问一遍，这比他人已经做过自我介绍，而你还是不明情况来的好。

（3）等一个人作了自我介绍之后，另一个人也应做出回应——做自我介绍，这才是礼貌的。

✎ 小贴士 5-1

王景愚的自我介绍

著名的戏剧表演家王景愚是这样做自我介绍的："我就是王景愚，表演《吃鸡》的那个王景愚，愚公移山的愚。人称我是多愁善感的戏剧家，实在是愧不敢当，我只不过是一个'走火入魔的哑剧迷'罢了。你看我40多公斤的瘦小身材，却经常负荷许多忧虑与烦恼，又多半是自找的。我不善于向自己敬爱的人表述敬与爱，却善于向自己憎恶的人表述憎与恶，然而胆子并不大。我虽然很执拗，却又常常否定自己，否定自己既痛苦又快乐，我就生活在这痛苦与快乐交织的网里，总也冲不出去。在事业上，人家说我是敢于拼搏的强者；而在复杂的人际关系面前，我又是一个心无灵犀、半点不通的弱者。因此，在生活中，我是交替扮演强者与弱者的角色……"

【点评】表演艺术家王景愚的自我介绍机智巧妙，同时又不乏谦虚、诚恳。自我介绍不一定要口吐莲花，人们更推崇自信自谦，分寸恰当的介绍。

2. 介绍别人

在日常人际沟通中，当你担任主持人或中介人时，别忘了给互不相识的客人做介绍。例如，"我来介绍一下：这位是××先生，目前就职于广告公司，美学爱好者。这位是大学中文系美学教授金××。"这是最常见的介绍语，介绍了双方姓名、特长、工作单位等。在交往中，由于实际需要的不同，介绍时所采取的方式也会有所不同。介绍别人的方式如表5-2所示。

表 5-2　介绍别人的形式

类　型	适用场合	使用目的	内　容	举　例
标准式	适用于正式场合，如业务洽谈、宴会	使双方认识，并建立工作、交换等联系	以双方的姓名、单位、职务等为主	"我给两位引见一下，这位是我们公司营销部的李小姐，这位是五湖四海集团公司的总经理张先生。"
礼仪式	适用于正式场合，是一种最为正规的他人介绍	与标准式略同，只是语气、表达、称呼上都更为礼貌、谦恭	包括双方姓名、单位、职务等项内容，还可以适当加一些谦辞、敬语等	"张先生，您好！请允许我把我们公司的销售部经理李军先生介绍给您。李先生，这位是五湖四海医药公司总经理张明先生。"
推荐式	适用于比较正规的场合	目的是将被介绍人举荐给另一位被介绍人	通常会对主要被介绍者的优点加以重点介绍	"这位是五湖四海医药公司的张明总经理，这位是我们公司的李军总经理。李总经理是管理方面的专业人士，他还是经济学博士呢。张先生，我想您一定愿意结识他吧。"
强调式	适用于各类社交活动，如：私人交往、联谊会等	使双方认识，并引起对其中一位被介绍者的重视	包括双方的姓名，往往还会刻意强调其中一位与介绍者之间的特殊关系	"这位是张教授的学生，这位是李经理，请李经理多多关照。"
引见式	适用于普通的交际应酬场合	将被介绍者双方引到一起即可	不需具体介绍双方，由他们自行认识	"两位认识一下，这位是张经理，请张经理多多关照。"
简介式	适用于一般的社交场合，如：聚会、茶话会、舞会	使双方认识	双方姓名一项，甚至只提到双方姓氏为止	"我来介绍一下，这位是小李，这位是小周，你们认识一下吧。"

介绍别人要注意以下几点。

（1）注意先后顺序。为双方做介绍时，要确立"把谁介绍给谁"的观念。应牢记"受尊敬的一方有优先了解权"这一介绍基本准则。把职位低者介绍给职位高者（商务场合尤其如此），把年轻的先介绍给年长者，把男士先介绍给女士，把未婚女子介绍给已婚女子，把家庭成员介绍给客人。如果双方年龄、身份都相差无几，则应当把自己较熟悉的一方先介绍给对方。违反这一顺序则有失礼仪。

（2）信息量要适中。请看下面两例。

①"我来介绍一下，这位是张先生，这位是王经理。"

②"这位是××房屋开发公司副总经理王××，他可是实权派，路子宽，朋友多，谁需要帮忙可以找他。"

前者信息量太少，通过介绍，双方只能了解一个姓，无法从介绍语中找到继续交谈的共同话题。后者信息量又太多，介绍的后半段属多余信息，而且庸俗化了，往往使被介绍者感到尴尬。所谓信息量适中，是指通过介绍使双方互相了解尊姓大名、工作单位、职务或特长。只要能为双方的进一步交谈引出共同话题即可，千万不可草率介绍，也不可画蛇添足。

（3）介绍语要规范。所谓介绍语规范,是指介绍语要热情、文雅并配以恰当的体态语。为双方介绍或者把某人向全体介绍都是为了建立关系、联络感情、融洽气氛,因此介绍语必须热情洋溢。尤其将某人介绍给全体成员时,要尽可能将此人的主要成绩、荣誉等一一加以热情介绍,切忌不冷不热,毫无生气的语气。美国著名成人教育家戴尔·卡耐基曾谈起过这么一件事:约翰·梅森·布朗是一位作家兼演说家。一次他应邀去某地演讲。演讲开始前,会议主持人将布朗先生介绍给公众,主持人的介绍语为:"先生们,请注意了。今天晚上我给你们带来了不好的消息。我们本想邀请伊塞卡·F.马科森来给我们讲话,但他来不了,病了。(下面嘘声)后来我们邀请参议员布莱德里奇前来,可他太忙了。(嘘声)最后,我们试图请堪萨斯城的罗伊·格罗根博士来,也没有成功。(嘘声)结果我们请到了——约翰·梅森·布朗。"这样的介绍语不仅是报流水账,毫无热情,而且有损被介绍者的自尊心,这是介绍语的大忌。

（4）介绍语要礼貌。在人际沟通中必须遵循礼貌、合作的交际原则。介绍语要文雅、有礼,切忌随便、粗俗。例如,"我给各位介绍一下:这小子是我的铁哥们儿,开小车的,我们管他叫'黑蛋'。"这段介绍中"小子""铁哥们儿""开小车的""黑蛋"这类词语显然与社交场合格格不入,太粗俗、不文雅,又把绰号当大名来介绍更显随便,不严肃。此外,介绍语常用一些敬辞、客套话、赞美语作为其表述语,在实践中应规范使用。如"我非常荣幸地向各位介绍×××""我们有幸请来了大名鼎鼎的×××""能聆听他的讲话我们感到由衷的高兴"等。这些介绍语中的"荣幸""有幸""由衷"等都是敬辞,"大名鼎鼎""请"是客套语。这类典雅的语言再加之优雅得体的体态语就更显魅力了。介绍时一般起立,面带微笑,伸出一手,掌心向上,边说边示意。

小训练 5-1

（1）请面向全班同学进行自我介绍。

（2）假设你的好朋友来你家做客,你要介绍你的家人和朋友认识。你将如何进行介绍?

（3）试把一位你所熟悉的人(如父亲、母亲、同学、老师……)得体地介绍给大家。

（4）某计算机公司培训部经理刘某到某职业院校与校长王某洽谈联合办学事宜。假如你是校办公室主任,你怎样为双方做介绍?

5.2 交 谈

曾任美国哈佛大学校长的伊立特说过:"在造就一个有修养的人的教育中,有一种训练必不可少,那就是优美、高雅的谈吐。"交谈是交流思想和表达感情最直接、快捷的途径。在人际沟通中,因为不注意沟通的语言艺术,或用错了一个词,或多说了一句话,或不注意词语的色彩,或选错话题等,而导致交往失败或影响人际关系的事,时有发生。因此,在沟通中必须遵从一定的规范,才能达到双方交流信息、沟通思想的目的。语言作为人类的主要交际工具,是沟通不同个体心理的桥梁。交谈的语言艺术包括以下几个方面。

1. 准确流畅

在交谈时如果词不达意、前言不搭后语，很容易被人误解，达不到交际的目的。因此在表达思想感情时，应做到口音标准、吐字清晰，说出的语句应符合规范，避免使用似是而非的语言。应去掉过多的口头语，以免语句被割断；语句停顿要准确，思路要清晰，谈话要缓急有度，从而使交流活动畅通无阻。

小案例 5-1

咸菜请香肠酱瓜

一个口音很重的县长做报告说："兔子们，虾米们，猪尾巴！不要酱瓜，咸菜太贵啦！！"（翻译：同志们，乡民们，注意吧！不要讲话，现在开会啦！）

县长讲完以后，主持人说："咸菜请香肠酱瓜！"（翻译：现在请乡长讲话！）

乡长说："兔子们，今天的饭狗吃了，大家都是大王八！"（翻译：同志们，今天的饭够吃了，大家都使大碗吧！）

吃完以后，乡长又说："不要酱瓜，我捡个狗屎给你们舔舔……"（翻译：不要讲话，我讲个故事给你们听听……）

语言准确流畅还表现在能够让人听懂，因此言谈时尽量不用书面语或专业术语，因为这样的谈吐让人感到太正规、受拘束甚至理解困难。

小故事 5-1

自 作 自 受

古时有一笑话说的是有一书生，突然被蝎子蜇了，便对其妻子喊道："贤妻，速燃银烛，你夫为虫所袭！"他的妻子没有听明白，书生更着急了："身如琵琶，尾似钢锥，叫声贤妻，打个亮来，看看是什么东西！"其妻仍然没有领会她的意思，书生疼痛难熬，不得不大声吼道："快点灯，我被蝎子蜇了！"真乃自作自受。

2. 清晰明了

口头传播的一大特点是传播速度快，稍纵即逝。据有关专家考证，口头语言留在人们记忆里的时间一般不超过七、八秒钟，十秒钟以后，记忆就会逐渐模糊，直至残缺不全。这就要求人们在讲话时尽量使用明确精练、通俗易懂的语言，避免使用那些模棱两可、似是而非、晦涩难懂的语言。

说话要力求简单明了。生活中常有这样的情形，有的人不顾场合地点，说起话来口若悬河，滔滔不绝；有的人车轱辘话来回说，生怕别人不解其意；有的人在说话中插入一些不必要的交代，节外生枝，不着边际。这些都会导致主干被枝蔓掩盖、主要的信息被大量的次要的信息淹没了，使听者如堕入云里雾中，不知所云。

说话中应当特别注意同音异义词的使用，以免发生误会。在汉语中，容易引起歧义的词语并不少见。例如，"全部（不）及格""治（致）癌物质"等。遇到这类容易引起误解的词语，说话人可以换一种表达方式，交代清楚，如"全都及格""治疗癌症的物质"。这样对方就不会有疑问了。

此外，我们平常说话有很多潜台词，就是双方你来我往互相交流，有时会产生歧义，相互不理解，甚至误解。所以要想把话说清楚，必须明确前提，把握潜在的语义和逻辑。下面这个小故事就是一个极好的说明。

小故事 5-2

该来的不来

有一天，一个业务员宴请客户。开宴时间快到了，客人只来了一半，业务员有些着急，忍不住自言自语道："怎么该来的还没来呢？"

有的客人一听，心里凉了一大半："他这么说，想必我们是不该来的。"于是有一半人拍拍屁股走了。

业务员一看许多客人离开了，着急地说："怎么不该走的走了？"剩下的人听了，心里特别有气："这不是当着和尚骂秃驴吗？看来我们是该走的。"于是剩下的客人又走了一半。

业务员急得直拍大腿："嗨！我说的不是他们啊！"余下的人听了，"这是什么话？不是说他们，那是说我们啦！"于是在座的客人纷纷离去，客房里只剩下一位平时和业务员关系较密切的客人。最后这位客人奉劝业务员："说话前要先用脑子想想，不然说出去的话就收不回来了，覆水难收啊！"业务员一听，急忙辩解："我并不是叫他们走啊！"

这位客人一听也火了："不是叫他们走，那就是叫我走了！"说完，头也不回，扬长而去。

3. 委婉表达

交谈是一种复杂的心理交往，人的自尊心等微妙心理往往在里面起重要的控制作用，触及它，就有可能产生不愉快。因此，对一些只可意会不可言传的事情、人们回避忌讳的事情、可能引起对方不愉快的事情，不能直接陈述，只能用委婉、含蓄、动听的话去说。常见的委婉说话方式有以下几种。

- 避免使用主观武断的词语，例如，"只有""一定""唯一""就要"等不带余地的词语，要尽量采用与人商量的口气。
- 先肯定后否定，学会使用"是的……但是……"这个句式。把批评的话语放在表扬之后，就显得委婉一些。
- 间接地提醒他人的错误或拒绝他人。

4. 掌握分寸

谈话要有放有抑有收，不过头，不嘲弄，把握"度"；谈话时不要唱"独角戏"，夸夸其谈，忘乎所以，让别人没有说话的机会；说话要察言观色，注意对方情绪，对方不爱听的话少讲，一时接受不了的话不急于讲。开玩笑要看对象、性格、心情、场合，一般来讲，不随便开女性、长辈、领导的玩笑，一般不与性格内向、多疑敏感的人开玩笑，当对方情绪低落、心情不快时不开玩笑，在严肃的场合、用餐时不开玩笑。

5. 幽默风趣

交谈本身就是一个寻求一致的过程，在这个过程中常常会出现不和谐的地方而产生争论或分歧。这就需要交谈者随机应变,凭借机智抛开或消除障碍;幽默还可以化解尴尬局面或增强语言的感染力。它建立在说话者高尚情趣、较深的涵养、丰富的想象、乐观的心境、对自我智慧和能力自信的基础上,它不是要小聪明或"卖嘴皮子",它应使语言表达既诙谐又入情入理,并能够体现一定的修养和素质。

小故事 5-3

"还没插秧呢!"

有一次,梁实秋的幼女文蔷自美返台探望父亲,他们便邀请了几位亲友,又到"鱼家庄"饭店欢宴。酒菜齐全,唯独白米饭久等不来。经再三催促之后,仍不见白米饭踪影。梁实秋无奈,待服务小姐入室上菜之际,戏问曰:"怎么饭还不来,是不是稻子还没收割?"服务小姐眼都没眨一下,答称:"还没插秧呢!"本是一个不愉快的场面,经服务小姐这一妙答,举座俱欢。

6. 注重礼貌

注重礼貌要求交谈中使用礼貌用语,这是人类文明的标志,也是全世界共同的心声。使用礼貌用语不仅会得到人们的尊重,提高自身的信誉和形象,而且还会对自己的事业起到良好的辅助作用。在我国,政府有关部门向市民普及文明礼貌用语,基本内容为十个字:"请""谢谢""你好""对不起""再见"。在社交中,日常礼貌用语远不止这十个字。归结起来,主要可划分为如下几个大类,如表 5-3 所示。

表 5-3　礼貌用语一览表

序号	礼貌用语类型	举例
1	问候用语	您好! 各位好! 小姐好! 某先生好! 某主任好! 早上好! 中午好! 下午好! 晚安! 各位下午好! 某经理早上好!
2	欢迎用语	欢迎! 欢迎光临! 见到您很高兴! 恭候光临! 某先生,欢迎光临! 欢迎再次光临! 欢迎您又一次光临本店!
3	送别用语	再见! 回头见! 慢走! 走好! 欢迎再来! 保重! 一路平安! 旅途顺利!
4	请托用语	请稍候! 请让一下! 劳驾! 拜托! 打扰! 请关照! 请您帮我一个忙! 劳驾您替我看一下这件东西! 拜托您为这位女士让一个座位!
5	致谢用语	谢谢! 某先生,谢谢! 谢谢,某小姐! 谢谢您! 十分感谢! 万分感谢! 多谢! 有劳您了! 让您替我们费心了! 上次给您添了不少麻烦!
6	征询用语	您需要帮助吗? 我能为您做点什么? 您需要点什么? 您需要哪一种? 您觉得这件工艺品怎么样? 您不来一杯咖啡吗? 您是不是很喜欢这种方式啊? 你是不是先来试一试? 您不介意我来帮助您吧? 您打算预订雅座,还是散座? 这三种颜色您更倾向于哪种?
7	应答用语	是的。好。很高兴能为您服务。好的,我明白您的意思。请不必客气。这是我们应该做的。请多多指教。过奖了。不要紧。没关系。不必,不必。我不会介意。

序号	礼貌用语类型	举　例
8	赞赏用语	太好了！真不错！对极了！相当棒！非常出色！您真有眼光！还是您懂行！您的观点非常正确，看来您一定是一位内行。哪里，哪里，我做得还很不够。承蒙夸奖，真是不敢当。得到您的肯定，的确让我们很开心。
9	祝贺用语	祝您成功！一帆风顺！心想事成！身体健康！生意兴隆！全家平安！节日快乐！活动顺利！新年好！春节快乐！生日快乐！旗开得胜，马到成功！
10	推脱用语	您可以到对面的商场去看一看。我可以为您向其他专卖店询问一下。下班后我还有其他安排，很抱歉不能接受您的邀请。
11	道歉用语	抱歉。对不起。请原谅。失礼了。失言了。失陪了。失敬了。有失远迎。不好意思，多多包涵。很惭愧。真的很过意不去。

资料来源：杜明汉.营销礼仪[M].北京：电子工业出版社，2011.

7. 有效选择话题

所谓话题，是指人们在沟通中所涉及的题目范围和谈资内容。换而言之，话题是一些由相对集中的同类知识、信息构成的谈话资料及其相应的语体方式、表述语汇和语气风格的总和。在人际沟通中，学会选择话题，就能使谈话有个良好的开端。

（1）宜选的话题。在沟通中，第一，应选既定的话题，即双方早已约定，或者一方先期准备好的话题，如征求意见、传递信息、研究工作等。第二，选择内容文明、格调高雅的话题，如文学、艺术、哲学、历史、地理、建筑等，这类话题适合各类交谈，但切忌不懂装懂。第三，选择轻松的话题，这类话题令人轻松愉快、身心放松，适用于非正式交谈，允许各抒己见，任意发挥。主要包括文艺演出、流行、时装、美容美发、体育比赛、电影电视、休闲娱乐、旅游观光、名胜古迹、风土人情、名人逸事、烹饪小吃、天气状况等。第四，选择时尚的话题，即以此时此刻正在流行的事物作为谈论的中心，这类话题变化较快，应注意把握。最后，选择话题时还要注意选择擅长的话题，尤其是交谈对象有研究、有兴趣的话题。比如，青年人对足球、通俗歌曲、电影电视的话题较多关注，而老年人对于健身运动、饮食文化之类的话题较为熟悉；公职人员关注的多是时事政治、国家大事，而普通市民则更关注家庭生活、个人收入等；男人多关心事业、个人的专业，而妇女对家庭、物价、孩子、化妆、衣料、编织等更容易津津乐道。在交谈时注意对交谈的话题要有所忌讳。在交谈中，若双方是初交，则有关对方年龄、收入、婚恋、家庭、健康、经历这一类涉及个人隐私的话题，切勿加以谈论。

（2）扩大话题储备。由于人们的经历、职业、兴趣、学习状况不同，每个人所掌握的话题状况各不相同，都有一定的局限性，因此必须尽量扩大话题储备。对于掌握话题广度影响最大的是自身的学习状况和进取精神。一个人如果有理想、有追求，思想境界高，而且肯下功夫学习，爱读书看报，并关注社会现实生活，有较多的朋友，把看到、听到的东西，有意识地加以记忆和积累，就会变得学识渊博，时事政策、天文地理、政治外交、文艺体育、花鸟鱼虫、音乐美术几乎无所不知，由于视野开阔，谈资和知识面自然会比别人宽得多。

小训练 5-2

（1）你去拜访一位名人，进屋之后发现主人家养了一只小猫。请以此为话题，设计一段对话。

（2）一天，你逛商场时发现一位营销员好像是当年的校友，在学校时没机会交谈，她好像也觉得你面熟，你主动和她打招呼。你们会谈些什么？

（3）放暑假了，你坐车回家，周围坐着几位年龄、身份、性别不同的陌生人，为消除路途寂寞，你先和他们寒暄几句，使大家都有谈兴。你会怎样寻找话题呢？

5.3　说　　服

说服就是改变或者强化态度、信念或行为的过程。说服是以求得对方理解为目的的谈话活动，是使自己的想法变成他人的行动的过程。说服的过程是思想、观点的交锋，也是沟通的重要方面。说服是以人为对象，进而达到共同的认识。人们常说："人生，就是从不间断地说服。"工作亦如是，尤其是在商务领域，那里聚集着各种性格的人，为了达到共同的目标，大家必须同心协力，因此说服的场面更是俯拾皆是，所以说工作也是不间断的说服。只有善于说服的人才能够获得他人的尊重和信赖。

1. 说服的基本条件

要想取得良好的说服效果，必须首先具备如下条件。

（1）说服者具有较高的信誉。说服进行的基础，是取得对方的信任。而信任，来自说服者的信誉。信誉包括两大因素：可信度与吸引力。可信度高、吸引力强的人，说服效果明显超过可信度低、吸引力弱的人。可信度是由说服者的权威性、可靠性以及动机的纯正性组成，是说服者内在品格的体现。说服者的年龄、职业、文化程度、专业技能、社会资历、社会背景等构成的权力、地位、声望就是权威性。俗话说："人微言轻，人贵言重"，一般来说，一个人的权威性越大，对别人的影响力也就越大。如果说服者在被说服者心目中形成了某种权威性形象，那么他说服别人转变态度的可能性也就越大。要提高说服者信誉，首先要提高说服者自身的素质，使之具有合理的智能结构，具有高尚的道德修养，具备权威性和可靠性，说服才有分量、有威信，才能赢得听者的尊重和信赖。吸引力主要指说服者的外在形象，因此说服者还须重视外在形象的修饰。一个外貌、气质、穿着、打扮能给人好感的人，才具有吸引力；一个言谈、举止、口音等方面能与对方体现出共性的人，才具有吸引力。一个恰当的印象，会产生首印效应，帮助说服者成功说服他人。

（2）对说服对象有相当的了解。

"知己知彼，百战不殆。"在说服他人之前，必须了解说服对象，捕捉对方思想、态度方面流露出的点滴信息，摸清对方思想问题的症结所在，了解对方的心理需求，根据不同情况区别对待，因人而异，有针对性地开启对方的心扉，才能真正实现感情和心灵的共鸣，避免或减少盲目说服造成的错位反应。

首先，要了解对方的性格。苏洵在《谏论》中举了一个有趣的例子。

有三个人，一个勇敢，一个胆量中等，一个胆小。将这三个人带到深沟边，对他们说："跳过去便称得上勇敢，否则就是胆小鬼。"那个勇敢的必定毫不犹豫地一跃而过，另外两个则不会跳，如果你对他们说，跳过去就奖给两千两黄金，这时那个胆量中等的就敢跳了，而那个胆小的人却仍然不能跳。突然来了一头猛虎，咆哮着猛扑过来，这时不待你给他们任何许诺，他们三个人都会先你一步腾身而起，就像跨过平地一样。

从这个例子我们可以看出，不同性格的人，接受他人意见的方式和敏感程度是不一样的，有针对性地采取不同的方法去说服对方，更容易达到目的。

其次，要了解对方的优点或爱好。有经验的推销员，一进入顾客家中，总会立刻找到客户感兴趣的话题进行交谈。例如，看到地毯，马上会说："好漂亮的地毯，我也很喜欢这种样式……"通过各种话题创造进入主题的契机。因为从对方的长处或最感兴趣的事物入手，一方面能让对方比较容易接受你的观点；另一方面在对方所擅长的领域里更容易说服他。

（3）能够把握住说服的最佳时机。说服还要能够抓住最佳时机。同样一番道理，彼时说可能不如此时说，现在说不如以后说。时机把握得好，对方才会愿意听，才会用心听，才能听得进。否则，说服过早，会被对方认为神经过敏或无中生有；说服过迟，已时过境迁，对方认为你是"事后诸葛亮"，你即便有再好的口才，再好的意见，都不可能收到预期的效果。掌握时机，要将说服对象与时、境、理联系起来考虑，配合起来运用。可利用特定场合，造成境、理相衬，进行深入说服；可利用景中道情，情中说理，进行委婉说服；还可借助眼前实物，进行暗示说服等。例如：

童童有点儿害羞，爷爷却偏偏喜欢在别人面前"展示"孙子。可是一旦遇到孙子没有按自己的意愿和别人打招呼或者背唐诗，就会很生气地数落孙子。结果导致小童童更加害羞和怕见生人。童童妈妈几次看见这样的场景，一直想找个机会告诉公公：如果不勉强童童，让他在旁边看一会儿的话，孩子反而会主动地和别人打招呼。

一次爷爷多年未见的老战友来访，爷爷太兴奋了，只顾得和战友聊天，忘记"展示"孙子了。童童呢，则在熟悉了客人和现场气氛后，主动地拿起一个大苹果送到客人手里，还跟客人有问有答。客人一再夸童童有礼貌，童童很兴奋，爷爷也觉得格外有面子。等送走了客人，趁着爷爷还处在兴奋状态的时候，童童妈妈赶紧把早想说的话和公公沟通了一番，并且以刚才的情况做了实证。爷爷欣然接受了童童妈妈的提议。

（4）需要营造良好的说服氛围。说服，总是在一定的语言环境中进行的，环境制约了语言，因此，说服效果的好坏，一定程度上也取决于环境。一个宽松、温和、优雅的环境较之肃穆、压抑、逼人的环境，其说服的效果自然会好得多；在一个自己熟悉的地点环境中施行说服，较之于陌生的环境，自然也会有利得多。营造一个恰当的说服氛围，不仅是必要的，而且是必需的。例如：

某啤酒生产厂得罪了一家餐馆的经理，对方就改换销售另一品牌。在直接和负责人谈判无效的情况下，销售人员天天晚上去这家餐馆里帮忙搬运货物，甚至包括竞争对手生产的啤酒。他总是说："你是我的老顾客了，我要为你服务，即使你不销售我们公司生产的啤酒。"他的诚意终于打动了经理，最后争取到了独家销售权。可见充分体验对方的感受，会营造出融洽的情感氛围，在此基础上再委婉地提出自己的观点，怎么可能不赢得对方的赞许呢？

2. 说服的技巧

为了使说服取得效果，可运用如下技巧。

（1）影射法。当两种意见对立的时候，往往需要用一种缓冲的说法来调和，影射就是一种很好的方式。通过一些小故事，或生活中一目了然的道理，先与对方取得相同的立场，这既为下一步提出自己的意见埋下伏笔，又维护了对方的自尊心，比较容易奏效。我国古代史籍记载中，有许多贤臣劝谏君主的著名故事，都是以影射的办法让君主相信某个道理。

战国时期，吴王夫差决心攻打齐国，朝中大臣多数反对，但他一意孤行，将直言进谏的伍子胥赐死，还下令"敢谏阻伐齐者死"。

这一天，夫差的儿子友来见他，夫差见友瘸着腿就问他是怎么弄的，友回答说："我早晨见一只大螳螂欲捕蝉，而一只黄雀正准备把这只螳螂作为美食，我用弹弓赶打黄雀，却不小心掉进了一个大坑中。"夫差听完，大笑友愚笨。友于是说道："我只顾眼前利益，没有想到身后的祸患，所以才弄成这个样子，可天下还有比儿臣更愚笨的人呢！"夫差问："那是谁？"

友说："那蝉、螳螂、黄雀都只图眼前之物，忘却身后之忧，是贪而愚的。儿臣只顾打黄雀而坠入深坑，也是贪而愚的，但我失去的仅是一只黄雀。父王攻打齐国，还是贪而愚的，但失去的却是国家！父王只想到称霸诸侯、扩大疆土；只想到征服齐国的利益而劳民伤财，疲师伐远。然而父王却完全忘了越王勾践会趁机来攻打我们，所以说父王比儿臣更愚笨！父王既不听大臣劝阻，还下了死令。现在儿臣说完了，请父王处置吧！"

夫差听了，觉得有些道理，就没有处罚友，并重新考虑伐齐之事。

友没有拼死直谏，只用了生活中的一件小事就使吴王重新考虑伐齐，充分说明采用影射的劝说方法更能让人动心。

（2）举例法。优秀的劝说者都清楚，个别的、具体的事例和经验比概括的论证和一般原则更有说服力。在劝说他人时，举出一些实例，把你亲眼看到过的人和事说出来，对方会自然而然地得出结论。

有一天，唐太宗问魏征："你看近来政治怎么样？"魏征见如今天下太平，唐太宗思想上有些松懈，就回答说："贞观初年，陛下主动地引导人们进谏；过了三年，遇到有人进谏，还能愉快地接受。这一两年来，勉勉强强接受一些意见，可是心里总觉得不舒服了。"唐太宗闻言，吃了一惊，问："你有什么根据？"魏征说："陛下刚即位的时候，判元律死罪，孙伏伽进谏，认为按法律不应该判死罪。陛下就把价值百万的兰陵公主的园子赏给他。有人觉得赏得太丰厚了，您说：'即位以来，他是第一个向我进谏的，所以要厚赏！'这是您主动地引导进谏。后来，柳雄把他在隋朝做官的资历做了手脚，被人揭发后要判他死罪。戴胄奏请只判徒刑，经过他再三申述，您终于赦免了柳雄的死罪，还对戴胄说：'如果都像你这样坚持法律，就不愁有人滥用刑罚了。'这是您能够愉快地接受意见。最近皇甫德参上书，说修洛阳宫是劳民伤财，收地租是剥削老百姓等，您听了很不满意，后来虽然赏了他绸缎，心里却老大不愿意。这就是难以接受意见。"

唐太宗听了，觉得很有道理，对魏征说："若不是你，谁能说出这样的话来？一个人苦于不知道自己的缺点啊！"自此以后，唐太宗更加虚心。

（3）善意威胁法。威胁似乎不是一个好的字眼，但是有时我们应该学会用它。相信大家都能体会到用威胁的方法可以增强说服力，而且也在不时地加以运用。我们用善意的威胁使对方产生恐惧感，从而达到说服的目的。例如：

在一次集体活动中，当大家风尘仆仆地赶到事先预订的旅馆时，却被告知当晚因工作失误,原来订好的套房(有单独浴室)中竟没有热水。为了此事,领队约见了旅馆经理。

领队:"对不起,这么晚还把您从家里请来。但大家满身是汗,不洗洗澡怎么行呢?何况我们预订时说好供应热水的呀!这事儿只有请您来解决了。"

经理:"这事我也没有办法。锅炉工回家去了,他忘了放水,我已叫他们开了集体浴室,你们可以去洗。"

领队:"是的,我们大家可以到集体浴室去洗澡,不过话要讲清,套房一人50元一晚是有单独浴室的。现在到集体浴室洗澡,那就等于降低到统销水平,我们只能照统销标准,一人降到15元付费了。"

经理:"那不行,那不行的!"

领队:"那只有供应套房浴室热水。"

经理:"我没有办法。"

领队:"您有办法!"

经理:"你说有什么办法?"

领队:"您有两个办法:一是把失职的锅炉工召回来;二是您可以给每个房间拎两桶热水。当然我会配合您劝大家耐心等待。"

这次交涉的结果是经理派人找回了锅炉工,40分钟后每间套房的浴室都有了热水。

上例中的领队不是对对方不礼貌,而是有时我们必须这么做,才能维护自己的权益。但是,在具体运用时要注意:态度要友善;讲清后果,说明道理;威胁程度不能过分,否则会弄巧成拙。

(4) 换位思考法。要站在对方的立场考虑问题,理解并同情对方的思想感情,从对方的角度说明问题,体验你的思想感情,进而使他改变自己的看法,达到理想的说服效果。

🎯 小案例 5-2

最 后 通 牒

1977 年 8 月,克罗地亚人劫持了美国环球公司从纽约拉瓜地机场到芝加哥奥黑尔的一架班机,在劫持者与机组人员僵持不下之时,飞机兜了一个大圈,越过蒙特利尔、纽芬兰、沙浓、伦敦,最终降落在巴黎市郊的戴高乐机场。在这里,法国警察打瘪了飞机轮胎。飞机停了 3 天,劫机者同警方僵持不下,法国警方向劫机者发出最后通牒:"喂,伙计们!你们能够做你们想做的任何事情,但美国警察已到了。如果你们放下武器同他们一块儿回美国去,你们将会判处不超过 2~4 年徒刑。这也可能意味着你们也许在 10 个月左右释放。"法国警察停顿片刻,目的是让劫机者将这些话听进去。接着又喊:"但是,如果我们不得不逮捕你们的话,按我们的法律,你们将被判死刑。那么你们愿意走哪条路呢?"劫机者被迫投降了。

【点评】本例中法国警察在劝说中帮助劫机者冷静地分析客观形势,明确向对方指出了两条道路:投降或者顽抗,投降的结果是 10 个月左右的徒刑,而顽抗的结果只可能是死刑。面对这两条迥异的道路,早已心慌意乱的劫机者识相地选择了弃械投降,符合自己的利益,从而做出正确的选择。

（5）巧言点拨法。巧言点拨也是一种说服的手段。在白宫一次讨论削减预算经费的会议上，里根总统幽默地对大家说："有人告诉我，紫色的软糖是有毒的。"说着，他随手拾起一粒紫色的软糖塞进嘴里，以此表明不管别人怎样反对，他将要大大削减政府开支的态度和决心。经他这一警告式的点拨暗示之后，本来不同意压缩政府经费开支的官员，便开始动摇了。

在日常生活中，人与人之间常常会因述不清、道不明的原因而产生误解，影响人们之间的正常交往。然而，倘若你能巧言点拨，以理服人、以情动人，能言善辩面对被说服者，误解就会消除，感情便能融洽，则可达到"口服"而且"心服"的效果。

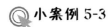 **小案例 5-3**

巧言点拨二则

一天，有位北方客人来到上海某绣品商店，他是为好友前来购买绣花被面的。一条有一对白头鸟的被面吸引了他，但他又有点犹豫：这鸟的姿态很美，就是嘴巴太尖了，以后夫妻要吵嘴的。营业员察觉了这一点后，笑咪咪地向他介绍道："您看见了吗？这鸟的头上发白，表明夫妻以后白头偕老，它们的嘴巴伸得长，是在说悄悄话，是相亲相爱的表示。"这位北方顾客听了，忙不迭地说："有道理，有道理。"便买了下来。在营销上，营业员抓住了顾客的心理，打消了顾客在消费时的戒备之心，并顺水推舟地以"白头偕老，相亲相爱"的吉利言辞巧妙点拨，从而使其更加产生购物的欲望，达到了销售的目的。

无独有偶。一位顾客来店挑选象征长寿的手绣被面，馈赠侨居国外的长辈。接待他的营业员拿出一条绣有松鹤图案的被面给他看。那人看了觉得意思甚好，想掏钱买，猛地看见松树旁边还有一朵梅花，感到有些不吉利，梅的谐音是"霉"，长辈看了犯忌。营业员了解到这点后，连忙向他解释："这朵梅花也是吉利的象征，您知不知道，有句老话叫'梅开五福'吗？"顾客经这么一点一拨，豁然明白了，很高兴地买下了被面。

（6）多说"是"法。让人多说"是"的方法，是劝说他人的一个重要技巧，其全部内容就是：开头先让对方连连说"是"，如果有可能，务必不要使对方说"不"。据说这是两千多年前古希腊哲学家苏格拉底常用的方式，故称苏格拉底问答法。

心理学研究表明，多说"是"，能使整个身心趋向于肯定方面，身体组织呈开放状态；而说"不"时，全身的组织——神经与肌肉都聚集在一起，呈拒绝状态。英国心理学家欧弗斯托指出：一个"不"字的反应是最难克服的障碍。"不"字出口之后，人格尊严就会驱使他坚持到底，即使他已自觉错了。因此和一个人谈话时，开头就不要让他反对，实在是要紧不过的事。生活中许多人忽略了这一点，一开口就使人发怒，做出蠢事。要劝说别人，就要运用理智，只有不惜做出忍耐和牺牲，才有可能将对方的否定意见改为肯定意见。有一位推销员说："我费了很多年时间，才懂得争辩是最不合算的。从别人的观点看事物，设法让人多说'是'字，才最有利、最有趣。"这的确是经验之谈。例如：

某公司有做网站的服务项目，小孙帮客户设计的网页是红色的，客户看过后却说想要蓝色的，请看小孙是怎样劝说客户的。

客户：怎么是红色的？我想要蓝色的！

小孙：是吗？为什么不要红色的？

客户：红色的不好看，太显眼。

小孙：您做网站的目的是宣传你们公司的产品是不是？

客户：是的。

小孙：那您是想让客户容易记住还是记不住呢？

客户：当然要容易记住啦。

小孙：请问人在看东西时是兴奋的时候容易记住，还是平淡的时候容易记住？

客户：当然是兴奋的时候容易记住。

小孙：请问红色是不是给人兴奋的感觉？

客户：是的。

小孙：所以用红色更能达到宣传的效果，是不是？

客户：好像是的。

（7）引起关注法。在说服时，要选择能够引起对方关注和兴趣的方式表达意见，要运用富有吸引力的内容支撑你的观点，从而引导说服对象关注既定的话题，让对方充分了解说服的内容。

第二次世界大战期间，国际金融家萨克斯（Sachs）想使罗斯福政府批准试制原子弹。第一次他使用了很多罗斯福听不懂的专业术语，全面介绍了原子弹可能产生的影响，但是罗斯福（F. D. Roosevelt）被冗长的谈话弄得很疲倦，他的反应是想推掉这件事；萨克斯第二次面对罗斯福时，改变了说话的方式，他对罗斯福说："我想向您讲一段历史。早在拿破仑（Nappoeon Bonaparto）当权的时候，法国正准备对英国发动进攻，一个年轻的美国发明家富尔顿（Fulton）来到这位法国皇帝面前，他建议建立一支由蒸汽机舰艇组成的舰队，拿破仑可以利用这支舰队无论在什么天气情况下，都能在英国登陆。军舰没有帆能航行吗？这对于那个伟大的科西嘉人来说，简直是不可思议的。他把富尔顿赶了出去。根据英国历史学家阿克顿（Acton）爵士的意见，这是由于敌人缺乏见识而英国得到幸免的一个例子。如果当时拿破仑稍稍多动一些脑筋，再慎重考虑一下，那么19世纪的历史进程也许完全会是另一个样子。"罗斯福听完萨克斯的话后，立即同意采取行动。

由此可见，选择了能引起说服对象关注的内容和方式，就会取得不同的效果。

（8）启发诱导法。当对方对某些问题比较敏感，有所忌讳，不便直言相劝时，说服者就需要采用迂回曲折、故意向对方发问的问话方式，启发诱导对方，来达到说服的效果。

小案例 5-4

启发诱导式的提问

在一家餐厅里，一位顾客坐下之后，就把餐巾系在脖子上。在餐厅用餐的顾客看到他这种不文雅的举动后，都很反感。这时，餐厅经理叫来一位侍者，对她说："你告诉那位顾客，在我们餐馆里，那样做是不允许的，但是要把话说得委婉动听一些，不要惹顾客生气。"

既要不得罪顾客，又要提醒他，那么到底怎么做才合适呢？侍者想了想，走过去很有礼貌地问："先生，您是要刮胡子呢，还是要理发？"话音刚落，那位顾客立即意识到自己的失礼,赶快取下了餐巾。

小训练 5-3

请根据你对"说服"的理解分析以下材料。

(1) 我有一个妹妹,她是一个很开朗的女孩子,但是自从她上了高中之后,就不知道为什么变了好多。有一次放暑假,她和我谈心的时候就说,她不想上高中了,她想去上中专,找一个管得比较严的学校,那样学习就能学得进去。现在在这个高中里面上学什么都学不进去,什么都不想学,就只想着玩,一点学习的心思都没有了,问我的意见。

她和我说了这个事情,我就和她说:"如果你的心态真的改变了,只要是你想学,不管在什么样的环境下,你都可以学得进去,其实换个环境只是你想离开这个学校的借口,并不一定说,你换了环境就一定能学得进去,关键在于你的心,你心里真正的想法是什么,不一定就是你和我说的这个想法,如果你真的想明白了,想学习了,换学校也是可以的。但不是说你换一个管得比较严的学校你就一定能学得进去,也不是说那个学校里面就没有和你一样想法的人,所以,关键在于自己的心,况且你现在年龄还很小,一个人出去还不能让家长放心。等你高中毕业了再想这些问题也不晚。"从那之后,知道她是真的认真想过我和她说的话了,让她明白自己是怎么想的了,我感觉我是成功了。

(2) 当她在一所大学里做兼职的银行出纳员时,一个漂亮的小伙子几乎每天都到她的窗口来。小伙子不是存款就是取钱。直到把一张纸条连同银行存折一起交给她时,她才明白小伙子是为了她才这样做的:"亲爱的吉:我一直在储蓄这个想法,期望能得到利息。如果星期五有空,你能把自己存在电影院里我边上的那个座位上吗?我把你可能另有约会的猜测记在账上了。如果真是这样,我将取出我的要求,把它安排在星期六。不论贴现率如何,做你的伴侣都将是十分愉快的。我想你不会认为这个要求太过分吧?以后再同你核对。真诚的彼。"她无法抵制这诱人、新颖的接近方法。

(3) 1999年5月10日晚,女出租车司机韩晶经过火车站时遇一男青年打车。韩晶把他送到指定地点,对方拿出一张百元钞票交车费。就在晶找钱时,对方掏出尖刀逼晶把钱都交出来。韩晶装出害怕的样子交给歹徒300元钱说:"今天就挣这么点儿,要嫌少就把零钱也给你吧。"说完又拿出找零用的20元钱。见韩晶如此爽快,歹徒有些发愣。韩晶趁机说:"你家在哪儿住,我送你回去吧。这么晚了,家里人该等着急了。"见韩晶是个女子又不坏,歹徒便把刀收了起来,让韩晶把他送到火车站。见气氛缓和,韩晶不失时机地启发歹徒:"我家里原来也非常困难,咱又没啥技术,后来就跟人学开车,干起这一行来。虽然挣钱不算多,可日子过得也不错。何况自食其力,就算穷点儿,谁还能笑话我呢?"见歹徒沉默不语,韩晶继续说,"唉,男子汉四肢健全,干点啥也差不了,走上这条路一辈子就毁了。"火车站到了,见歹徒要上火车,韩晶又说:"我的钱就算借给你的,用着干点正事,以后别再干这种见不得人的事了。"一直不说话的歹徒听罢突然哭了,把300多元钱往韩晶手里一塞说:"大姐,我以后饿死也不干这事了。"说完低着头走了。

5.4 赞 美

美国管理学家玛丽·凯(Mary Kay)说："赞美是一种有效而且不可思议的力量。"的确如此,在社会交往中,绝大多数人都期望别人欣赏、赞美自己,希望自身的价值得到社会的肯定。在交际中,恰当地运用赞美的方式,会激发人们的积极性,产生巨大的精神力量。

1. 赞美的类型

小故事 5-4

受到赞美的保洁员

一天晚上,韩国一家大公司发生了被盗事件,但盗窃者并没有得逞。该公司的一位保洁员不顾生命危险,与盗窃者进行了一场惊险的搏斗。

在这样一个大公司里,论地位、工资,这位保洁员都难以引起重视;论责任,防火防盗这些事情与一个小小的保洁员也没有直接的关系。然而,是什么让这位保洁员产生了如此强烈的正义感呢?

后来,有人从这位保洁员的口中得知,他之所以会这样做,是因为公司总经理每次看到他在辛勤工作时,总是微笑着表扬他把地板打扫得很干净。因此他心存感激,并以此作为回报。

赞美,是社交语言中一种常见的言语交际形式。当我们用恰到好处的赞美甜蜜了别人的心时,也就拉近了人与人之间的距离。要知道,赞美是一种神奇的力量,是人际关系的催化剂,所以,要适当地赞美别人,我们播下的每一粒赞美的种子,在未来的某一时刻都可能会遍地开出鲜花。

赞美是多种多样的,一般地,根据不同角度,赞美可以作不同的分类。

(1) 从赞美的场合上分类。从赞美的场合上可以把赞美分为当众赞美和个别赞美。当众赞美是指面对特定的组织、团体、群体等,对某人或某事的赞美。例如:表彰会、庆功会、总结大会等。这种形式能充分调动全体人员的积极性,鼓动性强,宣传面广,影响面大,能产生一定的轰动效应,营造热烈、向上的气氛,但它受时间、场所限制,运用不好,容易流于形式和走过场。个别赞美是指在会下针对个别人谈话中予以表扬的形式。这种形式使用方便,自如灵活,针对性强,能解决一些具体问题,效果比较好,时间、地点不受限制。

(2) 从赞美的方式上分类。从赞美的方式上可以把赞美分为直接赞美和间接赞美。直接赞美是指直接面对好人或好事予以赞美,以告世人皆知,这是一种常用的表扬方式。在一个社会组织内,出现好人好事,单位领导或管理人员要及时予以表扬,或者通过大会场合,或者通过某种媒介,表扬先进,带动后进,能形成良好的风气。这种形式直截了当,不拐弯抹角,使人们听到后,得到鼓励和好感。间接赞美是指通过第三者来赞美某人或某事的形式。使用这种形式,注意分寸,讲究策略,往往是当面不便直接开口,或者是找不到合适的时机去说,而借用对方传达自己赞美他人的话语。这样使他人听到后,感到心情舒畅。

这种形式通过对方，传达佳话，能消除隔阂，增强团结，融洽气氛，创造和维系良好的上下级关系和同志关系。

（3）从赞美的用语上分类。从赞美的用语上可以把赞美分为直接赞美和反语赞美。直接赞美是指对好人好事用正面言语加以赞美的形式。这种赞美开门见山，直截了当，使用灵活，形式多样，应用范围广泛。反语赞美是指用反语来赞美某人或某事的形式。这种形式在特定的言语环境和背景下使用，幽默含蓄，别致风趣，比一般的赞美有更好的表达效果。例如，某制药厂厂长，赞美一位药剂师大胆实验、大公无私的献身精神说："为了减少药物的副作用，在正式投产前，你长期泡在实验室里，对新药不择手段，抢吃抢喝，多吃多占，在自己身上反复实验，我这个厂长真是拿你没有办法。"这种反语赞美的形式，令人感到新奇巧妙，别有情趣。

✍小贴士 5-2

两个有趣的实验

一位日本科学家做了一个实验，在两个相同的鱼缸里放了相同的水和两条相同的鱼，一边是不断地施与赞美和舒缓的音乐，一边是咒骂和嘈杂的声音。结果发现，赞美的那边，仪器上显示的波纹是舒缓的，水也很清澈；而另一边，波纹很乱，水也变得浑浊。

日本有个专家做了一个试验，试验结果证明：人们对水的结晶体用不同方言说"谢谢""你很可爱"之类的赞美语时，它会在显微镜下呈现出一种像冰花一样的漂亮形态；而当用不同方言对它说一些骂人语时，它则会呈现出一塌糊涂的形态，这说明水会随着人的心情和情绪而变化。

【点评】赞美不仅对人类有巨大的影响，它甚至对自然界中的动植物同样有着巨大的影响力。

2. 赞美的语言艺术

一般来说赞美是一种能引起对方好感的交往方式。赞同我们的人与不赞同我们的人相比，我们更喜爱前者，这符合人际交往的酬赏理论。

但令人遗憾的是：不少人把赞美当作取悦他人的简单公式，不分时间、地点、条件对他人一味地加以赞美，实际上，这一做法是很不可取的。因为我们知道：人借助语言进行交往，语言具有影响对方的心理反应，进而影响双方人际关系的效能，任何一种语言材料、语言风格、交往方式对人际关系产生何种影响，常因人、因时、因地而异。赞美这一交往方式也不例外，它的效能也具有相对性和条件性。

美国心理学家阿伦森（Elliot Aronson）曾举例说：假设工程师南希，出色地设计了一套图纸。上司说："南希，干得好！"毋庸置疑，听了这话，南希一定会增加对上司的好感。但如果南希草率地设计了一套图纸（她自己也知道图纸没设计好），这时，上司走过来用同样的声调说出同一句话，这句话还能使她产生好感吗？南希可能得出上司挖苦人、戏弄人、不诚实、不懂得好坏、勾引异性等结论，其中任何一项都使南希对上司的喜爱有所减少。

因此，赞美的效果要受各种条件制约。能引起好感的赞美要借助以下条件。

（1）热情真诚的赞美。每个人都珍视真心诚意，它是人际交往中最重要的尺度。能引起好感的赞美首先必须是发自内心、热情洋溢的,否则那就是恭维。赞美和恭维到底有什么区别呢?"很简单,一个是真诚的,另一个是不真诚的;一个出自内心,另一个出自牙缝;一个为天下人所欣赏,另一个为天下人所不齿。"(戴尔·卡耐基语)美国"石油大王"约翰·洛克菲勒在人际交往中善于运用真诚的语言来赞美他人,以此来维系良好的人际关系,这是他的交际秘诀。

一次,洛克菲勒的一个合伙人爱德华·贝德福特,在南美的一次生意中处置失当,使公司损失了上百万美元。贝德福特垂头丧气地来见洛克菲勒,洛克菲勒本可以指责他的过失,但他并没有这样做,他知道贝德福特已经尽了他最大的努力,不能把他的功劳全部抹杀。

于是,洛克菲勒另外寻找一些话题来称赞贝德福特。约翰·洛克菲勒把贝德福特叫到办公室,真诚地对他说:"干得太棒了,您不仅保全了60%的资金,而且也为我们敲响了一记警钟。我们一直都在努力,并且取得了几乎所有的成功,还没有尝到失败的滋味。像这样也好,我们可以更好地发现自己的错误和缺点,争取更大的胜利。更何况,我们也并不能总是处在事业的巅峰时期。"

几句赞美的话语,把贝德福特夸得心里暖乎乎的,也深深地打动了他,两人结为至交。后来,在洛克菲勒的创业中,贝德福特做出了很多重大的贡献。

（2）令人愉悦的赞美。赞美的言语应该是对方喜欢听的言语,能达到使人愉悦的目的,我们称它为愉悦性原则。在交际活动中,遵守愉悦性原则,就是要多说对方喜欢听的话语,不说对方讨厌的言辞。这样,往往能收到较好的表达效果。

朱元璋有两个过去一块儿长大的穷朋友。朱元璋后来做了皇帝,这两位朋友仍过着苦日子。一天,一位朋友从乡下赶到南京,拜见了朱元璋。他对朱元璋说:"我主万岁!当年微臣随驾扫荡庐州府,打破罐州城,汤元帅在逃,拿住豆将军,红孩儿当关,多亏菜将军。"朱元璋听到他讲得很动听,十分高兴,也隐约记起他所说的一些事情,立刻封他做了御林军总管。事情一传出,另外一个朋友也去了南京,拜见朱元璋,也说了那件事:"我主万岁!从前,你我都替人家看牛,一天我们在芦苇荡里,把偷来的豆子放在瓦罐里煮着,还没煮熟,大家就抢着吃,把罐子打破了,撒了一地豆子,汤都泼在泥地里。你只顾从地下满把地抓豆子吃,却不小心连红草叶也送进嘴去。叶子哽在喉咙口,苦得你哭笑不得。还是我出的主意,叫你用青菜叶子带下肚子里去了……"朱元璋见他不顾体面,没等他说完,就命令:"推出去斩了!"从上例可见,第一位朋友将放牛娃偷吃豆子的趣事,赞美为叱咤疆场的赫赫战绩,巧妙比喻,高雅别致,说得动听,使人愉悦。第二位朋友明话直说,粗俗低劣,讲得人不爱听,有伤皇帝尊严,自然当斩。

（3）具体明确的赞美。空泛、含混的赞美因没有明确的评价原因,常使人觉得不可接受,并怀疑你的辨别力和鉴赏力,甚至怀疑你的动机、意图,所以具体明确的赞美才能引起人们的好感。对他人总以"你工作得很好""你是一个出色的领导"来赞美,只能引起人家反感。

🏆 小故事5-5

罗斯福总统的赞美

克莱斯勒公司为罗斯福总统制造了一辆汽车,因为他下肢瘫痪,不能使用普通的小汽车。工程师把汽车送到了白宫，总统立刻对它表示了极大的兴趣。他说："我觉得不可思议，你只要按按钮，车子就开起来，驾驶毫不费力，真妙。"他的朋友和同事们也在一旁欣赏汽车。总统当着大家的面夸奖："我真感谢你们花费时间和精力研制了这辆车，这是件了不起的事。"总统接着欣赏了散热器、特制后视镜、钟、车灯等，换句话说，他注意并提到了每一个细节，他知道工人为这些细节花费了不少心思。总统坚持让他的夫人、劳工部长和他的秘书注意这些装置。这种具体化的赞美让人感觉到真心实意。

（4）符合实际的赞美。在赞美别人时，应尽量符合实际，虽然有时可以略微夸张一些，但是应注意不可太过分。如某个人对某领域或某个方面提出了一些很好的意见，或者有了一点成果。你可以说："你在这方面可真有研究"，甚至可以说："你是这方面的专家"，可如果你说："你真不愧是个著名的专家""你真是这方面的泰斗"等，对方如果是个正派人就会感到不舒服，旁观者就会觉得你是在阿谀奉承，另有企图。

（5）让听者无意的赞美。赞美者不是有意说给被赞美者听的赞美叫无意的赞美。这种赞美会被人认为是出自内心，不带私人动机的。例如：

《红楼梦》中一次贾宝玉针对史湘云、薛宝钗劝他要做官为宦，仕途经济的话，对史湘云和袭人赞美黛玉道："林姑娘从来说过这些混帐话不曾？要是他说这些混帐话，我早和他生分了。"凑巧这时黛玉正好来到窗外，无意中听见这些话，使她"不觉又惊又喜，又悲又叹"。结果宝黛二人推心置腹，感情大增。

（6）雪中送炭的赞美。最有实效的赞美不是"锦上添花"，而是"雪中送炭"。在他人最需要的时候送上赞美，往往比那些平时说出的赞美更能受到重视。赞美要选好时机。在独特的情景下表达出来的赞美和赏识更让人怦然心动，也能换来对方的倾心相报。

宋太祖被后人称为"仁义皇帝"，他对士兵从来都不忘赞美和奖赏，经常以恩典来感化他们，让他们为皇帝的赏赐而感动，心甘情愿地为朝廷建功立业。

964年，宋朝兵分两路进攻后蜀，战事进行得较为顺利。有一天，京城开封下起了鹅毛大雪，宋太祖在讲武殿处理军事。由于天气寒冷，殿中置设毡帷，宋太祖戴着紫貂裘帽。宋太祖即景生情，对左右侍者说："我穿戴得这样厚实，身体还觉得寒冷，那么西征将帅士卒顶着霜雪，处境一定相当难。"说完，即解下裘帽，派人送到战争前线赐给统帅王全斌。王全斌拜赐感泣，决心率西征将士全力以赴，消灭后蜀以报答皇上的赏赐之恩。

攻打北汉时，宋军将太原城重重围住，无奈太原城十分坚固，以致久攻不下。宋太祖的侍卫亲军看到皇帝为这座孤城整日愁眉不展，自告奋勇要求充当攻城先锋。指挥使李怀忠率众攻城，不想失利而归，且身中流矢，差点丢了性命。宋太祖得知后深表惋惜，于是，当殿前都虞侯赵廷翰率各班卫士再次叩头请战时，宋太祖对这些侍卫们说："你们都是天下兵中的精中之精，无不以一当百，好像是我的爪牙。我宁肯不得太原，也不会让你们冒着生命危险，踏入必死之地。"说罢，下令班师退兵。

宋太祖的这番话令左右侍卫们感激涕零，众人感动得热泪盈眶，叩头齐呼"万岁"。

（7）不断增加、重复的赞美。阿伦森研究表明：人们喜欢那些对自己的赞美显得不断增加的人，并且对自始至终都赞美自己的人与最初贬低逐渐发展到赞美的人，人们会尤其喜欢后者。因为相对来说，前者容易使人产生他可能是个对谁都说好的"和事佬"的感觉；但人们对开始持否定态度的后者会留下这样一种印象：说我不好，一定是经过考虑、分析的,可能有他一定的道理。从而认为对方可能更有判断力,进而更喜欢他。

不断重复的赞美也可以赢得对方的好感。请看这样一个实例。

刘先生因业务需要,和某老板打交道,很多人都觉得这个老板很难缠,刘先生的下属也批评该老板。刘先生承诺下属,用一个星期的时间来改变这种情况。刘先生与老板开始做游戏,开始刘先生不断地讲一句话:"老板,与你合作是我这辈子最快乐的事情。"在吃饭、握手过程中,刘先生不断地重复说:"与你合作是我这辈子最快乐的事情。"接下来的第二天、第三天、第四天……刘先生一直在重复这句话,最后一直坚持了七天,讲了几百次。等到老板要离开的那天,老板握着刘先生的手说:"小刘,与你合作是我这辈子最快乐的事情。"

(8) 出人意料的赞美。若赞美的内容出乎对方意料,易引起好感。例如:

卡耐基在《人性的优点》中讲过他曾经历的一件事:一天,他去邮局寄挂号信,从事着年复一年的单调工作的邮局办事员显得很不耐烦,服务质量很差。当他给卡耐基的信件称重时,卡耐基对他称赞道:"真希望我也有你这样的头发。"闻听此言,办事员惊讶地看着卡耐基,接着脸上泛出微笑,热情周到地为卡耐基服务。显然这是因为他接受了出乎意料的赞美的缘故。

(9) 适可而止的赞美。对学生、下属、晚辈等表示赞美,如过分使用溢美之词则可能会助长对方骄傲、自满、浮躁的情绪,不利于对方学习、工作、做人等的进一步发展。这就要求我们在赞美这一类人时应当把握好分寸,适可而止,以含蓄的语气表示赞扬,少一些华丽的溢美之词,多一些实实在在的引导、肯定和鼓励,既满足对方自我价值实现的心理,又令其感受到肩上的责任和期冀,从而更加懂得上进。

丰子恺考入浙一师后,李叔同教他图画课。在教木炭模型写生时,李叔同先给大家示范,画好后,把画贴在黑板上,多数学生都照着黑板上的范画临摹起来,只有丰子恺和少数几个同学依照李叔同的做法直接从石膏上写生。李叔同注意到了丰子恺的颖悟。一次,李叔同以和气的口吻对丰子恺说:"你的图画进步很快,我在南京和杭州两处教课,没有见过像你这样进步快速的学生。你以后,可以……"李叔同没有紧接着说下去,观察了一下丰子恺的反应。此时,丰子恺不只为老师的赞扬感到欢欣鼓舞,更意识到在老师没有说出的话当中包含着对他前程的殷切希望。于是,丰子恺说:"谢谢! 谢谢先生! 我一定不辜负先生的期望!"这天晚上,李叔同对丰子恺的赞扬,激励他走上了艺术生涯。丰子恺后来回忆道:"当晚李先生的几句话,决定了我的一生……这一晚,是我一生中的一个重要关口,因为从这晚起,我打定主意,专门学画,把一生献给艺术。几十年一直没有改变。"

这里,李叔同尽管注意到了丰子恺在绘画方面的天赋,他自己也为此而颇感激动,但他在赞扬丰子恺时仍然努力保持了平和的心态和语气,只用朴实、含蓄的语句表示了对丰子恺画艺进步的肯定,同时欲言又止,让他自己去领会其中浓浓的期冀之情。这样的赞美方式,既让丰子恺感到满足,同时也给予了他极大的激励。

(10) 比较之下的赞美。在众多的赞美方式中,比较总是有着独特的感染力,因为它能通过强烈的对比与反差,给人留下深刻的印象。比较赞美也有很多技巧。一般的,比较赞美时要注意以下几点。

① 如果是拿自己与对方作比较,要适当地抑己褒人。比较的对象可以是他人之间的

比较，也可以是自己与他人的比较。如果拿自己与他人比较，切忌过分地夸张和抬高自己，而是要巧妙地将赞美的重心落在他人的身上，自己只是铺垫。

韩信就善于用抑己褒人的方法来赞美他人。

有一次，汉高祖刘邦与韩信谈论诸将才能的高下。

刘邦问道："你看我能指挥多少兵马？"

韩信回答："陛下至多指挥10万兵马。"

刘邦又问："那你能指挥多少兵马？"

韩信自豪地回答："臣多多益善耳。"

刘邦不悦道："既然你带兵的本领比我大，为什么被我控制呢？"

韩信坦率地说："陛下不善于指挥兵，但善于驾驭将，这就是我被陛下控制的原因。"

刘邦听了，不怒反笑，心情也高兴起来。因为他自己曾说过，统率指挥百万军队，战无不胜，攻无不克，他不如韩信。

韩信的比较赞美巧妙地隐藏在话锋中，随着对话的层层深入才表现出来。韩信先是如实地说出自己带兵能力很强的事实，然后以"指挥士兵"和"指挥大将"的区别来作比较，突出了刘邦的帅才。对于一个君主来说，帅才当然更为重要。所以，刘邦在听后就非常高兴了。

② 尽量用自己熟悉的事物去作比较。人们总是对自己熟悉的事物更了解，也更容易抓住可以比较的特征。如果通过用自己熟悉的事物去类比自己外行的事物，这样的比较就会更真实和贴切。

有一位农妇本来对绘画一点儿都不懂，但她却很会夸奖别人的画。

一次，她见到一位画家画的一幅小鸡闹食的画，不由惊叹道："哎哟！瞧这些画出来的鸡，比俺家养的那些鸡还调皮！"一句话把画家逗得哈哈大笑，高兴之余，把这幅作品赠给农妇留念。

如果农妇不是用比较赞美的方法，而是直接从构图、线条、色彩等方面去赞美，那么很有可能贻笑大方。这个聪明的农妇将这些画中的鸡与现实生活中的鸡作比较，既表达了对画家画技的赞美，又自然贴切。

③ 作比较的时候，可以将个人与整体联系起来比较。

王文勇和赵诚两人的成绩一直都不错，但是在一次考试中，两人的数学成绩却都只得了60分。因为老师出的试题很难，所以全班的分数都不高。

两人回家之后，分别用了不同的方法汇报自己的成绩。

王文勇回到家。

爸爸问："这次数学考试得多少分？"

"60分。"

"啪！"爸爸一记耳光扫了过来，怒吼道："说了平时不准玩游戏，你偏不信，以为自己成绩好就骄傲。这下好了吧，才及格！亏得你妈和我两人起早贪黑地赚钱供你上学。你这个不争气的！"

赵诚回到家。

爸爸问："这次数学考试得多少分？"

“这次数学考试好难哦,大部分的同学都没有及格,班上最高成绩也只有70分。”

“那你呢?”

“刚好及格,60分。”

“那你还得要加油呀,要把基础打扎实,成绩就自然能稳住。”

王文勇和赵诚两个人的数学考分完全相当。为什么两个人的回答却得到双方父亲的不同对待呢?原因就是赵诚用了“比较”的回答方法。赵诚将自己在全班中的位置比较了出来,父亲认为赵诚虽然分数较低,但是仍然是全班的上等分数,所以就没有责备他。而王文勇却没有运用比较的方法,直接告诉父亲自己的分数,父亲就直接与他平时的学习方式联系起来,马上想到了他的不努力,于是感到愤怒了。

用比较的方式表达,听者得到的感受会与直接表达不同。

④ 作比较的时候,要拿两种有很强的可比性的事物来比较。比较的对象之间的相似性越鲜明,听者就越能感受到比较所带来的对比效果。所以,在挑选比较的事物时,要尽量相似或相对,以形成鲜明的对比效果。

20世纪30年代初,中央警卫团刚划归为中央军委领导,由叶剑英分管。警卫团的同志大多是由战斗部队抽调来的,从炮火纷飞的火线调下来,都普遍不安心,总觉得重返前线、直接和敌人厮杀够味儿。

叶剑英了解到情况后,召开了全团大会。会上,他提高嗓门大声说:“中央警卫团应始改名,不叫警卫团,叫钢盔团。”这话把大家弄蒙了。接着,叶剑英缓缓解释道:“钢盔是干什么的? 钢盔是保护脑袋的,中央警卫团是保护党的脑袋——党中央的,所以应该叫它钢盔团,你们说对不对?”

大家恍然大悟,齐声说:“对!”

“人没脑袋行不行?”叶剑英追问。

“不行!”

“你们都是英雄好汉,到前方去可以杀千百个敌人,但没有党中央领导能不能把敌人打出去呢?”

“不能!”

只几句话,说得警卫团的战士心里亮堂堂的。

叶剑英将“警卫团”的作用与“钢盔”作比较,就是把警卫团的职能与战士们熟悉的事物联系起来。钢盔是保护脑袋的重要工具,士兵们非常重视,而警卫团的作用如同钢盔,战士们也就能理解它的重要性了。如果叶剑英不是用巧妙的比较来说服战士,而是一遍又一遍地重复理论教育,那么可能要花费更多的时间和精力,更起不到这么好的效果。

总之,赞美是人的一种心理需要,是对他人尊重的表现,是一剂理想的黏合剂,它给人以舒适感,使我们拥有更多的朋友。但“赞美引起好感”并不是绝对的、无条件的,它要受赞美动机、事实根据、交往环境诸因素的制约和影响。因此在与公众相处时,必须记住——“一味地赞美不可取”。

小训练5-4

分析下列实例中赞美的失误点。

（1）小陈去拜见某教授。小陈一见面就说："久闻您老的大名，您老真是才高八斗、学富五车。"教授笑眯眯地反问："你说说看，我有哪八斗才，哪五车学？"小陈闹了个大红脸。

（2）小刘在出席一位青年作家作品研讨会时，出于对作家妻子甘当"贤内助"的由衷佩服，不禁赞美说："你俩真像诸葛亮夫妻一样，男的才华横溢，女的相夫教子，天生的一对啊！"丈夫听后倒没什么，夫人却是一脸的尴尬。

（3）一天，小王在散步时碰到了李副局长的妻子和另一个女士带着孩子也在散步。小王连忙夸奖李副局长的小孩如何聪明，又是逗他玩，又给他买玩具，对另一个孩子却不理睬。过了几天，小王才了解到，和李副局长的妻子一块散步的女士竟然是新来的郭局长的妻子。几天后，小王看到郭局长的妻子带着孩子单独散步，忙上前夸奖孩子是如何可爱，不料，郭局长的妻子冷冷地对小王说："不用你费心夸奖他，他一点儿也不可爱。"说完，拉着小孩就走了，让小王碰了一鼻子灰。

5.5 拒　　绝

拒绝是对他人意愿、行为的一种直接或间接的否定。实际上拒绝就是不接受，包括不接受对方希望你接受的观点（意见）、礼物和要（请）求等。工作和生活中人们总是互有所求，而且要求方往往是被要求方的亲朋好友，甚至是恩人、领导。俗话说，"上山擒虎易，开口求人难"，设身处地，应当尽量地接受别人提出的各种要求。但是，也有许多要求是不能接受的。如果不能拒绝那些不能接受的要求，就一定会给自己（也终将给对方）带来无尽的烦恼。生活反复地证明"当断不断，必受其乱"，我们必须学会拒绝。面对对方提出的问题，如果很直接地说："这种事情恕难照办""我实在没有钱借给你""我们每天都一样的工作，凭什么要我来帮你的忙"……可以想想对方一定会恼羞成怒。因此，我们必须学会根据不同情况运用不同的拒绝艺术。

1. 拒绝的基本要求

（1）认真听。认真倾听对方的请求，并简短地复述对方的要求，以表示确实了解了对方的需求。拒绝的话不要脱口而出，即使当对方说了一半，我们已明白此事非拒绝不可，也必须凝神听完他的话，这样可以让对方了解到我们的拒绝不是草率做出的，是在认真考虑之后才不得已而为之的，尤其要避免在对方刚开口时就断然拒绝，不容分辩地拒绝最易引起对方的反感。

（2）看情势。拒绝同其他交际一样，要审时度势，要看是否有拒绝的必要和可能。从必要角度看，自己的道德准则不能接受的，没有能力接受的，接受后会给自己带来不愿承受或无法承受的损失的，接受后可能给对方带来麻烦或损失的，应当拒绝；如不至于如此，或对对方有利而自己受一些能够承受的损失，则应当接受。从可能的角度看，要考虑自己拒绝的能力，如无理由拒绝，或拒绝后会带来更严重的后果，则只好接受。

（3）下决心。如情势需要拒绝又可能拒绝，就应当下定拒绝的决心，着力克服三大心理障碍：一是碍于对方的面子，总觉得不好意思拒绝。二是怕因为对方怪罪而影响双方今后的交往，甚至影响自己的利益（如不能得到对方的帮助等）。三是怕别人说自己不够朋友、不够意思等。如果必须拒绝,这些考虑都是不必要的和有害的。

（4）态度好。不要在他人刚开口时就断然予以拒绝,不要对他人的请求流露出不快的神色,更不要蔑视和忽略对方,这些都会让对方觉得你的拒绝是对他没有诚意的表现,从而对你的拒绝产生逆反心理。无论是听对方陈述要求和理由,还是拒绝对方并说明缘由,都要始终保持和蔼亲切的态度,让对方了解自己的拒绝实在是在认真考虑后不得已而为之的。

（5）措辞柔。感谢对方在需要帮助时想到你,并略表歉意。对于他人的请求,表现出无能为力,或迫于情势而不得不拒绝时,一定要记得加上"真对不起""实在抱歉""不好意思""请多包涵""请您原谅"等致歉语,这样一来,便能不同程度地减轻对方因遭拒绝而受的打击,并舒缓对方的挫折感和对立情绪。但是不要过分的歉意,这样会造成不诚实的印象,因为如果你真的感到非常抱歉,就应该接受对方的请求。

（6）直言"不"。对于明显不能办到的事,应该明白直接地说出"不"字。"说得多不如说得少",言简意赅,要言不烦是最有效的方法,模棱两可的说法易使对方抱有幻想,引发误解,当最终无法实现时,对方会觉得受了欺骗,由此引起的不满和对立情绪往往更加强烈。"当断不断",其结果只能是害人又害己。

（7）理由明。不要只用一个"不"就让对方"打道回府",而应给"不"加上合情合理的注解,让对方明白,自己的拒绝不是毫无来由,更不是找借口搪塞,而是确有无可奈何的原因或难以诉说的苦衷,讲明自己的处境,最好具体地说出理由及原委,那么,在将心比心中,对方自然就能体谅你的言行了。说明理由是为了让对方明白拒绝是确有难以说出的苦衷。当你说明理由后,对方试图反驳,你千万不可与之争辩,只要重申拒绝就行了。不过,如果你觉得拒绝的理由不充分,也可以直接拒绝不说明理由,或者只用一些"哎呀,这咋办呢?""真伤脑筋"之类的话给予回答,但是千万不可编造理由,因为谎言终究会被揭穿。

（8）择他途。在拒绝对方这一方面要求的同时,如果能够尽量满足其他方面的合理要求来作为补偿,或是积极地替他出谋划策,建议他选择或寻求更好的途径和办法。这样可减缓对方因我们的拒绝而产生的瞬时不快情绪,缓解对方的被动局面,也可以表明我们的诚意,让对方体会到你的火热心肠、殷切期待,则更易得到他人的谅解、友谊与好感,例如:"要是明天,我大概可以去一趟""真对不起,这件事我实在爱莫能助,不过我可以帮你做另一件事""我只能借给你 1000 元,但我知道小李有一笔不少的活动奖金,也许你可以去找他"等。

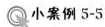 **小案例 5-5**

巧拒医药厂商

一天,有一家医药厂商的负责人设法找到了邢质斌,要请邢质斌代言他们的医药产品,当然,厂方将给予相当丰厚的回报。但邢质斌深知:任何一种产品的质量,最有权威说话的只有消费者,不是厂方更不是代言人!何况,自己对于医药完全是一个行外人,绝不能接代言,名誉比金钱更重要!但邢质斌嘴上却说:"好啊!非常荣幸能受到您的邀请!"

对方没有想到邢质斌会答应得这么干脆,露出了开心的笑容。不料邢质斌又接着说:"但有来无往非礼也,我也想向中央电视台推荐您去做一天的《新闻联播》主持人,您觉得怎么样?"

对方一听,把头摇得跟拨浪鼓似地说:"那哪成? 我对主持节目完全不懂,哪有主持《新闻联播》的能力? 我去的话还不是要给《新闻联播》丢大脸? 不行不行!"

"真谢谢您能为《新闻联播》考虑! 但您看您因为不懂主持就拒绝了我的推荐,那您说我该怎么样呢? 我对医药产品也完全不在行啊!"邢质斌笑笑说,"难道您认为一个对医药完全不在行的《新闻联播》主持人,去为医药产品做代言就不会丢《新闻联播》的脸吗?"

对方一听,知道再谈下去也是徒劳,便很知趣地离开了。

【思考】邢质斌拒绝医药厂商有何独到之处?

2. 拒绝的语言艺术

在社交场合中,同样表达一个拒绝的意思,有不同的说法。拒绝的语言艺术体现在以下几个方面。

(1) 直接拒绝。直接拒绝就是将拒绝之意当场明讲。采取此法时,重要的是应当避免态度生硬,并需要把拒绝的原因讲明白,有时还可以向对方致歉。例如,"对不起,谢谢,这样做对我不合适""对不起,这次我真的无法帮忙"。

直接拒绝有时可能逆耳,不能收到预期的效果。在这种情况下,要拒绝、制止或反对对方的某些要求、行为时,把拒绝的责任转嫁给对方所尊敬的或具有权威的人、组织以及某种制度等,直言由于非个人的原因(利用第三者说"不")作为借口,即使对方明知是借口,也较为容易接受,起码面子上能过得去。

🌟 小案例 5-6

《三国演义》中巧妙之极的拒绝

《三国演义》中,刘备借东吴荆州不还,东吴派诸葛瑾(诸葛亮的哥哥)来游说讨地。诸葛亮主动假意哭请刘备还荆州,刘备决意不肯听从,而又不肯背言而无信的名声,于是假意把关羽所辖的"三郡"还给东吴。当诸葛瑾向关羽讨地时,关羽道:"疆土本大汉疆土,岂得妄以尺寸与他人?"断然加以拒绝。这里,诸葛亮巧借刘备拒绝,刘备又巧借关羽来说"不",真是太巧妙了。

(2) 婉言拒绝。婉言拒绝就是运用委婉的语言,暗示对方无法完成请求。比如:

有一位朋友不请自到,而此时你正忙于工作无法接待,可以在见面之初,一面真诚地对其表示欢迎,一面婉言相告:"我本来要去参加公司的例会,可您这位稀客驾到,我岂敢怠慢。所以专门告假 5 分钟,特来跟您叙一叙。"这句话的"话外音"就是暗示对方"只能谈 5 分钟时间"。

(3) 诱导拒绝。诱导拒绝就是采用诱引的方法,让对方自己感悟到或者直接说出拒绝的理由。例如:

1945 年富兰克林·罗斯福第四次连任美国总统。《先锋论坛》报的一位记者采访他,请他谈谈这次连任的感想。罗斯福没有回答,而是很客气地请这位记者吃一块"三明治"(夹馅面包)。记者觉得这是殊荣,便十分高兴地吃了下去。总统微笑着又请他吃第二块"三明治"。他觉得是总统的恩赐,情不可却,又吃了下去,不料总统又请他吃第三块。他简直受宠若惊,虽然肚子里已不再需要了,但还是勉强吃了下去。哪知道罗斯福在他吃完之后又说:"请再吃一块吧。"记者一听啼笑皆非,因为他实在吃不下去了。罗斯福微笑着说:"现在,你不需要再问我对于这四次连任的感想了吧,因为你自己已经感觉到了。"

(4) 幽默拒绝。在对方提出问题后,机智地以诙谐幽默的语言作遮掩,避开实质性问题的回答,从而传达出自己否定拒绝的态度,这就是幽默拒绝。例如:

有一个人爱占小便宜。一天,他到一个同事家做客,看到茶几上一个精巧的小烟缸,说:"这小烟缸精巧是精巧,但颜色不太适合,不如给我配我家的茶几。"主人道:"你不如连茶几一块儿扛走,因为是为了放这小烟缸我才买的这个小茶几。"他听了后,只好作罢。

这里,主人没说"不给",却扩大原话题,请对方连茶几也扛走,对方不可能要茶几,自然也就不好再要小烟缸。又如:

在联欢会上,大家热情地请王某当众演唱,王某说:"大家看,我的嗓子比我的腰还粗9毫米,让我唱歌不是赶鸭子上架吗?为防止震坏大家的耳膜,保护大家的身体健康,我还是念一首抒情诗吧!"大家在笑声中同意了王某的要求。

(5) 回避拒绝。回避拒绝就是答非所问,就是表面上看在回答问题,但实际上说的都是空话,没有任何实质信息,当遇上他人过分的要求或难答的问题时,可使用这种方法。例如:

有人问你,在×××问题上,你支持老王还是老李?你回答:"谁正确我就支持谁。"对方又问,"那谁是正确的一方?"答:"谁坚持真理谁就是正确的一方。"到底支持谁?你并没有进行正面地回答。

(6) 模糊拒绝。模糊拒绝就是不直接拒绝,而是通过与对方请求相关的话题表明自己的态度。例如:

钱钟书先生是我国著名作家,他的作品《围城》享誉海内外。有一位外国女士特别喜欢钱钟书。当这位英国女士来到中国,就给钱钟书先生打电话,说想拜见他。钱钟书先生在电话中说:"假如你吃了一个鸡蛋觉得不错,又何必要亲自去看那只下蛋的母鸡呢?"

钱钟书用生动的比喻做了模糊的回答,委婉地拒绝了英国女士见面的要求。

(7) 拖延拒绝。当对方提出请求后,为避免当场直接拒绝可能带来的尴尬或不快,所以不当场拒绝,而是采取拖延的方法来达到拒绝的目的。可通过借故拖延时间的办法加以拒绝。

某单位一名职工找到车间主任要求调换工种,车间主任心里明白调不了,但他没有马上说"不可能",而是说:"这个问题涉及好几个人,我个人决定不了。我把你的要求带上去,让厂部讨论一下,过几天答复,好吗?"

这样回答的目的,就是让对方明白:调工种不是件简单的事,存在着两种可能,使对方思想有所准备,这比当场回绝效果要好得多。又如:

有一次庄子向监河侯借贷,监河侯敷衍他。说道:"好!再过一段时间,等我去收租,收齐了,就借你三百两金子。"

监河侯不说不借,也不说马上就借,而是说过一段收租后再借。这话含有多层意思:一是目前没有,现在不能借;二是我也不富有;三是过一段时间不是确指,到时借不借再说。庄子听后已经很明白了,但他不怨恨什么,因为监河侯并没有说不借给他,只是过一段时间再说而已，给了他希望。

（8）附加条件拒绝。附加条件拒绝就是先顺承对方的意思，然后附加一个事实上不可能的或主观无法达到的条件。例如：

有一次，意大利音乐家帕格尼尼为了赶到一家大剧院演出，急急忙忙跨上一辆马车，他一边催车夫快点，一边向车夫问价。"先生，你要付我10法郎。"马车夫知道他是大名鼎鼎的音乐家，便有意讹诈他。"你这是开玩笑吧？"帕格尼尼吃惊地问道。"我想不是。今天人们去听你一根琴弦拉琴，你可是每人收10法郎啊！我这个价格不算多。""那好吧，我付你10法郎，不过你得用一个轮子把我送到剧院。"音乐家帕格尼尼要求车夫用一个轮子把他送到剧院，这是根本不可能做到的，因此在客观上便起到了拒绝勒索的作用。

（9）自我解嘲拒绝。当对方提出一些自己不能或不想答应的要求时，通过自我解嘲的方式，即自己贬低自己来达到拒绝的目的，这样不仅可以拒绝对方的请求，还可以避免回答"为什么不行"的难题。例如：

有一次，中央电视台《东方之子》栏目想采访启功先生。与先生联系时说："我们采访的都是知名的专家、学者、社会精英故名东方之子。"启功先生听了说："我不够你们的档次，我最多是个'东方之孙'。"以此拒绝了这次采访约请。

小训练 5-5

小品《有事您说话》中，郭冬临扮演的郭子为人热心，但他有个毛病，就是他办不了的事也不好意思说"不"，只得打肿脸充胖子，答应下来。为了替老刘买卧铺票，他连夜卷着铺盖去火车站排队，排不上甚至自己搭钱买高价票。最后，随着答应的事情越来越多，也越来越难办，最终造成了家庭的不和谐。

【思考】假如你是小品中的郭子，你怎样拒绝？

案 例 分 析

1. 教授，教授，越教越瘦

有一年春节，金正昆教授到一个朋友家里去串门。因为是春节期间，来的客人多，男女主人当时忙着给大家准备饭菜，顾不上招呼客人们，自然也没给大家进行介绍，于是客人们就坐在一起漫无目的地聊天。

有一位年龄在四十多岁的女士发起了感慨，说："现在爹妈不好当，就这一个宝贝马上要考大学了，这选什么专业可真伤脑筋。"说话的这位女士不认识金正昆，但是边上男士认识，于是他就把话往金教授那儿引："你们家那是男孩还是女孩，我觉得男孩和女孩报的专业不太一样。"那女士说："我家是姑娘。"男士说："那你家姑娘有可能的话，报个师范专业或者报个能够当大学老师的专业挺好，当大学老师既有社会地位，又不累，收入还可以……"接着，又讲了很多老师的好话。没想到那个女士听了半天之后说："我们家孩子当什么都行，就是不当老师，老师多辛苦啊，你看那教授，教授教授，越教越瘦的……"说完了之后才问起金正昆："对了，您是干什么的？"金教授清了清嗓子，尴尬地说："我就是你说的那个越教越瘦……"

【思考与讨论】

（1）结合情境实例谈谈你对社交中介绍的理解。

（2）社交中应怎样介绍？

2."间谍"变成了朋友

第二次世界大战爆发后不久的一天，身为美国参议员的早川先生（日裔）在火车站等车。他注意到身边等车的人都用怀疑的眼光盯着他，还有人交头接耳。有一对夫妇带着孩子，盯着他，神情显得格外紧张。当时都传说有日本间谍到了美国。为打破尴尬局面，早川对那个丈夫说："真糟糕，天那么冷，火车偏偏又晚点。"对方点点头表示同意。早川继续说："带着孩子在冬天旅行，火车又没个准儿，真是辛苦。"对方再次表示同意。早川接着问他："孩子几岁了，看起来很乖很勇敢，比同年龄的孩子懂事。"他这次脸上有了一丝微笑。就这样，几句话化解了紧张的气氛。又交谈了几句后，这位男士问早川："我问你一个问题，希望别介意，你是日本人吧？你觉得日本打赢的机会有多大？"早川说："我的推测可能和你一样。依我看，日本缺煤、缺钢铁、缺石油……怎么打得过美国这种高度工业化的国家？"随后，他们谈到了早川在日本的家人。以至于在上车之前，那对夫妇还请早川有机会一定要去他们的城市，去他们家吃饭。

片刻间，"间谍"变成了朋友。

【思考与讨论】

（1）早川的交谈妙在何处？

（2）本案例对你有何启发？

3.戒烟

世界球王贝利，自幼酷爱足球运动，并很早就显示出超人的才华。一次，小贝利参加了一场激烈的足球赛，累得喘不过气来。休息时，他向小伙伴要了一支烟，以解除疲劳，贝利得意地抽着烟，淡淡的烟雾不时地从嘴里吐出来。但这一举动很快被父亲看到了，父亲的眉头皱起来。

晚上，父亲坐在椅子上问贝利："你今天抽烟了？"

"抽了，"小贝利红着脸，低下了头，准备接受父亲的训斥。

但是，父亲并没有这样做，他从椅子上站起来，在屋子里来回地走了好半天，才对贝利说："孩子，你踢球有几分天资，也许将来会有些出息的。可惜，你现在要抽烟了，抽烟，会损坏身体，使你在比赛时发挥不出应有的水平。作为父亲，我有责任教育你向好的方向努力，也有责任制止你的不良行为。但是，是向好的方向努力，还是向坏的方向滑行，主要还取决于你自己。因此，我要问问你，你是愿意抽烟呢？还是愿意做个有出息的运动员呢？你自己懂事了，自己选择吧！"说着，父亲从口袋里掏出一沓钞票递给贝利，并说道："如果你不愿意做个有出息的运动员，执意要抽烟的话，这就做你抽烟的经费吧！"说完，父亲走了出去。

小贝利望着父亲远去的背影，仔细回想着父亲那深沉而又恳切的话语，他不由得哭出声来。过了好一阵，他止住哭，拿起桌上的钞票去还给了父亲，并对他说："爸爸，我再也不抽烟了,我一定当一个有出息的运动员!"

从此,贝利刻苦训练,球艺飞速提高,终成一代球王。

【思考与讨论】

(1) 贝利的父亲为什么能够说服贝利戒烟?

(2) 本案例对你有何启发?

4. 善赞美的池田大作

1997年,金庸与日本文化名人池田大作展开了一次对话。在对话刚开始时,金庸表示了谦虚的态度,说:"我虽然跟过去与会长(指池田)对话过的世界知名人士不是同一个水平,但我很高兴尽我所能与会长对话。"

池田大作听罢赶紧说:"您太谦虚了。您的谦虚让我深感先生的'大人之风'。在您的72年的人生中,这种'大人之风'是一以贯之的,您的每一个脚印都值得我们铭记和追念。"

池田说着请金庸用茶,然后又接着说:"正如大家所说'有中国人之处,必有金庸之作',先生享有如此盛名,足见您当之无愧是中国文学的巨匠,是处于亚洲巅峰的文豪。而且您又是世界'繁荣与和平'的香港舆论界的旗手,正是名副其实的'笔的战士'。《春秋·左传》有云:'太上有立德,其次有立功,其次有立言,虽久不废,此之谓三不朽。'在我看来,只有先生您所构建过的众多精神之价值才是真正属于'不朽'的。"

【思考与讨论】

(1) 池田大作对金庸的赞美妙在何处?

(2) 本案例对你有何启发?

5. 陈毅拒绝张元济

1949年年底,商务印书馆的董事长张元济先生找到陈毅市长,要借20万元,以解燃眉之急。

这位董事长已80岁高龄,而且德高望重,陈毅小时候就知道他的大名。当时全国刚刚解放,百废待兴,拿出20万元有很大的困难。没办法,陈毅只有直截了当地对张元济说:"如果说人民银行没有20万元,那是骗您。我不能骗您老前辈,只要打个电话给人民银行就可以解决问题。您老这么大年纪了,为了文化事业亲自赶来,理应借给您。但是我想,还是不借给您为好,20万元搞商务一下子就花掉了,还是从改善经营上想办法,不要只搞教科书。可以搞一些大众化的年画,搞些适合工农需要的东西,学中华书局的样子。否则不要说20万元,200万元也没有用。要您老先生这么大年纪到处跑,我很感动。对不起,我不能借这笔钱,借了是害你们。"陈毅一番话,将张元济老先生说通了,他高兴地说:"我完全接受你的意见,我不借钱了。你的话是对我们商务印书馆的爱护,使我很感动。"

在对张元济先生进行说服时,陈毅既顾全国家大局,又为商务印书馆着想,提醒他们借钱不是长久之策,要着眼于读者的需要、改善经营、拓宽视野。一席话点到了对方从未想过的问题,使其觉得受益匪浅,找到了比借钱更有用的方法。

【思考与讨论】

(1) 陈毅的拒绝妙在何处?

(2) 本案例对你有何启发?

实 践 训 练

1. 模拟交谈训练

通过本训练，一是让学生运用所学的日常沟通方法和技巧，与他人沟通交流，提高口头表达能力；二是让学生掌握发表个人见解的方法和策略，在公众场合具备敢于说话的勇气和胆量。

基本组织思路是：模仿电视说话类节目，如中国中央电视台《对话》的形式，组织学生进行主题谈话训练。可从以下方面着手开展。

（1）将学生 10~15 人划分为一组，每组选出 2 名选手参加交谈训练，其他同学作为听众或参加评议；

（2）交谈过程中主持人和选手也可以和听众进行互动活动，方法和规则可视现场情况作出规定，目的是调动全体学生的参与意识，保持场面的活跃。

（3）教师和同学先确定交谈的话题，可以采用教师出题或学生出题的多题方式，然后从中优选。话题的选择应与同学的学习、生活、兴趣爱好联系紧密，学生有话可说，不会造成冷场，话题应包含较丰富的信息容量和多维的价值取向，有利于发挥学生的个人体验和独立思考。

（4）教师担任沟通活动的主持人，通过提问、询问、转问、串接、引申等多种方式，引导和调动场上、场下的交谈气氛，掌握和控制活动的节奏和进展。

（5）有条件的可以进行全程录像，活动结束，结合录像回放分析，教师和同学共同点评、总结。

（资料来源：张波.口才与交际[M].北京：机械工业出版社，2015.）

2. 赞美训练

（1）你能说出多少赞美的语言。分小组活动，以小组为单位，小组成员在规定的时间内，说出赞美他人的语言，赞美的内容包括外表、内在、生理层面、精神层面、肢体、感觉等。评选出说得最多、范围最广的小组。

（2）同学间的互相赞美。随机对班上五位同学进行赞美，然后请被赞美者谈谈感受，再由师生对赞美人语言进行点评。

（3）运用赞美进行成功推销。一个推销员走进一家银行的经理办公室推销伪钞识别器。女经理正在埋头写一份东西，从其表情可以看出女经理情绪很糟；从桌上的混乱程度，可以判断女经理一定忙了很久。同时推销员也发现女经理有一头乌黑发亮的长发。

① 请一位同学扮演推销员，一位同学扮演女经理。

② 推销员怎样才能使女经理放下手中的活计，高兴地接受推销员呢？请做情景演示。

（资料来源：周璇璇，张彦.人际沟通[M].厦门：厦门大学出版社，2015.）

3. 说服、拒绝训练

任务目标：

（1）能够了解说服与拒绝在沟通中的重要性。

（2）能够在沟通中准确把握说服与拒绝的原则。

（3）能够正确运用说服与拒绝的技巧。

（4）能够形成良好的说服与拒绝素养，提高人际沟通能力。

建议学时：3学时。

任务实施过程：

（1）任务导入。观看小品《卖拐》并进行模拟表演，谈谈小品中的主人公是如何进行游说的。

（2）说服技巧训练。

① 热身准备。分析以下案例中主人公运用了怎样的说服技巧。

卡耐基是美国著名演说家、教育家。他常租用某家大旅馆的礼堂，定期举办社交培训班。

一次，卡耐基突然接到这家旅馆增加租金的通知。更改日期和地点已经不可能了，他决定亲自出面与旅馆经理交涉。下面是两人对话的内容。

卡耐基："我接到你们的通知时有点震惊。不过，这不怪你，假如我处在你的地位，或许也会做出同样的决定。作为这家旅馆的经理，你的责任是让你的旅馆尽可能多地盈利。你不这么做的话，你的经理职位就难以保住，对吗？"

经理："是的。"

卡耐基："假如你坚持要增加租金，那么让我们来合计合计，看这样对你有利是不利。先讲有利的一面。大礼堂不租给我们讲课，而出租给别人办舞会、晚会，那么你获利就可以更多，因为举行这类活动时间不会太长。他们能一次付出很高的租金，比我们的租金当然要高很多，租给我们你显然感到吃亏了。现在我们再分析一下不利的一面，你增加我的租金从长远看，其实是降低了收入，因为你实际上是把我撵跑了，我付不起你要的租金，势必再找别的地方办训练班。还有，这个训练班将要吸引成千的中上层的管理人员到你的旅馆来听课，对你来说，这难道不是起到了不花钱的活广告的作用吗？事实上，你花 5000 元钱在报纸上做广告，也不可能邀请这么多人到你旅馆来参观，可我的训练课却给你邀请来了，这难道不是划算吗？"

经理："的确如此，不过……"

卡耐基："请仔细考虑后再回答我好吗？"

结果经理最终同意不加租金。

② 实地大演练。将全班同学分成若干组；每组 10 人左右。教师出示情景材料，学生根据教师所提供的情境分组进行说服技巧演练。各组在全班进行表演，其他同学进行点评，教师做出小结，针对学生表演的优缺点给予指导。

（3）拒绝技巧训练。

① 热身准备。每人讲一件印象深刻的关于拒绝的典型事例，成功的或失败的均可，然

后互相点评。

② 实地大演练。将全班分成若干组,每组 10 人左右,教师出示情景模拟材料,学生根据教师所提供的情境分组进行拒绝技巧演练。各组在全班进行表演,其他同学进行点评,教师做出小结,针对学生的优缺点给予指导。

任务完成:

(1) 评出最佳说服者、最佳拒绝者各一名。

(2) 针对某些同学上网成癖的现象进行说服。

(资料来源:赵京立.演讲与沟通实训[M].北京:高等教育出版社,2010.)

自 主 学 习

1. 将来,你在事业上取得了一定成就,在老同学聚会上,你怎样谈自己的成功? 别人赞扬你,你怎样表现谦虚的风度?

2. 你的一位同学做错了事,你告诉了老师,这位同学因怀恨而再不搭理你,请和他交谈,恢复你们的友情。

3. 有位秘书对经理说:"经理,今天有个人找您,是位女同志,说有点事要商量。穿着一件漂亮的淡青色风衣,背着一个棕色的精致小包,30 多岁,她说她在家等您,说你们事先说好的,可能您忘了。她姓张。"这段话有什么毛病,请指出来。

4. 为什么说一味地赞美不足取? 应怎样对交际对象进行赞美?

5. 设想你到一个新的环境,面对初次见面的同事,请找出同事的三点不同点加以赞美。

6. 请分角色模拟演练以下赞美情境。

(1) 你的一位同学参加某项大学生竞赛活动获得了好成绩,你如何赞美他(她)?

(2) 你的口才训练老师的课程非常受学生们的欢迎,你将如何赞美她?

(3) 你的同学穿了一套新衣服,你如何赞美她(他)?

7. 与你的同桌(两人一组),自拟情境进行说服训练。

8. 如果你的班级有一名同学考入大学后,完全放松自己,整天上网游戏、吃喝玩乐不学习,你作为他的好朋友,如何说服他抓紧时间好好学习呢?

9. 罗斯福任海军要职的时候一名记者问他关于在加勒比小岛上建立潜艇基地计划的问题。罗斯福本可以正面拒绝,因为这是军事秘密,然而正面拒绝就会使交际过程呆板而无趣,所以罗斯福没有正面拒绝。请你说一说罗斯福是怎么回答记者的。

10. 吴经理与王经理是大学的同窗好友,有着十几年的友情,关系非常亲密,经常在一起打球,生意上也有合作。一天,王经理来到吴经理办公室,兴致勃勃地说要好好聊聊,正好吴经理已预约陪同台商汪先生去打保龄球,这使吴经理很为难。请演示吴经理拒绝王经理的情景。

11. 试比较分析以下三份不录用通知书。

（1）此次本公司招聘职员，承蒙应征，非常感谢！经慎重审议，结果非常遗憾，决定无法录用，特此通知。

（2）此次本公司招聘考试，你成绩不及格。特此通知。

（3）此次本公司招聘职员，您立即前往应征，非常感谢！您的考试成绩相当好，不过本次暂不予录用，觉得很可惜，他日可能还有机会。务请谅解。

终目的是为了实现和满足各自的利益需求，而这种需求的满足又不能无视他方需求的存在。满足利益的需求越强烈，谈判的需求也越强烈。没有明确的目标，谈判就没有产生的理由。

（3）交流性。谈判是一个相互交流的过程，谈判不能由一方说了算，谈判各方的目的和需求都会涉及和影响他方需要的满足。对于谈判而言，谈判的开始意味着某种需求希望得到满足或某个问题需要得到解决。由于谈判参与者的各自利益、思维方式不尽相同，存在一定的差异和冲突，因而谈判的过程实际上就是各方相互作用、磋商和沟通的过程，在此过程中不断调整各方的利益关系，直至最后达成一致意见。

（4）公平性。只要谈判各方是自愿参与谈判，在谈判时对谈判结果具有否决权，这样的谈判就是公平的，无论它的结果看起来是多么的不公平。其公平性体现在谈判的自愿参与、自主决策和自我负责上，只要是没有强迫性，不存在一方"打劫"的谈判就都是公平的谈判。

2. 谈判的要素

谈判的要素是指从静态的角度分析构成谈判活动的必要因素。没有这些构成要素，谈判就无法进行。

（1）谈判主体。所谓谈判主体，是指参加谈判活动的当事人。谈判主体具有双重性：一是指参加谈判的一线当事人，即出席谈判、上谈判桌的人员；二是指谈判组织，即出席谈判者所代表的组织。一线的当事人，除单兵谈判外，通常是一个谈判小组。小组成员包括谈判负责人、主谈人和陪谈人。其中，谈判负责人是谈判桌上的组织者、指挥者，起到控制、引导进程以及发挥场上核心领导的作用；主谈人是谈判桌上的主要发言人，他不仅是谈判桌上的主攻手，也是谈判桌上的组织者之一，其主要职责就是根据事先制定的谈判目标和策略，同谈判负责人密切合作，运用各种技巧与对方进行协商和沟通，使对方最终接受己方的建议和要求或和对方一起寻找双方都能接受的共同点；陪谈人包括谈判中的专业技术人员和记录员、翻译，他们主要为谈判提供技术咨询服务以及记录谈判过程，消除语言障碍。谈判的当事人可以是双方，也可以是多方。

小案例 6-1

中国内地某公司与中国香港某承建有限公司的谈判

中国内地某公司（以下称甲方）与中国香港某承建有限公司（以下称乙方）曾就乙方负责某酒楼的建筑工程经过若干轮谈判。合同规定：该工程总建筑面积约 1000 平方米，预算总造价约 300 万元人民币，按甲方建筑工程设计院设计图纸施工，质量规格要符合在 8 级震区使用的条件。第一期工程完工，甲方验收时，发现已完工部分的质量不合格，甲方就工程质量问题与乙方发生严重争执，甲方被迫向当地法院起诉。法院受理此案后，通过香港某律师行的协助，对乙方的资信作了调查，结果发现：乙方确实系在香港政府注册的有限责任公司，但注册资金仅有 2000 元港币。根据法律规定，有限责任公司承担责任的能力仅限于其注册资本。这意味着，即使甲方胜诉，乙方无论给甲方造成多大的损失，其赔偿额的最高限也仅限于 2000 元港币。甲方得知该详情后，不得不放弃赔偿要求，转而要求解除合同。最后,法院依照甲方的要求,以被告的权利能力和行为能力不足为由,终止了合同,甲方只追回了已付给乙方的全部定金,其他损失只有自己承受。从该案例看到,甲方受损的根本原因在于,谈判前没有查清乙方的关系主体资格,即使合同中对工程造价、质量条款均已做出规定,也不能避免自己的损失。

【点评】对谈判当事人主体的审定应该注意,谈判当事人主体必须以自己的名称参加谈判并能够承担谈判责任。例如,是否有法人资格,以及与法人资格相应的签约、履约能力,注册公司的详细情况,公司的诚信程度等行为能力。核准落实谈判当事人主体是否有权参加谈判和完成谈判任务是审定谈判当事人资格的必须程序。

（2）谈判客体。谈判客体是指谈判中双方所要协商解决的问题,也就是谈判议题。谈判客体大致要具备三个条件:一是它对于双方的共同性,也就是这一问题是双方共同关心并希望得到解决的;二是可谈性,亦即谈判的时机要成熟;三是它必然涉及参与各方的利益关系。

（3）谈判目的。谈判目的是构成谈判活动不可缺少的因素。只有谈判主体和谈判客体,而没有谈判目的,就不能构成真正的谈判活动,而只是闲谈。正因为谈判各方鲜明的目的性,才使得谈判是在涉及各方的利益、存在尖锐对立或竞争的条件下进行的,无论谈判桌上表面看来是多么谈笑风生,实质上都是各方智慧、胆识、应变能力的一次交锋。而闲谈由于不涉及各方的利害关系,通常都是轻松愉快的。

（4）谈判背景。谈判背景是指所处的客观条件。任何谈判都不可能孤立地进行,而必然处在一定的客观条件之下并受其制约。客观存在的谈判条件能为谈判者实施谈判策略与技巧提供依据。这种背景既包括了外部的大环境,如政治、经济、文化等,也包括了外部的微观环境,如市场、竞争情况等,还包括了参与谈判的组织和人员的背景,如组织的行为理念、规模实力、财务状况、市场地位等,谈判当事人的职位级别、教育程度、工作作风、心理素质、谈判风格、人际关系等。

以上因素是构成谈判的四个基本要素,这些要素不仅影响谈判活动的具体进行,也是分析和研究谈判的依据。

◎ 小案例 6-2

图　德　拉

有一个商人叫图德拉(Tudela),在 20 世纪 60 年代中期,他只是一家玻璃制造公司的老板。他喜欢石油行业,自学成才成为石油工程师,他希望能做石油生意。偶然的一天,他从朋友那里得知阿根廷即将在市场上购买××万美元的丁烷气体,他立刻决定去那里看看是否能弄到这份合同。当他这个玻璃制造商到达阿根廷时,在石油方面既无老关系,也无经验可言,只能仗着一股勇气硬闯。当时他的竞争对手是非常强大的英国石油公司和壳牌石油公司。在做了一番摸底以后,他发现了一件事——阿根廷牛肉供应过剩,正想不顾一切地卖掉牛肉。单凭知道这一事实,他就已获得了竞争的第一个优势。于是,他告诉阿根廷政府:"如果你们向我买××万美元的丁烷气体,我一定向你们购买××万美元的牛肉。"阿根廷政府欣然同意,他以买牛肉为条件,争取到了阿根廷政府的合同。图德拉随即飞往西班牙,发现那里有一家主要的造船厂因缺少订货而濒临关闭。它是西班牙政府所面临的一个政治上棘手而又特别敏感的问题。他告诉西班牙人:"如果你们向我买××万美元的牛肉,我就在你们造船厂订购一艘造价××万美元的超级油轮。"西班牙人不胜欣喜,通过他们的大使传话给阿根廷,要将图德拉的××万美元的牛肉直接运往西班牙。图德拉的最后一站是美国费城的太阳石油公司。他对他们说:"如果你们租用我正在西班牙建造的价值××万美元的超级油轮,我将向你们购买××万美元的丁烷气体。"太阳石油公司同意了。就这样,一个玻璃制造商成功地做成了××万美元的石油交易,他的竞争对手只能自叹不如。

【点评】在当今充满竞争的条件下,谁能掌握对方的需求信息,谁能更全面、准确、清楚地了解对方的利益需要,谁就有可能在竞争中取胜。这个商人正是凭借掌握对方需求信息,清楚地了解对方的利益需要,击败了比他强大百倍的竞争对手,获得了成功,在谈判中取胜。

3. 谈判的主要阶段

谈判是一场知识、信息、心理的较量,也是礼仪修养的竞赛。一场事关组织发展前途的谈判,谈判人员在谈判程序的任何阶段都需注意礼仪,以留给对方良好的印象。

(1) 导入阶段。谈判的导入阶段时间不多,主要是通过介绍,相互认识,自始至终保持轻松愉快的合作气氛。在介绍时,个人以自我介绍最为适宜;团体则可由团长或司仪介绍,把参加谈判的每一个成员的姓名、身份、职务简要介绍给对方。一般先由职务高的开始介绍,然后按程序介绍下去,介绍到谁时可起立,也可坐在原来的位置上,面带微笑点头示意。在一方介绍时,另一方要认真倾听,注意力集中,切不可东张西望,心不在焉。

◎ 小案例 6-3

和谐融洽的谈判气氛

1972 年 2 月,美国总统尼克松访华,中美双方将要展开一场具有重大历史意义的国际谈判。为了创造一种融洽和谐的谈判环境和气氛,中国方面在周恩来总理的亲自领导下,对谈判过程中的各种环境都做了精心而又周密的准备和安排,甚至对宴会上要演奏的中美两国民间乐曲都进行了精心的挑选。在欢迎尼克松一行的国宴上,当军乐队熟练地演奏起由周总理亲自选定的《美丽的亚美利加》时,尼克松总统简直听呆了,他绝没有想到能在中国的北京听到他如此熟悉的乐曲,因为,这是他平生最喜爱的并且指定在他的就职典礼上演奏的家乡乐曲。敬酒时,他特地到乐队前表示感谢。此时,国宴达到了高潮,一种融洽而热烈的气氛感染了美国客人。一个小小的精心安排,赢得了和谐融洽的谈判气氛,这不能不说是一种高超的谈判艺术。美国总统杰弗逊曾经针对谈判环境说过这样一句意味深长的话:"在不舒适的环境下,人们可能会违背本意,言不由衷。"英国政界领袖欧内斯特·贝文则说,根据他平生参加的各种会谈的经验,他发现,在舒适明朗、色彩悦目的房间内举行的会谈,大多比较成功。

(2) 概说阶段。谈判概说阶段的目的是让对方了解自己的期望目标和谈判设想,同时隐藏不想让对方知道的其他资料、信息。这个阶段只需要单纯地说出基本想法、意图与目的,而不宜过早地把谈判意图全部提出。因此,概说阶段要注意以下两个要求。

一是保持愉快的气氛。发言的内容要简短,要能把握重点及表示情感。比如"很高兴来这里开会,今天有关引进设备的讨论,希望能有圆满的结果,使双方都满意"。发言时要面带笑容,以示诚恳,在得到对方首肯以后,也要以目光和点头致意,表示彼此意见相投,成功的可能性很大。

二是倾听对方的发言。在谈判的概说阶段应留出时间让对方发表看法,待认真听完对方的意见后,进一步思考分析,找出双方目的的差别。

（3）明示阶段。明示阶段就是谈判双方不再隐瞒自己的真实意图,而把自己的谈判目的和盘托出,使对方明了自己的需求,为交锋阶段做好准备。例如,我国某出口公司在同东南亚某国商人洽谈大米出口交易时有这样一个片段,这就是谈判明示阶段常出现的情形。

我方:"我们对这笔出口买卖比较感兴趣,我们希望贵方能以现汇支付。不瞒贵方说,我们已收到了某国其他几位买主的递盘,因此现在的问题只是时间,我们希望贵方以最快的速度决定这笔买卖的取舍……"

对方:"我们的想法和您的一样,都想把这笔买卖做下来。我们认为最好的支付方式是用我们的橡胶交换,这在贵国也很需要。当然了,如果贵方大米的价格很有竞争力,我们也愿意考虑用现汇支付……"

这样,双方都将自己的要求和意见如实地摆了出来。一个想卖,一个想买,在彼此一致的基础上,双方就支付方式问题充分发表了自己的意见。

在明示时要注意分寸,把握谈判内容的"度",决不要流露自己迫切需要解决问题的心情,否则,就会被对方利用为施加压力的砝码;同时,对自己的真实实力,包括谈判"底线"等,应给予保密,否则在交锋时会使自己处在被动地位。

（4）交锋阶段。交锋阶段就是谈判各方为了获取利益、争取优势而处于对立状态的阶段。交锋阶段的表现方式一般有两种,即"以我为主"和"各说各的"。

① "以我为主"的交锋方式。这种交锋方式就是在双方的交锋过程中,先由一方对某个具体问题加以陈述,对方如有不同看法则提出反驳和攻击。下面的例子可以说明这种交锋方式。

卖方:"我方这种产品的报价是每吨500美元。"

买方:"500美元?太高了!这大大地超过了我方的支付能力。你们怎么能要这样高的价格?"

卖方:"这是市场价格。我们一直按这个价格出售。"

买方:"据我们所知,市场价格是每吨420美元。你们应当降价!"

② "各说各的"的交锋方式。这种交锋方式就是一方在设法弄清对方陈述的意图之后,再进行自己的陈述。下面举例说明。

卖方:"我方这种产品的报价是每吨500美元。"

买方:"是否包括运费和关税?贵方开价的500美元不包括运费和关税,是吗?"

买方:"是的,不包括。"

卖方:"那么,我们希望每吨的价格降到420美元。"

谈判的目的就是为了获得自己想得到的利益。谈判双方的对立状态是从交锋开始的。

由于双方都想说服对方以获得更大的利益,因此,彼此都充满信心,运用计谋,斗智斗勇,使争论相当激烈。在交锋阶段要有应付各种困难的思想准备,随时准备回答对方的质询,并表现出适当的强硬态度。但是高明的谈判者,又不是有勇无谋的人,因为交锋并不是为了证明一方强于另一方,而只是寻求双方利益一致的妥协范围,否则,谈判将导致破裂。因此,谈判者的态度应"硬中有软",适时地"软硬兼施"。

(5)妥协阶段。妥协是交锋的结果,在相互僵持过程中总有一方主动做出让步,使另一方也相应退让,若双方都不让步就无法达成协议。让步要选择时间,把握让步的幅度,讲究让步的艺术。谈判中不恰当的让步会让己方难以实现最终愿望。正确的让步是使双方都得益,互为补偿,如果是单方面的让步,就不是成功的谈判。这里要注意两点。

一是在谈判中要慎用妥协。妥协不是目的,而是手段。妥协,就其实质而言,是不得已而为之。因此,要慎用妥协,一般在谈判前就应设想自己的妥协范围,并在谈判过程中依据双方情况的变化,寻找理想的妥协时机。妥协不是无限度的退让,而是有限度、有范围的,以不损害自己的根本利益为尺度,使对方能接受,从而达成互利互惠协议。

二是让步要讲究方式。在开始阶段,谈判人员代表组织可做较大的让步,然后在长时间内再缓慢地一点一点地做小的让步。这样,一开始大的让步能取悦对方,建立好感再逐步做点小的让步,也就比较顺理成章,容易被对方所接受。当然,具体选择何种让步,还要视对方情况而定。

小案例 6-4

打破谈判僵局两例

① 幽默语言破僵局。有一次,某商业代表与美国一家新型设备厂进行谈判,谈判不久就进入僵局。双方争论的焦点是有关专利的问题。双方各执一词,针锋相对。这时候,这位商业代表侃侃而谈:"先生们,我们的老祖宗在几千年前发明了指南针和火药,全世界都在享受着这些伟大的成果,可我们的老祖宗从来都没有和你们要过什么专利费。作为后代,我们引以为豪。请问在座的诸位,那时候你们的祖先在哪里?"

美国代表听到这里,一个个不好意思地笑了。这时候,这位代表随即补充:"不过,诸位不要误会啊,我的意思不是不给你们付专利费,只是期待一个公平合理的结果而已。"就这样,谈判桌上的僵局被这几句幽默的话语轻松化解了,双方就专利问题进行了新一轮的讨论。

② 休息时间破僵局。在谈判之中,巧用休息时间也是一种不错的策略。当谈判进入激烈的讨论或者僵局时,可以建议双方休息几分钟。如戴维 2016 年与某方谈判一个关于房地产租售的项目,在谈判过程中,对方的抵触情绪很强烈。戴维先是把项目向对方详细介绍了一下,然后说:"我们休息一下吧,谈了近一个小时了,想必您也累了。"在休息的过程中,戴维和顾客边走边聊一些与天气有关的话题,绝口不提工作的事情。过了 15 分钟后,他们再次进行谈判,这次顾客的抵触心理明显减少,戴维便借机和顾客进行谈判。最终这次谈判得以圆满结束。

(6)协议阶段。谈判双方认为已基本上达到自己的谈判目标,共同以签订协议宣告谈判的结束。签订协议是很重要的仪式，双方除了谈判的代表出席外，还可请组织和政府的领导人出席，以示重视。谈判的双方代表在协议上签字后，要交换协议书，并握手祝贺。协议书签订的会场、服务、接待等各项工作都要由专人负责。最后，双方还要发表简短的祝词，以及摄影留念。协议签订的仪式结束后，还可组织招待会、新闻发布会、宴会、舞会等庆祝活动。

小训练 6-1

（1）请结合自身体会，具体说明谈判在我们生活中的作用。

（2）一天，一位打扮入时的年轻女子牵着一条宠物狗走进一家餐馆，她自己坐下后把小狗放在对面的座位上，引起旁边顾客的不快，有人向老板抱怨。请一位同学扮演这家餐馆的老板，试着与年轻女子（另一位同学扮演）谈判。要求：注意礼貌、风度，使用相应技巧，力求取得理想的效果。

6.2 谈判的语言艺术

谈判，离不开一个"谈"字，不管是和风细雨地劝说，还是理直气壮地唇枪舌剑，时时刻刻都离不开语言。谈判中最重要的工具就是语言，谈判双方必须利用语言来传播信息、交流情感，表达自己的意向。没有语言，谈判根本无法进行。谈判是智慧的较量，而语言又是谈判者思想与智慧的表达方式。谈判语言关系到谈判的成败，其原因就在于谈判语言不同于一般生活中的语言，他需要在紧张、激烈的对抗中，始终把握己方的目标，同时运用各种语言技巧来突破对方的防线。

1. 谈判的语言特征

谈判语言的主要特征有如下几个方面。

（1）鲜明的利益性。谈判语言是一种目的非常明确的语言，不管是谈判中的陈述、说服，还是提问、回答，都是为了自己的利益需要而进行的。不带有任何功利目的，也无求于对方的谈判是不存在的。20 世纪 70 年代初，中美建交谈判时，美国前国务卿基辛格在与邓小平对话时曾说："我们的谈判是建立在健全基础之上的，因为我们都无求于对方。"第二天，毛泽东主席接见基辛格时，就其前一天的谈话进行了反驳。毛泽东说："如果双方都无求于对方，你到北京干什么？如果双方都无求于对方的话，那么，我们为什么要接待你和你们的总统？"毛泽东一针见血地指出，谈判是一种双向的需要，谈判带有明确的目的性。谈判的目的性决定了谈判语言必然具有鲜明的利益性。

小案例 6-5

价 格 分 析

在这年秋季广交会上，我国的外贸人员在一个清雅的接待室里与外商谈判。中方人员讲："由于国际、国内铅价猛涨，这次出口的蓄电池，我们准备适当提高价格。"听到新的价格,外商连连摇头。再谈下去,对方却说:"还是以前的报价就谈,否则谈判就结束。"眼看谈判陷入僵局。外贸人员找到北京电池厂负责人,要求他们压一压出厂价。副厂长等人一算账,认为压价就肯定赔钱,无法接受这个建议。怎么办?经过充分的准备,王副厂长等人开始与外商直接谈判。在两天半的时间里,厂方详细谈到国际市场铅价及蓄电池价格上涨的幅度,原料价格上涨对产品成本的影响,本厂产品与外国同类产品价格的对比情况,如果双方成交的话各自可获取的盈利。厂方摆出的事实和数据清晰明确,具有无可辩驳的说服力,外商不得不叹服,"你们对市场行情真是一清二楚。"买卖最后终于谈成了。

（2）灵活的随机性。谈判是一个动态过程,瞬息之间,变化万千。尽管一般情况下,谈判双方事前都要做充分的准备,对谈判的内容、己方的条件、可能做出让步的幅度、对方的立场、对方可能采取的策略,都进行了研究,并对谈判过程进行了筹划。但是,谈判过程常常是风云变幻、复杂无常,任何一方都不可能事前设计好谈判中的每一句话。具体的言语应对仍然需要谈判者临场组织,随机应变。

谈判中,谈判者要密切注意信息的输出和反馈情况,根据不同内容和阶段,针对谈判对象、主客观情况变化,及时、灵活地调整谈判语言。尤其是在双方就关键性的问题短兵相接时,一问一答、一叙一辩,都要根据当时谈判场上的变化而变化,这就是灵活的随机性。如果谈判中发生意料之外的变化,而仍然拘泥于既定的对策,思想僵化,方式呆板,语言不能机智应变,则必然在谈判中失去优势,导致被动、失利。

（3）巧妙的策略性。因为谈判是一种智慧的较量,所以在谈判中,一方为了获得尽可能多的利益,往往采取各种策略,诱使对方按照己方的条件达成协议。因而成功的谈判者常常在谈判双方的利益冲突和利益协调中,从合作的立场出发,以其特有的机警和敏锐,不放过有利于自己的任何一个机会。同时,运用各种计谋、多种恰到好处的言谈,使谈判朝着有利于己方的方向发展。谈判语言的策略性表现在:一样的话,可以有几种说法;同样的意见,用不同的说法表达,以产生不同的效果。

小案例 6-6

日本人的谈判策略

有一次,日本一家公司与美国一家公司进行一场许可证贸易谈判。谈判伊始,美方代表便滔滔不绝地向日方介绍情况,而日方代表则一言不发,认真倾听,埋头记录,当美方代表讲完后,征求日方代表的意见,日方代表却迷惘地表示"听不明白",只要求"回去研究一下"。几星期后,日方出现在第二轮谈判桌前的已是全新的阵容,由于他们声称"不了解情况",美方代表只好重新说明了一次,日方代表仍然以"还不明白"为由使谈判不得不暂告休会。到了第三轮谈判,日方代表团再次易将换兵并故技重演,只告诉对方,回去后,一旦有结果便会立即通知美方。半年多过去了,正当美国代表团因得不到日方任何回音而烦躁不安、破口大骂日方没有诚意时,日本突然派了一个由董事长亲率的代表团飞抵美国,在美国人毫无准备的情况下要求立即谈判,并抛出最后方案,以迅雷不及掩耳之势催逼美国人讨论全部细节,手足无措的美方代表终于不得不同日本人达成了一次明显有利于日方的协议。事后,美方首席代表无限感慨地说:"这次谈判,是日本在取得偷袭珍珠港之后的又一重大胜利。"

（4）迅捷的反馈性。谈判中的双方斗智斗勇，往往会出现许多稍纵即逝的机会。谈判者不仅要反应敏捷，而且要立即做出判断和回答。抓住了机会，也就抓住了成功。所以谈判的语言一方面对己方的谈判条件争取到最大的满足；另一方面要迅速捕捉对方谈话中的矛盾之处或者漏洞，不失时机地加以利用，这就是谈判语言迅捷的反馈性。

小案例 6-7

快 速 反 应

一次某外商向我国一个外贸单位购买香料油，出价每千克 40 美元，我方要价 48 美元。外商一听我方要价就急了，说："不，不，你怎么能指望我出 45 美元以上来买呢？"我方代表立即抓住这一机会，巧妙地反问说："这么说，你方是愿意 45 美元成交了？"外商情急之下露了底，只好说，可以考虑。结果双方以每千克 45 美元成交，比我方原定的成交价高出 3 美元。

谈判中对时间的要求是严格的，这与平常的生活语言大不相同。谈判中双方的陈述、说明、提问、回答等都是紧张的智力较量，要求在极短的时间内立即对对方的发言做出反馈。或同意，或拒绝，或反驳，或提出新的建议，都要求谈判者迅速做出反应。迟迟不予回答，或在谈判桌上说错了又收回来，都会被认为是不礼貌的，或者是不负责任的表现。

2. 谈判的语言技巧

美国著名律师、谈判家杰伦德·尼尔伦伯格在其《谈判的策略》一书中举了这样一个例子："最近，我那两个儿子为分吃一块苹果馅饼而争了起来，两个人都坚持要切一块大的给自己，结果他们始终分不好。于是我建议他们，由一个人先切，由另一个先拿自己想要的那块，两个人似乎觉得这样公平，他们接受了，并感到自己得到了公平的待遇。"谈判应该是一种"赢—赢"式谈判，而非"赢—输"式谈判，这是谈判的最高境界。我们在谈判时，一定不要忽视这一基本点。谈判的语言技巧主要体现在以下几个方面。

（1）积极倾听，用心理解。

小案例 6-8

松 下 的 教 训

日本松下电器公司的创始人松下先生曾谈到自己初次交易谈判中的一个教训，他上东京找批发商谈判，意欲推销他的产品，批发商和蔼可亲地说："我们是第一次打交道吧？以前我好像没见过您。"这是明显的探测语，批发商想要知道面前的对手是生意老手还是新手。松下先生恭敬地回答："我是第一次来东京，什么都不懂，请多多关照。"这极平常的寒暄语却使批发商获得了重要信息：对手原来是一个初出茅庐的新手。批发商问："你打算什么价格出卖你的产品？"松下又如实亮底说："产品成本 20 日元，我准备卖 25 日元。"按当时市场价格 25 日元钱价格适中，产品质量又好，但由于松下无意间暴露了自己的弱点，因此批发商说："你首次来东京做生意,刚开张应当卖得更便宜些,20日元卖不卖?"批发商了解对手人生地不熟,又有急于打开销路的愿望,因此趁机杀价。松下先生后来才悟到当初的吃亏,正是由于自己缺少经验,没有能感觉到对方的探测性语言。在许多人看来,谈判中要多发言,这样才能把自己的意图说清楚,使另一方完全明白自己的观点、看法。其实,真正高明的谈判家并不这样做。他们采用的办法大多是"多听少说"。尽量少发表自己的看法,多听对方的陈述,这种听是主动的,并非只是简单地用耳朵就行了,还需要用心去理解,探求对方的动机,积极做出各种反应。这不仅是出于礼貌,而且是在调节谈话内容和谈判气氛。

① 要耐心倾听。谈判中一般交谈内容,并非总是包含许多信息量的。有时,一些普通的话题,对你来说知道的已经够多了,可对方却谈兴很浓。这时,出于对谈判对方的尊重,应该保持耐心,不能表现出厌恶的神色,也不能表现出心不在焉的神情。越是耐心倾听他人意见的人,谈判成功的可能性越大。因为聆听是褒奖对方谈话的一种方式,能提高对方自尊心,加深彼此感情,为谈判成功创造和谐融洽的环境和气氛。

② 要虚心倾听。谈判的一个主要目的是沟通信息,联络感情,而不是智力测验或演讲比赛,所以在听人谈话时,应该有虚心聆听的态度,不要中途打断对方的谈话,这也是不尊重对方的表现。正确的做法是听话者在谈判中应随时留心对方的"弦外之音",回味对方谈话的观点、要求,并把对方的要求与自己的愿望做互相比较,预想好自己要阐述的观点、依据的理由,使谈判走向成功。

③ 要注意主动反馈。在对方说话时,听话者不时发出表示倾听或赞同的声音,或以面部表情及动作向对方示意,或有意识地重复某句你认为很重要、很有意思的话。若一时没有理解对方的话,不妨提出一些富有启发性和针对性的问题,这样对方会觉得你听得很专心,重视他的话。

(2) 善于提问,控制局面。

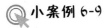 **小案例 6-9**

教徒的发问

有一位教徒问神父:"我可以在祈祷时抽烟吗?"他的请求遭到神父的严厉斥责。而另一位教徒也去问神父:"我可以吸烟时祈祷吗?"这个教徒的请求却得到了允许,悠闲地抽起了烟。这两位教徒发问的目的和内容完全相同,只是语言表达方式不同,但得到的结果却相反。由此看来,善于提问,语言技巧高明才能赢得所期望的谈判效果。

俗话说:"知己知彼,百战不殆。"了解谈判对手,是保证谈判获得成功必不可少的。要深入了解双方,除了仔细倾听对方发言,注意观察对方的举止、神情、仪态以捕捉对方的思想脉络、追踪对方的动机之外,通过适当的语言手段,巧妙提问,随时控制谈话的方向,并鼓励对方说出自己的意见,这是获取必要信息的更为直接的有效方式。

① 不要羞于提问。很多谈判者坐在谈判桌前时,羞于提问。虽然没听明白对方的意思,但是因为有众多的谈判人员在场,认为提问题暴露了自己的无知,会让别人瞧不起,有碍面子,因此不懂装懂,不提问题;或者有些时候怕自己提问题太多,会引起对方的反感,因

而尽量少提问题，这些都是不正确的态度。谈判牵扯到双方的重要利益，而且谈判时双方都在使用各种策略以争取自己的利益。有时是故意说得复杂让对方听不懂，如果此时稀里糊涂地答应了条件，正合对方心意。因此，如果有疑问，就必须要向对方提问，这不仅使得己方了解了事实真相，而且很大程度上控制了局势。我们可以想想在日常生活中，是提问题的人掌握了主动权呢，还是回答问题的人掌握了主动权？当然是提问题的人，因为他控制了对方的思维，回答问题的人更多是被牵着鼻子走，因此，在谈判时适时适度地提问不仅不会让己方陷于被动，而且可在很大程度上占领主动权。

② 注意提问的恰当时机，应该等对方发言完毕再问。日常生活中，我们都知道打断别人的谈话是不礼貌的，在谈判中，更是如此。要注意听对方的谈话，不明白的地方可以先记下来，等对方陈述完后再问。这样有三个好处：首先，是尊重他人的体现，不会因中途打断对方而引起不快；其次，听完了对方的谈话可以完整地了解对方的思路和意图，避免断章取义，错误地理解对方的意图；最后，听完对方的陈述再提问，也为自己争取了思考的时间，可以思考怎样提问比较合适，以免出现漏洞。如果对方的话冗长，也可以适时地打断对方。在打断对方前，要注意当时的气氛和对方的情绪。我们知道在日常生活中如果要向某人提要求，一般是选择其比较高兴的时候，在谈判中也是如此。如果打断对方提问题，要选择对方说话的间歇，而且要气氛融洽，对方认为形势有利于他们的时候提，这时对方心理往往较少设防，回答得比较详细、充分，己方获取信息充足。如果气氛紧张时，对方会很谨慎地回答，己方获得的信息有限。

③ 讲究提问方式。提问有不同的方式，在谈判中的提问更要注意提问方式的选择。为了保证谈判气氛的融洽，一般来说，较多地使用选择性问句，如"您认为我们应该先讨论交货方式的问题还是价钱的问题合适呢？"这种问句方式，给对方一个选择的空间，以免引起对方的逆反心理。若再配以得体的措辞，柔和的语调，会使对方比较容易接受。而且这种问法看起来是让对方选择，实际上己方已经设定了选择的范围"交货方式"和"价钱"，表面看起来主动权给了对方，实际是己方在掌握了主动权的基础上给了对方少许的自主权，而就是这"少许自主权"往往使得对方心理比较满足，因此，在谈判中经常会使用选择性问句。在提问时应多使用比较委婉的词语，比如，"您觉得这样处理怎样？""我们是不是还需要讨论一下供货方式的问题？""麻烦您解释一下刚才的建议，我们还不是很清楚。"等等，再辅以诚恳的态度，一定会取得比较理想的效果。

另外，提问应该避免几个问题：一是不要使用盘问、审问式的问句，避免几个问题连着问，因为对方既不可能一一给以详细的回答，还会引起对方的反感，破坏了谈判的气氛。二是提问题的态度要诚恳，避免给对方讽刺、威胁等感觉，对方才乐于回答。三是要有疑而问，不要为了表现自己而提问。有的人为了表现自己的口才或专业，故意卖弄，结果往往会弄巧成拙。四是对方不愿回答的问题，不要一再追问，可以委婉地换种方式获得信息，不一定非得逼问对方。

小案例 6-10

连 连 发 问

在一场货物买卖谈判中，双方就价格问题难以达成一致时，买方经过精心策划，提出了下列问题："尊敬的先生,当一件成品所需的原材料开始降价,那么随着成本的下降,其价格是否应降低呢?""是的,毫无疑问。""当一件产品的包装改用简易包装了,那么它的价格是否应降低呢?""是的。""那么你方在原材料价格大幅度下降,产品又改用简易包装的情况下,为什么还坚持原来的价格呢?"直到这时卖方才发现落入了陷阱,无言以对,只能应对方的要求降低产品的价格。

(3)巧妙回答,避实就虚。在谈判中,如何回答对方的问题更重要,如果回答得不好,往往会掉进对方设置的"陷阱",被对方牵着鼻子走。因此,在很多的政治谈判、军事谈判和商贸谈判中,"回答"比"提问"还重要。同提问一样,回答应为谈判效果服务,该说什么,不该说什么,应该怎么说都要由"有利于谈判效果"来决定。回答问题时总的原则就是"经过慎重思考,再三斟酌,能不答的就不答,能少答就不要多答,尽量少说"。

实际上,擅长回答的谈判高手,其回答技巧往往在于给对方提供的是一些等于没有答复的答复。潘肖珏在《公关语言艺术》中列举了以下实例来说明。

实例1 在答复您的问题之前,我想先听听对方的观点。

实例2 很抱歉,对您所提及的问题,我并无第一手资料可作答复,但我所了解的粗略的印象是……

实例3 我不太清楚您所说的含义是什么,是否请您把这个问题再说一下。

实例4 我们的价格是高了点,但是我们的产品在关键部位使用了优质进口零件,增加了产品的使用寿命。

实例1的应答技巧,在于用对方再次叙述的时间来争取自己的思考时间;实例2一般是属于模糊应答法,主要是为了避开实质性问题;实例3是针对一些不值得回答的问题,让对方澄清他所提及的问题,或许当对方再说一次的时候,也就找到了答案;实例4是用"是……,但是……"的逆转式语句,让对方先觉得是尊重他的意见,然后话锋一转,提出自己的看法,这叫"退一步而进两步"。我们应当很熟练地掌握和运用这些回答技巧。在谈判中,回答还要注意以下方面。

① 尽量避免正面回答。对方提问的目的是想从我们的回答中获取信息,因此在回答时就要尽量避免正面回答,防止泄露太多的信息。如果对方知道得太多,我们就丧失了主动权。如果对方问:"你们的报价是多少?"就不应直接回答是多少,可以回答:"跟市场上其他同类产品的价格差不多,但是我们的产品比市场上的同类产品质量要好得多,相信价格方面你们会满意的。"多使用模糊性的词语,回答不要太确切。比如有的谈判人员,想知道对方打算在什么时候结束谈判,以便运用限期策略迫使对方做出让步,于是在见到对方时一开始就非常热情地询问:"贵方打算什么时候离开呀? 最近机票不好买,如果需要的话,我们可以帮忙预定。"这时可千万不能被对方的热情打晕了头,说出类似"我们打算下周一走,那就麻烦你们帮忙订机票吧"之类的话,这样就掉进了对方的"陷阱"里了,对方可能会在谈判时"故意"地拖延时间,迫使我们最后做出巨大让步,陷于被动。可以回答:"我们不着急,难得来一趟,有时间我们还要四处玩玩。"这就委婉地向对方表明"时间不是问题,我们有足够的精力进行谈判。"对方也就不敢使用延期策略了。

小案例 6-11

刘伯温的妙答

明朝的刘伯温，是个堪与诸葛亮相比的智者。有一次，朱元璋问他："明朝的江山可坐多少年？"刘伯温寻思，无论怎么回答都可能招致杀身之祸，不由汗流浃背地伏地回答说："我皇万子万孙，何须问我。"他的回答用"万子万孙"的恭维话作为掩护，实际上却是以"何须问我"的托词做了回答，朱元璋抓不到刘伯温的任何把柄，自然也就无可奈何。

② 不要一一作答。有时，对方的问题很多，如"我们想知道关于价格、数量、交款方式等问题贵方是怎样考虑的"。不要一一给予答复，被对方控制思维，可以就其中的己方考虑成熟的问题予以答复，如"我们先讨论一下对我们双方都很重要的问题，就先说说价格吧"。后面的问题，如果对方不追问，就没有必要一一作答了，否则有些像学生回答老师的提问，心理、气势都处于弱势，不利于谈判的平等进行。

最好能把问题"踢"给对方，让对方作答。前面已经说过，问者往往控制局势，所以要学会把问题"踢"给对方，把问题"踢"给对方的同时也把压力转移给了对方。如对方问："贵方对价格是怎样考虑的？"可以这样回答："一般说来，价格通常跟货物的数量相关。如果贵方要的数量多，价格就稍微低些；如果贵方要的数量少，价格就相对高些，贵方打算要多少呢？"这样把问题再踢给对方，先让对方思考如何应答"要多少"的问题。己方可以根据对方的回答灵活应答价格问题，可以变被动为主动。

小案例 6-12

幽 默 语 言

在中国加入世贸组织"关于旅游服务业谈判"的过程中，中方谈判代表要求欧共体承认中国厨师资格证书，允许中国厨师作为专家进入欧共体各成员国市场提供服务。中国驻日内瓦代表团杨维宏参赞用生动的语言向欧共体代表介绍了中国厨师的精湛厨艺和等级资质。有着法兰西、意大利烹调传统的欧洲人自然能够理解中国烹调技艺的非同寻常。欧共体主谈代表丹尼尔女士也不例外，兴致盎然地点头同意在有商业存在的条件下，中国厨师可以作为专家进入欧共体市场。但是，丹尼尔女士毕竟是一位口才干练、头脑机敏、富有协调能力的贸易谈判专家，所以，她似乎又意识到让步之后应该索要一点什么，于是问道："我们能够得到什么回报呢？"（What can we get in return?）中方代表立刻回答："你们可以在国内享用中国菜呀！"（You can enjoy the Chinese food in your country!）全场都笑了。

③ 遇到难以回答的问题，使用缓兵之计。在谈判中，如果遇到难以回答的问题，不要急于回答，可以含糊其词，拖延回答。

小案例 6-13

嗯……我不知道

美国的一位著名的谈判专家有一次替他邻居与保险公司交涉赔偿事宜。理赔员先发表了意见："先生，我知道你是谈判专家，一向都是针对巨额款项谈判，恐怕我无法承受你的要价,我们公司若是只出 100 美元的赔偿金,你觉得如何?"

专家表情严肃地沉默着。根据以往经验,不论对方提出的条件如何,都应表示出不满意,因为当对方提出第一个条件后,总是暗示着可以提出第二个,甚至第三个。

理赔员果然沉不住气了:"抱歉,请勿介意我刚才的提议,我再加一点,200 美元如何?"

"加一点,抱歉,无法接受。"

理赔员继续说:"好吧,那么 300 美元如何?"

专家等了一会儿道:"300 美元? 嗯……我不知道。"

理赔员显得有点惊慌,他说:"好吧,400 美元。"

"400 美元? 嗯……我不知道。"

"就赔 500 美元吧!"

"500 美元? 嗯……我不知道。"

"这样吧,600 美元。"

专家无疑又用了"嗯……我不知道",最后这件理赔案终于在 950 美元的条件下达成协议,而邻居原本只希望要 300 美元!

这位专家事后认为,"嗯……我不知道"这样的回答真是效力无穷。

(4) 婉言拒绝,不伤情面。谈判过程中,不仅要经常说服对方,还要避免被对方说服,即拒绝对方的某些要求。拒绝对方也意味着己方在某个问题上的承诺,因此,拒绝是谈判中一项难度较大的技巧,谈判者需要认真掌握,才能做到得心应手。

① 委婉语言拒绝。谈判中在拒绝对方时尤其应该使用委婉的语言,如果觉得对方的要求太过分,己方难以承受,我们可以试想,下面两种方式哪种更有利于谈判的进行? 第一种是不等对方把话说完,就怒火中烧,拍案而起,不惜用尖刻的语言回击对方,情绪失控;第二种是神情平静地听对方把话说完,然后微笑着看着对方,说:"我们完全理解您的要求,也希望双方尽量达成一致意见,但是我方的确承受不了这种让步,还希望你们能够理解。"哪一种解决方式更有利于问题的解决呢? 当然还是第二种。委婉,真诚中透露着坚定的语气,不容对方置疑,效果远远高于前者。

委婉地拒绝对方还要注意一些词语和句式的选择,如"这件事情恐怕目前我们还难以做到"。要比"这件事,我们做不到"更容易让对方接受,"这个建议也还可以,但我们能否想一个更好的解决办法呢?"要比"这个建议不好"更有利于谈判的进行。这些说法,都是侧面否定对方的建议,不易激起对方的反感心理,也使己方的观点顺理成章。当然,委婉地拒绝对方并不等于不拒绝对方,虽然说法委婉,但一定要让对方清楚是拒绝了他,以免引起误会。例如,某公司谈判代表故作轻松地说:"如果贵方坚持这个进价,请为我们准备过冬的衣服和食物,总不忍心让员工饿着肚子瑟瑟发抖地为你们干活吧!"这样拒绝不仅转移了对方的视线,还阐述了拒绝的理由,即合理性。

② 幽默语言拒绝。直接地拒绝对方有时会难以说出口,如果能恰当地使用幽默等手法会使拒绝不再尴尬,而且不失风度。美国一家电视台在中国采访知青出身的作家梁晓声,现场拍摄电视采访节目,采访进行一段时间后,记者让摄像停了下来,记者对梁晓声说:"下一个问题,希望您做到毫不迟疑地用最简短的一两个字来回答,如'是'或'不是'等。"梁点头认可。记者问:"没有'文化大革命',可能就不会产生你们这一代青年作家,那'文化

大革命'在你看来是好还是坏?"梁晓声略微沉思一下,反问道:"没有第二次世界大战,就没有以反映第二次世界大战而著名的作家,那么您认为第二次世界大战是好是坏呢?"美国记者哑口无言。这一回答可谓妙极了! 它使梁晓声变被动为主动,而且有力回击了记者的故意刁难。

小案例 6-14

柯伦泰的幽默

1923 年 5 月,苏联驻挪威的全权贸易代表柯伦泰与挪威商人进行购买鲜鱼的谈判。挪威商人利用苏联国内急需大量食品的机会而索价昂贵。由于双方在价格上的距离较大,谈判陷入了僵局。为了打破僵局,柯伦泰在第二天的谈判中似乎做了让步,但语言却是幽默、委婉的:"好吧,我同意你们提出的价格,如果我的政府不批准这个价格,我愿意把自己的薪金拿来支付差额。不过,我的工资有限,这笔差额要分期支付,可能要支付一辈子。如果你们同意的话,就这么决定吧!"挪威商人被他的话惊呆了,最后无可奈何地降低了鲱鱼的价格。可见,柯伦泰是表面做出让步,实质并未让步。

③ 模糊语言拒绝。巧妙地使用模糊语言也可以避免矛盾激化,变被动为主动。模糊的回答可以避开一些敏感话题,避免泄密,还可以为自己以后的行为留有余地。如当对方提出要参观我方的工厂时,己方不想让对方窥探一些行业信息,于是给出一个模糊的回答:"我们也希望贵方在合适的时候参观我们的工厂,只是现在我方还没有招待参观者的经验,等我们各方面准备一下,到时候我们一定邀请贵方来参观。"这样的回答就巧妙地拒绝了对方,将主动权握在了自己手里。

(5) 摆脱窘境,反败为胜。谈判中,有时会出现一些意想不到的场面,此时缺乏经验者往往会一时语塞,无言应答,窘态百出。遇到紧急情况要冷静、沉着,充分运用语言这根"魔棒"调节谈判气氛,尽快摆脱窘境。

① 引申转移法。谈判时遇到紧急情况,应尽力以新话题、新内容引申转移,把尴尬的情况引开,千万别拘泥一端,执着不放,那会弄成僵持不下,甚至使谈判失败。

小案例 6-15

打 破 窘 境

我国一贸易代表团到美洲一个国家洽谈贸易,由于会谈十分成功,参加谈判的成员十分高兴。这时,对方一位年长的谈判者为表达兴奋之情,竟热烈地拥抱了我方的一位女士,并亲吻了一下。该女士十分尴尬,不知所措。这时,我方代表团团长走上前来,用一句话打破了窘境。他说:"尊敬的××先生,您刚才吻的不是她本人,而是我们代表团,对吧?"那位年长者马上说:"对! 对! 我吻的是她,也是你们代表团,也就是你们中国!"尴尬的气氛顿时在笑声中烟消云散了。

② 模糊应答法。模糊应答可以应付一些尴尬的乃至困难的场面,使一些难以回答、难以说清的问题变得容易起来。例如,在谈判中,对方提出了一个你既不好当即肯定,也不好当即否定的问题,怎么办? 不妨这么回答:"这个问题很重要,我们将注意研究。"这就是一

种特定语境中的模糊应答。

③ 反思求解法。有时面对一些很难从正面回答的问题,可是换个角度,从话题的反面去思考,这样常可找到新颖的答案,使人脱离窘境。

小案例 6-16

一句谚语来解围

我方与美方的一次谈判已进行到尾声阶段,双方只是就一些细节反复磋商。这时,美方有人送来一封信,美方首席谈判者打开一看,信封内空空如也。原来送信人疏忽了,信没装入信封,美方送信人十分尴尬。这时我方代表为缓和气氛,使谈判顺利进行下去,微笑着说:"没有消息就是最好的消息。"一句话,使美国送信人解脱了尴尬,冲淡了紧张气氛。这句话是美国人常用的一句谚语,我方代表借此语"反思求解",使气氛恢复正常。

小训练 6-2

角色扮演,模拟以下谈判情景。

(1) 小夏是一位销售人员,这一年他在公司表现出色,业绩良好,年底他找到部门经理提出增加工资的要求。小夏该如何和经理谈判?

(2) 学校放暑假,小贾和小陆因为在一家公司打工,不能回家,便合计在校外合租一间房子。他们找到一家房东,说明了来意。因为学校放假,原先租出去的房子大都空着,房东一口答应了,但在租金上产生了分歧,经过讨价还价,房租定为每月 600 元。小贾和小陆只要租住 45 天,提出付租金 900 元。房东不同意,说只能按月付租金,没有按天算的先例。小贾和小陆因为所要租住的房子离上班地点近不想放弃,他们该如何与房东谈判呢?

案例分析

1. 谈判策略

有一次,印度尼西亚在爪哇岛修建一座电站,要购买一台非常大的发电机。为此,政府举行了公开招标。世界上只有五六家公司能供应这样的电机。

印尼采购官员一开始就想从德国购买,可一直不把德国制造商列入名单,又一直不接见他,德国制造商觉得失去了这笔生意。在其他国家的制造商提出报价后,这位印尼采购官员却邀请了德国制造商,这位官员在要他发誓保密后,把竞争对手的报价单给他看,并补充说,如果他提出一个比最低价还少 10% 的报价,就可能得到订货。

这样,印尼官员就在德国制造商心中建立了一个打了折扣的期望。如果一开始也邀请德国制造商参加投标,德国人一定会报出最高的价格。这个报价一经提出,就很难改变它了。印尼官员不邀请他们,就是让德方报一个低价。德国制造商反复磋商,勉为其难地提出了一个符合印尼方面的报价表。

接着,印尼采购官员又什么也不做。既不见制造商本人,也不接他的电话。德国制造商又一次觉得要丢失这桩买卖。这时,印尼采购官员接见了他。这位采购官员首先对拖延了这么长的时间表示歉意,然后解释说,根据政府的政策,必须等到最后一个报价出来。这人报价刚刚到,很不巧,这个报价比德国的报价低 2.5%。因此,如果您方若能把价格再降低 3%,他们就能将合同交政府批准。当时国际市场上大型设备的销路不太好,德国人反复商量后,只好同意把价格继续降低 3%。

那位采购官员非常高兴地向制造商表示祝贺,并提议第二天双方讨论支付条件。"什么支付条件?"德方惊讶地问道。这个官员解释说,在高通货膨胀和高利率的情况下,德国公司必须同意印尼采用通常的分期付款方式。经过许多争论,制造商在德国政府贷款的帮助下同意提供整整 18 个月的信贷,这是一个相当大的让步。

【思考与讨论】

印尼官员在谈判中运用了什么谈判策略? 请加以分析。

2. 中意公司之间的一次谈判

意大利某电子公司欲向中国某进口公司出售生产半导体使用的设备,派人来北京与中方洽谈。其设备性能良好,适应中方的需求。双方很快就设备性能指标达成协议,随即进入价格谈判。中方认为:"设备性能可以,但是价格不行。希望降价。"意大利方面认为:"货好,价格自然就高。不能降价。"

中方:"不降我们接受不了。"

意方:"东方人爱讲价,我们意大利人讲究义气,只能降 0.5%。"

中方:"谢谢您的义气之举,但是价格是不合理的。"

意方:"怎么不合理了?"

中方:"设备是中等性能,但是价格远远高于性能,不匹配。"

意方:"贵方不是很满意我们的设备吗?"

中方:"是的,性能方面符合我们的需求,但并不意味着性能是最佳的水平。如果用拟好的报价,我们可以买到更好的设备。"

意方:"我需要考虑一下。"

休息片刻后,双方再谈。意方改为价格再优惠 3%,但是中方仍然不能满意,没有达到中方的成交线,要求意方再降。意方坚决不同意,要求中方还价,中方给出价格优惠 15% 的条件。

意方听后沉默了一会儿,从包里拿出机票说:"贵方条件太苛刻,我方难以接受。为表示诚意,我再降 2%。如果同意,我们签订合同;如果不同意,我的机票是明天下午 2 点的,按时离开。"说完站起离开,临走说:"我住在友谊宾馆,如果有了决定请在中午 12 点前给我答复。"

中方研究之后,不能接受 5.5% 的优惠,至少应该降 7%。如何再谈呢? 中方调查了第二天下午两点是否有飞往意大利或者欧洲的航班,得到了否定的答案。第二天早上 10 点,中方给宾馆打电话,说明了诚意,表示中方也愿意让步,只要求优惠 10%。意方看到了诚意,也看到了谈判的希望,表示愿意见面,继续谈判。最后双方再次都做出了让步,以优惠 7.5% 的价格成交。

【思考与讨论】

(1) 试分析,该谈判中,双方是如何促成交易的?

(2) 双方是否形成了僵局?

(3) 双方使用了什么样的谈判策略?

3. 服装店里的谈判

一位女顾客在一个服装店里看衣服。店主指着一身套装说:"小姐,你身材这么好,这套衣服你穿着准合适。先试一下吧。"

女顾客试了一下,很合身,便问:"多少钱?"

店主回答:"360元。"

"太贵了,"女顾客说着把衣服脱了下来,准备离开。

"这可是名牌,大商场要卖600多元呢,我这是最后一套了,昨天还卖480元呢。"店主说。

女顾客转回身,拿起衣服看了又看说:"180元,我就买。"

店主道:"实话跟你说,我是300元进的货,这样吧,就按进价给你,300元,我就不赚你的钱了。"

女顾客又仔细检查了一下衣服说:"你看,这衣服就剩一套了,袖口还脏了一快,有的扣子还松了,最多值250元。"

店主道:"250元?多难听呀,图个吉利,280元。"

女顾客:"别啰唆了,260元要卖我就买,否则就算了。"

店主:"您真会砍价,260元,成交了。"

【思考与讨论】

(1) 用你掌握的谈判技巧分析商家成功的原因。

(2) 你的生活中有没有类似的情况发生,你是怎么砍价的?

实 践 训 练

1. 模拟谈判训练

实训目标:使学生了解谈判活动过程,掌握谈判的基本技能;培养学生的语言表达能力和应变能力;通过活动,密切师生关系、增进相互了解,提高学习趣味。

实训学时:2学时。

实训地点:教室、礼堂或室外。

实训准备:

(1) 分组,每组4~6人,设一名组长。

(2) 教师提供模拟谈判资料,学生根据资料要求进行准备。

(3) 抽签决定谈判中的甲乙双方和谈判顺序。按谈判厅要求布置谈判室。准备谈判桌、台布、花饰、水杯和欢迎标语等。双方谈判人员穿戴整齐,以渲染谈判气氛。

实训方法：

（1）按谈判过程展开模拟谈判。

（2）在谈判过程中，各成员要认真严肃，尽力扮演好自己的角色，言谈举止符合谈判气氛要求。模拟谈判结束后双方各选一名代表，解密己方的谈判方案，并谈模拟谈判的体会。

（3）指导教师最后讲评。

2. 模拟实地谈判

实训目标：掌握谈判的基本技巧。

实训学时：1学时。

实训地点：教室。

实训方法：学生自设场景，分若干小组进行。每组内由同学分别扮演甲方和乙方就某一分歧问题进行谈判。本案例的模拟演示必须强调进入情境之中，注意谈判礼节中的细节，讲究语言艺术，注意体态语，把握好表情，要充分发挥提问、应答、说服的语言技巧。

参考场景：

（1）宿舍的同学就"睡觉时是开窗还是关窗"进行谈判。

（2）员工向老板要求加薪的谈判。

（3）为了给学校的"礼仪大赛"筹备资金，学生与学校超市老板进行争取赞助费的谈判。

……

自主学习

1. 假如你与一位采购商进行价格谈判，他处于绝对优势地位，采取了轻视与傲慢的态度，那么你如何与他谈判，你的策略如何？

2. 举例说明哪些地方可以用作正式或非正式谈判的场所。

3. 注意观察市场上买卖双方讨价还价的技巧，并结合所学的谈判知识，写一篇观察报告。

4. 瑞士一家著名钟表公司刚开始在法国销售时，亟须找一家法国代理商来为其销售产品，以弥补他们不了解法国市场的缺陷。当瑞士钟表公司准备与法国的议价公司就此问题进行谈判时，瑞士钟表公司的谈判代表路上塞车迟到了。法国公司的代表紧紧抓住这件事不放，想要以此为手段获取更多的优惠条件。谈判伊始，就咄咄逼人地提出各种条件。面对这种非常被动的谈判形势，瑞士谈判代表将怎样改变局面使谈判进行下去，并能达到最初的目的。请你为其设计一种策略，体现你高超的语言艺术。

5. 分析下列谈判对话，为什么谈判没有结果？

A：你们需要的卡车我们有。

B：吨位是多少？

A：4吨。

B：我们要2吨的。

A：4吨有什么不好？万一货物太多,不就很适宜吗？

B：我们算过经济账,那样浪费资金。这样吧,以后我们需要时再与你们联系。(谈判不了了之,没有任何结果。)

6. 为了给学生的一次公关礼仪大赛筹集一点资金,将派两名学生代表到校内一家眼镜店争取赞助费。假如你就是代表,你将怎样去和眼镜店的老板谈判以取得他们的支持？

7. 你有一部已经开了几年的汽车,想把它卖掉。如果能卖到 7 万元,你就很满意,就在你准备刊登出售汽车广告的当天下午,有人想 8 万元买你这部车。此时,你如何与买家谈判？请注意你的语言技巧和非语言技巧的运用。

任务7 求 职

推销自己是一种才华,是一种艺术。有了这种才华,你就能安身立命,使自己处于不败之地。一旦你学会了推销自己,你就可以推销任何值得有用的东西。

——[美]戴尔·卡耐基

 任务目标

- 掌握面试口才的原则;
- 掌握面试的语言技巧;
- 在求职面试中,能够成功地进行自我介绍;
- 掌握面试的应答技巧。

 案例导入

小林成功应聘

应届毕业生小林到一家外资公司应聘,他顺利地通过了笔试和前两轮面试,这一天是最后一轮面试了。小林前面已经有5名面试者,他们先后沮丧地走出面试室,从他们的面部表情可以得知,面试情况不大理想。

小林进入面试室前敲了敲门,得到允许进门后坐在人事经理老邓对面。老邓不动声色地问了几个问题,突然,他将小林的简历递过来说:"你的专业与所申请的职位不对口。"

小林一愣,招聘启事上明明写了"专业不限",而且自己的简历也通过了筛选。他接过简历,认真地望着老邓的眼睛,回答说:"公司有很多专业人员,如果进入公司,我会学得很快。同时,21世纪最抢手的就是复合型人才,而外行的灵感也许能超过内行,因为他们没有思维定式,没有条条框框。"

老邓的眉头拧紧了,紧接着他一连指出小林身上好几个不足,如工作经验不够丰富、性格内向、不善于与人沟通,老邓的说法相当准确,他几乎一眼看穿了小林。面对老邓表示面试就此结束的冷漠表情,小林不卑不亢地说:"您说得很对,我身上有很多缺点,但也有很多优点。我相信,即便不能得到这份工作,在以后的日子里,我也会在发扬自己优点的同时,努力去弥补自己的不足! 当然,我还是非常期待能在贵公司谋得一个职位的。"

说完,小林准备起身离开,不料老邓却热情地伸出了手:"恭喜你,年轻人,你用你的自信通过了我们最关键的一次面试。"原来老邓步步紧逼是他面试的一种方法。前面5名应聘者就是因为禁不住接二连三的否定,情绪陷入低落沮丧而被淘汰。

面试是在特定场景下,经过组织者精心设计,通过面试官与面试者面对面地观察、交谈等双向沟通方式,由表及里考察面试者的知识、能力、经验等能力特征和个性品质的一种人事测评手段。面试,问的是问题,听的是底气,察的是神态举止,析的是心理,判的是综合素质。通过面试,用人单位重点了解面试者的语言表达能力、思维能力、处事能力、仪容仪表,以及对一些问题的看法和其他不能通过笔试反映出来的综合素质,以弥补笔试的不足,有利于全面、公正地考查面试者。为了成功敲开职场大门,应聘面试者必须重视面试口才。

7.1　面试口才的原则

面试口才的原则如下。

1. 尊重对方

求职面谈时,首先,要尊重对方,不能因为招聘者的学历、职称、年龄或资历不如你优越,你就轻视对方。尊重对方、赏识对方,可以使招聘者增加对你的好感。其次,要善解人意,无论对方提出什么问题,你都应该从积极的角度去理解,而不是一味地产生对立情绪,认为是故意刁难你。如某科学院一名博士生毕业时向北京一所高校发出了求职信,并接到了面试的通知书。这位博士生读博士前就已被评为讲师,只是家属工作单位在外地。面谈前,高校的人事干部做了大量的工作,疏通了各种渠道,初步办好了接收工作,可是见面交谈时,这位博士发现坐在自己面前的是一位不足30岁的年轻小伙子,于是他不仅流露出不尊重对方的神情,而且还刨根问底地询问对方,处处显示出优于对方、待价而沽的情绪,引起了对方的反感,结果毁了一桩好事。这位博士抱着"此处不养爷,自有留爷处"的自信转了十几个单位,可是,不是因为名额已满,就是因为不能解决夫妻两地分居的问题而告吹。当他再次找到这所高校时,对方已录用了另外一名硕士毕业生,他只好收拾行李回到老家。其实那位和他面谈的年轻人正是录用他的关键人物。虽然看上去年轻,却已是留美博士生,并且是某个国家重点项目的负责人。人事部门有意安排他来负责招聘,主要是从将来开展博士后研究的角度着想的。事后,这位年轻人说:"这位求职者不仅仅是外语水平不符合要求,关键是妄自尊大,目空一切,好像不是他在求职,反倒是我在求职,这种人即使在国外也很难找到合适的工作。而我们现在录用的这个研究生,家也在外地,不但专业水平和外语水平较高,关键是人很谦虚,很有发展前途。"

2. 充满自信

求职时既要自知,更要自信。求职过程中的自信表现,就是在自大与自卑之间选择合适的一个度,既不过分张扬,也不过分卑下,是指围绕着求职、面试的主题,进行自我介绍并回答面试考官的问题,也是指在适当的时候,可借题发挥,进一步展示自己本身的能力与才华。如果在自信的基础上,加以训练,就一定能够使求职者在真正的面试舞台上,超水平发挥。

小案例 7-1

自信的回答

2016年宁波某房地产公司面试有这样的问题："请你给我10个进入本公司的理由。"多数应聘者都硬着头皮搜肠刮肚给理由，有的给不到10个，有的一个理由重复好几遍，有的支支吾吾下不来台。只有一个应聘者回答："不好意思，我实在没有10个理由，我只有一个进入贵公司的理由。"问："说来听听。"回答："我的理由就是，我自信我能够胜任这一职位。"然后，该应聘者从自己的专业及特长展开讲述，来支持她这个唯一的理由。毫无疑问，她充满自信，争取主动，赢得了面试官的"青睐"，获得了想要的职位。

3. 双向交流

富兰克林在其自传中讲道："说话和事业的发展有很大的关系，你出言不慎，将不可能获得别人的同情、别人的合作、别人的帮助。"在求职过程中，正确使用语言进行表达，无论是描述自己的情况、成绩或意向，还是回答面试考官的问题，都是非常重要的。同样，通过求职交流，也会使求职者获得招聘公司的相关信息。只会答、不会问的求职者正在慢慢被淘汰，因为无法发问、无法进行双向的交流就意味着一名求职者失去了自我思考的能力，而无法达到面试考官的要求。

小案例 7-2

李小姐的求职"兵法"

在一次面试过程中，总经理对已打算淘汰掉的求职者李小姐说："李小姐，你的各方面素质都不错，只是你已成家有孩子，这点公司还要考虑一下。"

李小姐："我认为总经理的意见有一定的道理。如果我是总经理，可能也会这样想。"

总经理听了这句不卑不亢的回答，有点意外，也心生些许好感，微笑着点点头。

李小姐立即顺水推舟地说："公司的任务重，工作忙，谁都希望职工能够轻松上阵，而不是拖儿带女、东牵西挂地来上班。"总经理听到这开始哈哈大笑，有一种被理解和被认同的好感，又有一种心底里的想法被识破的尴尬。他本来想照顾求职者的面子，找一个托词委婉地拒绝求职者，没想到对方不但没有半点怨言，反而是理解地认同，多了一份体谅之情。

李小姐看到考官的表情，赶紧乘胜追击话锋一转，说道："但是，我想事情还有另外一方面，也许我的想法不一定对，不过，我还是想说出来请总经理指正。因为对公司来说，最重要的是职工有责任心。但是，不当家不知柴米贵，不养儿不知父母恩，在生活中没有经过责任心训练的人，工作能有很强的责任心吗？我想，一个母亲与一位未婚女子对生活、工作责任心的理解是不会相同的，况且，我家里有老人照料家务，我决不会因家庭琐事而影响工作，这一点我想请总经理放心。"听到这里，总经理不禁为之动容，连连微笑颔首。

这微笑中，既有被折服的愉悦，也有对求职者才思敏捷、口齿伶俐的赞赏。于是便当即拍板，决定录用。

【点评】在这次面试过程中，求职者就是通过她精彩的求职口才化被动为主动，由一个淘汰候选人一跃成为求职成功者,在这一案例中,良好的求职口才也就是这位李小姐应聘成功的重要法宝。

7.2 面试的语言技巧

面试的语言技巧如下。

1. 仔细倾听

面试的实质就是与主试者进行信息交流从而获得全面评价的过程,形式上充分体现在"说"和"听"上。因此,倾听是面试中的重要环节。应试者注意听,不仅显示出了对主试者的尊重,而且要回答主试者的问题首先必须注意听,只有通过专心致志地听,才能抓住问题的实质,否则,就可能不得要领,答非所问。因此,在面试中应注意以下几点:一是目光要专注,要有礼貌地注视主试者,并且要不时地与主试者进行眼神交流,视线范围大致在鼻子以下胸口以上,千万不要东张西望;二是尽量微笑,适时爽朗的笑声可以活跃气氛,但绝不可开怀大笑;三是用点头对主试者的谈话做出反应,并适时地说些简短而肯定对方的话语;四是身体要稍稍向前倾斜,手脚不要有太多的姿势。

📝 小贴士 7-1

应聘者怎样观察主试者

首先,应密切注意主试者的面部表情。如对方听了你的介绍,双眉上扬,双目上张,则是惊奇、惊讶的表现。这可能表明,你就是他们理想的人选,有相识恨晚的感觉。这时你可能成功了一半,一定要锲而不舍。如果对方听了你的介绍后,皱眉,则表示不高兴或遇到麻烦无能为力等;也可能表明你不是他们的意中人,你则可以采取其他方式做进一步努力。

其次,要密切注意观察主试者的目光。对方听你自我介绍时,双目直视前方,旁若无人,则他的眼睛无声地告诉你:他是一个高傲的人,"了不起的人",那么你说话时就要力争满足他的自尊心理。如果对方的眼睛眨个不停,则他的眼睛告诉你:他在表示怀疑,那么你就要力争把问题解释清楚。如果对方眯着眼看你,则表示他比较高兴,那么你的介绍可能打动了对方,再继续下去,就可能成功。如果对方白了你一眼,则表示他对你或你的某句话反感,这时你就要特别注意。总之,只要你认真观察,就会通过心灵的窗户——眼睛,把握对方的内心世界,力争主动权。

最后,注意主试者的反应所传达出的信息。如果听者心不在焉,可能表示他对自己这段话没有兴趣,你得设法转移话题;侧耳倾听,可能说明由于自己音量过小,使对方难于听清;摆头可能表示自己言语有不当之处。根据对方的这些反应,就要适时地调整自己的语言、语调、语气、音量、修辞,包括陈述内容。这样才能取得很好的面试效果。

2. 谦虚诚恳

在面谈中,应聘者如果能谦虚诚恳,则可立于不败之地,从而成功地叩响就业之门。因此,在求职过程中,求职者的真实与诚恳是成功应聘的首要条件,在真实诚恳的基础上,还要力求使自己的就业意向与应聘行业的职业要求相一致，在面谈中尽量回避对自己不利的话题。

某设计院是国家甲级设计院，任务多，待遇高，不少应聘者竞相涉足，企求获得一职之位。其中，一名毕业于该市普通大学的毕业生前来应聘。他先自报所学的是机械制造专业，然后非常认真地询问对方有什么样的要求。设计院的一位老工程师告诉他主要是绘图工作。这位青年马上说："这是我最拿手的，我课余就帮人家绘图，三天一份，您可以当场测试。"老工程师露出了笑容。因为绘图虽然容易但也并非易事，这种工作单调、枯燥、乏味，年轻人如果肯干，看来不是个眼高手低者。老工程师又问："你搞过设计吗？"

"搞过四个设计，都获得了优秀，还有一个被实习工厂看中了。"他拿出了证书和获奖图纸。

老工程师饶有兴趣地边看边聊："搞设计要下现场，有时'连轴转'，你行吗？"小伙子拍着厚实的胸脯说："没问题，让干什么就干什么，只是希望有机会再读个本科。"

"没问题！"这回是老工程师拍着胸脯了。

这位非名牌大学的毕业生之所以能顺利进入名牌设计院，关键在于他语言朴实但又不过分谦虚，表现出诚实稳重的品质。他当然知道自己应聘行业的职业要求是要擅长绘图、能吃苦耐劳，于是就对自己在绘图方面的经验、成果，以及身体强壮、不怕辛苦等优势加以强调，至于自己是来自三流院校，甚至专业并不对口的事实就避而不谈了。

3. 毛遂自荐

在求职过程中，如何在众多的竞争对手中脱颖而出很重要，哪怕只是引起招聘者的注意。当我们在运用求职语言艺术时，"单刀直入、毛遂自荐"也不失为一种方式。我们可以开门见山，对招聘者直截了当地表明自己的选择意向。如果对方针对你的能力或学历提出任何异议的时候，别担心，这恰恰是给了你一个说明和展示的机会。

在某市的大学生供需见面会上，市公安局某研究所的招聘桌前，围满了前来求职的大学生，大部分是男性公民。一位年轻的女学生硬是挤到招聘桌前，向招聘人员表明自己渴望从事刑事检验分析研究的工作。

招聘人员面露难色，因为这个研究所从来没有女工作人员，有的只是清一色的男性公民。可是，面对姑娘恳求的目光，招聘人员决定破例给这位姑娘一个机会。他说："工作人员需要下案件现场，遇到的尽是血淋淋的场面，姑娘家哪敢去呢？！"

"我就敢去！"这个姑娘快言直陈，毫不含糊。"让我抬死人，我也不怕。"

"你可别说大话，干这行没黑夜没白天，得随叫随到。"

"嘿，我假期打工就是给人家开车，跑起路来没点胆儿行吗？"说着她掏出了驾驶证。人事干部与研究所的干部当场拍板，并与之签订了聘用合同。

这个例子中的女大学生就是借用对方的"发难"，适时地用行动和语言展示了自己的优点和长处，反败为胜！

小案例 7-3

自 我 推 销

文秘专业毕业的大学生聂品，去谋求某电器公司销售经理助理，专业不对口，用人单位不满意,但她的"自我推销"很有新意。

"我叫聂品,三只耳朵三张口,就是没有三个头。"主持招聘的副总一听,饶有兴致地点头,示意她继续讲下去。她接着说:"从事营销工作,重要的是具备收集信息的能力和沟通能力。假如贵公司要我发挥智慧的话,我虽然做起工作来没有三头六臂,但我一定会有'三只耳朵'——倾听、收集八方市场信息;一定会有'三张嘴巴'——用伶牙俐齿说服客户,靠巧舌如簧与客户谈判……"

副总经理见她自报家门的方式独具创意,便断定她是一个思维敏捷,有良好口语表达能力的人,而这正是他们公司渴求的人才,便破格录用了她。

4. 巧用反问

在面试过程中,有些招聘者会针对你的薄弱环节进行发问,其目的有两点:一是确实发现你有不足之处,想得到你的解释;二是想看看你的应变能力和回答技巧。这时,应聘者一定要沉着冷静,迎难而上,用反问的形式巧妙地回答问题。反问句是语言中的"盐",它能比较强烈地表达自己的心声和感情,面试中恰当运用,也能使语言出彩。

小丁到一家轿车维修中心求职,论学历,该中心要求大学本科毕业,而小丁只是个职业中专毕业生;论技术,该中心要求会维修桑塔纳轿车,而小丁只修过摩托车,并且是业余的,可他却凭着自己出彩的语言,打动了经理,获得了成功。在面试中,经理最后对小丁还有些不放心,又提出了一个问题:"那你学会修轿车以后,是不是又要'跳槽'呢?"小丁一听,灵机一动,答道:"咱们这个企业效益这么好,我为什么要'跳槽'呢?我去哪里不是为了生活?我没有过高的奢望,只要出师后,能维持一个普通人的生活就行了。当然,如果有一天,咱们的企业也像我原先所在的单位,连每月300元的工资都发不下来,经理,您到时候会让我永远在这儿待下去吗?我希望咱们的企业能永远兴旺发达,对这一点,您不是也在苦苦追求吗?"一席话,彻底把经理打动了。

在这里,小丁用第一个反问句,变被动为主动,非常巧妙地讲明了自己"跳槽"实属无奈之举,并非"朝秦暮楚"。接着又用第二个反问句,既充分地表达了对经理领导能力的信任,又表明了自己"心系企业"的心情,入情入理,亲切感人。

5. 少用"我"字

由于面试的过程是一个对"我"进行考察的过程,因此,无论是在自我介绍还是在面试谈话过程中,求职者的语言和意识往往会以"我"为中心。诸如"我"的学历、"我"的理想、"我"的才华,以及"我"的要求……殊不知,这样做对方会认为你"以自我为中心""自我标榜""自以为是""自我推销"……尽管事实并非如此。例如:

袁女士,35岁,应聘某公司的机械检验员,招聘者问她:"这个工作经常要出差,到湖南、湖北、四川等地,条件会比较艰苦,你行吗?"袁女士答道:"我是不是看上去比较娇气了一点?我从前在矿山做机械工的时候,可是常在管道里面爬上爬下的,而且我还在装配车间做过检查工作,我想工作再苦都没问题。别看我是女的,我在装配车间干过一年,在铆焊车间干过半年,我在试验场还做过现场施工。当时我在甘肃,现在想起来我真的不想回去,因为机械管道里的味儿很难闻,100米长的管道,我就在里面爬上爬下……"

要不是被招聘者及时打断,袁女士还不知要说出多少个"我"字来。在这个案例中,袁女士的回答本来就不够简洁，再加上"我"字不离口，有强迫性的自我推销之嫌，使得招聘者顿生反感，面试结果可想而知。

6. 灵活应变

灵活应变是最后一条原则，就是"没规则"，不要有那么多的条条框框，记住：在任何情况下，招聘单位都会垂青那些有较强角色意识和应变能力的人。而这种能力多半是书上没有的，要在实践中不断地锻炼，这就是为何有些招聘单位很看重工作经验的原因。

国外一家旅馆老板测试三名应聘侍者的男子。

问："假如你无意中推开房门，看见女房客正在淋浴，而她也看见你了，这时你该怎么办？"

甲答："说声'对不起'，然后关门退出。"

乙答："说声'对不起，小姐'，然后关门退出。"

丙答："说声'对不起，先生'，然后关门退出。"

结果，丙被录用了。

为什么呢？因为他的这种故意误会的说法，维护了女房客的尊严，他用非常得体的语言表现出了一名侍者应该具备的职业素质。

🔘 小案例 7-4

冯玉祥的"面试题"

有一位大学生到冯玉祥那里应聘秘书。他满怀信心地走进冯玉祥的办公室，准备把自己的论文及证件交给冯玉祥，并回答冯玉祥各种有关秘书方面的提问。可他万万没有想到冯玉祥提出了一个他料所不及的问题。

"你刚才所上的楼梯共有多少台阶？"冯玉祥问。

大学生一时瞠目结舌。可他情急生智，果断地反问道："您能一准说出'冯玉祥'三个字的笔画吗？"

冯玉祥高兴地哈哈大笑，决定聘用这位大学生为他的秘书。

冯玉祥看中的正是这位大学生富有挑战性的勇气和随机应变的超常反应能力。

7. 另辟蹊径

求职中遭到拒绝是常有的事，但如果找到新的突破口，也许柳暗花明又一村。当然这里最重要的条件是：你能在与对方的交谈中，得到潜在的人才需求信息。也就是把求职的过程同时作为收集信息的过程，看看对方还有哪些岗位有空缺，这样就可以此路不通，另辟蹊径。如果还有另外的岗位适合你，你就把自己再推销一次，如果理由充足，对方重新考虑，录用你是完全可能的。善于应变、有勇气、有胆量，就可能找到新的机会。

师大政治系毕业的小叶，去一所重点中学求职。教务主任翻开他的简历：大学里担任学生会主席，成绩很不错，多次获得奖学金。教务主任告诉他："你的条件很优秀，但我们学校现在不缺政治老师，以后有机会一定重点考虑你。"虽然肯定了他的优秀，只因专业不对口被拒绝了。

小叶并不气馁，他灵机一动，便巧妙地向教务主任询问师资配置情况。交谈中得知现在学校正缺历史老师，于是提出自己在历史方面也有所专长，愿意改教历史。教务主任让他找主管人事的副校长谈谈。

小叶又找到人事副校长，副校长明确地告诉他专业不对口。小叶说："政史不分家，我自幼偏爱历史，虽然不是历史系毕业的，但自学和选修了许多历史专业的课程，而且还有一定的研究，在校报上还发表过历史专业的论文。我相信我能胜任贵校的历史老师，需要的话我还可以兼任政治课老师。您只聘一名老师，却能教两门课，不是很划算吗？"

于是副校长答应让他试讲，结果顺利通过。

8. 将错就错

面试时难免出现差错、疏漏，造成尴尬、遗憾，这时要想方设法打圆场，引出相关的对自己有利的话题，使失误得到有效的补偿，化劣势为优势。

一位刚毕业的大学生去某合资公司求职，负责接待的先生递给他名片。大学生神情紧张，匆匆一瞥，赞扬道："滕野木石先生，您身为日本人，抛家别舍，来华创业，令人佩服。"那人微微一笑："我姓滕，名野柘，地道的中国人。"大学生面红耳赤，无地自容。

片刻后，他诚恳地说道："对不起，您的名字使我想起了鲁迅先生的日本老师——藤野先生。他教给鲁迅许多治学的道理，让鲁迅受益终生。今天我在这里也学到了难忘的一课，那就是'凡事认真'，希望滕先生日后也能时常指教我。"滕先生面带惊奇，点头微笑，最终录用了他。

这位大学生将错就错，即兴发挥，不但扭转了一时大意给招聘者留下的不良印象，而且打造了虚心好学的形象。

⊙ 小案例 7-5

善于反驳的求职者

有一个初出茅庐的女孩子去应聘，顺利地通过了初试和复试，在决定能否被聘用的面试中，招聘方总经理当面告知她未被聘用，理由是她的形象不适合她所应聘的公关业务。原来，该女孩那天穿了一身平常的衣服，素面朝天，相貌平平。听到这样的话，女孩只能转身离去，但又觉得很伤自尊、很憋气。本来那扇门已经在她身后关闭了，她却头脑一热，突然转身又推开了那扇门，对主持面试的总经理说："主动权掌握在您手里，我没有讨价还价的资格。本来，您不需要任何理由就可以决定淘汰我，但您给了，而且给我的理由恰恰是一个不能让我接受的理由。我可以用一分钟换一套衣服，用两分钟换一种发型，但我的学识和内涵才是真正可贵的，我头脑冷静、随机应变的特质，才是公关职位真正需要的东西，而这是我多年来磨炼的结果，是无法用服装、发型等外在因素改变的。"

本来，这个女孩想，既然已被宣布落聘，何不放下一切顾虑去反驳一下，直抒胸臆，出出气呢？结果，第二天，公司与女孩联系，告诉她被录用了。

【点评】 在这个真实的故事中，女孩很不同意公司总经理关于公关职位只注重外表形象而不注重内在素质的观点，但在不便反驳的情况下，她已经落聘。由于不服气，她可谓另辟蹊径，杀了个回马枪，直抒胸臆，进行反驳，用精彩的语言，打动了总经理。

这个女孩面试语言的出彩之处表现在两个方面：一是敢于反驳，勇气可嘉。在面试中，一般情况下，求职者总是说话谨慎，尽量藏起锋芒，顺着考官说的话，不敢反驳，而考官的理由和观点也非全部正确可行，那么在这种情况下，你敢不敢反驳呢？尽管这个女孩是在无所顾忌的情况下进行了反驳，但这也是一种勇敢的表现，也非一般人所能做到的。二是她反驳的理由正确。确实一个人的外表可以在短时间内修饰、弥补和改变，但更主要的起关键作用的还是长期修炼提升的内在素质。这也是利用反驳使面试语言出彩的关键一点，否则，她是不能通过反驳赢得面试成功的。此外，这个女孩的反驳所引起的效果，在心理学上叫作"凝离效果"，即在司空见惯中出现的一种反常效应。女孩反驳产生的反常效应也有利于她脱颖而出。

7.3　面试中的自我介绍

 小案例 7-6

自我求职策划

王某到一家公司找工作。他对经理说："你们需要有本事的推销员吗？""不需要。""那么采购员呢？""不需要。""那么工人呢？""我们现在什么人都不缺！""那么，你们可能需要这个东西。"王某从提包中拿出一块精制的牌子，上面写着："本公司人员已满，暂不招聘。"经理看了牌子，不由自主地笑起来，他打电话叫来人力资源部主任吩咐说："把他安排到公关部上班吧！"幽默的言辞，诚恳的求职，精心地推销自我，使他求职成功。"策划"应是他最合适的岗位，因为他成功地为自己的求职进行了一次策划。

求职者自我介绍的根本目的，是让面试考官对自己有个初步的、大概的了解，并且尽可能留下好的印象以便使面试能够深入进行下去，最终赢得面试的成功。求职面试的自我介绍必须讲究技巧，成功的自我介绍往往会给面试考官留下深刻的印象，这样求职就成功了一半。在人的思想意识中，往往存在这样的误区，认为最了解自己的人一定是自己，把介绍自己当成是一件很容易的事。其实不然，说人易，说己难。在求职面试中，介绍自己是最难的部分，要成功地进行自我介绍，要从以下四个方面着手。

1. 礼貌问候

在进行自我介绍之前，求职者首先要跟面试主考官打个招呼，道声谢，这是最起码的礼貌。比如，"经理，您好，谢谢您给我这个机会，现在，我向您做个简单的自我介绍……"介绍完毕以后，要注意向面试主考官致谢，并且还要向在场的其他面试人员致谢。

2. 主题鲜明

求职面试中的自我介绍一般包括这些基本要素：姓名、年龄、籍贯、学历、学业情况、性格、特长、爱好、工作能力和工作经验等。因此，不必面面俱全，而是一定要做到主题鲜明、直截了当、切入正题、不拖泥带水，对于材料的组织要合理，做到详略得当、重点突出。一般来说应按招聘方的要求来组织介绍材料，围绕中心说话。假如招聘单位对应聘人的工作能力和工作经验很重视,那么,求职者就得从自己的工作能力及经验出发做详细的叙述,而且整个介绍都要以这个重点为中心。下面是某家工艺品总公司招聘业务员的一则对话。

面试考官:我公司主要是经营有地方特色或民族特色的工艺品,如北京的景泰蓝、景德镇的陶瓷和湖州的抽纱等。这次招聘的对象主要是能开拓海内外业务的湖州抽纱的业务员。现在,请你介绍一下自己的情况。

求职者:我叫李伟,今年24岁,是湖州市人。今年毕业于湖州市商业学校,读市场营销专业。我一直生活在湖州,小时候就经常帮妈妈和奶奶做抽纱活,对于传统的抽纱工艺可以说是比较了解的。在商校学习的两年中,我掌握了营销方面的专业知识,这是我将来搞好业务的资本。我的口才较好,曾参加省属中专学校的求职口才竞赛,得了二等奖,并且还具备一定的英语口语能力。我这个人的特点是头脑灵活、反应快,平时喜欢看报纸,对国内外的经济发展动态很感兴趣,喜欢从事具有挑战性的工作。

应聘的求职者一般应从最高学历讲起,只要面试考官不问,完全没有必要谈及小学、中学甚至是大学。谈所学的专业、课程,不必要说明成绩。谈求职的经历,不要漫无边际,东拉西扯,最好在1~3分钟之内,完成自我介绍,简洁、明快、干脆、有力。

3. 让事实说话

在面试时,有的人为了能给面试考官留下深刻的印象,往往喜欢对自己进行过多的夸奖,动辄就"我的业务水平是很高的""我的成绩是全年级最好的",其实,这样反倒会给面试考官留下不好的印象。现在的用人单位往往更注重应聘者的真本事。"事实胜于雄辩",虽然面试的时间很有限,不可能完全展示求职者的才能,但是,求职者可以通过实际的事例来证明你的能力,把你的才华展示给面试考官。

某大学中文系学生小刘,毕业后到报社应聘记者,面对着上百个新闻专业出身的应聘者,可以说小刘并没有什么优势。但小刘对此早有准备,她对面试考官介绍自己时是这样说的:"我叫刘晓明,山西人,毕业于××大学中文系。虽然我不是新闻专业的,但我对记者这个行业却十分感兴趣。在大学期间我是学校校报的记者。4年间,进行了许多次较为重大的校内、外采访,积累了一定的采访经验,再加上我的中文功底,我相信我可以胜任贵报的工作。这是我在大学期间发表过的报道稿,请各位编辑领导批评指正。"

面试考官们看过小刘的报道材料后,觉得眼光独到、语言深刻,都很满意。结果小刘击败了众多的竞争者,不久就收到了录用通知。

4. 给自己留条退路

面试中的自我介绍既要坦诚,又要有所保留;既要介绍自己的能力,也不要把自己搞成事事皆能,使自己进退维谷。在自我介绍中,求职者要尽可能客观地显示自己的实力,但同时应尽可能地避免使用保证式或绝对式的语言,如"我非常熟悉这项业务""我保证让部门改变面貌!"这些话往往没有具体内容,反倒会引起面试考官的反感,如果遇到较为平和、内敛的面试考官,也许不会为难你。但是如果遇到个性较强的面试考官进行追问时,求职者会因无法回答而张口结舌、尴尬万分。

小赵去面试一家国际旅行社的导游。他自我介绍说:"我这个人喜欢旅游,熟悉各处的名胜古迹,全国的风景名胜几乎都去过。"面试考官很感兴趣,就问:"那你去过云南大理吗?"因为面试考官就是大理人,对自己的家乡再熟悉不过了。可惜小赵根本就没去过大理,心想若说没去过这么有名的地方,刚才的话,不就成了吹牛了吗? 于是硬着头皮说:"去过。"面试考官又问:"你住的哪家宾馆?"小赵再也回答不上来,只好说:"那时我是住在一个朋友家的。"面试考官又问:"你的这位朋友家在大理的什么地方啊?"小赵这下没词儿了,东拉西扯答非所问,结果自然是可想而知的。

📝 小贴士 7-2

成功的自我介绍范例

各位老师:

早上好!

我叫×××,是××大学新闻专业的应届毕业生,今天来应聘记者。

我十分喜爱记者这个职业。在我眼中,记者肩负着神圣的使命,它是联系普通百姓和各级政府的桥梁纽带;是宣传真理、引导舆论、激励群众的喉舌;是把五光十色的世界展现在世人面前的信使。所以,我怀着强烈的社会责任感希望当一名记者,参与社会舆论工作。

我认为自己胜任记者一职的理由有以下四点。

第一,我有较强的口语表达能力,曾在大学和中学的校级演讲比赛中两次荣获一等奖。

第二,我有很强的写作能力,在读书期间就曾三次在省级作文比赛中获奖;上大学后经常给一些报刊投稿,已有两篇稿件被省级报纸采用。

第三,我有做记者的实际工作经验,曾在我校学生会主办的《菁菁校园》报当了两年的记者。

第四,我性格外向,交际能力强,在与人交往中能够运用公共关系技巧,并持有中级公关员职业资格证书。

谢谢各位老师!

📓 小训练 7-1

请根据给出的招聘要求进行 1 分钟的自我介绍。

招聘公司:北京九阳实业公司。

招聘岗位:驻东北区销售业务主管。

岗位要求:大专以上学历,市场营销等相关专业毕业(有资源、丰富经验的不限制学历);3 年以上销售工作经验,有光热行业、光电行业、暖通、电力、建材等销售经验或大客户销售经验的优先考虑。吃苦耐劳和乐观向上、具有团队精神。语言流畅,沟通能力强,具有一定的管理能力。适应能力强,能常驻东北地区。

7.4 面试中的应答技巧

在求职面试的过程中,如何与面试考官进行良性双向沟通,是求职者能否求职成功的重要保证。因此,在面试过程中,要注意以答为基础,以问为辅助的沟通技巧。尽管不同的公司面试的程序和模式有所不同,面试考官的风格各异,但是有些问题是面试考官们都比较喜欢问的。应聘者一定要对这些问题有所准备,知己知彼才能百战不殆。那么面试考官究竟喜欢问哪些问题,又有哪些回答问题的技巧呢?我们可以从实际的案例分析中得到。

一般来说,招聘方提出的问题可分为两类:一类是规定性提问,也就是招聘方事先准备好的,对每一位招聘者都要发问的问题;另一类是自由性提问,亦即招聘方随意穿插的问题,这些问题往往是千变万化,涵盖宽泛,招聘方可以从应聘者不经意的对答中发现其闪光点或缺点。无论是哪类问题,应聘者在回答时都应当掌握以下基本技巧:①不要遗漏表现自己才能的重要资料;②保持高度敏锐和技巧灵活的思维状态;③回答既要表现出自己的个性气质,又要表现出对招聘方的尊重与服从;④认真倾听对方的提问,并注意对方的反应,以便及时调整自己不恰当的回答;⑤避免提到"倒霉""晦气""不幸""疾病"之类可能招致对方忌讳的字眼。王晶在其主编的《口才训练实用教程》(清华大学出版社,2014年版)一书中归纳了各类常见面试问题的应答技巧。

1. 机动类问题的应答技巧

(1)出题原因。这通常是面试官最先问到的问题。求职动机类问题能够考察面试者的求职动机与拟任职位的匹配性,内容会涉及面试者的价值取向和生活态度等多个方面,意在从面试者的回答来评估新工作是否合适。

(2)常见问法。"你为什么选择我们公司?"或"你为何想离开原工作单位,到我们公司来呢?"

(3)答题思路。建议从行业、企业和岗位三个角度来回答。对于社会新人,由于之前没有工作经验,所以建议可以坦诚地说出自己的动机,不过还是要思考一下用语。求职者必须充分地了解这个部门、这家企业是干什么的,提供的职位应达到的工作目标是什么,这样才能有针对性地回答求职动机和志愿,即把个人的人生追求与用人单位及职务联系起来。多谈积极性的求职动机,比如,"我喜欢有挑战性的工作。""可以更好地锻炼自己,实现人生进取的目标。""我本人不喜欢轻闲的工作,越是带创意的事业我越爱干。""我十分看好贵公司所在的行业,我认为贵公司十分重视人才,而且这项工作很适合我,相信自己一定能做好。"之类。少淡、不谈消极性的求职动机,比如,"我来求职是因为在家里待着没意思。""失业了,没个事干,让人家瞧不起。"等等。

2. 个人爱好、特长类问题的应答技巧

(1)出题原因。业余爱好和特长在一定程度上能反映出面试者的性格、观念、心态,这是招聘单位问该问题的主要原因。

(2)常见问法。"你有什么业余爱好?"或"你有什么特长吗?"

(3)答题思路。不要说自己没有业余爱好或特长,不要说自己有庸俗的、令人感觉不好的爱好和特长,也不要说自己仅限于读书、听音乐、上网等爱好,否则可能令面试官怀疑面试者性格孤僻;最好能有一些户外的业余爱好,如爬山、游泳等来"点缀"你的形象。要尽量突出自己的长处,但也要注意适可而止,不要给对方以浮夸、吹嘘的印象。答问的重心仍要放在对申报的新职位有利的特点、长处上,否则考官不会对你感兴趣,最好以事实为证。

3. 实践经验性问题的应答技巧

（1）出题原因。如果招聘单位对应届毕业生提出这个问题，说明招聘单位并不真正在乎"经验"，关键看面试者怎样回答。

（2）常见问法。"你是应届毕业生，缺乏经验，如何能胜任这项工作？"或"请谈谈你的工作经验。"

（3）答题思路。对这类问题的回答要体现出面试者的诚恳、机智、果敢。要注意关于工作经验的问题是不能编造的，必须如实汇报，否则会给对方以不诚实的印象。语气既要肯定又要谦虚。应尽量渲染以前的经验如何对这份工作有利。如："作为应届毕业生，在工作经验方面的确会有所欠缺，因此在读书期间我一直利用各种机会在这个行业里做兼职。我也发现，实际工作远比书本知识丰富、复杂。但我有较强的责任心、适应能力和学习能力，而且比较勤奋，所以在兼职中均能圆满完成各项工作，从中获取的经验也令我受益匪浅。请贵公司放心，学校所学及兼职的工作经验使我一定能胜任这个职位。"

4. 知识性问题的应答技巧

（1）出题原因。知识性问题能考察面试者对所要从事的工作必须具备的一般性知识和专业性知识的了解和掌握程度。

（2）常见问法。知识性问题包括常识性的知识和专业性的知识。常识性的知识是指从事该工作的人都应具有的一些常识。例如，文秘人员应了解一些必要的秘书实务，人事工作者应了解必要的劳动人事制度和法规。专业知识指专业领域的相关知识，例如对网络维护人员的面试来说，就可能会提出下列专业问题：什么是计算机病毒？如何更好地预防计算机病毒入侵？

（3）答题思路。对于此类问题的回答并没有什么窍门，只有靠面试者自己平时的积累和扎实的基础。

5. 智力性问题的应答技巧

（1）出题原因。智力性问题能够考察面试者的反应能力、逻辑分析能力和判断能力等。

（2）常见问法。选择一些智力题，考察面试者的综合分析能力。在微软的面试中，有这样一道面试题：假如你在飞机上遇到一位高尔夫球的生产商，向你询问中国每年消耗的高尔夫球的数量，你怎样回答？

（3）答题思路。这类问题一般不是要面试者发表专业性的观点，也不是对观点本身正确与否做评价，而主要是看面试者是否能够言之有理。怎样回答，对于在现实生活中见都没见过高尔夫球的人来说无疑是一头雾水。其实对于这种不可能回答的问题，只要找到它的解决办法就可以了。因为连面试官自己也不知道问题的答案。面试者可以这样回答："首先，统计中国高尔夫球场的数目。其次，统计平均每天有多少位客人。再次，统计每位客人平均每天消耗的高尔夫球的数量。最后，我们把3个数相乘，再乘以一年的营业天数，就可以知道中国每年消耗的高尔夫球的数量。"

6. 情境性问题的应答技巧

（1）出题原因。此类试题能够考察应试者的应变、计划、协调能力和情绪稳定性，是目前面试中广泛使用的一种提问方式。

（2）常见问法。设计一种假设性的情境,考察面试者将会怎么做。此类试题的基本假设是,一个人说他会做什么,与他在类似的情境中会做什么是有联系的。如:"当你的客户很明显在刁难你的时候,你如何应付?"

（3）答题思路。对于此类试题,面试者首先要理解自己的角色,把自己放到情境中去,然后提出比较全面的行为对策。如:"首先要以公司的利益为重,尽可能让客户明白,公司的宗旨是全心全意地服务于客户。很多时候我相信客户对于我的刁难也是出于对我公司办事能力的一种考验,我一定会竭尽全力使客户相信公司。""相信我,不过,如果客户提出一些很过分甚至违背人性的要求,我不会妥协,我相信公司也一定不会让员工在外受到人格上的侮辱。"

7. 压力性问题的应答技巧

（1）出题原因。这种问题通常是故意给面试者施加一定压力,看看其在压力下的反应,以此考察面试者的应变能力和忍耐性。

（2）常见问法。有时候考官可能提出真真假假的"题外题"。如某电视台招聘记者,小郑前去应聘。面试中,考官指出:"你说你爱好写作,可是我看了你填的报考表,在自我评价栏中居然出现了3处语法错误,现在既没有多余的表格,也不准涂改,你该怎么办?"

（3）答题思路。对于此类问题,面试者不要简单地就题答题,要多一个心眼,想得全面一些,让答案更完整圆满,首尾相顾,不致顾此失彼,留下缝隙,授人以柄。比如对于上面提出的问题,小郑听罢吃了一惊,心想填表时自己是字斟句酌的,怎么会有3处错误呢? 但时间不允许他多想,他当机立断,回答说:"为了弥补失误,我可以在表后附一张更正说明,上面写上:'××地方出现了3处语法错误实属填表人粗心,在此更正,并向各位致歉。'不过……"他停顿了一下说:"在发这份更正说明之前,我想知道是哪些错误,这是因为不能无的放矢,错误地发出一份更正说明,我不愿再犯这种错误。"他的机智应对令考官们笑了,其实他的报表并没有错误,这不过是考官设的一个圈套,用以考察他的自信心和反应能力。从表达角度看,他的得分主要在于后半部分的补充说明。这一段内容的表达十分完满,滴水不漏,印证了他机敏全面、认真仔细、一丝不苟的品格,赢得了好评。

8. 薪酬类问题的应答技巧

（1）出题原因。薪酬问题是敏感问题。考官在初步接触某位面试者时才会提出薪资问题,同时提问的另一个目的,是观察面试者对工资的态度。如果对工资持无所谓的态度,那就试着给你一份低工资,看你能否接受。有的小公司往往在薪酬问题上讨价还价,能少给就不多给,目的是减少行政开支和减低经营成本。

（2）常见问法。"你希望挣多少钱?"或"如果你被聘用,你有哪些要求?例如:工资、待遇。"

（3）答题思路。至关紧要的是事先了解这份工作大约应该得到多少薪酬,这个行业的一般薪酬是多少,心里有一个"参照点"。建议面试者利用网络查询薪资定位的相关资料,配合个人的价值观、经验、能力等条件,得出最基本的薪资底线,建议无工作经验者采取保守的态度,以客观资料为主要考虑重点,如果说得低了,会失去一个本来可以得到较高薪酬的机会，还会让用人单位以为你没有什么真本事；如果说得过高，人家会认为你这个人是"狮子大张口"，"价码"太高，我们"买不起"，或者认为你不是来工作的，只为挣大钱，进而把你淘汰掉。如果真的不知道要多少薪酬，也不能说："您看着给就是了"，这不是要求对方给赏钱。面试者可以技巧性地回答："我要回去打听一下，薪酬问题好商量。"或者"我不好一下子说定，贵公司真有意聘我，我再跟各位讲。"在回答工资问题时，别忘了问对方的奖金是多少，有没有住房津贴，有没有医疗保险、交通补贴，一年有多少特别假期，有没有年终发红等。这就是一个人的"整体价""总收入"。因为有的单位的确是工资不高但福利特别好，所以要看"整体价"。

📝 小贴士 7-3

求职面试中的语言禁忌

（1）忌问"你们要不要外地人？""你们要不要女性？""你们要招聘多少人？""你们对学历的要求有没有余地？"等。

（2）忌说"我与××相熟""我与你们单位的××认识""我和××是同学，关系很不错"，等等。

（3）忌急问"你们的待遇怎么样？"

（4）忌直说"我不同意""我不赞成"。

（5）忌直说"我适合……不适合……"例如，"我适合做管理人员，而不适合去一线工作"。

（6）忌怕说"我不懂""我不知道"，诚恳坦率地承认自己的不足之处，反倒会赢得面试官的信任和好感。

（7）忌不敢说"您问的是不是这样一个问题？"。应将问题复述一遍，确认其内容，才会有的放矢，不致南辕北辙，答非所问。

（8）忌说"我从没失败过""我可以胜任一切"，这种说法是自诩，令人生厌。

✏️ 小训练 7-2

从《当幸福来敲门》学面试技巧

《当幸福来敲门》是由加布里尔·穆奇诺执导，威尔·史密斯等主演的美国电影。影片取材于真实故事，主角是美国黑人投资专家克里斯·加德纳。克里斯创造直接面对考官的机会，经过重重考验、种种艰辛，赢得了面试机会。

在面试对话中，处处体现了克里斯对一切事物透过表面的一种深刻思考，并完全驾驭了事物的本质，他最终获得了实习的机会，为他成为投资家迈出了坚实的一步。

请观看电影《当幸福来敲门》，然后谈谈你从中学习了哪些求职面试技巧？

案 例 分 析

1. 对话

面试官：你带简历了吗？

求职者(男生)：之前我在网上投过了，不用再带了吧？

面试官：你能做什么呢？

求职者：我喜欢的我都能做好，我不喜欢的我就不会去做。

面试官：你以前做过什么工作吗？

求职者：什么都没做过，我是个应届毕业生，我是来找工作的。

面试官：那你凭什么觉得你能把工作做好呢？

求职者：我觉得只要有信心就能把工作做好。

面试官：你的信心来自哪里？

求职者：来自我的能力，来自我的信念。

面试官：你的人生目标是什么？

求职者：做第二个马云。

面试官：你为什么觉得你能像马云那样成功呢？

求职者：因为他长得那么别致都可以成功，我觉得我更有能力超过他。

面试官：这跟他的长相无关吧？

求职者：开个玩笑啦！我觉得每个人做事都是靠信心完成的！马云能有这样的志向，我也有志向完成我的人生目标。

面试官：你对工资待遇有什么要求？

求职者：试用期你们可以随便给，如果正式录用我要求每月4000元以上。

面试官：我们公司的薪酬达不到这个要求，你为什么要求这么高呢？

求职者：因为到时候你们会看到我的能力，你们会觉得物超所值。

面试官：你对工作还有什么要求？

求职者：我要求自由的上班时间，每天只要我完成了公司布置的任务就可以下班了；我还要求用QQ与外界联系，方便我调用各方资源；我还希望不要让我与外面的客户面对面打交道，因为我不喜欢。

面试官：你之前去其他公司应聘也是这样吗？

求职者：是的，我这个人就是这样的。

【思考与讨论】

(1) 看完这个案例，你的第一感觉怎么样？

(2) 案例中这位男生应答的语言有什么特点？体现出了这位男生什么样的性格？

(3) 如果你是面试官，你对这位男生有何评价？你会给他工作的机会吗？为什么？

2. 两次面试

一个青年人在一家小信息公司颇有成就，因此想进入一家位列世界500强的大公司工作。第一次面试时，面试官问他：“你认为自己最显著的成就是什么？为什么？”

他自信地说：“我从小到大的求学是非常艰难的，在工作中也遇到很多困难，但我一一努力克服了。”出乎意料的是，他落选了。

经过一番反思，他发现了其中的问题：努力学习在今天是很普通的，而且回答里强调的是一个过程而不是某一具体活动，没有突出独特性。

当他第二次面试时，他说：“我在信息科技公司工作的那段时间是我最骄傲的经历，当时我被聘用为营销部经理助理，帮助开发新型计算机并投放市场。在我上任两星期后，经理突然心脏病发作，管理层决定把这个项目拖延六个月。我认真思考了公司上层的这个决定，认为在飞速发展的市场中，拖延就代表着失败。于是，我找到了主管我们这个部门的副总裁谈了自己的看法，并拿出了一个基本完善的计划。我承认，的确有一些新东西需要学习，但这些困难我可以克服。他勉强同意我为代理经理，这之后的六个月，我学到了很多东西并夜以继日地工作，最后我们的产品取得了成功。"

可想而知，最后，他如愿以偿地进入了那家大企业。

【思考与讨论】

（1）案例中的这位青年人两次面试的表现有何不同？

（2）他第二次为什么能如愿以偿地被那家大企业录用？

（3）在求职面试中如何更好地与面试官沟通？

3. 成功的面试

江丽萍待人彬彬有礼，很讲究面试礼仪，如愿以偿，她成功地当上了某销售部经理秘书，请看江丽萍参加面试的全过程

上午10时20分，江丽萍迈着轻盈的步子准时走进了销售部经理张吉的办公室。此时的江小姐身着银灰色西装套裙，内衬红白碎花衬衣，显得格外端庄、典雅、职业化。这一天，江小姐是前来接受面试的。在此之前她已经递交了个人简历和推荐信，并填写了求职申请书，她拟求的职位是销售部经理秘书。

张先生（点头微笑并示意江小姐坐下）："江丽萍小姐，你好！"

江小姐（微笑回应）："你好！张先生。"（然后缓缓地坐下，并把手提包轻轻放在椅子边。）

张（以下简称张）："江小姐，我们这儿不难找吧！"

江（以下简称江）："没问题。您知道我对这儿很熟。"

张："不错，（翻着江小姐的《求职申请书》）我们这有你的《求职申请书》。看来，你的各方面条件都不错，尤其是外语。你在审计局能用上你的英语和……（看江的《求职申请书》）日语吗？"

江："用得很少，这也就是我为什么要来这应聘的原因之一。我希望能更多地用上我的外语。"

张："噢，好！你有速记和打字的结业证书，而且你的速度很不错。"

江："张先生，您知道那都是我一年前的成绩。事实上我现在的速度快多了。"

张："嗯。江小姐你为什么想来这儿工作呢？"

江："主要想用上我的外语专长。当然我从秘书做起的另一个原因，是想逐步地积累一些做贸易的经验，以便将来能独当一面地从事贸易工作。"

张："噢！（这时电话铃声响起，张对江）对不起。（接着对话筒）对不起，这会儿很忙，我一会给你打过去。（放下话筒，对江）实在抱歉，嗯，你对计算机很感兴趣。上面说……（张查看江的《求职申请书》）。"

江："是的。事实上，我哥哥在一家大的外贸公司里从事无纸贸易。我对此很有兴趣，在家哥哥也经常帮助我。"

张:"那很有趣！好！江小姐你有什么问题要问我吗？"

江:"主要是工资问题。广告上说'待遇优厚'……张先生,您能给我具体讲一下吗？"

张:"噢,是这样。我们职员的待遇在外企中属中等偏上。例如,一个新入公司的秘书每月工资1600元人民币。因此我也想从1600元给你起薪,你看怎么样？"

江:"张先生,我希望您们对像我这样具有专业背景、实际经验及外语水平的人能给予恰当的评估及合适的月薪。顺便说一下,我在审计局的月工资包括奖金近1800元。"

张:"一周之后你会得到我们的消息。到时候我们再具体谈谈。"

江:"好的,谢谢您,张先生。"

张:"再见,江小姐。"

江:"再见,张先生。"

一周后,换了一身装束的江小姐又神态自若地走进了张经理的办公室。这一次,他们具体地谈了工作、待遇及其他。

大约10天后,江丽萍兴致勃勃地开始了她的秘书生涯,月薪1800元人民币。

【思考与讨论】

(1) 江丽萍面试成功的秘诀何在？

(2) 本案例对你有何启发？

4. 巧答难题

临近毕业,一家地市级日报招聘采编人员。在入围面试的10个人中,无论是从学历还是从所学专业来看,我都处于下风,唯一的一点优势就是我有从业经验——在学校主办过校报。

接到面试通知后,我把收集到的该日报社的厚厚一摞报纸重新翻了一遍,琢磨它办报的风格、特色、定位及其主要的专栏等,做到心中有数。我记下了一串常在报纸上出现的编辑、记者的名字。

参加面试时,评委竟然有8个。第一个问题是"常规性的自我介绍"。第二个问题是"你经常看我们的报纸吗？你对我们的报纸有多少了解"。我于是把自己对这个报社的认识,包括其办报的风格、特色、定位等全部都说了出来。最后我说:"我还了解咱们报社许多编辑、记者的行文风格。例如某某老师写得简洁明了,某某老师文风清新自然。虽然我与他们并不相识,但文如其人,我经常读他们的文章,也算是与他们相识了。"我当时注意到,许多评委露出了会心的微笑。后来我才了解到,我提到的许多老师就是当时现场的评委。

第三个问题是"谈谈你应聘的优势与不足"。我说:"我的优势是有两年办板报经验,并且深爱着报业这一行。我的缺点是拿起一张报纸,总是情不自禁地给人家挑错,甚至有时上厕所,也忍不住捡起地上的烂报纸看。"听到这里,评委们不约而同地笑了。

面试结束的时候,我把自己主办的校报挑出了几份分给各位评委,请他们翻一翻,提出宝贵意见,并说:"权当给我们学校做个广告。"评委们又笑了。

最终,我幸运地被录用了。

【思考与讨论】

(1) 案例中的"我"回答面试问题的语言艺术如何？请予以分析。

(2) 本案例还对你有何启发？

5. 老总的故事

一家公司的老总要招聘一名副手,这一天老总亲自来面试。但奇怪的是,老总并不是对应聘者逐个地进行面试,而是把所有人都集中到大会议室,讲起了故事:"唐朝有个大将军,名叫张飞。有一天,张飞带领军队追击敌人。那天是一年中最热的一天,士兵们带的水早就喝干了,沿途中没有可饮用水,士兵们又累又渴,连前进的力气都没有了。张飞焦急万分,后来灵机一动,指着前面对士兵说,转过这个山口前面就是一片梅林,梅子已经成熟了,大家加把劲,很快就能吃到可口的梅子了。士兵们在条件反射的作用下,顿时口舌生津,又有力气前进了。"

讲完之后,老总望着大家仿佛有所期待,应聘者则莫名其妙。终于有个人鼓足勇气站起来说:"老总,您今天的故事讲得很好,但我们是来参加面试的,不是来听讲故事的。请问老总,面试什么时候开始?"老总没有回答。

过了几分钟,他不易察觉地笑了一下,转身要离开。这时一个人站起来:"老总,请等一等! 我想指出您的错误。您刚才所讲的故事中,至少犯了两个错误。第一,那个将军不是张飞,是曹操;第二,故事发生的时代也不是唐朝,而是三国。尽管我不明白您讲这个故事跟今天的面试有何关系,但我还是指出来,希望您别介意。"老总听完,脸上露出了微笑。

在这个故事中,老总就是通过讲一个家喻户晓的故事,并故意犯了两个错误,把他的真实意图隐蔽起来:他想寻求一个善于发现他的错误并有勇气大胆指出来的副手。

【思考与讨论】

(1) 请结合本实例谈谈面试中如何准确判断对方的意图。

(2) 本案例对你有何启示?

实 践 训 练

1. 阅读材料讨论

阅读以下材料,然后谈谈你的看法。

(1) 某大学生毕业后到一家公司求职,公司经理照例同他进行面试谈话。开始,一切谈得都很顺利,由于对他的第一印象很好,经理随后就拉家常式地谈起了自己在休假期间的一些经历,这位大学生走神了,没有认真听取经理后来的谈话内容。临走时,经理问他有何感想,这位大学生说:"你的假期过得不错,好极了!"经理盯了他好一会儿,最后冷冷地说:"好极了? 我生病住进了医院,整个假期都待在医院里!"

(2) 周先生曾去报社应征业务主管。主持面试的负责人问他平常都有什么爱好,周先生回答说"爱看书"。招聘者问:"主要是哪方面的书?"周先生说自己爱读西方哲学著作。当招聘者要求周先生推荐一部西方哲学著作的时候,周先生搜肠刮肚偏偏一部都想不起来。实际上,他的确接触过几部哲学名著,但都没怎么精读,加之时间已久,已经忘得差不多了。周先生本以为,这样的回答可以把自己塑造成一个爱读书、学识渊博、有能力胜任报社主管一职的人。没想到,聪明反被聪明误,在招聘者眼中,周先生不够诚实,不够谦虚,言过其实,甚至有爱吹牛、弄虚作假之嫌。面试结果可想而知,他没有收到录取通知书。

2. 综合训练项目

下面是一家贸易公司到某院校招聘员工时面试的问题,请2～3人一组模拟面试效果。

(1) 请问你叫什么名字?

(2) 某同学,请问你为何要来本公司求职?

(3) 贸易的范围很广,如果你被分派到仓库工作,那是需要体力又不能很好发挥专长的,你是如何看待的?

(4) 为什么呢?

(5) 从你的履历得知,你在读书时经常迟到。在本公司上班是绝对不允许迟到的,你有没有问题?

(6) 你有没有应征其他公司?

(7) 如果本公司录用你,怎么办?

3. 模拟面试

请阅读下面短文,然后组织几个同学,3人一组模拟松下幸之助的面试场面。

松下幸之助的求职经历

被称为"经营之神"的松下幸之助,当他还只是一个九岁的小学四年级的学生时,因为家里贫穷,就不得不告别母亲,和父亲一起到大阪去打工,过着一种自己养活自己的生活。十四五岁的时候,他到一家电器公司去应聘,当公司的总经理看到站在他面前的还是一个衣着破烂、又有些瘦弱的孩子时,总经理从心里不想要他,但又不好意思让这个少年太伤心,就随口说了一句:"我们现在不缺人手,你过两个月再来吧。"

过了两个月,松下幸之助果然来了,总经理又推辞说:"我们需要的是一个懂电器知识的人,你懂吗?"松下幸之助老实地告诉他说自己不懂。

回到了家里,松下幸之助就买了几本有关电器知识的书,看了两个月后,又来到了这家公司,并告诉那位总经理说:"我已经学会了许多的电器知识,并且以后我一边工作还可以一边学习。"谁知听了这话,那位经理反而皱了皱眉头说:"小伙子,出入我们这家公司的都是很有绅士派头的人物,你看你这身脏兮兮的衣服,我们怎么要你呢?"松下幸之助听后,笑了笑说:"这好办!"

回家后,他就让爸爸拿出所有的积蓄,给他买了一身漂亮的制服,就又一次来到了这家电器公司,这一下那位总经理可算真是服了松下,他一边用欣赏的目光看着松下,一边笑着说:"像你这样有韧劲的求职者,我可是第一次遇到啊,就凭你的这股韧劲,我也不能不要你了啊!"

从不向失败低头,这正是松下幸之助最后走向成功的秘诀!

4. 举行模拟招聘会

实训目标:锻炼学生的自我推销能力,积累应聘经验,掌握应聘礼仪,增强自信心,全面认识自我。

实训学时:2学时。

实训地点：实训室。

实训准备：模拟招聘企业情况、需求岗位、面试问题、面试桌椅等。

实训方法：

（1）选3～4名学生担任某企业面试考官，其他同学担任求职者。

（2）面试考官先介绍单位及岗位需求情况，然后求职者依次进行1分钟自我介绍，面试考官提问，求职者回答问题。

（3）最后教师总结、点评。

自 主 学 习

1．以小组为单位，轮流做自我介绍，互相点评，借鉴彼此的成功之处。

2．设想你对做一位宾馆公关部经理向往已久，现在有了这样的一个机会，但你的竞争对手如林，在面试时你如何推销自己？

3．请分析下面几句面试应答语中的错误。

（1）"我原来那个单位的人际环境太差了，小人太多，没法与他们相处。"

（2）"现在已有多家公司表示要我，所以请你们务必于这个月底之前答复我。"

（3）"我毕业于名牌大学，学的又是热门专业，我是一个杰出的人才，我想实现我远大的理想和宏伟的抱负。"

（4）"我很想知道我如果到你们公司，每个月能挣多少钱？"

4．日本的一些大公司在招聘人才进行面试时，专门就说话能力规定了若干不予录用的条文。其中有：

应聘者声若蚊子者，不予录用；

说话没有抑扬顿挫者，不予录用；

交谈时，不得要领者，不予录用；

交谈时，不能干脆利落回答问题者，不予录用；

说话无生气者，不予录用；

说话颠三倒四、不知所云者，不予录用。

对于日本大公司招聘人才的以上规定你有何看法？

5．面试官问："关于工资，你的期望值是多少？"应试者反问："你们打算出多少？"如果是你，会这样反问面试官吗？为什么？

6．根据面试者的提问，分析哪一种应答更能获得赞许。

（1）没有工作经验，你认为自己适合我们的要求吗？

应聘者1：可是你们就是来招聘应届大学生的呀。

应聘者2：听说有一只幼虎因为没有狩猎经验，而被拒绝在狩猎圈之外，你认为它还有成长的可能吗？

（2）为什么你读哲学，却来申请做审计？

应聘者1：你们已经说明"不限专业"，所以我想来试试。

应聘者2：据说外行的灵感往往超过内行,因为他们没有思维定式,没有条条框框。

应聘者3：我之所以跨专业谋职,是为了给自己提供这样一种动力,终生学习才不会被社会淘汰。

（3）你穿的西装好像质地不怎么样啊！

应聘者1：穿着并不影响我的表现,何况我还没工作,买不起更好的。

应聘者2：昨天我怀揣买西装的钱路过书店,发现两套对我来说至关重要的书,可能会为今天的面试提供帮助,我于是花掉了凑来买西装的钱。

（4）假如明天你就要死了,你希望自己的墓碑上刻上一句什么话？

（考官实际是想问,这一生你希望自己能达到怎样的成就。）

应聘者1：找了份好工作,找了个好老公等"老婆孩子热炕头"式的"人生理想",或者请安息吧,我是个好人之类不着边际的空话。

应聘者2：我这一生在很多不同行业工作过,这让我很满足。

（5）你不认为你做这项工作太年轻了吗？

应聘者1：我虽然年轻,但我有干劲,敢于接受挑战,相信我一定能做得很好。

应聘者2：事实上下个月我就满23周岁了,尽管我没有相关的工作经历,但我有整整两年领导学校学生会工作的经验。您可以想象,负责管理全校3000多名学生并非易事,没有一定的管理才能和领导艺术,是无法胜任的。所以,我认为,年龄固然能说明一定的问题,但个人素质和能力更为重要。因为这是一个部门经理所不可缺少的。

7．针对以下情境回答问题。

（1）Sunny下午5点多在报摊上买了份招聘类报纸,查阅到了一个心仪职位。为在第一时间与招聘方联系,就立刻拨通了对方电话："喂,请问是××公司吗？我看了报纸,想来应聘……"还没等她说完,对方就表示人力资源部负责人正在开会,且下班时间快到了,没空细聊,但还是记下了她的手机号码,表示第二天会联系她。

问题：从上述案例可以看出,Sunny没有在合适的时间找到合适的人,主动致电变为了被动等候,是一次很失败的电话应聘。请你帮助她分析一下正确的电话应聘应注意哪些礼仪要点？

（2）廖远正逛街,突然接到某公司的电话面试。此时周围有商场背景音乐和人群的嘈杂声,对面试不利。于是廖远非常礼貌地告诉对方："不好意思,我正在外面,环境比较吵闹,是否能过10分钟给您打回去？"对方应允,并留下电话。

问题：很多企业在收到简历后,为节约时间,首先通过电话面试做初步筛选。电话面试会准备几个目的性问题,用以核实求职者的背景,考察求职者的语言表达能力等。请你分析对于上述的电话面试环节,为获取成功率,我们应预先做好哪些准备工作？

（3）李明自认第一轮面试回答顺利,应该能收到复试通知。然而3天后仍未接到电话。焦急的他按捺不住致电对方："喂,您好,我是李明,我想请问一下你们第二轮复试是否已经开始？""对不起,我们的复试已经开始,若你没有接到通知,说明没有进入第二轮面试。"公司方简单地回绝了李明。

问题：若没有接到再次参加面试的通知,表示此次应聘失败,即使打电话询问也无可挽回。但是,李明自认为第一次面试给对方留下了非常深刻的印象,且双方交流愉快,想了解应聘失败的真正理由,你能帮助李明想一想应该怎么办吗？

任务8　导　　游

待于君子有三愆：言未及之而言谓之躁，言及之而不言谓之隐，未见颜色而言谓之瞽。

——孔子

任务目标

- 明确导游口才的语言特征；
- 能够致欢迎词和欢送词；
- 掌握导游讲解的语言艺术；
- 掌握沟通协调的语言艺术。

案例导入

导游高超的口才

你是否能从中领悟到导游高超的口才？

（1）导游带着一批旅游者参观古堡，在很深的地道里，看见几具骷髅。"这些骷髅是怎么回事呢？他们原来都是些什么人？"游客问。"我认为，他们一定是些舍不得花钱请导游而迷路的人。"

（2）纽约街头，一个乞丐中暑晕倒，路人围拢过来，议论纷纷。"这个人真可怜，给他杯威士忌吧，我遇上游客晕倒就常这么干。"一位路过的导游说。"还是把他抬到阴凉的地方，让他歇歇吧。"好几个人说。"让他喝点威士忌保管就没事了。"导游坚持己见。

"应该送他到医院去才对。"另外有人提出异议。"给他点威士忌，没错！"导游还是这句话。

中暑的人突然翻身坐起，大喊道："你们别多嘴了！怎么不听这位好心人的话呢？"

导游口才是指导游与旅游者交流思想感情、指导游览、进行讲解和传播文化时使用的一种具有丰富表达力的、生动形象的口头用语。旅游从业人员要取得良好的工作成效，必须注重导游口才的修炼。

8.1　导游口才的语言特征

导游语言从某种层次上来说，是一门艺术，因为它能够渲染气氛、增强效果，充分调动游客的积极性，激发兴趣。导游口才的语言特征归纳起来主要有以下几点。

1. 准确性

导游语言的准确性是指导游人员的语言必须以客观实际为依据，即在导游过程中使用规范化的语言，准确地反映客观实际。

（1）内容准确无误，有据可查。对所介绍景点的背景资料，如历史沿革、数据、地质构造等必须表述准确，要有根据、有出处，不能编造。即使是故事传说、民间传奇也要有据可查，不能道听途说、信口开河。对某一历史人物介绍更要注意准确性，特别是时间、数字的准确能给人以历史的回忆。例如某导游运用了下面的语句对杨靖宇将军进行了准确的介绍。

杨靖宇将军原姓马名尚德，1905年2月26日（农历正月初十）出生在确山县李湾村一个农民家庭里，幼时在村私塾就读，1918年以优异成绩考入确山县立第一高等小学堂。1919年的"五四"青年爱国运动席卷全国，年仅14岁的杨靖宇投身于火热的斗争中，1923年秋，他考入河南省开封织染学校，1926年在该校加入中国共产主义青年团，同年冬奉党团组织的指示，回确山县领导农民运动。1927年春杨靖宇被选为确山县农民协会会长，4月领导了震惊中外的豫南农民起义，6月1日在确山县城关镇老虎笼（地名），杨靖宇由共青团员转为共产党员。7月15日国民党武汉政府叛变革命，新生的革命政权遭到确山县地方顽固势力的反扑，杨靖宇和张家铎、张耀昶、李鸣歧等同志率部转移到县东刘店一带继续坚持斗争，开辟新的根据地。1940年2月23日，在吉林省濛江县（即现在的靖宇县）保安村三道崴子，杨靖宇率领部队不幸被日军包围，在饥寒、疲劳和伤病交作之际，杨靖宇仍坚持战斗，最后壮烈殉国，时年仅35岁。

（2）遣词造句准确，词语搭配恰当。遣词造句准确，词语搭配恰当是语言运用的关键。一个句子或一个意思要表达确切、清楚，关键在用词与词语的组合及搭配上，要在选择恰当词汇的基础上，按照语法规律和语言习惯进行有机组合与搭配。如武汉市导游人员在归元寺向游客介绍《杨柳观音图》时说："这幅相传为唐代阎立本的壁画，它所体现的艺术手法值得我们珍惜。"这里，"珍惜"属于用词不当，而应该用"珍视"一词。"珍惜"是爱惜的意思，而"珍视"则为看重的意思，即古画所体现的艺术手法值得很好欣赏。

小训练 8-1

错 在 哪 里

在导游实际解说中常常会出现很多错误，请分析以下导游的话错在哪里。

（1）相山公园的人工湖是全省最大的。

（2）作为导游的我非常愿望游客高兴就好。

（3）俺们今天不去将军亭爬了。

（4）没有照顾好大家，我很伤感。

（5）喂！老头儿，注意安全。

2. 生动性

生动形象的导游语言能够引起游客的观赏兴致和想象，这也在无形中提高了景点的欣赏价值和欣赏意义。俗话说"风景美不美，全靠导游一张嘴"，虽然略有夸张，但也说明了导游生动讲解的重要性。如下面的导游词就充分体现了生动性的特点。

这座大佛高 17 米，他的头发就有 14 米长、10 米宽，头顶中心的螺髻可以放一个大圆桌，大佛的脚背有 8 米多宽，就算站上 100 人，一点也不觉得挤。

这样一来游客就有了比较直观的概念，可谓真实生动。

又如，淮北市星光旅行社的导游马小姐在初次与游客见面时自我介绍说：

我姓马，老马识途的马。今天大家跟着我旅游，请放心好了，有我这个小马一马当先，什么都能马到成功……

游客们都乐了，初次见面的拘谨感一扫而光，气氛很快融洽起来了。

为使导游语言形象生动，导游最好多记一些笑话，随时随地在讲解的过程中插入一个相关的笑话，那样就会使讲解生动有趣得多，比如讲当地的山路比较险，就可以插入这样一个笑话。

有一次，司机向当地一位居民打听："请问，此地哪里可以找到汽车配件？"村民答道："往前走，过了那个急转弯处有个峡谷，那下边什么型号的零件都有。"

小案例 8-1

对　　比

一位导游在带游客去苏州城外时，这样讲解："那是灵岩山，那是天平山，那是金山，那就是虎丘山，那就是狮子山。"

另一位导游说："苏州城内园林美，城外青山也秀美。那一座座山好似一头头保护苏州城的神兽。灵岩山像伏地的大象，天平山像金钱豹，金山像卧龙，虎丘山犹如蹲伏着的猛虎，狮子山模样活似回头望着虎丘山的狮子，那是苏州一景，名叫狮子回头看虎丘。"

【点评】我们明显地可以看到第一位导游的表达就非常平淡，不能将游客引导进入景中的境界，反而让他们在导游的引导下眼花缭乱、走马观花。而第二位导游的语言描绘得很传神，用精彩生动形象的修辞打开了游客的兴致。游客在徜徉美好山河的同时也感受到了这名导游高超的语言表达能力。

3. 趣味性

趣味性是指导游语言具有使游客感到轻松愉快、妙趣横生、引人入胜的特征。导游可以通过一些特定的修辞手法和表达技巧的运用，使导游讲解更加吸引游客，给游客留下深刻的印象，营造出轻松、活泼、愉快的旅游氛围，使游客享受到旅游的乐趣。增加导游讲解趣味性的技巧主要包括两个方面。

(1) 巧妙运用修辞艺术。能够增加导游词趣味性的修辞技巧，除了比喻、比拟、排比、对比、对偶、夸张等常见的修辞手法之外，还包括双关、移时、别解、顶真、回文、换算等修辞方式。例如：

这里的洞穴五花八门：洞套着洞、洞叠着洞、洞连着洞、洞穿着洞，洞洞相连，可谓是"洞穴博物馆，丹霞大观园"。（《泰宁世界地质公园·寨下大峡谷》）

这里运用了顶真手法，妙趣横生，连续使用了十二个"洞"，一气呵成，其中十个"洞"头尾相连、环环相扣，对游客产生了极大的吸引力，同时还运用了比喻手法，把天穹岩比喻成

"洞穴博物馆,丹霞大观园",形象生动,富有情趣。

（2）灵活把握表达技巧。导游语言的表达技巧主要有叙述法、描述法、设疑法、缩距法、升华法、幽默法等,在导游词中,根据表达内容和感情等的不同,恰当地运用不同的表达技巧,不仅可以使导游口语讲解的表达灵活多样、丰富多彩,而且还可使游客轻松愉快、乐在其中,提高旅游的兴趣和情趣。例如:

前方这块大岩石,像一条大鲨鱼,龇牙咧嘴,好不吓人! 仔细一看,它的下巴不见了。相传,这条鲨鱼已修炼成精,当它从东海尾随八仙来到此地,想搭乘这艘帆船早日成仙。没想到上清仙境,风光如画,稍一走神,撞上仙帆。八仙一怒之下,敲掉它的下巴,同时把仙帆点化成石,在此镇守鲨鱼精。正应验了那句古话:心急吃不了热豆腐。凡事都应顺其自然,脚踏实地,切莫急功近利,弄巧成拙。（《泰宁世界地质公园·上清溪》）

在讲解"鲨鱼咧嘴"的景点时,先用叙述法讲述了民间传说,再用升华法,正应验了那句古话:"心急吃不了热豆腐。凡事都应顺其自然,脚踏实地,切莫急功近利,弄巧成拙。"再加以发挥引申,既增加了景点的趣味性,又给人启迪,给游客留下深刻的印象。又如:

大家请往右边岩壁上看,在岩穴洞口有块风化崩落下来的石头,很像一只癞蛤蟆正蹲在那里,咧嘴鼓腮,瞪着圆眼,垂涎三尺地朝着对岸窥视着。原来对岸的岩穴中有块崩塌风化的巨石,极像一位睡美人,手枕着头,侧卧着在那里"春睡",一点都没有发觉还有一只癞蛤蟆正偷偷地盯着自己,正应了"癞蛤蟆想吃天鹅肉"这句古话,我们把这景叫作"仙女脱衣床上睡,对面蛤蟆流口水"。不过,话说回来,这只癞蛤蟆最多还只是窥视,有贼心没贼胆,不比现在社会上的一些"癞蛤蟆",有贼心更有贼胆,冷热酸甜,想吃就吃。如果让它知道的话,肯定也会感叹:改革开放就是好,老牛可以吃嫩草。（《泰宁世界地质公园·上清溪》）

这里用描绘法描述"癞蛤蟆"的形态:"咧嘴鼓腮,瞪着圆眼,垂涎三尺地朝着对岸窥视着",惟妙惟肖;结合幽默法,多处用到幽默语,如:"春睡""有贼心没贼胆""有贼心更有贼胆"等;还巧用了广告词"冷热酸甜,想吃就吃";最后更是寓教于乐使用了"如果让它知道的话,肯定也会感叹:改革开放就是好,老牛可以吃嫩草"。语体风格幽默风趣、轻松诙谐,增加了导游讲解和游览的趣味性。

4. 幽默性

幽默风趣的语言如果使用得当,可以活跃气氛,提高游兴,增强导游人员和游客之间的感情交流,使旅游者回味无穷,有时还可以摆脱尴尬。幽默既是一种技巧,又是一种艺术,更是一种智慧,它在很大程度上是对修辞方法的综合运用,但又不同于一般意义上的修辞,而是以造成幽默意境为目的的。一位导游在向游客讲解上海元芳弄时说道:

各位游客大家好,在广东路和福州路之间有一条不起眼的小路叫元芳弄,它曾是上海外滩风味的著名区,最为有名的是:香气扑鼻的猪油大米菜饭,麻辣鲜香的四川火锅、油豆腐细粉汤,还有闻名中外的小常州排骨汤面等。所以这条街上中外游客不断,提起猪油大米饭菜还有一段有趣的传说呢:一次,有个"老外"慕名而来,他坐下以后要了一碗猪油大米菜饭,两只百叶包。一碗下肚以后觉得很好吃,但没吃饱,他接着又要了一碗,吃完后服务员过来一结账,要付八两米饭的钱。这位"老外"惊呆了,心想上海人有句俗话叫"斩冲头"（斩客之意）,你们不要斩我这只"洋冲头",我这一辈子还没吃过八两米饭呢。经服务员耐心解释,他终于信服了,边掏口袋付钱边回味着这米饭的美味,另一边却打起嗝儿,发出了"格得格得"的声音,嘴里还在称赞地说:"饭灵饭灵""格得格得"。你知道英文中的 very good 从哪里来的吗？他的出典就在于元芳弄的这碗猪油大米菜饭上。

导游刚讲完,游客们都笑了。导游就是充分利用"饭灵"和打嗝儿发出的"格得"声,巧妙地与英文 very good 构成谐音,以达到幽默的目的。

导游中适当运用幽默的语言技巧,可以缩短与游客的心理差距,当游客行为出现问题时,幽默的语言又不会伤害游客的自尊。

🔍 小案例 8-2

"唐　城"

曾有一个旅行团,在前往敦煌"唐城"旅游参观的途中,有一位游客随手将垃圾扔到车窗外,这一幕恰巧被随团的导游看到。为了不伤害游客的自尊以致影响游客的兴致,同时也为了能让游客意识到自己刚才的行为是不文明的,导游站起身来,这样对大家说:"今天我们要去参观的目的地是'唐城','唐城'从何而来？想必大家都很好奇。前几年,一个外国电影制片厂要在敦煌合拍一部影片,于是出资在这戈壁滩上修了一座仿古城堡,但是影片拍完后,对如何处置这座城堡产生了分歧。资方准备把它拆了,就地销毁。但是敦煌人说,仿古城堡是拆是烧,你们花钱建,你们说了算,不过处理后所有的垃圾都得拉走,放我们这儿可不行。外方经过反复权衡利弊,最终决定将城堡无偿送给当地人民。从此就有了这个'唐城'。当然,你们可能会觉得这座城堡是敦煌人'讹'来的,可大家说说,这'讹'的道理总没错吧？在座的每位游客都有自己的家乡,我们都希望自己的家乡越来越好,这戈壁滩再贫瘠,也毕竟是我的家乡啊!"说完,呵呵地笑起来。那位乱扔垃圾的游客却脸红坐不住了,连忙叫了起来:"师傅,您等一下,我得把那个垃圾捡回来。"车厢里顿时响起了一片掌声。

幽默的语言能够使团队的气氛其乐融融,也提高了导游为大家讲解的趣味性。当然,幽默的时候也需要注意,这里我们所提倡的幽默是正常的幽默,应该是文明、健康的,而不是那些以低级趣味挖苦他人的"黑色幽默"。

5. 美感性

旅游活动是一种综合的审美实践活动。在旅游活动中,导游是游客与景观的中介,导游语言是景观与游客的信息传递的纽带,优美的导游语言能够使旅游者全面准确地收获旅游景观所蕴含的美学信息,感受旅游景观的审美价值。这也是为什么人们常说:"没有导游的旅游,是没有灵魂的旅游。"有这样一个例子。

有两个导游分别带领旅游团到日本伊豆半岛旅行,当时的路况条件很差,马路上到处都是坑坑洼洼的洞。其中一位导游连声向游客道歉,说由于路面不平整,因而我们不得不忍受颠簸。而另一位导游恰恰相反,他充满诗意地对游客介绍:"在座的女士们、先生们,我们现在走的这条道路,正是赫赫有名的伊豆迷人酒窝大道。"如此一来,游客的注意力便不再是颠簸的汽车,而是能充分感受眼前的特殊景致,本来因颠簸而难以忍受的游客,在听了导游颇有意境的介绍后,恐怕也不会再抱怨。

可见,艺术性的导游语言能够提升整个旅游过程的质量。

8.2 致欢迎词

在导游的服务工作开始前,首先必须向游客致欢迎词。一般来说,无论是领队、全陪、地陪还是定点讲解员,在工作开始前与游客都是陌生人。在从陌生人到伴游朋友的过程中,导游必须想方设法让游客从认知和情感上都理解自己和接受自己,才能顺利地开展导游工作。游客在认知上对导游的认同可以通过导游的生活、引导等方面的工作实现,而在情感上的认同则需要导游全方位地展示自己。在导游语言方面,这种情感认同首先是通过导游以热情洋溢、亲切友好的欢迎词来实现的。因此,欢迎词是导游在客人面前成功亮相的重要一环。

1. 欢迎词的特点

欢迎词是指导游在迎接游客到来时的致辞。欢迎词虽然不是导游讲解的重点,但由于这是导游第一次直接面向游客说话,是第一次的语言服务,因而往往会给游客留下很深的第一印象(first impression),甚至会左右游客对导游讲解服务的最终评价。欢迎词不同于一般的导游词,要具有自己的特点。

(1) 内容简洁,时间简短。在导游的工作程序中,一般是在游客已经在旅游车上入座、即将出发前往下榻饭店或旅游景点时向游客致欢迎词。此时游客可能会出现两种状态:其一是游客刚刚抵达旅游地,精神上比较亢奋,希望马上了解旅游地的情况;其二是游客经过长途旅行,身体比较疲惫,希望能够在车行途中稍事休息。无论是哪一种情况,游客虽然对导游存在一定的新鲜感,但都不会将导游作为主要的欣赏对象。因此,导游致欢迎词时间不能太长,以免让游客生厌。鉴于上述原因,欢迎词往往内容比较简洁,话不多说,点到为止,只要能够让游客体会到自己的欢迎之情就可以了。一般来说,欢迎词的时间要控制在5分钟左右。

(2) 热情亲切,拉近距离。在致欢迎词前,导游的身份尚未得到游客的认同时,双方还是一种陌生人之间的关系。为便于以后工作的开展,导游必须尽快与游客互相熟悉起来,让游客将导游员视为自己的一个伴游朋友。在欢迎词中,要达到这样的效果,导游必须热情亲切,以"好客的主人"的形象对游客的光临表示欢迎,要以自然的语言、和缓的语调、随意的口吻来消除游客的突兀感觉,迅速拉近导游与游客之间的情感距离。

(3) 结合环境,针对性强。很多欢迎词中,经常会结合游客的特征或者旅游地的具体情况来展开,巧妙突出导游、游客双方所处的具体环境或各自背景,使欢迎词具有很强的针对性。这样的欢迎词更易于让游客接受,而且使旅游者间接地获取了旅游地的有关信息,缓解了其可能存在的不满心理。

2. 欢迎词的基本要素

欢迎词的作用主要是让游客了解导游,体会到导游的欢迎之情。能够达到这一效果的方式和内容有很多,但在各种条件限制之下,导游只能选择其中最恰当的内容来表达。这些内容就是欢迎词的基本要素。据赵湘军总结欢迎词的基本要素主要包括五个部分:欢迎光临、自我介绍、介绍工作伙伴、表达服务意愿和祝福。

（1）欢迎光临。导游是接受旅行社的委派来接待旅游者的，因此导游必须以旅行社代表的身份来欢迎游客。在欢迎词的开头部分，导游必须问候客人，并对游客的光临表示欢迎。在欢迎游客时要注意对游客的称呼。一般来说，"各位朋友（团友）"这样的称呼是内宾游客们比较乐于接受的，而来自欧美和东南亚地区的游客们普遍比较喜欢导游称呼他们为"女士们、先生们"，对于来自东亚地区的游客则可以用"先生们、小姐们"的称呼。在欢迎词中，导游必须说明聘用自己的旅行社名称，代表旅行社表示热烈欢迎之意。

（2）自我介绍。自我介绍是欢迎词的重点内容之一，也是导游可以在欢迎词中发挥主观能动性的一个部分。导游要根据自己的姓名含义、性格特征和游客背景，合理地设计自己的介绍内容。自我介绍通常要向游客说明自己的姓名、身份和单位。一篇优秀的欢迎词即使做不到让游客津津乐道，至少能够使客人记住如何称呼导游，因此在自我介绍中还必须告诉游客如何称呼自己，如"我的名字叫李小丽，大家可以叫我小李"或"我姓李，各位就叫我李导吧"等。为了便于游客记忆，很多导游都会在自己的姓名上大做文章。湖北荆州的一位导游将自己的姓名巧妙地融合成了一道菜名"香葱蛋花汤"（汤香花），使游客们过耳不忘；江苏南京的一位导游给自己取了个英文名字"Spring"，游客们在回国后写来的感谢信中仍然念念不忘她给游客们带来的"如沐春风的感觉"；湖南长沙一位导游在接待古汉语学者团时引用东汉许慎《说文解字》的解释来介绍自己的姓名，让游客们频频称道。这些都是成功的自我介绍的例子，但要注意，不可介绍自己过多过长，否则会喧宾夺主，扭曲了欢迎词的本义，游客产生的记忆效果也不佳。

（3）介绍工作伙伴。介绍了自己后，欢迎词中必须紧接着介绍自己的工作伙伴。通常需要向游客介绍的工作伙伴有全陪（或地陪）、司机和旅行社领导。在不同情况下，欢迎词中对这些工作伙伴的介绍有固定的次序。

海外来华团首站地的全陪介绍次序：组团旅行社领导—请领导致辞—首站地地陪—请地陪致欢迎词。

海外来华团首站地的地陪介绍次序：全陪—司机—地接旅行社领导—请领导致辞。

非首站地的地陪介绍次序：司机—地接旅行社领导—请领导致辞。

（4）表达服务意愿。导游在欢迎词中要向游客表明自己的工作态度，也就是表达服务意愿。这也是欢迎词的一个重要内容，能够让游客感受到导游的热情。欢迎词的这一部分主要包括三个内容：非常乐意为游客导游、保证努力工作和希望游客合作。在这一部分中，导游不妨先给游客打打"预防针"。许多旅游地由于基础设施较为落后，其中难免会出现一些不足之处。导游在欢迎词中先给游客提个醒，可以避免游客产生太大的失望情绪。例如导游在云南迪庆香格里拉欢迎词中提到"……这一路跋涉，相信大家从交通的艰难中应该可以了解到我们迪庆发展的不易了。我们这里还没有五星级的香格里拉大酒店招待你们，但我们有五星级的自然景观，我们司陪人员也会努力向各位提供五星级的导游服务，相信这美妙的人间仙境会让各位陶醉其中的！"这里对香格里拉接待设施的介绍就属于打"预防针"的内容，可以让游客先有个心理准备。

（5）祝福。在欢迎词的最后，导游应该预祝游客们此次旅游顺利、愉快。

以上这五个方面就是欢迎词的基本要素，但并不是所有的欢迎词内容仅限于此。欢迎词的内容应该根据游客国籍、团体、时间、地点、成员身份的不同而有所区别,切忌千篇一律。导游可以在以上五个基本要素的基础之上作进一步的发挥。如果能够在欢迎词中加上一些中国好客的谚语和格言,比如"有朋自远方来,不亦乐乎""有缘千里来相会""百年修得同船渡"等,将会为欢迎词增色不少。总而言之,欢迎词既要使客人感到导游真挚的情感,又要符合自己的身份,起到迅速融洽客导之间关系的作用。

小案例 8-3

欢迎词一览

(1)风趣式欢迎词——"各位上午好!我叫×××,是××旅行社的导游,十分荣幸能为各位服务!各位都是大医生吧?医生是人间最美好的职业,我一出生就对医生有特别的情感——因为我是难产儿,多亏了医生我才得以'死里逃生'(游客笑)。长大以后,虽然没有考上医学院,但医院我每年都要去好几次。我这人特别容易感冒,医生当不了,当病人却十分合格,真没有办法(游客笑)……我们这次在岳阳的旅游行程非常充实,如果有时间,我还想请大家参观一个特别节目,就是看看我为什么容易患感冒(游客大笑)。谢谢!"

(2)感慨式欢迎词——"各位朋友们,晚上好!我是××旅行社的导游×××,非常高兴能够作为各位此次旅游的导游。中国有句成语'好事多磨',各位昼思夜想地盼了 50 年,临到家门口却还要等好几个钟头才能够通过海关。中国人在中国的土地上却不能自由行动,真是很奇怪的现象!历史的原因我们不用过多地回首,只希望将来能够尽快实现两岸'三通',改变这种局面。宋代诗人陈师道说:'去远即相忘,归近不可忍。'前半句我不同意,大家离别大陆 50 年,难道忘得了自己的故乡吗?忘得了家乡的亲人吗?台湾地区有一首民歌,叫《我的家乡在大陆上》,各位唱了 50 年,今天终于唱回家了。在自己家里,想唱就唱,想笑就笑吧!我谨以家乡亲人的名义,祝贺大家终于回——家——了……"(游客集体哼唱《我的家乡在大陆上》)

【点评】以上这两篇欢迎词,都是属于欢迎词中的上乘之选。它们的内容并非十分复杂,紧紧围绕着一个鲜明的主题,以通俗易懂的语言,亲切自然地表达了对游客的欢迎之情,让游客获得了情感上的满足。

小训练 8-2

请根据所学内容,写一篇欢迎词,并且根据所写的欢迎词进行演讲,时间不超过 3 分钟。

8.3 致 欢 送 词

在游客结束在本国(地)的旅游活动,即将返回本国(出发地)时,导游的工作也接近尾声。从导游语言的角度来说,这时要提供的一项重要导游语言服务就是向游客致欢送词。欢送词是导游最后一次直接面向游客说话,它会影响到导游语言服务在游客心中留下的整体效果,也会影响到游客的重游兴趣。因而与欢迎词和讲解词一样,欢送词也是导游工作中不可忽视的一个组成部分。

1. 欢送词的特点

欢送词是指导游送别游客时的致辞。不同类型的导游致欢送词的时间与地点不尽相同。定点导游（讲解员）通常在游客参观完纪念馆或博物馆后，在大门口向游客致欢送词；全陪和地陪通常在游客结束了本国（地）的旅游后，送游客前往机场（车站、码头）时向游客致欢送词；领队通常在陪同游客返回本国后，即将散团时再向游客致欢送词。欢送词具有如下特点。

（1）真挚自然，动之以情。无论旅游过程长短，旅游者与导游之间或多或少都会进行一些交流，因而也或深或浅地建立了感情基础。俗话说："人心都是肉长的"，除非本次旅游过程中所接受到的旅游服务非常糟糕，否则游客总会对即将结束的旅游活动有一些留恋之情。在导游的欢送词中不能忽视游客这种心理，要注意在欢送词中带有一定的感情色彩，迎合游客的情绪，以浓重的感情氛围打动游客。例如：

有位导游的欢送词是这样的："短暂的相逢就要结束，挥挥手就要和大家告别，非常感谢大家一路上的支持和配合，在这分手的时候，祝大家一路顺风，早日回到自己温暖的家，同时也希望大家回到自己的家乡后，偶尔翻起中国地图，想起曾经到过这样一个小城，对那里有这样或那样的回忆，曾经有一个导游和大家一起度过短暂的几天，留下了或多或少的印象，在这里我只有对大家说，'轻轻的我走了，正如我轻轻的来，我挥一挥衣袖，不带走一片云彩。'"

在欢送词中所具备的感情应该是真挚的、自然的，切不可"为赋新词强说愁"。过于矫揉造作的欢送词非但不会让游客感动，反而会对游客产生负面影响，效果并不如意甚至适得其反。为做到这一点，导游要调整自己的心态，不要过多地考虑游客在旅游过程中带来的麻烦，而要多想想游客对自己的理解与关心，这样才能激发出自己诚恳的惜别之情。

强调欢送词应该赋予感情色彩并不意味着导游就要致一篇过于悲情的欢送词。毕竟旅游活动是让人身心愉快的活动，不应该让客人带着满面愁容离开。尤其对于地陪来说，游客离开本地后还要继续开展旅游活动，如果游客情绪低落地展开下一站的旅游活动，会给以后的旅游服务和游客的旅游享受产生消极的阻碍。因而欢送词中在表示不舍的同时也要表达出对再次相会的殷殷期待之情。

（2）简洁干练，认真对待。与欢迎词一样，欢送词并不是导游语言工作的主体，因而无须过于烦琐复杂，要以简洁干练为语言特征。导游在送别时如果啰里啰唆，会给游客留下婆婆妈妈、拖泥带水的感觉，可能会损害到游客已形成的良好印象。在致欢送词时，导游要充分估计好致辞的长短时间，不要到了机场（车站、码头）后还在喋喋不休。这时游客的注意力已经分散，或观察机场（车站、码头），或整理行装，或检查证件票据，没有心思来细听导游的欢送词了。同时也要注意，欢送词不能太过于随便，那样的话也会让游客以为导游巴不得自己马上走。画蛇添足当然不好，但虎头蛇尾同样是在欢送词中要尽量避免的。

简洁干练的导游词

有位南京导游这样送别我国台湾地区游客:"'好花不常开,好景不常在,今日离别后,何日君再来?'邓丽君小姐的这首《何日君再来》表达了我此时的感受。我相信,我们之间友情的花朵会常开,南京的美景永远常在,今日离别后,我们还会再相逢,或许会在南京,也可能在台湾,我期盼着。再见,各位朋友。"这个欢送词,简洁干练,期盼重逢,堪称典范。

(3)饶有趣味,耐人回味。欢送词并不是简单地向游客说再见,它也包含了对旅游活动的回顾和思考。如果导游的整个导游服务都非常成功,那么在最后时刻更要做到尽善尽美,既要干净利落,又要饶有趣味,给游客一种美的享受。在整个旅游过程中,游客是凭自己亲身体验来评价导游的工作好坏。为此,导游在欢送词中有必要对全部旅游活动和导游服务做一次归纳和总结。在欢送词的内容选择上,导游应当适当回顾旅游过程,弥补前期工作上的不足。经过一段时间的接触之后,游客对旅游地的风景、社会、文化等方面也会形成自己的评价。这些评价有可能恰如其分,也有可能有一定的偏差。为防止游客产生误解,导游在欢送词中要进一步帮助游客加深对本国(地)的理解和认识。以一些能够让游客更好地了解本国(地)的知识或者民谚来总结旅游过程无疑是非常好的方法,这样也可以让游客在离开以后还能够有一些值得回味的东西。

2.欢迎词的基本要素

在欢送游客时,导游首先要做到三个"不可",即寒暄不可少、热情不可减、总结不可忘。除此之外,根据上文中所提到的欢送词的主要目的,在欢送词中还必须包含一些内容,这就是欢送词的基本要素。

(1)回顾总结,加深印象。由于旅游活动时间相对比较短暂和旅游活动项目排列得比较密集,虽然游客在游览完一个旅游景点时会津津乐道,但是过了一段时间可能就会逐渐淡忘。因此欢送词的内容,应使游客对已经有所淡忘的经历加深印象。回顾整个旅游活动,并不是简单地将所有旅游活动的内容罗列出来,而是围绕一定的中心思想,穿插结合旅游过程中的各种情况进行总结。很多导游在回顾旅游活动时经常会提及一些游客本人在旅游时的表现和遇到的一些突发事件,这样游客的印象会更深,更好地达到欢送的目的。还有的导游在此时将旅游过程中拍摄到的一些照片展示给游客或者将录像带通过车载电视播放出来,效果更好。如果有的游客对旅游目的国(地)仍然存在一些疑问或者还想多了解一些,导游也可以在欢送词中对此再进行一些介绍。以下欢送词就很好地进行了回顾总结,例如:

一位导游这样致欢送词:"各位嘉宾,在楚雄的游览即将结束,到达酒店后我们将彼此道一声再见。这两天,我们游览了紫溪山、博物馆、黑井古镇、十月太阳历文化园,相信大家对紫溪山的茶花、黑井古镇的古朴宁静、民族风情的绚丽多姿还记忆犹新吧。无论我怎样舍不得你们离开,毕竟天下无不散的宴席。另外,我也为大家感到高兴,因为你们很快就要回到家中,和家人团聚,和朋友叙情。他乡的山虽好、他乡的水虽美,却锁不住那思乡念家之情。我希望各位回到家乡后,能把你们对楚雄的美好感受告诉你们的家人朋友,让他们也和你分享旅游之乐。希望他们也能和各位再到云南来，再到彝州来，武定狮子山的神奇、禄丰侏罗纪公园的神秘正等着你们去探寻。"

（2）表达谢意，加深情谊。致欢送词是导游向游客传播友谊和表达惜别之情的绝佳时机。导游在欢送词中可以引用一些格言民谚来渲染气氛，唤起游客的情感共鸣。要感谢游客合作，在欢送词中，无论实际过程如何，导游都要感谢游客对于自己和旅行社等部门工作的配合与支持。如果在这其中确实出现了令游客不快的服务失误，那么还应该在欢送词中就这些失误之处向游客致歉。要征求游客的意见，目前在我国，征求游客意见主要是采用发放书面调查表的形式（如《海外游客意见反馈表》），导游也可以直接同游客进行语言交流。

（3）期待重逢，美好祝福。在致欢送词中，导游还要表达出期待与游客重逢的心情。只要导游在旅游过程中与游客相处十分融洽，这一项内容是很容易让游客产生同感的。同时，这也是旅游目的国（地）吸引游客重游的一项重要的因素。出于礼貌，在欢送词的最后通常会向游客致以美好的祝愿。

🎯 小案例 8-5

欢送词一览

（1）一般型欢送词——"尊敬的朋友们，我们就要分手了！这些天来，我们一起愉快地游览了……正是由于各位的积极配合和大力支持，我们的此次旅途才能在欢声笑语中结束。在此，请允许我代表××旅行社、司机和我本人，向各位表示我们最诚挚的感谢！在这难忘的时刻，我衷心祝愿你们一路平安，同时我也希望你们与我经常通信，愿我们的友谊像兄弟，愿我们的感情像亲人！'海内存知己，天涯若比邻。'相信我们一定能再次相聚的。再见了，我亲爱的朋友们！"

（2）自责型欢送词——"要和在座的各位说再见了！此刻，我的心情既激动又难过！这次陪同大家一起前往……在这次旅游过程中，我有许多应该做好而没有做好的工作。那我现在能向大家说些什么呢？只有一句话，那就是——谢谢各位对我们工作的配合！是你们的支持使我增强了信心；是你们的帮助使我增加了力量；是你们的理解使我战胜了困难，请允许我再一次向你们表示感谢！我要努力工作，或许来年我们有缘再次相会，我将提供更好的服务！愿我们的友谊天长地久！最后，祝愿大家一路顺风，万事如意！"

（3）歌唱型欢送词——"朋友们，只有在离别的时候，才深深地感到我们相处的时间太短。……在此期间，大家亲如兄弟、胜过亲人！正是因为得到了大家的关照，我们才能顺利完成工作任务。说实话，我真有点舍不得离开你们，我会想念大家的！接下来我就以大家在家乡非常熟悉的歌手邓丽君小姐的一曲《路边的野花不要采》来向大家告别吧——'送朋友送到飞机场，有句话儿要交代：虽然旅游已结束，但我们的友谊永存！记住我的情，记住我的爱，记住我们有缘还会来相会，我呀衷心期待着这一天，千万不要把我来忘怀'。欢迎大家再来玩！再见！"

✏️ 小训练 8-3

请根据所学内容，写一篇欢送词，并且根据所写的欢送词进行演讲，时间不超过

3分钟。

8.4 讲解的语言艺术

国际旅游界认为,"没有导游的旅游是不完美的旅行,甚至是没有灵魂的旅行。"一名优秀的导游,能成功地引导游客在旅游结束后游兴未尽,流连忘返,给社会带来良好的经济效益。导游人员的主要职责是组织好整个旅游活动,作好导游讲解和各服务工作,在物质和精神上给游客提供优质的服务。导游只有根据游客的不同情况,灵活地使用导游资料,运用导游艺术和技巧,才能使导游内容生动而又富有生命力。导游服务的中心是讲解,导游的讲解能帮助游客丰富阅历、增长见识、获得美感,从而实现旅游的目的。"三寸不烂之舌"是导游的看家本领,不同的景观内容,不同的游客,不同的时间段,导游需要运用不同的讲解技巧和多种讲解方法为游客服务。导游讲解的语言艺术着重体现在以下方面。

1. 游览之初,做好铺垫

到达景点之前,导游要做好铺垫,以引发游客的游览兴趣。在距离景点还有三至五分钟左右路程的时候,导游要切实准备好一段精彩的景点总体概述讲解的导游词,以其作为铺垫,从而更好地激发游客游览参观某个景点的兴趣。具体的内容根据具体的景点来确定。如要到达张家祠之前,导游可以借鉴一下以下讲解,例如:

好了,各位朋友,再过3分钟,我们就要到达一个特殊的景点。在这儿呢,各位可以看到许多的闲云仙鹤。当然了,这些都不是真的,那它们是什么呢?这些特殊的宝贝,曾被咱们的古建筑专家梁思成先生誉为李庄四绝之一。这个地方呢,在2005年建成了中国李庄抗战文化陈列馆,在2007年,又被批准为四川省文物保护单位,什么地方居然有如此大的魅力呢?对,朋友们,就是现在出现在我们正前方的张家祠。

因此,引入讲解词是为了突出即将参观的景点的一些重要地位与独特性,从而引起游客的游览兴趣。如导游在讲了这一段导游词后,游客就会对张家祠产生浓厚的游览兴趣,就会特别想去看一下这闲云仙鹤到底是什么呢。

2. 通俗易懂,大众口味

讲解语言做到大众化,浅显易懂,适合一般人的水平和需要是不容忽视的一个问题。在导游讲解中,特别要注意将书面化的导游词转化成口头语表达出来,而不是"背书"。要做到通俗,主要应注意以下几个方面。

(1) 口语化、短句化。导游词是用来听而不是用来看的,所以不应当书面化和过多使用长句,应当使用口语和短句。请看下面一个句子:"目前我国保存最完整、建筑规模最大的颐和园中的德和园大戏楼是比故宫的畅音阁、承德避暑山庄的清音阁两座清宫戏楼还要高大的古戏楼。"这个句子近60字长,作为书面语似无不可,但用作口头讲解,听起来就十分费劲,如果改用下面几个短句表达,效果就好多了:"颐和园中的德和园大戏楼是清宫三大戏楼之一。它比故宫的畅音阁、承德避暑山庄的清音阁这两座戏楼还要高大。它是目前我国保存最完整、建筑规模最大的古戏楼。"

（2）避免使用冷僻、晦涩的词语。导游词虽然要讲究一定的文采，但是必须以通俗易懂为前提，故应避免使用冷僻、晦涩的词语和太专业的术语。

（3）充分考虑文化差异。导游人员在为外宾提供导游服务时，应考虑将中国的历史年代、度量衡等方面的词语进行换算或类比使其更容易听懂。讲解中涉及中国名人、名言、诗词、成语等时，要给予必要的解释。

3. 生动自然，回味无穷

导游在讲解内容准确的前提下，应以生动、有趣且具感染力的语言活跃气氛，增添游客的游兴，以趣逗人。如果讲解过度使用书面语言，照本宣科、死板老套不可取，"黄色幽默"和低级趣味的笑话更应杜绝。例如，在介绍千佛山公园概况时有位导游是这样讲的："千佛山山脉来自岱麓，它翠峰连绵，树木葱郁，松柏满谷，楼台高耸，殿宇错落，为济南天然屏障。"这段讲解由于玩弄美丽辞藻，过多地使用书面语言而让人感到不自然，不能给游客以生动易懂、赏心悦目的感觉，无法实现导游讲解的目的。正确的办法是将其修改为通俗、生动的口头语言，我们可以尝试着将上面一段文字修改如下。

千佛山属于泰山的余脉，海拔258米。你看它东西横列，翠峰连绵，盘亘于济南市区的南面，被人形象地称为泉城的南部屏风。清朝著名文学家刘鹗在他的小说《老残游记》中，就有一段描述千佛山的话，他说从大明湖向南望千佛山，"仿佛宋人赵千里的一幅大画，做了一架数十里长的屏风"，形容得非常贴切。

导游这样的讲解让游客如身临其境、回味无穷。

要做到讲解生动，导游仅具备丰富的景观知识和语言词汇是远远不够的，还必须善用精彩描写，使语言生动形象、耐人寻味，如《迪庆香格里拉导游词》。

在雪山环绕之间，分布着许多大大小小的草甸和坝子，这是迪庆各族人民生息繁衍的地方。这里土地肥沃，水草丰美，牛羊骏马成群，特别是中甸草原，真有"天苍苍，野茫茫，风吹草低见牛羊"的风光。五月的中甸草原，碧绿的草地和山坡上的杜鹃花、格桑花和数不尽的各种小花争相怒放，姹紫嫣红，争奇斗艳，宛如一块块色彩斑斓的大地毯，骏马奔驰，牛羊滚滚，雄鹰翱翔，牧人在白云蓝天下唱起牧歌，挥动长鞭，这就是人间仙境的生活，一幅活生生的美丽图画。

这段讲解把人带入诗画般的意境，获得一种远离尘世的超脱之感。

4. 条理清楚，灵活多变

条理清楚，灵活多变是导游语言艺术的基本要求。条理清楚，是导游与游客沟通的根本。特别是对于内容丰富、复杂的景点，讲解必须有条理，善于运用富于逻辑的讲解顺序，先讲什么、后讲什么、中间穿插什么，都要事先组织好，否则会让人不知所云。良好的讲解顺序，将会给游客一个清晰的理解帮助，也会对后面景点的游览和导游的工作，都会有一个积极的影响。讲解的时候，特别是在讲解建筑物时，可采用空间逻辑的顺序来讲解。如在讲解席子巷时，可以这样来给游客讲解。

好了，朋友们，现在我们所在的位置呢就是席子巷。席子巷呢是因为当年加工销售草席而闻名的。大家可以看一下，席子巷全长约60米，两边的房屋呢均为一楼一底的木式结构房屋……（在这里给游客介绍一下川南民居的建筑风格和特色）。好了，朋友们，大家可以看一下席子巷房屋的门有何特点？（游客一般会回答两扇，如果不是的话，可以直接给他们介绍一下腰门和中国的封建等级制度。）这扇门呢叫作腰门……（然后开始介绍，完了以后，就可以给大家介绍一下脚底下特殊的青石路面。）好了，朋友们，大家欣赏完了咱们的房屋以后呢，可曾留心一下脚下的特别之处呢？（然后，导游可以给游客介绍一下这脚下的九十九块大青石铺就的路以及中国特殊的九五之数文化。）

这样一段导游词呢，就很有逻辑性，先房屋后地面，介绍房屋时，先整体，后局部，这样，游客在理解方面就很容易。

条理清楚还要求导游克服一些不良的口语习惯。有的导游用语暧昧、含混不清，有的解说反复啰唆、拖泥带水，这些不良习惯都会影响导游的表达能力，是应当想方设法克服的。导游言语运用要妥当，有分寸，以做到真正体现对游客的尊重为前提。导游讲解的灵活多变是指在景点基本内容的基础上，用多种不同表达方式因人、因地、因时制宜力求讲解生动、风趣、幽默。导游在讲解时必须充分考虑游客的文化背景、认知水平、兴趣爱好及职业特点等异同，并据此有针对性地决定内容的取舍和表达方式的选择，以提高游客的接受和理解能力。如在讲解中穿插一些"边角料"——历史典故、神话传说、轶事野史，就是灵活多变语言艺术手法的集中反映。如某导游带领游客来到故宫九龙壁前，游客们自然会被这面瑰丽的工艺品上那龙腾云的图案吸引。导游对游客是这样说的。

大家的鉴赏力都值得钦佩，但视力不一定都好。请你们仔细找个破绽：这里龙身上的某一块瓦不是玻璃，而是木头仿制的。乾隆年间，一次皇帝巡视园内看到墙壁上脱落一块瓦，命工匠补上。而炼制这种瓦需要数天时间，工匠急不择料，用木头雕制成一块瓦样，漆上逼真的色彩镶嵌上去以假乱真，骗过了皇帝的眼睛。今天谁能最先找到谁的眼力一定第一！

游客听说，兴趣高涨。当他们找到这块传奇的木瓦时，雀跃之余，更相信这个传说是真实可信的。

5. 巧妙引用，加深理解

巧妙引用，加深理解，是指向游客介绍有关历史人物、事件、神话故事、轶闻典故等，以丰富游客的历史知识，使他们运用形象思维更好地了解眼前的景观。请看实例。

清乾隆年间，秦大士居住秦淮河畔每日攻书苦读。因家境贫寒，其母用黄豆加上红釉米、红枣煮好，用小碗把豆装好，上面加一粒红枣，给他夜间读书时充饥。因黄豆酥烂，颗粒完整，汁味浓香，甜咸适度，富于营养。乾隆十七年（1752 年），秦大士考中状元，人们就将他所食的煮黄豆称为（状元豆），并成了秦淮小吃之一。

游客们纷纷被导游员引用的轶闻趣事所打动，再吃状元豆时，感受就不一样了。又如：

看看这幅神奇的巨大的瀑布，它左边呈银白色，右边呈金黄色，在这两道彩瀑中间还奇迹般地开启了一道天然的门，关于这道神奇的门，还有一个美丽的传说呢：燕子姑娘成仙后，专门跟为富不仁的坏人作对。当地有个郭财主，家里的金银堆成了山，还拼命压榨老百姓，穷人们恨透了他。燕子仙姑知道后，便乔装成一个乞丐，来到郭财主的家，郭财主一见，就喝令手下将燕子仙姑棒打出去。只见燕子仙姑念念有词，忽见祥光一闪，郭财主家里的金山和银山便不见了，郭财主顿时气了个半死。燕子仙姑把郭财主的金山和银山搬到洞里后，这边堆金子，成了金山；那边堆银子，成了银山，她还特意在中间开了一道神奇的门，好人和穷人来了，门就自动打开，并送给穷人一些金银，让他们过上好日子；要是坏人来了，这门就自动关闭，坏人只得"望宝兴叹"。因此当地人至今还把它叫作"金山银山"。

美丽的传说，深深打动了游客，逗得游客乐此不疲，游兴顿增。

导游讲解还可以引用古代诗词、名人名言或客人本国本土的谚语、俗语、俚语、格言、顺口溜等进行讲解。例如：

导游讲解藏传佛教寺庙建筑布达拉宫时，引用五世达赖写的一首诗："纯金成幢焰火红，普照世间光明中；日神含羞从夜台，跃向北州遁虚宫。四面梵天观诸方，何宫堪与此比长？徒劳无获求久劫，有漏乐中睡未央。"

游客从诗中明白要寻找一座宫殿来与布达拉宫比美，结果只会是徒劳无获，只能像梵天一样坠入到永远的轮回之中去。也让游客理解藏传佛教的领袖对这种民族风格而引以为自豪的心情。又如：

大家请看，这里叫作细腰洞，左右两侧分别有一个大肚皮！对此，当地有这么一个顺口溜：说稀奇、道稀奇，细腰洞旁大肚皮。大肚皮，真滑稽，生男生女在一起。左生男，右生女，生男生女靠自己。男成龙、女成凤，生龙生凤皆欢喜。（《泰宁世界地质公园·上清溪》）

这里引用流传在当地的顺口溜，使景点讲解轻松俏皮、幽默诙谐，让游客在游览中兴味盎然。

6. 幽默风趣，轻松愉快

导游在讲解的过程中，适当运用幽默，会令游客感到趣味盎然，轻松愉快。值得注意的是幽默要适度，内容要健康，安排要有间隔。如果总是幽默不注意知识性、科学性，也就收不到良好的效果，如果弄成了贫嘴笑料，搬出来哗众取宠，就必然适得其反。在运用幽默方法的时候要注意超出常人正常思维范围，这样使人觉得既在意料外，又在情理中，做到语言艺术上的"柳暗花明又一村"，让游客在乐趣中得到精神享受。例如：

苏州西园的五百罗汉堂里，导游指着那尊"疯僧"塑像逗趣地说："朋友们，这个疯和尚有个雅号叫'九不全'，就是说，他有九样毛病：歪嘴、驼背、斗鸡眼、烧脚、鸡胸、瘌痢头、斜肩脚、招风耳朵，外加一个歪鼻头。大家别看他相貌不完美，但残而不丑，从正面、左面、右面看，你会找到喜、怒、哀、乐等多种感觉。另外，那边还有五百罗汉，大家不妨去找找看，也许能发现酷似自己的'光辉形象'。"

又如，导游为了让游客注意集合时间，避免游客走散，没有简单地反复提醒，而是"幽他一默"，她说：

"故宫南北长1千米，参观的人很多，诸位都是来自五湖四海，千万不可走散，淹没在人流里，到了晚上被关在这里。据说西太后有夜游紫禁城之说，一旦撞上了西太后会语言不通，大家都着急，所以请在×时×分于×地集合。拜托了！"

这样的表述以新颖和刺激的表达方法使时间和地点的概念得到强化，又显得导游说话风趣，游客也轻松愉快，不感到压力，自然收到了较为理想的效果。

在导游实践中可以运用如下修辞手法，达到幽默的讲解效果。

（1）比喻。比喻就是用相似的事物来打比方。导游用旅游者熟悉的事物，来介绍比喻参观的事物，能够很快使旅游者对陌生的事物产生理解和亲切感。如《中国茶叶博物馆导游词》对绿茶的介绍内容如下。

一般来说，绿茶芽叶越嫩越佳，一芽为莲蕊，如含蕊未放；二芽为骑枪，如矛端又增一缨；三芽称雀舌，如鸟儿初启嘴巴。冲泡后，呈青翠欲滴的绿色。

　　通过贴切的比喻，绿茶芽叶优美的姿态具体可感，给人以视觉的美感。

　　（2）排比。排比是将几个内容相关、结构相同或相似、语气连贯的词语或句子组合在一起，以增强语势的一种修辞手法。导游讲解中运用得当，可产生朗朗上口、一气呵成的效果，增添感人的力量。如上海南浦大桥的一段导游词如下。

　　大桥的建成已成为上海又一重要的标志，她仿佛是一把钥匙，打开上海与世界的大门。她仿佛是一面镜子，反映着中国最先进生产力水平的大都市的现代文明。她仿佛是一部史册，叙述着中国的未来。她仿佛是一部资质证书，充分证明中国完全可以参与和完成世界上的任何工程项目。她仿佛是一曲优美的交响乐，奏出时代的最强音。

　　（3）拟人。拟人是导游语言艺术中常用的把物当成人的一种手法，本体与拟体的交融，有助于渲染气氛，将感情与形象融为一体，使讲解变得更为生动和幽默。雁荡三绝中的灵峰，月色下，那些变幻多姿的石头，人们通过拟人化的想象赋予了它生命——"牛眠灵峰静，情侣月下恋，牧童偷偷看，婆婆羞转脸"。这是一幅多么神奇浪漫的爱情造像啊！

　　（4）夸张。夸张就是"言过其实"，是指在客观真实的基础上，对事物进行夸大或缩小的描述。在导游语言艺术中，夸张可以强调事物的特征，表达情感，引起共鸣。如上海国旅的刘明在讲解青岛时，说："你们即将离开青岛，青岛留给你们一样难忘的东西，它不在你的拎包里和口袋中，而在你们身上。它就是你们被青岛的阳光晒黑了的皮肤，你们留下了友情，而把青岛的夏天带走了！"导游故意强调"被阳光晒黑了的皮肤"，并把这一事物特征夸张为"把夏天带走了"，生动而幽默。

　　（5）类比。类比是指导游人员用旅游者熟悉的事物与眼前景物比较，以达到触类旁通的目的。这能使来自不同社会、历史、文化背景下的游客较好地领悟景观内容。关于王府井，导游对日本人讲可把它与东京银座比，对美国人讲可把它与纽约第五大街比，对法国人讲可把它与巴黎的香榭丽舍大街比；称苏州为"东方威尼斯"，称上海为"中国的悉尼"。向外国人介绍康熙，可说康熙与法国的路易十四、俄国的彼得大帝同时代。恰当的类比，不仅使旅游者易于理解，而且还能使其产生一种虽在异国他乡却又犹如置身故里的感受，满足其自豪感。

　　（6）移时。讲解时故意把现代的事物用于古代，把古代的事物加以现代化，有意造成事物的时空错位，以期获得幽默风趣的修辞效果。如王连义主编的《幽默导游词》（中国旅游出版社，2003年版）一书中有这样一个例子。

　　各位团友，现在，让我们到三顾祠看一看。谁知道刘备何等人？人家是皇室之后，有贵族血统，大小也是个县级干部，虽然没有现在当官的那么威风，但出入至少有车马坐，有随从跟，更厉害的是有个侄子还在中央工作。而你诸葛亮呢？能和人家比吗？布衣出身，草头百姓一个，结庐居住，荷锄躬耕，满脑袋高粱花子，说到天边大不了你读过几天书，是个有知识的青年农民，要是如今，县长大人坐在红旗牌轿车里隔着车窗玻璃和你拉拉手，敢把你激动得几个晚上睡不着觉，信不？再说，207年，刘备当年45岁，你诸葛亮才27岁，刘备比你净大18岁，论资历也比你老的多嘛！人家刘皇叔天寒地冻的，顶风冒雪，大老远从新野带着两个兄弟赶过来，你前两次硬是躲着不见人家，到第三次，连关羽这个大好人都看不过眼了，说兄长连着两次亲往拜见，礼节太过分了，可能诸葛亮这个人，就是有虚名而无实学，所以才躲着不敢见我们。那张飞要不是看大哥面子，才不会低三下四地求着你呢！早找个卡拉 OK 喝酒唱歌泡妞去了，这第三次虽然见着了，偏偏诸葛亮又拿架子，不识抬举，大白天在草堂里高睡不起，怎不叫张飞大怒……

其中的刘备"大小也是个县级干部"，张飞"早找个卡拉 OK 喝酒唱歌泡妞去了"，正是作者直接以现代的事物来叙述古人的移时方法，利用这种修辞手法有意造成事物的时空落差，给人以新颖有趣的感觉，从而产生幽默诙谐的修辞效果。

（7）仿拟。导游语言中运用"仿拟"的修辞策略，是指导游词的创作者或导游根据旅游交际的需要，在表达时模仿前人的名句名言甚至全篇的结构形式，使原作与仿作在内容上形成强烈的反差，从而获得一种幽默诙谐、妙趣横生的交际效果。一般说来，导游语言中的"仿拟"修辞格，从形式上也可以分为"仿词""仿句"等类别。

① 仿词。所谓"仿词"，是指在特定语境下有意模仿特定既存的语词而临时造出一个新词的现象。王连义主编的《幽默导游词》（中国旅游出版社，2003 年版）一书中有一例。

传说清军机大臣李鸿章出访法国，大热天法国佬给他一支冰棒解渴，李鸿章见冰棒在直冒气，以为很烫，吹了半天才小心吃了一口，结果冷得他直倒牙，法国佬哈哈大笑。李鸿章出了洋相，寻机报复。不久该法国佬来到中国，李鸿章请他吃一种独特的食物——蒙自过桥米线。先上来一碗汤，看上去平平静静，热气全无，法国佬以为是一种冷饮，端起碗来就猛喝一口，立即被烫得七窍出烟，李鸿章则哈哈大笑。终于雪了"吃耻"。

汉语中有"国耻"的说法，而没有"吃耻"这个词语。在特定的语言环境中作者有意模仿现有的词语"国耻"，临时造出一个新词"吃耻"与现存词对应，把李鸿章的精心设局与"复仇"后的快感淋漓尽致地勾勒出来了，这样在表达上显得新颖生动，幽默的效果油然而生。

② 仿句。所谓"仿句"，就是指在特定语境下有意模仿特定既存的名句结构形式而临时造出一个新句子的修辞现象。王连义主编的《幽默导游词》（中国旅游出版社，2003 年版）一书中有一例。

大家都知道荔枝最大的特点就是不耐存放，白居易说它是"一日而色变，二日而香变，三日而味变，四五日外色香味尽去矣"，所以才有杨贵妃"一骑红尘妃子笑"的故事。而现在有了现代化交通工具，就变成"一架飞机大家笑"了。各位是不是也曾在家乡笑过一回了？不过运出去的再怎么新鲜还是不如来到咱东莞的荔枝树下，亲手从荔枝树上摘下那最大最红的一颗，啪的一声掐开皮，一口咬下去那么鲜香噢！那才是真的笑得开怀啊！

导游由东莞盛产荔枝，由荔枝不耐存放的特点联想到杨贵妃"一骑红尘妃子笑"的故事，再联系到今日交通发达，而仿其句创造出"一架飞机大家笑"的语句来，当游客把"一架飞机大家笑"与"一骑红尘妃子笑"联系起来，就不禁会哑然失笑，其幽默诙谐的效果也就凸显出来了。

（8）变换。变换是指把难懂的或需要特别强调的数字加以形象化的描述和将外国（族）游客难以理解的词或句子意译成或变换成他们所熟悉易懂的词或句子的方法。比如：为了使游客形象地感知当时封建帝王为修故宫搜刮民脂民膏所耗费的财力，导游讲解道：

明万历三十七年（1609 年）重修二大殿，仅采木一项，就花费白银九百三十余万两，约合当时八百多万"半年糠菜半年粮"的贫苦农民一年的口粮。

故宫规模宏大。假如安排一个刚出生的孩子在每个宫室里各住一夜,当他(她)把所有宫室都住一遍后,他(她)就成了一位二十七岁的青年。

这里运用变换的修辞手法既形象又生动,使人感到故宫规模之宏大。

7. 精心安排,制造悬念

俗话说"让人惊不如让人喜,让人喜不如让人思。"游客一旦置身于景物之中,就会有一种追究景观特征、故事结局、文物来历和风俗习惯的迫切心理,有经验的导游会借机制造悬念,巧妙安排讲解内容,提出话题,引出审美注意点,这种"吊胃口""卖关子"的手法,能吸引游客注意,活跃气氛,使游客从"旁观型"转化为"参与型"。例如:

一位导游在介绍虎丘塔的建造年代时说:"虎丘塔究竟有多少年呢,几百年还是几千年? 说法一直不一致。这事直到 20 世纪 50 年代初才弄清楚。"他停了下来,"大家再想,是怎样搞清楚的呢? 有一次,建筑工人在加固塔基的时候,他们在塔内的一个窟窿里,发现了一个石头箱子。"他随即又停下,然后说:"工人们把它搬出来打开一看,里面还有一个木头小箱子,大概有这么大……"导游比画着,"再把小木箱打开,里面有包东西,是用刺绣的丝织品包着的,解开一看,是一包佛经,取出这包东西,只见箱底写着年代。呵呵,你们猜是什么年代?"游客纷纷猜测,过了一会儿,导游说:"这年代是中国北宋建隆二年,也就是961。由此可见,虎丘塔距今已有一千多年的历史,而苏州的丝绸刺绣工艺至少也有上千年的历史。"

好的导游总是通过悬疑,循循善诱,使被导者有所疑,有所思,进而达到审美情趣的满足。南京导游可作范例。

导游一开始,在介绍南京古、大、重、绿四大特点时便发第一问:所谓六朝古都是哪六朝? 在介绍孙中山经历后发第二问:孙中山生于广东,逝世于北京,毕生为革命事业奔波,何以选南京为长眠之地? 在引导大家观览规模恢宏、气势磅礴的陵墓建筑时,提出第三问:这样的建筑是谁承建的? 提出吕彦直的名字,并介绍他全身心投入工程,以致积劳成疾,身患肝癌,为这不朽的工程,贡献了自己 36 岁的年轻生命。过陵门,出碑亭,面对气势威严层层拔高的汉白玉石阶,导游发出第四问:要抵达最高处灵堂,共有多少级台阶? 让游客边走边数。返回时再问:为什么不多不少只有392级? 原来当时中国人口正是三亿九千二百万。行至顶端平台,见一对奉天大典时上海市赠送的铜鼎。导游引导大家观察大鼎下部的两个孔洞,发问:这是为什么? 随即解释说:"这是 1937 年日军占领南京时,发炮射击所致。它提醒国民勿忘国耻。"跟随导游,拾级而上。全梯共分 10 段,每段有一平台。抵达顶台,导游忽然发问:"我们自下而上时,但见眼前石阶步步升高,接连不断;此刻由上而下看,却只见平台不见石阶,这是为什么?"进入以黑、黄、白三种孝色为基调的祭堂、墓室,导游引大家瞻仰波兰雕刻家所雕的孙中山坐像和捷克人高琪所雕的卧像,并提出第七问:为什么祭堂里孙中山坐像身着长袍马褂,而墓室中孙中山卧像却穿中山装呢? 引导大家体会当时新旧两派分歧的政治背景。瞻仰总理陵墓,导游最后发问:此刻,大家一定心存疑惑。这陵墓下面是否真有孙中山的遗体呢?

就这样这位导游边游边问,边答边想,一路观赏,一路沉思,于"形游"之中达到"神游"的境界。

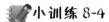 **小训练 8-4**

请根据所学内容，就某一旅游景点写一篇完整的导游解说词，字数800字左右。

8.5 沟通协调的语言艺术

导游工作的性质与任务，不仅仅是景点介绍、讲解，还包括许多其他的工作，涵盖了旅游六大要素中吃、住、行、游、购、娱的方方面面。游客中的兴趣、爱好、要求各不相同，素质参差不齐，要使每个团员满意确实相当不易。对于导游人员来说，要讲究以下沟通协调的语言艺术。

1. 善于回答疑难问题

（1）是非分明。游客提出的某些问题涉及一定的原则立场，一定要给予明确的回答。这些问题有些涉及民族尊严，有些涉及中国的国际形象，如香港的"一国两制""台湾问题"等，要是非分明、毫不隐讳，并力求用正确的回答澄清对方的误解和模糊认识。例如：

西方游客在游览河北承德时，有人问："承德以前是蒙古族人住的地方，因为它在长城以外，对吗？"导游答："是的，现在有些村落还是蒙古族名字。"又问："那么，是不是可以说，现在汉人侵略了蒙古族人的地盘呢？"导游答："不能这么说，应该叫民族融合。中国的北方有汉人，同样南方也有蒙古人。就像法国的阿拉伯人一样，是由于历史的原因形成的，并不是侵略。现在的中国不是哪一个民族的国家，而是一个统一的多民族国家。"客人听了都连连点头。

（2）诱导否定。游客的性格各异，要求五花八门，有些合理要求作为导游人员应当尽量予以满足，而有些要求却不尽合理，按照礼貌服务的要求，导游不要轻易对客人说"不"。对方提出问题以后，不马上回答，而是想讲一点理由，提出一些条件或反问一个问题，诱使对方自我否定，自我放弃原来提出的问题。例如：

有一位法国游客向导游提了一个这样的问题："我认为西藏应该是一个独立的地区，你怎么看？"导游就问他："你知道西藏班禅、达赖的名字是怎么来得吗？"那位游客摇头。导游接着说："我告诉你吧，是清朝皇帝册封的。由此可见，西藏古代就是中国的一部分。比如说：布列塔尼是法国的一部分，却有许多本地方特殊的风俗，但你认为它应该是一个独立的地区吗？"那位游客摇摇头，笑了。

（3）曲语回避。有些游客提出的问题很刁钻，使导游在回答问题时肯定和否定都有漏洞，左右为难，还不如以静制动，或以曲折含蓄的语言予以回避。

有一位美国游客问一位导游："你认为是毛泽东好，还是邓小平好？"导游巧妙地避开其话锋，反问道："您能先告诉我是华盛顿好还是林肯好吗？"客人哑然。

（4）微笑不语。遭人拒绝是最令人尴尬难堪的事，为了避免遭遇这种难堪，一般人通常选择不轻易求人。所以不论是何种情况，导游人员都不应直截了当地拒绝游客的要求。但有时游客提出的一些要求，我们又不得不拒绝，此时，微笑不语可谓是最佳选择。满怀歉意地微笑不语,本身就向游客表达了一种"我真的想帮你,但是我无能为力"的信号。微笑不语有时含有不置可否的意味。

(5)先是后非。在必须就某个问题向游客表示拒绝时,可采取先肯定对方的动机,或表明自己与对方主观一致的愿望,然后再以无可奈何的客观理由为借口予以回绝。例如:

在故宫博物院,一批外国游客看到中国皇宫建筑的雄伟壮观,纷纷要求摄影拍照,而故宫的有些景点是不允许拍照的,此时导游诚恳地对客人说:"以感情上讲,我真想帮助大家,但这里有规定不许拍照,所以我无能为力。"

这种先"是"后"非"的拒绝法,可以缓解对方的紧张情绪,使对方感到你并没有从情感上拒绝他的愿望,而是出于无奈,这样在心理上他们容易接受。

(6)旁敲侧击。导游对某项事不作正面陈述,而是采用侧面迂回的形式来暗示游客,即通常所说的"兜圈子"。这种语言表达方式,既可维护游客的自尊,又容易使游客接受导游的劝服。例如:

某旅游团中有几个喜欢喝酒的游客,晚上常聚在房内一边喝酒一边唱歌,影响了其他游客的休息,导游微笑着对大家说:"大概是为了庆祝本次旅行即将圆满结束,有几位客人在连夜赶排节目,他们的热情使别人感动得睡不好觉。"话音刚落,全场大笑,那些喝酒唱歌的客人不好意思地低下了头。

(7)婉言谢绝。婉言谢绝,是指以诚恳的态度、委婉的方式,回避他人所提出要求或问题的技巧。即运用模糊语言暗示游客,或从侧面提示客人,其要求虽然可以理解,但却由于某些客观原因不便答复。为此只能表示遗憾和歉意,感谢大家的理解和支持。拒绝游客的方法还有不少,如顺水推舟法。即拒绝对方时,以对方言语中的某一点作为拒绝的理由,顺其逻辑性得出拒绝的结果。顺水推舟式的拒绝,显得极为涵养,既能达到断然拒绝的目的,又不至于伤害对方的面子。

2. 善于激发游客兴趣

游客游兴如何是导游工作成败的关键。游客的游兴可以激发导游的灵感,使导游在整个游程中和游客心灵相融,一路欢声笑语;相反,如果游客兴味索然,表情冷漠,尽管导游竭尽所能,也会毫无成效。激发游客游兴要从两个方面着手:一是利用景观本身的吸引力;二是导游借助语言功能调动和引导。

导游的景点介绍,一定要注意讲解的针对性、科学性和语言表达主动性的完美结合,应根据不同的景点(人文景观如:故宫、颐和园;自然景观如:桂林山水)进行详略不同的介绍;有的具体详尽,有的活泼流畅,有的构思严谨,有的通俗易懂。总之,景点介绍的风格特点和内容取舍,始终应以游客的兴趣为前提。

另外,在导游过程中,要善于变换游客感兴趣的话题,可根据不同游客的心理特点,选择:满足求知欲的话题、刺激好奇心理的话题、决定行动的话题、满足优越感的话题、娱乐性话题。

⊕ 小案例 8-6

激发游客听的欲望

有位导游在讲岳阳楼旁的"三醉亭"（传说诗酒神仙吕洞宾曾三醉岳阳楼，故建此亭）时说："游客朋友们！岳阳有句俗话，叫作三醉岳阳成仙人，你们想不想成仙啊？""成仙？当然想啊！"几个游客高兴地答道。导游说："大家如果想成仙人，有两个条件：一是醉酒；二是吟诗。"游客们乐不可支了，有的说会吟诗，可惜不会饮酒；有的说会饮酒，可又不会吟诗，气氛十分活跃。这位导游又推波助澜地说："如果谁又能饮酒，又会吟诗，而且到过岳阳三次，那么就会像吕洞宾一样成仙。如果只会饮酒，不会吟诗，或者只会吟诗，不会饮酒，那就只能半人半仙了。"客人们都兴奋地笑了起来。这种机智、风趣的讲解语言，不仅能融洽感情，活跃气氛，而且能增添客人们的游兴，激发他们听和参与的欲望，从而获得一种精神享受。

3. 善于调节游客情绪

情绪是人对于客观事物是否符合本身需要而产生的一种态度和体验。旅游活动中，由于有相当多的不确定因素和不可控制因素、随时都会导致计划的改变。例如有时由于客观原因游览景点要减少；游客感兴趣的景点停留时间要缩短；预订好的中餐因为某些不可控制的因素，临时改变吃西餐；订好的机票因大风、大雾停飞，只得临时改乘火车，类似事件在接团和陪团时会经常发生。这些都会直接或间接影响到游客的情绪。例如，一个旅游团因订不到火车卧铺票而改乘轮船，游客十分不满，在情绪上与导游形成了强烈的对立。导游面带微笑，一方面向游客道歉，请大家谅解，由于旅游旺季火车的紧张状况导致了计划的临时改变；另一方面耐心开导游客，乘轮船虽然速度慢一些，但提前一天上船，并未影响整个的游程，并且在船上能够欣赏到两岸的风光，相当于增加了一个旅游项目。导游成功地运用不同的分析方法，以诚恳、冷静的态度，幽默、风趣的语言，很快化解了游客的不满情绪。调节游客情绪要注意以下几点。

（1）避免以自我为话题中心。调节游客情绪时，最忌讳一方自以为是、夸夸其谈、炫耀自己，完全忽视他人。如果听者始终找不到机会参与谈话，心理上就会产生抵触情绪。为了促进双方情绪的沟通，在谈话中应尽量使对方多开口，借以了解对方，挖掘双方的共同点，找出双方共同的话题，不能一个人垄断话题，也不要放弃调节情绪的机会。

（2）谈论游客感兴趣的内容。在交谈中，应随时注意游客的反应，观察游客的表情、体姿、判断其对谈话的关注程度，并经常征询游客的意见，给予对方谈话的机会。如果一旦发现游客对话题不感兴趣，应立即停住并转移话题，调整谈话的内容和方式。交谈中不要涉及个人隐私、敏感问题，否则谈话会陷入难堪的局面。

（3）谈话内容应以友好为原则。在调节游客的情绪中，双方可能会因对问题的不同看法而发生争论。有时争论是有益的，但争论也容易导致友谊破裂、关系中断。因此，应防止或避免无意义的争论，尤其是不冷静的争论，一旦争执起来，如果对方无礼，不要以牙还牙、出言不逊、恶语伤人、也不要旁敲侧击、冷嘲热讽；应宽容克制，尽可能地好言相劝，再寻找新的话题。

小案例 8-7

会说话的导游

正值旅游旺季的一天，导游带领着一批游客到一家定点餐厅吃饭。当时游客很多，饭店服务员忙个不停。由于游客都饿极了，于是催着导游让服务员赶紧上菜。这位导游却不耐烦地说："急什么？没见人家正忙着吗？"这样的话随意出口，没有考虑到既饿又渴的游客会有何种感受。他们对导游又会产生何种印象！游客内心不悦是可想而知的。

然而，在同样的时间里，在同样的餐厅中，游客也催着另一位导游让服务员赶紧上菜，那位有素质的导游却是这么说的："请稍候，先喝点茶解解渴，我会下厨房去催他们快些上菜的。"游客听了此话觉得心里暖融融的，你看导游还要亲自下厨房去催哩。这时游客内心的感受也是可想而知的。同一环境，同样是说话，却得到两种截然不同的结果。可以这么定论：前者愚蠢；后者高明。后者的高明之处就在于会说话，会说有效的话。

小训练 8-5

团队入住某酒店，在办理入住手续时，导游才被告知由于时值旅游旺季，原定的标准双人房有部分被三人房取代，被分到三人房的客人均不愿意入住。如果你是该团的导游，怎样做才能让客人满意。

案 例 分 析

1. 幽默欢迎词

各位尊敬的游客朋友们（停顿）——吃了吗？

啊？没吃啊，没吃就让刘导我带您吃去吧！我就知道您几位刚下火车（飞机），一路上奔波劳碌的，肯定没吃，其实早给您安排好了，我们这马上就要去我们沈阳最有名的特色餐馆——老边饺子让您先大快朵颐，让您先从味觉上感受一下我们沈阳人的热情！

光顾着说吃了，还没自我介绍一下呢，我呢，叫刘峰，沈阳××旅行社的导游，正宗的东北爷们儿（亮相）。也许有的人觉得我们东北男人比较粗犷，不太适合做导游这种细致的工作，其实不然，经过联合国教科文组织 36 名专家组 147 天的科学论证，得出结论——俺们东北这旮旯出导游！

您别着急鼓掌啊，您得让我给您说出个一二三来不是吗？为什么说我们东北汉子最适合当导游呢？原因如下：第一，我们东北人实在、热情，没有坏心眼，这个是全国公认的。所以说我们东北导游的服务肯定是一流的，因为我们热心肠啊！第二，导游是个重体力劳动活，起早贪黑不说，每天这东跑西颠的，没个好身体可不行，不说别的，您几位游客光玩还累呢，何况是我们导游了，对吧，所以说这就是我们东北人适合做导游的第二个原因，我们牙好，嘿，胃口就好，身体倍儿棒，吃嘛嘛香，您瞅准了——东北男导游！（众人笑）

您可能会说了，小刘你这说得都对，你们东北男导游是有这些优点，不过别的地方的导游就不热情了吗？他们身体也不错啊。而且南方的一些漂亮的导游妹妹不用说话光看着，就能让人那么舒服——你行吗？要说这个我真不行,不过我们东北导游还有她们比不了的一点好处呢!什么啊——我们东北导游个个都是兼职保镖!您看您又不信了,哦,说我长得这么瘦弱,还当保镖呢!这您就有所不知了!有句话叫人不可貌相,海水不可瓢量!不瞒您说,我还真是个练家子!

这外练筋骨皮,内练一口气,您就没发现,我这印堂放光,双目如电!真不是和各位吹,什么刀枪剑戟,斧钺钩叉,鞭铜锤爪,铙棍槊棒,拐子流星;带钩儿的,带尖儿的,带刃儿的,带刺儿的,带峨眉针儿的,带锁链儿的,十八般兵刃我是样样——稀松!您看您别乐啊,我这是谦虚,我说我十八般兵刃样样精通——那是不知道天高地厚,这人外有人,天外有天,自大一点叫个臭字,人嘛,得谦虚,练得好得让别人说,你自己说那就没意思了!您看这么多兵刃我全会,我和谁说了。是不是?您看您又乐了,您是不信还是怎么着?您若不信,您和我比画比画!我不是说您,我是说您怀里抱着的那个小朋友。敢与我大战三百回合否?

把式把式,全凭架势!没有架势,不算把式!光说不练,那叫假把式;光练不说,那叫傻把式!连说带练,才叫真把式!连盒带药,连工带料,你吃了我的大力丸,甭管你是让刀砍着、斧剁着、车轧着、马趟着、牛顶着、狗咬着、鹰抓着、鸭子踢着……行了,您也甭吃我这大力丸了,我们的饭店到了,您跟我下车去吃饭吧!

【思考与讨论】

（1）总结本导游词的特点。

（2）在全班同学面前演练一下这篇导游欢迎词。

2. 长江三峡导游词

"你从雪山走来,春潮是你的风采;你向东海奔去,惊涛是你的气概。"各位旅客朋友们,大家好,欢迎大家来重庆游览观光,我是你们的导游小王,今天很荣幸能带领大家游览长江三峡。长江发源于我国青藏高原的唐古拉山山脉,流经青海、西藏、云南、四川、重庆、湖北、湖南、江西、安徽、江苏、上海,跨十一个省市自治区,最后汇入东海,全长 6300 多千米,流域面积占我国国土面积的 1/5,是我国最长的河流,也是仅次于尼罗河和亚马逊河的世界第三长河。

今天我们所说的三峡其实就是长江上三段峡谷:瞿塘峡、巫峡和西陵峡的总称,它西起重庆奉节的白帝城,东到湖北宜昌市南津关,全长 193 千米。

朋友们,我们的航船现在来到的便是瞿塘峡,它以雄奇险峻著称。瞿塘峡西起重庆奉节白帝城,东至巫山县大溪镇,全长 8 千米,是三峡中最短的一段峡谷。在我国 1980 年版的 5 元人民币和 1999 年版的 10 元人民币上都使用了夔门的造型,大家可以将你们钱包中的 10 元钞票拿出来看看,它背面画的正是我们的夔门。因此,夔门可谓是"财富之门",滚滚而来的江水也正是财源广进的象征,建议大家在此拍照留念,将夔门源源不断的"财富"带回家。

"朝辞白帝彩云间,千里江陵一日还,两岸猿声啼不住,轻舟已过万重山。"朋友们,我们即将到达的是三峡中的第二段峡谷——巫峡,它以幽深秀丽著称。巫峡西起重庆大宁河口,东至巴东县关渡口,全长 45 千米,是长江三峡中既长又整齐的一段峡谷。巫峡中最为著名的要数神女峰了,各位朋友,现在我们就在神女峰的脚下,请大家抬头向上看,她像不像亭亭玉立、美丽动人的少女呢?显然是非常神似的。巫峡除了有美丽的神女庇护外,还有那似云非云、似烟非烟、变化多端的巫山云雨,唐代大诗人元稹曾写诗赞道:"曾经沧海难为水,除却巫山不是云。"它既赞美了巫山的云雨,同时也表达了对爱情的坚贞,在此也祝福大家爱情甜蜜、家庭美满。

好了,各位朋友,现在我们来到的是三峡中的最后一峡——西陵峡,它以滩多险急著称。西陵峡西起秭归的香溪口,东至宜昌市南津关,全长66千米,是三峡中最长的一个峡,曾经的西陵峡以滩多水急著称,而现在的西陵峡大部分已成为葛洲坝平湖库区,船行驶在西陵峡中会感到非常平稳和舒适。最后我们将要前往的景点就是举世瞩目的三峡大坝了,它位于湖北宜昌市境内的三斗坪,大坝长1983米,坝高185米,蓄水位175米,它的年发电量相当于十座广东大亚湾核电站的发电量,是世界上最大的水利工程,它集发电、航运、灌溉、防洪和发展库区经济等功能于一体,对加强我国的社会主义现代化建设和综合国力起着重要的作用。

好了,朋友们,百闻不如一见,一会儿大家可以自行拍照游览,同时注意安全,30分钟后我们在这里集合前往下一处景点。

谢谢大家。(余杰)

【思考与讨论】

(1) 这篇长江三峡导游词有何特色?

(2) 请分析这篇导游词的层次。

实 践 训 练

1. 模拟导游讲解活动训练

实训目标:通过定点导游讲解的训练,学生在接老年团和学生团后,能灵活地有针对性地进行导游服务。

讲解景点:大连星海广场(也可以结合当地著名景点进行讲解训练)。

情景模拟:

一是模拟一个老年旅游团队,让学生练习讲解针对老年团的星海广场的导游词。注意提醒学生训练时,第一,在语速、语调上应注意须适合老年人的特点;第二,在内容的选取上,要以历史沿革为主要线索,能够引起老年人回忆、共鸣。

二是模拟一个学生团队,让学生结合自身的特点,讲解星海广场的导游词。注意提醒学生,讲解时应多注意时尚、超前和各种刺激性的游乐项目内容,要引起学生的广泛兴趣。

实训学时:2学时。

实训地点:多媒体教室。

实训方法:播放星海广场的影像资料,让学生对照影像进行训练讲解。

内容与时间:包括星海广场景点内容、特色、周边的交通环境。每位学生3~5分钟。

用数码摄像机(或数码照相机)记录整个过程,然后大屏幕回放,学生自我评价,授课教师总结点评学生存在的个性和共性问题。最后评选"最佳讲解员"。

2.编写个性导游词

实训目的：把握导游语言的特点，能够编写精彩的导游词。

实训学时：2学时。

实训地点：多媒体教室。

实训方法：

（1）展示经典导游词。学生分成若干小组，4～5人一组。首先，每组派出一名代表就本组选取的当地主要景点和沿途风光的经典导游词，在课堂上利用多媒体进行展示，让大家有直观的感觉，并能够把握导游语言的特点。

（2）制作导游小视频。每组同学搜集某旅游景点的图像资料以及背景材料（风土人情、历史典故、民间传说、趣闻轶事）等，在此基础上编写出导游词，并制作成视频，在全班播放。

在实训过程中，发动学生相互品评，教师最后总结。

自 主 学 习

1. 请你以家乡的某一自然风景或名胜古迹为介绍对象，运用有关导游讲解技巧，编写一则800字左右的导游词。

2. 一个旅行团在某名胜古迹参观的途中，一位游客随手将一个空易拉罐扔出窗外，请设计一段话对游客进行善意批评。

3. 在网上搜集泰山的资料，向即将上泰山的游客做一番游前讲解，以激发游客的游览热情。

4. 动员学生利用课后时间通过实地查看、网络查找资料等方式，编写所在高职院校的校园导游词。

任务 9　主　　持

思辨的时代正呼唤着对答如流的人才。

——刘吉

任务目标

- 了解主持人的含义和特点；
- 把握主持人的素质要求；
- 遵照主持人的语言规则开展主持；
- 节目主持体现的语言艺术；
- 会议、仪式主持体现的语言艺术；
- 婚礼主持体现的语言艺术。

案例导入

机智的主持人

据说，上海东方卫视主持人袁鸣在海南主持海南京剧团的成立庆典时，见到来宾名单上有"南新燕"，袁鸣便不假思索地称其为"女士"。未料，话音刚落，霍地立起了一位两鬓染霜的绅士，顿时台下一阵骚动。

袁鸣真诚地致歉："对不起，我是望文生义了。不过……"她稍一转折，施展了自己的口才："您的名字实在是太有诗意了。我一见这三个字，立即想起了两句古诗'旧时王谢堂前燕，飞入寻常百姓家'。这是一幅多么美的图画。今天，这里出现了类似的情景，京剧一度是流行在北方的戏曲，而现在，京剧从北到南，跨过琼州海峡，飞到了海南，而且在这里安家落户，这又是一幅多么美妙的图画呀！"

话音刚落，会场响起一阵掌声，意外的转折化解尴尬，形成柳暗花明又一村的新景观。

9.1　主　持　概　述

1. 主持人的含义

主持人就是指那些用语言作为主要工具，在台上统领、推动、引导活动进程的人。他们在社会生活中扮演着传递信息、引发议论、交流情感、组织娱乐、渲染气氛的重要角色。

主持人一般有节目主持人和现场主持人两类。

节目主持人主要指广播电视节目主持人，它是当前广播电视节目传播中直接面对听众和观众的炙手可热的公众人物，担当着节目传播最后的也是最灵活的一个环节的任务，在文化、法制、科技、教育、文艺等各类节目中，无不活跃着他们的身影，无不回荡着他们的声音。广播电视节目主持人是受社会广泛关注的职业，他直接面对大众，是节目形象的支撑，节目的好坏都是由他展现给观众的。所以，对于广播电视节目的主持人来说，要求是多方面的，如形象端庄、语言标准、表达准确、知识丰富、能力全面、思维敏捷、道德高尚等。

生活中除了广播电视节目之外，还有另一类需要主持人参与并起主导作用的活动，比如：婚庆司仪、新闻发布会、招商说明会、产品推广会、晚会主持和各类庆典主持等。这一类主持面对的不是摄像机镜头或电波，而是热情感性的观众。因此，它是一种现场主持，更随意也更贴近实际生活的需要。担任这类主持活动的人被称为现场主持人。

我国向来以礼仪之邦著称，很注重礼节，人生大事诸如节日庆典、婚丧嫁娶等都习惯于用一定的场面来举行庆祝、哀悼或是纪念，前来参与的嘉宾和客人是性格多样的。主持人对仪式的驾驭和掌握可以使整个活动井然有序，也有助于控制场面。而且，专业的广播电视节目主持人不是人人都能当的，但像会议、舞会、生日庆典这类现场主持却是我们大家生活和工作中都有可能碰到的，如学校里主持文艺演出、公司里临时让你主持商务会议，或者朋友的结婚庆典请你去客串婚宴主持等。

两类主持的特点如下表9-1所示。

表9-1　节目主持与现场主持的特点

特点 类别	节目主持特点	现场主持特点
性质	节目大多事先录播，一旦出现问题可以事后剪接更改，甚至重录	是一次性的活动，"成也今朝，败也今朝"。事先可能做了许多准备性的工作，但现场的突发情况是难以预计的
对象	面对的是全国甚至全世界的观众，语言具有广泛性和普遍性	有其特定的场合和观众，并且对象的范围也是事先预知的，这样主持人就可以选用相应的语言技巧，包括称呼、谈话方式和语言风格等
过程	广播电视节目也有一定的固定程序，但是可以为了迎合观众而出新、出奇，加以改变和调整	常规性的庆祝、哀悼或纪念活动都有一定的固定程序，这是约定俗成的，其形式是大家默认的，过度改变，反而不能让人接受了

2. 主持人的素质要求

主持人的素质要求包括以下几方面。

（1）良好的心理素质。有无良好的心理素质直接关系到主持的质量效果，尤其在与观众进行"零距离"接触时，任何突发性情况都可能出现，主持人只有具备了坦然自若的心理承受能力，才能力挽狂澜，转危为安。因此，主持人首先要乐观自信，沉着镇定。只有这样才能临危不惧、遇乱不慌，才能从容应对主持时间突发的各种意外情况。其次精神要振作，感情要真挚、投入。俗话说："感人心者，莫先乎情"，作为有关活动的主持人，感情要投入，要根据主持的内容自然地流露，只有这样，才能给观众以自然亲切的感觉。

良好的心理素质并非与生俱来，它是一个人性格、知识水平、经验的综合体现，是完全可以培养和锻炼的。这就要求主持人有意识地对自己进行一些心理素质的训练，如可以多找机会当众发言，大胆阐明自己的观点，不断增强自信心，提高表达能力。

小案例 9-1

善于应变的主持人

有一次，在南京市的五台山体育场的演出中，歌唱家张子铭患重感冒，高烧 39℃ 上场演唱《拉网小调》。当他唱到高音时有些力不从心，场内马上发出"喝倒彩"声。主持人李扬一看不妙，毫不迟疑地走上台，沉着而动情地说："亲爱的观众朋友们，张子铭是喝海河水长大的天津著名歌唱家，他满怀对南京人民的深情厚谊赶来演出，可是不巧，患了重感冒，现在他的体温是 39℃，我们劝他休息，但他说：'这是第一次来南京，今天又是最后一场，尽管我发烧，唱得不好，也要来，我不愿给南京观众留下一点遗憾。'我提议，让我们对艺术家这种高尚的艺德表示深深的敬意。"话音刚落，全场响起长达一分钟的热烈掌声，主持人化险为夷，演员回到后台也感动得泣不成声。

（2）广泛的知识储备。因为主持人主持的有关活动和节目的内容往往是多种多样的，经常涉及天文地理、政治军事、文学艺术、历史文化等知识，主持人如果没有丰富的知识面，在主持节目时，就不可能得心应手，左右逢源。实践证明，知识储备积累得越丰富，主持过程中就会越得心应手。因此，这就要求主持人要有良好的记忆力，要广泛阅读，并且善于留心周围发生的事情，主持人只有在自己脑子里贮存主持活动有关的大量信息素材，这样在主持节目时，有关的资料、数据、典故等才能随时脱口而出，主持人的语言才富有知识性和趣味性。

（3）全面的能力结构。主持人首先要有丰富的想象力。知识是言语的材料，联想和想象力是对言语的加工能力。没有联想和想象力，就不可能发现和揭示出事物的联系，这样，即使拥有再多再好的知识储备也不可能得到调用。因此要想做一个优秀的主持人，就必须通过各种途径和形式来培养自己和强化自己的想象力，要富于联想。其次要有即兴的口语能力。主持人所使用的语言具有鲜明的"临场性"，应该是口齿很伶俐，甚至是能滔滔不绝地表达自己的看法和见解的人，面对各种复杂情况，随时都能准确地观察并迅速地做出判断，这样才能掌握主持的主动权。主持人即兴口语能力的强弱，对整个活动的成败起着举足轻重的作用。

小案例 9-2

白岩松高超的语言表达

著名主持人白岩松曾以平和的语气讲述了一个感人的故事："几年前，有个北京大学的新生入学带了大量的行李，他看见路边有一位淳朴得像农民一样的老者，便以为是学校的工友。于是，他让这位老者替自己看行李长达半小时之久，这位老者欣然同意，并尽职尽责地完成了任务。过了几天，北京大学召开新生入学典礼，这位同学惊讶地发现，坐在主席台正中的北京大学副校长季羡林正是那天替自己看行李的老者。"这段话用白描的口语，看似平常,却勾勒出了画面及令人"惊讶"的细节,在不经意中展现了这位渊博的学者可亲可近的另一面。这些语言符号蕴藏的信息,具体又独特,有很强的吸引力,它是具体的,却可以因听众不同程度的感受而显得十分丰富。如果主持人像报简历似的,只罗列季羡林的头衔和成就,肯定是一副"公事公办"的面孔,显得干瘪、生硬。经过白岩松的处理,产生了一种"先声夺人"的奇效,使季羡林的形象在听众面前立体化了,生动、亲切感人,而且主持人对采访对象的崇敬与感情也溢于言表,有效地唤起了听众收看节目的兴趣和愿望。

众所周知,无论主持人事前的准备多么充分,都无法保证所有的节目或整个活动完全按照主持人的设计举行。任何一场节目或者任何一次活动都有不可预知的外因会导致一些变化出现。当不曾设计的情况出现时,主持人要临乱不慌,保持镇静,并用恰当的表述化解意外。

小案例 9-3

杨澜赢得满场喝彩

有一次杨澜到广州主持一个娱乐节目,上台时不小心跌了一跤,场下顿时哗然,情急之中,杨澜嫣然一笑说:"今天来到广州主持节目,意料之外跌了一跤,看来广州的舞台是不好上的。但我又很自信,有台下这么多热情的观众朋友,我相信今天的这台晚会一定会是最为精彩的。"简短的几句话赢得满场喝彩。

再次,要有良好的组织协调能力。主持人担负着掌控整个过程和进度的艰巨任务,必须具备良好的组织协调能力,要立足于活动的最高点,主动把握活动的总脉络,尽量把自己的所思所感渗透到活动中,不断地丰富活动的内涵,渲染现场的氛围。

此外,主持人还要注意得体的姿态,做到服饰整洁大方,坐、立、行姿态优美,微笑真诚朴实、眼神恰当自然、手势表达到位。

3. 主持的语言规则

主持人说到底,就是依托有声语言这个媒介来实现其主持的功能,可以说主持人语言能力的强弱直接影响和决定着主持活动质量的高低和成败。因此,对于主持人来说,以下语言规则是必须把握的。

(1) 流畅。语言是线性的,有声语言是一个音节接着一个音节有序地表达语义,语流就是指这一行进过程。有声语言与书面语言表达的不同之处,就在于内部语言和外部语言的转换时间长短上。由于面对听众,因此这种转换有一定的时限性,它需要表达者的思维与表达能够同步,口语表达应像行云流水一样酣畅无阻并且完整、规范,给听众以舒畅的感觉。"流畅"并非靠背稿,真正意义上的"流畅"应靠敏锐的思维、机智的应变和流利的口齿来实现与听众交流的畅通无阻。

(2) 悦耳。主持人的语言不仅要规范流畅,普通话标准,而且要声音圆润,悦耳动听,富有美感,能给听众以心理上的愉悦感。由于主持口语稍纵即逝,一说出来就是"最终"形式,没有反复推敲的机会,所以主持人必须"出口成章",并要苦练发音技巧,口语表达要做到快而不乱、连而不黏、低而不虚、沉而不浊。主持人应将人人"听惯的话"说得像音乐一样动听,像诗歌一样美妙,像散文一样流畅,令听众赏心悦"耳"并给其以高品位的艺术指导。

（3）平易。主持人面对的是不计其数的观众和听众,且在有限的时间里要传播尽可能多的信息。这就要求主持人要使用生活用语,努力体现出平易性,使自己的语言大众化、平民化。诚如老舍先生所言:"假如我们的语言不通俗、不平易,它就不可能成为具有民族风格并为人们喜爱的作品。"实践证明,主持人以平和、平等的心态,使用平易性的语言,更能快捷地把思想传达给大众,容易被大众所理解和接受。

🎯 小案例 9-4

平易性的语言

广西电视台主持人张英杰在主持"新闻在线"时,用语就非常自然、亲切和大众化。一次他在报道某地"楼顶变成垃圾场"的新闻后,是这样评论的:"……看来要搞好城乡清洁工程,必须提高全民的文明素质。你想想,楼顶满是垃圾,风吹得灰尘、废塑料袋到处飞,下雨淤泥到处流,能卫生吗? 我们希望那些把垃圾倒在楼顶的人不能图自己省事,要知道大家好才是真的好。"

（4）鲜明。色彩鲜明的语气、语调,独到的表达方式,加上强烈的节奏感,可以充分调动现场气氛,同时也能在观众脑海中留下深刻的印象。抽象的语言显得空泛,模糊不清的语言令人"丈二和尚摸不着头脑"。而鲜明的主持语言才会打动人、吸引人,并与大众取得心灵沟通和审美体验的效果。

🎯 小案例 9-5

鲜明的主持结束语

下面是某同志在主持庆功表彰会时的结束语。

听完发言,我想到了一件事:有人问球王贝利哪个球踢得最好? 回答是:下一个! 有人问导演谢晋哪部戏拍得最好? 回答是:下一部! 有人问一位名演员哪个角色演得最好? 回答是:下一个! 看来我们在庆功、表彰时也应牢记:下一个! 下一部! 散会!

（5）准确。这要求主持人语言表达确切无误,符合客观实际,大到思想内容、表达形式,小到语法、逻辑、修辞、字音。一方面要做到对事物有准确的认识,通过准确到位的语言来表达自己的思想,语意表达准确,避免误解的发生。另一方面因为听众主要是从语音中接受主持人发出的信息的,信息传递是否有误,这与主持人能否读准每个词的音节关系相当密切,主持人一定要做到发音准确无误。

（6）逻辑。主持语言需要思维敏捷地表达,但又不可出差错,要做到这点,主持人必须语言逻辑清晰,使主持语言有主次感,所表达内容要给大众有明显的主要和次要存在差别的感觉;有次序感,所表达内容给大众分明的孰先孰后有次序感觉;有递进感,所表达内容给大众清晰的有推进和发展脉络的感觉;有转折感,所表达内容给大众明白的逆势而行的感觉;有总分感,所表达内容给大众清楚的分点详述和综合总结的感觉;有因果感,所表达内容给大众明晰的起始和结果有必然的内在联系的感觉等,使听众感受到主持人语言的严谨周密。

（7）简练。这要求主持人做到简约凝练,惜墨如金。说话讲求效率,要去除累赘与堆砌的辞藻,用最少的语言来表达最丰富的意思,句子修饰过多,反而显得拖泥带水、不干净利落。要注意推敲用词,不粉饰、不做作、不卖弄。

小案例 9-6

叶慧贤的妙答

在电视节目主持人"金话筒"颁奖晚会上,赵忠祥问:"目前综艺晚会的通病是什么?"叶惠贤答道:"节目老一套,掌声挺热闹。不看舍不得,看后全忘掉(台下爆发热烈的掌声)。刚才我说的这些通病,今天的晚会上一点也没有(台下一片会心的笑声,更热烈的掌声)。"叶慧贤所言的启示都是大家的心里话,也是对客观现实的描述。只不过将众人的看法做了归纳性"化简",而且言简意赅,合辙押韵。

(8)精彩。主持人语言要充满活力,出语迅捷、出口成趣、美妙生动,能感染和打动大众。在富于变化的节目语境中,往往需要主持人敏锐快捷地相时而动,"应该具备'短、平、快'的特色"(刘吉语)。

小案例 9-7

崔永元的精彩话语

在《实话实说》节目中,一位下岗女工作为嘉宾,说到自己曾在家具城打工却分不清家具的材质,脸上现出尴尬表情。崔永元立刻插话说:"是挺不好分的,一次我爱人让我买家具,我在店里问好了,是全木的,拉回家我爱人一看,说'你是全木的'。"全场哄堂大笑。崔永元的精彩话语在随意里露出善意和真诚,对弱势群体并不歧视,善解人意地解除了嘉宾的难堪,因而也赢得了广大观众的赞赏和青睐。

(9)幽默。这在轻松、非正式的主持活动中用得较多,它是思想、才学和灵感的结晶。幽默的语言,可以有效地融洽气氛,使活动达到轻松有趣、感悟哲理的效果。如一位体型很胖的美国女主持人曾夸张地说:"我不敢穿上白色的游泳衣去海边游泳,否则,飞过上空的美国空军一定会大为紧张,以为他们发现了古巴。"这则谈话是主持人拿自己的肥胖逗乐,发挥想象力进行了夸大渲染,使人听了这种生动而主观的夸张后,能从其充满调侃的自信中感受到她乐观的生活态度,使夸张产生了幽默效果。

小案例 9-8

主持人李咏的幽默开场白

2003年11月5日在浙江举行了第23届电影金鸡奖颁奖仪式,下面是中央电视台主持人李咏的开场白:

"82年前,嘉兴人拿出一条船,开了一个会,参加会的人谁都不希望让人认出来;今天,浙江人又拿出一座剧院,开了这样一个会,会上人人都希望人们认出他们来。"

主持人将中国共产党第一次代表大会与电影界的颁奖大会作对比。先不点明主旨,而采用委婉的方式,曲径通幽,逐渐引起人们的注意,最后逐渐显露真谛,一语道破,真相大白。

9.2　主持人的语言艺术

1.节目主持的语言艺术

(1) 语言尽量口语化。作为一个主持人有着推广普通话的义务。目前,一些节目主持人本来有一口流利、标准的普通话,可主持节目时却硬要模仿港台味道打乱语法表达方式,让人听了浑身起鸡皮疙瘩。节目主持人的语言应符合现代汉语规范化、标准化的要求,用词准确,避免用方言土语。另外,现在的观众越来越习惯用一种轻松的欣赏方式,所以主持人应该注意与观众的这种口头交流,串词应该精彩,尽量口语化,褪掉"书卷气",使主持像是在谈话,而不是在背书或者朗诵。

(2) 语言通俗易懂。主持人的语言需要加工提炼,力求准确、清楚,使各类受众一听就懂,易于接受。如台湾华视新闻主持人李砚秋是台湾最佳主持人的历届得主。1991年华东发水灾的时候,她到大陆采访,她在一次新闻报道的结尾,站在齐腰深的水里说:"自从大禹治水以来,历经几千年中国人还在同洪水搏斗,但是老天爷在发怒的时候就要找这块土地泄愤,土地无知,洪水无情,但苍生何辜,面对这片疮痍,真让中国人对中国人感到慨叹。"

小案例 9-9

凌峰的自我调侃

"在下凌峰,我和文章(我国台湾地区影星)不一样,虽然我们都得过'金钟奖'和'最佳男影星'称号。但是,我是以长得难看而出名的(掌声)。两年多来,我们大江南北走了一趟——拍摄《八百里路云和月》,所到之处呢,观众给予我们很多支持,尤其是男观众对我的印象特别好,因为他们认为本人的长相很中国(掌声、笑声),中国五千年的沧桑和苦难全都写在我的脸上(笑声、掌声)。一般来说,女观众对我的印象不太好,有的女观众对我的长相已经到忍无可忍的地步(笑声、掌声),她们认为我是人比黄花瘦,脸比煤球黑(笑声)。但是我要特别表明:这不是本人的过错,实在是家父家母的错误。当初他们并没有征得我的同意就把我生成这个样子(笑声、掌声)。

但是,时代在变,潮流在变,审美观念也在变。如果你仔细地归纳一下,你会发现,现在的男人基本上分为三种:第一种——你看上去很漂亮,看久了也就那么一回事,这一种就像我的好朋友刘文正这样;第二种——你看上去很难看,看久了以后是越看越难看,这就像我的好朋友陈佩斯这样;第三种——你看上去很难看,看久了以后你会发现,他另有一种男人的味道,这种就像在下我这样的了(笑声、掌声)。鼓掌的都表示同意了! 鼓掌的都是一些长得和我差不多的(笑),真是物以类聚啊!"

以上是凌峰在一次综艺晚会上的一段讲话,凌峰把自己当作幽默对象,采用漫画的方式来"自嘲",幽默风趣,格调轻松,俗而不陋,体现出一种爽朗与智慧的品行,大大增加了人格魅力,令观众顿生好感。

（3）调动观众参与。节目主持人要责无旁贷地用语言在节目表演者和观众之间架起一座桥梁，产生互动效应，使现场气氛更加浓郁。

🔍 小案例 9-10

主持人与骨哨

余姚广播电台主持人李小萍在主持第六届中国塑料博览会"中东八国论坛"招待晚会中的一段串词就充分地说明了这点。主持人手拿河姆渡出土骨哨的复制品来到观众席。

"观众朋友，你们知道这是什么吗？"（观众马上参与，"是骨头""是哨子"。）

"这个呀是距今有七千多年历史的河姆渡挖掘出来的一只——骨哨——的复制品（故意拖长音，引起兴趣），它是河姆渡先民诱捕猎物或娱乐时所用。"

"知道它用什么制作而成的吗？"（让观众传看，递上话筒让他们七嘴八舌地猜。）

"骨哨一般是用动物的肢骨制作的，而这支是用公鸡大腿骨做成的。刚才大家看到这支小哨子，上面只有三个小孔，能吹吗？"（前排观众踊跃试吹。）

"向大家透露一个秘密，我们演奏员曾用它为江泽民主席进行演奏（观众显得更有欲望，更加荣幸）。哈，马上请出哨子的主人，国家一级演奏员倪乐辉为我们带来《河姆渡随想》。"

在这段串词中，主持人巧妙运用演出道具，在与观众提问交流中介绍骨哨的来历、河姆渡文化以及这只哨子为江泽民主席演出的"光荣历史"，最后引出演奏者，为观众与节目架起了一座沟通的桥梁。其间观众始终参与，热烈互动，现场气氛非常活跃。

（4）拥有个性化的主持风格。有个性，才有特色，才有风格，因为不同的主持人，年龄不同，性别不同，主持节目的内容也不同。这就要求主持人要说"自己"的话：即主持人的语言表达要与其身份相符，每一位主持人都应有体现自己个性的语言。例如，中央电视台的著名节目主持人的主持风格各不相同，语言风格也各具特色，赵忠祥舒缓有序；倪萍亲切得体；刘纯燕活泼清纯；敬一丹稳重严谨；水均益大气儒雅；崔永元寓庄于谐；白岩松严肃尖锐……实际上，每个人都有自己的优势和局限性，都有自己的个性，而且主持的节目也都有其自身的特点。

📝 小训练 9-1

模拟主持农民工节目，学生分角色扮演主持人和农民工。可设计一个与农民工对话的片段，讲一讲"外出打工应注意的问题"。仔细揣摩在语言上应如何与农民工沟通，怎么讲才入耳动听。

主持人在谈话中要注意拉近与受众的距离，以增强可信度，引起共鸣。当谈话对象出现"卡壳"的时候，主持人可以垫话，及时让对方摆脱窘困和尴尬；当谈话对象的用词不准确时，主持人可以用简短的话语修正或完善；也可以用自问自答的方式引起受众的思考。

2. 典礼仪式主持的语言艺术

典礼仪式是指在人际交往中，特别是在一些比较重大、比较庄严、比较隆重、比较热烈的正式场合里，为了激发起出席者的某种情感，或者为了引起其重视，而郑重其事地参照合乎规范与管理的程序,按部就班地举行某种活动的具体形式。在现实生活里,我们可能接触到的仪式很多,诸如签字仪式、剪彩仪式、交接仪式、庆典仪式、开幕式、闭幕式等。

从根本上讲,典礼仪式是现代社会发展的产物。因为礼仪与仪式作为人们生活中的行为模式、行为规范,是属于社会的上层建筑,由社会经济基础决定的,并随着经济基础的变化而变化,随着社会实践的发展而不断地丰富发展。而社会生产力水平决定了一个社会的经济基础,所以礼仪及仪式的产生和发展最终是由社会生产力水平所制约和决定的,随着现代社会生产力水平提高而提高,人们物质文化水平的提高,社会所固有的仪式也在不断地发展和臻于完善。

当今社会,对组织而言仪式有着重要的作用,它有利于提高组织的知名度和美誉度,塑造组织形象;有利于鼓舞员工的士气,激发员工对本组织的热爱,培育组织员工的价值观念,增强组织的凝聚力;有利于传递组织的信息,使组织赢得更多的成功机会和合作伙伴;有利于沟通情感,传达意愿,增进友情。成功的典礼仪式对组织而言意义重大,而典礼仪式的成功,主持人的主持尤为关键。

(1)庄重的语言风格。典礼仪式主持人的语言风格一般都是比较正式庄重的,从宣布会议开始介绍来宾,会议的性质、意义,直到宣布休会,对于会议步骤的进行、宗旨的阐述、希望的表达等,要把握得恰到好处。

(2)规范的语言表达。庆典仪式主持人应做到用语规范、礼貌、庄重,符合大型场合的用语特点。首先要语音标准,吐字清晰,不发生读音错误或者读音不准的现象。其次要词语规范,不滥造词语,不错用成语,不滥用方言词汇、外来词汇或港台词汇,不使用粗俗词汇或滥用简称等,还要注意语法规范。

(3)非语言配合表达。在具体主持中,主持人应同时做到语速较慢,声音洪亮,全神贯注,表情庄重严肃,这样才能吸引广大听众,共同营造安静、庄重的会场氛围。如果仪式中安排了升国旗、奏国歌的程序,一定要依礼行事:起立、脱帽、立正,面向国旗或主席台行注目礼,还应注意坐姿和站姿,切不可在起立或坐下时,把椅子搞的乱响,一边脱帽一边梳头,或是在此期间走动和与人交头接耳,这些都被认为是损害形象的严重事件。

作为主持人还要注意在主持前做好充分的准备,了解仪式的性质,清楚仪式的程序,明确串词的内容等。这些问题都要在脑中做一个很好的梳理,不可漏掉一个环节,否则整个活动会因为主持人的疏忽而留下遗憾。

3. 婚礼主持的语言艺术

结婚典礼,是人们生活中最常见、最引人关注、最能激发人们兴致的一种庆典形式。结婚典礼成功与否,婚礼主持人起着至关重要的作用。一个好的婚礼主持人对整个婚礼现场效果,起着组织、控制的作用,整个婚礼的过程是主持人语言表达、临场发挥、随机应变、机智幽默、拾遗补阙等综合能力的反映。

(1)突出个性。现在越来越多的新人开始注重个性的展示,希望真正办成一个属于自己的婚礼。这就要求婚礼主持人根据新人的特色和个性,有针对性地设计出个性鲜明、风格各异的婚礼主持词,使婚礼在形式及内容上,突出每对新人的特色和个性,使新人在举行婚礼的同时,不仅体会到婚礼的喜庆和隆重,而且通过婚礼体味人生的意义,领悟爱情、婚姻、家庭的诸多感受。这就要求婚礼主持人放开视野,去挖掘、去思索,拓展自己的创作空间。

为了突出个性可以借名发挥。一个人的名字具有丰富的内涵和引申意义。在婚礼主持中借名释义，不仅会令人赏心悦目，给人带来欢悦，而且也会表现出主持人独到的语言魅力。

小案例 9-11

主持人的"姓名分析"

曾经有一场婚礼，新郎叫王勇，是一位大学教师；新娘叫周慧，是一名护士。主持人巧妙地借他们的名字做了一番发挥："王勇，就是勇敢；周慧，就是聪明伶俐。我们不论在工作上还是在生活中都不能缺少这两个方面的能力：一要有勇气，不怕任何艰难险阻；二要聪明伶俐。新郎新娘的名字告诉我们：他们正是这两方面的完美结合，因此，我敢肯定，在未来的日子里，他们不但是一对幸福美满的夫妻，而且也会在'教书育人'的过程中取得非凡的成就。"主持人的这段"姓名分析"寓意深刻，令人耳目一新。

为了突出个性还可以借职业发挥。如，有一对新郎新娘都任职于通信公司。他们的婚礼主持词中就设计了一连串以手机品牌为"托儿"的甜言蜜语："新郎一定会一生'首信'爱的承诺，两人也会彼此'爱立信'，一同踏上幸福的'康佳'大道……"这样的主持词切合新人的身份，融爱情与事业于一体，令人耳目一新。

（2）巧借天时。特定的时间地点，是婚礼的一个重要构成因素，这一特定的时间和地点必定具有某种特殊意义。婚礼主持人可以将此作为语言切入点，激发参加婚礼的各位宾朋的兴致，营造一种热烈、喜庆的氛围。

① 借时间切入。例如：

今天是一个特殊的日子，今年是农历马年，新年伊始，我们的新郎、新娘就一马当先，给未婚的朋友们做出了表率，它昭示：这对新人在今后的岁月里，一定会发扬龙马精神，快马加鞭达到理想彼岸。我们一起祝福他们马到成功！

② 借地点切入。例如：

各位嘉宾，今天我们在福星酒楼为林先生和刘小姐举行新婚大典。福星酒楼是一块风水宝地，这预示着我们的新郎、新娘在今后的岁月里，一定会福星高照，幸福吉祥！

（3）善于"救场"。婚礼上有时容易出现意外状况，现场秩序混乱，使新人难堪，此时婚礼主持人一定要审时度势，找准语言的切入点，借景应变，灵活处理。比如天气不好、新郎给新娘戴戒指时掉在了地上、酒杯打碎了等，这时主持人要有应变能力。一个好的主持人在任何场景下都会把婚礼主持得有滋有味，将任何一种不良状况转换成婚礼好的陪衬。

比如，当戒指掉在了地上时，主持人说：

这枚戒指实在是太沉重了，因为它也含着太多的情太多的爱，像山一样的沉重，像海一样的深沉，怪不得新娘有点承受不住了。好，新郎鼓起勇气，给你的新娘再戴一次。

新郎的一次失手，竟将婚礼的神圣感推向一个小小的高潮，这样的主持人理所应当地赢得了现场的掌声。

又如，新郎新娘刚喝完交杯酒时酒杯"咔嚓"一声碎了，现场气氛一下子紧张起来了，主持人灵机一动说道：

破旧立新，移风易俗，新郎新娘给我们带了一个好头！

此语一出，摆脱了尴尬，恢复了喜庆的气氛。

再如，有一次，在婚礼现场。当主持人刚宣布完"让我们以最热烈的掌声欢迎英俊潇洒的男主角和美丽大方的女主角闪亮登场"时，灯突然熄了，《婚礼进行曲》也戛然停止，席间一片嘈杂，停电了！新郎新娘及其家人朋友都非常焦急。主持人却不慌不忙地高声对大家说："各位来宾，大家知道为什么停电吗？"此时席间的嘈杂声已安静了许多，主持人接着说：

我们英俊潇洒的男主角和美丽大方的女主角闪亮登场，他们已是光彩照人，使电灯感到黯然失色，所以害羞地熄灭了。我们知道，在我国古代有闭月羞花的传说，而今天我们有了闭电羞灯的现实。婚礼继续进行！

主持人话音刚落，四座爆发出了一阵热烈的掌声和喝彩声，新郎新娘及其家人也投来赞许和感激的目光。在这里，主持人巧妙地利用了婚礼中的突变，成功地化尴尬为从容，制造了一个小高潮，既活跃了气氛，又淋漓尽致地展示了自己的语言表达功力和临场应变能力。

小训练 9-2

（1）在婚礼上，新娘为婆婆戴花时，不小心将花掉在了地上，作为这场婚礼的主持人，你将怎样为新娘解围。

（2）婚礼这一天，天空飘起了鹅毛大雪，作为婚礼的主持人，你将怎样与雪天结合，为婚礼说一段精彩的开场白。

4. 会议主持的语言艺术

（1）做个精彩的开场白。精彩的开场白往往能像磁铁一样紧紧地吸引住听众，增强与会者对会议的兴趣。就像人们看一部电影一样，如果开始就兴味盎然，引人入胜，那么人们自然急于了解接下来的情节了。所以，有经验的主持人，都非常注意会议的开场白，他们多是经过反复推敲、认真琢磨，力求给与会者一个好的印象。开场白要陈述的内容，包括会议的背景、主题、目的、意义、议程等，会议主持人要根据这些内容和要求设计开场白。

首先要欢迎并介绍与会者。应该用洪亮的声音对每个到来的人表示热烈的欢迎，并且介绍与会者。然后说明会议的目的和议程。说明会议的目的要注意使用团队口吻，而非领导或者上级的口吻，要拉近与大家的距离，让人们尽快进入会议的状态中去。还要说明一下会议的规则，如"请所有的人把手机关掉，不准吸烟，不要随便走动，每人发言时间不能超过5分钟"等。

① 开门见山式。这类开场白单刀直入，让听众立即知道开会的主要内容和任务，快速进入主题。例如：

今天召开党组扩大会议，主要内容就是总结回顾上半年工作、研究查找工作中存在的问题以及谋划部署下半年工作安排。

这篇会议主持词开场白就是开门见山式的，让与会者快速进入角色，明白是什么性质、什么内容的会议。

② 背景嵌入式。运用背景嵌入式开场白就是为会议的主题作铺垫,结合国内国际大背景,把会议的召开放置在一个较为宏观的背景下阐述,进而说明会议的重要性和必要性。例如:

当今,国际产业合作一体化进程进一步加快,产业"走出去"交流和"请进来"合作逐渐成为一种经济发展的新常态,尤其在"一带一路"战略实施的背景下,企业与企业强强联合,加大力度开拓国际市场、推进企业转型升级、实施产业技术深度合作是我们应有的抉择。因此,我们今天在此召开××市产业合作推介会。此篇会议主持词开场白在点出会议主旨之前,从国际大环境下产业合作方向做了一个背景陈述,为会议主旨的提出进行了很好的铺垫。

③ 摆出问题式。会议主持词是为解决某件事情、推动某项工作、达到某个目的应事而作的文书,摆出问题式开场白体现得非常明显。针对工作中存在的一些问题、出现的一些不利现象而召开的会议,会议主持词开场白常使用这种方式。例如:

长期以来,我市新闻队伍建设虽然实现了较好的发展,但离上级领导的要求和人民群众的期望还有一定的差距,在新闻从业人员的职业道德、职业精神、职责素质方面还存在许多需要改进的地方。我们这次召开全市新闻宣传系统"深化三项学习教育促进新闻工作开展"会议就是结合我市新闻队伍思想和工作实际,经过研究决定召开的。

该会议主持词开场白首先点出目前新闻工作存在的问题,说明召开此次会议的原因,明显的是应事而做,进而凸显了召开此次会议的针对性和严峻性。

④ 气氛烘托式。一般在一个地方举办规模较大、层次较高,邀请的嘉宾来源广泛等重要性会议,譬如国际性的物流博览会、精英对话合作论坛、产业招商说明会以及国际体育赛事盛会等,会议主持词开场白就会经常用到气氛烘托式。气氛烘托式就是巧妙地结合会议举办地的地域文化特色、季节时令开讲,既能潜移默化宣传举办所在地,又能体现主持词撰写者的文采。例如一篇主持词开场白这样写道:

6月××嘉宾云集、群贤毕至,在这耕耘希望、收获未来的美好季节,我们相聚在山海相拥、景色宜人的浪漫之都——×××,共同见证2015年××国际生物医药创新创业交流合作洽谈会暨美国华人生物医药科技协会第××届年会的成功举办。

这是国际性医药合作交流会议,主持词的开场白就采用了气氛烘托式,通过介绍会议举办地的地域文化特色,再结合季节因素,较好地烘托了大会的气氛,起到了"宣传推介本地、巧妙进入主题"的双重效果。

总的来说,会议开场白要遵循"能安定公众情绪、恰当介绍会议内容、形式新颖"为原则,因地制宜,精心构思,尽量避免陈旧死板、千篇一律。

(2) 让与会人员广泛参与。作为会议主持人,除了要注意会前沟通,使大家明白开会的用意外,还要注意在主持中尽量少说话,把说话的机会让给大家。主持人少说话,与会人士才能多说话。对多说废话的人要有办法加以控制和制止;对有宝贵意见而未发言的人要请他发言,以提升会议的品质;听到相同或不同的意见不能喜形于色,更不可以立即加以批判,以免影响大家的发言。主持人不要亲自提出议案,免得大家碍于情面,做出合理的决定。主持人也不要以裁决者自居。任何人的意见都不必急于由自己来解答,应该隐藏自己的意见,让其他的人有机会表达相同或不同的看法,一边集思广益。

遇到无人发言或某一部分人毫无反应的现象,会议主持人分别对待,针对不习惯或害怕在人数众多的会议上发言的与会者,要鼓励他们发言,可以进行主动提问,并告诉他们说错也没关系;针对阅历较深,处事比较严谨的与会者,主持人要善于点拨,多给他们一些尊重。在对某个问题进行讨论时,与会者往往各持己见,据理力争。但在观点已趋向集中、明确时,主持人就应及时终止论辩。如果争议双方都已偏离议题,主持人就应伺机加以阻止,或说时间有限,暂不深入讨论或先谈到这里而加以间接地制止。

会议主持人还要学会调节会场气氛,善于转换话题,穿插轶闻趣事,使呆板的会场活跃起来,将听众的注意力集中到会议内容上。

小案例 9-12

孙中山活跃会场气氛

孙中山先生在中山大学发表演讲,谈论"三民主义"。当时因为礼堂小,听讲的人多,通风不好,所以有些人显得疲倦。孙中山先生看后,为了提起听众的精神,改善会场内的气氛,就讲了一个故事:"我小时候在香港读书,见有一个搬运工人买了一张马票,因为没有地方可藏,便把号码牢记在心,而把马票藏在时刻不离手的竹竿里。后来马票开奖了,中头奖的正是他,他便欣喜若狂地把竹竿抛到大海里去,认为从今以后再也不用靠这支竹竿生活了。直到问及领奖手续,知道要凭票到指定银行取款,他才想起马票放在竹竿里,便拼命跑到海边,可是连竹竿影子也见不到了……"听着故事,听众的注意力逐渐集中起来。故事讲完,孙中山先生抓住时机说:"对于我们大家,民族主义这根竹竿,千万不要丢啊!"这样,就很自然地回到了原有话题的轨道上。

(3) 善于控制发言时间。当有人发言超出规定时间,越谈越离谱可能影响别人的有效发言时,主持人可以直接告诉他"我们的时间有限"或者"我们还有其他的事有待解决"。有时为了避免尴尬也可以采取委婉的方式,如当长谈者略作停顿时,可以向另一个人提起话题,"老王,我觉得这个问题与你有关,你怎样看?"这样,不担保全了对方的面子,而且把发言权交给了另一个人,推动了会议进程。

(4) 做好会议总结。会议达成决议之后,主持人还要在散会前做出总结,这才算是圆满地主持了一个会议。召开会议,最终目的就是要鼓舞干劲、提振士气,推动各项事业更好更快地发展,而能否有一个好的结尾,是能否实现这一目标的关键。会议主持词的结尾部分的内容要有号召性,语言要有鼓动性,力求营造良好的会场气氛。要能够充分展现出主持人的自信和魄力,既正视前进中的困难,又坚信事业能够成功,勇往直前,引起听众强烈的共鸣,最大限度地赢得听众,从而使会议的效果化作听众的自主意愿和自觉行动,成为促进工作目标实现的强大动力。

虽然会议结尾的方式有多种,但都离不开以下几个要素:一是通过"同志们,本次会议的各项议程已经全部完成"等语言,告诉与会人员议程已结束,马上就要散会。二是通过"这次会议开得很好,达到了预期目的"等语言,对会议做简要的评价,主要是肯定会议效果。三是通过概括会议解决了什么问题、明确了什么方向、提出了哪些举措等,对会议的主要内容进行提炼,对会议的精神实质进行升华,使与会人员对整个会议的主要内容和精神实质有一个更为清晰的了解和把握。四是通过简洁的语言,就如何落实会议精神提出明确、具体的要求,体现会议要求的严肃性、强制性、权威性。最后要感谢与会者对会议的贡献。

小训练 9-3

（1）某公司的纸张浪费现象严重,给公司带来很大经济负担。部门经理为了消除浪费纸张的现象,召开了一次全体员工大会,希望通过具体的措施制止浪费行为。假设你就是这位部门经理,你要怎样开场?

（2）开座谈会时,有一位与会人总是不断地在座位上接电话,影响会议。作为主持人,你将怎样用婉转的语言加以制止?

案 例 分 析

1.某大学经济贸易学院学生会会议主持稿

尊敬的各位领导、各位来宾、亲爱的同学们:

大家下午好! 欢迎大家参加经济贸易学院学生会年度总结大会。

我是主持人王伟。

转眼间,两年已经过去,第十三届学生会的委员们在任职期间认真工作,开展各种活动,为同学们服务,为校园增添了许多亮丽的色彩。在此,我代表学生会全体干事向主席团一年多的辛勤工作以及尽心尽力培养我们的老师表示由衷的感谢,并且预祝这次大会圆满成功!

首先,介绍今天到场的嘉宾,他们分别是……

现在,我宣布经济贸易学院学生会年度总结大会正式开幕!

在这个垂柳依依的夏天,在这个栀子花开的季节。我们又迎来了一个离别的日子,经济贸易学院学生会第十三届的常委们,你们即将迈向你们人生的下一步,迎接人生更绚烂的季节。

一年的努力,一年的汗水,我们又迎来了学生会新的春天。下面让我们通过 VCR 和电子相册共同回顾一下,这一年来我们一起走过的日子。

下面有请经济贸易学院学生会主席团常委讲话。

谢谢某主席的讲话。

下面进行大会的第二项议程:请大家掌声欢迎某校长讲话。

……（讲话内容）

谢谢!

这里是终点,也是起点。未来的路是美好的,也是崎岖的,但无论如何,我们都不会放弃。接下来的路,我们将坚定地走下去,带着你们的期望、理想和眷恋让我们的学生会,在将来的日子里,越来越好,越来越强。现在,我宣布,本次大会到此结束! 谢谢!

(1) 请分析上述会议主持词的成功之处。

(2) 模仿上述主持词,为你参加的某会议设计主持词。

2. 婚礼主持词

各位来宾,各位亲朋好友,大家好!

今天是×××年××月××日(农历××月××日)是个好日子,今天×××先生与×××小姐举办他们的结婚庆典。我是×××,很荣幸能由我为这对新人主持婚礼。同时也希望在座的各位朋友能够用你们的掌声、用你们的喝彩,共同为他们的婚礼营造出一种喜庆、热烈、温馨、庄重的氛围。希望能够得到在座各位的支持与合作,再次谢谢大家!

×××年××月××日是今天,农历×××年××月××日还是今天,心细的朋友可能都已经听出来了,一连串的好日子、喜日子,一连串吉祥如意的日子。那么不光日子好,时间还好,大家来看表,几点了? 11点36分。

那么此时此刻大家的心情都和我一样,都在急切地盼望着,一对新人的到来。好,咱们听,婚礼的钟声响起来了,(配钟声)好,请咱们所有的朋友起身,让我们用热烈的掌声,迎接新人入场——

用我们的掌声为他们祝福,用我们热烈的掌声为他们由衷地祝贺。好的,大家请坐。

伴随着朋友们的热烈掌声与喝彩,伴随着神圣的婚礼进行曲,一对新人哪,踏着这红红的地毯来到了我们中间,首先我要向朋友们介绍一下这对新人,那就是站在我身边的新郎官×××(掌声)。这位小伙子英俊潇洒,朋友们来看一看,真是风度翩翩、气质不凡,活脱脱一位白马王子、青春偶像。旁边这位漂亮的姑娘就是新娘×××。×××今天一身洁白的婚纱象征着她纯洁无瑕,大家看一看这束手捧花,娇艳妩媚。这里边一朵朵玫瑰象征着一对新人炙热浪漫的爱情;当中盛开着的这几支百合,朋友们,真是应了那句话,叫作什么呀? 叫作百年好合。再次伸出大家热情的双手,咱们用掌声祝福这对新人恩恩爱爱百年好合。

接下来还要把他们的家人给大家介绍一下,这是咱们新郎官的父亲×××先生、母亲×××女士。好,朋友们,让我们用热烈的掌声祝贺他们。

这位是新娘子的父亲×××先生,母亲×××女士。咱们用热烈的掌声恭喜他们。

让我们认识一下他们的证婚人×××,欢迎欢迎。

主婚人×××先生。

今天哪,来了这么多嘉宾,这里有这对新人的领导、朋友、亲属、同学、同事等,咱们看一下,有两百多人吧! 那么由于时间关系,咱们就不一一向大家来介绍。请允许我代表这对新人和他们的家人表示热烈的欢迎,表示衷心的感谢!

好,两位的婚礼仪式现在正式开始。

首先我要向一对新人提出严肃而又庄重的问题。我要分别问,请他们两位分别来回答。

新郎请上前一步,请把你的右手放在你的胸前。还分得清左右吧? 告诉大家这是右手吗? "是右手,没错!"

那么请你听清我的问题,×××先生,你愿意和×××小姐结为夫妻,永远地敬她爱她保护她，与她携手共伴一生吗？"我愿意！"（新郎答）实实在在的一个我愿意。

同样的问题我还要问一下×××新娘子，请你也上前一步，请你听清我的问题。你是否愿意与×××先生结为夫妻，永远地敬他爱他？无论健康与疾病，也无论他富有与贫穷，都与他携手共伴一生吗？"我愿意！"（新娘答）

两个人哪，都是实实在在的一句"我愿意"，都是发自内心的一个承诺，都是发自内心的一个感受。那么现在开始，他们自愿结为夫妻了。但是呢，还要得到国家的认可和法律的保护。

下面哪，请证婚人为他们证婚……

好的，谢谢。这对新人，有天作证，有地作证，有咱们证婚人作证，有我作证，有咱们在座的朋友们为这对新人作证，从今天开始，他们就是一对合法夫妻了。我想他们的新婚生活也会是幸福美满的。

两个人，一个幸福美满的小家庭从今天就开始了，就诞生了。在这幸福美满的婚姻生活当中光有卿卿我我、甜甜蜜蜜是远远不够的，当中要包含着更多的责任，更多的承诺，两个人还要交换他们珍贵的信物，体现这份责任和承诺。

我看到的是非常漂亮非常珍贵的戒指，象征着爱情的戒指。

新郎请把送给新娘子的戒指取出来，戴在新娘子的左手的无名指上。这个时候有点分不清左右手了，慢慢来，新娘子这个时候很激动，手有点微微的颤抖，非常漂亮，大家给点掌声。咱们的新娘子同样有一份爱要送给新郎。看似很小的两枚戒指，其实，非常非常珍贵、深刻，圆圆的象征着两个人今后的生活圆圆满满；两枚戒指又像两个铃铛，象征着两个人幸福甜蜜的生活从此时此地开始了，从零开始了。这样，用你们两个戴着戒指的手拉在一起，高高地举起接受大家的祝福。一个激动人心的时刻，一个令人难忘的时刻，接下来就有请他们的主婚人为他们致贺词。

新娘子对我说呀，今天来的人都是他们爱的人和爱他们的人。在这里有一个小小的愿望。此时哪，想请在座未婚的小姐们、先生们到前面来，新娘有一份惊喜要送给你们。

小姐、先生，没有结婚的来来来，伴娘、伴郎都来，看有什么礼物。来，看一看，咱们在座有多少没有结婚的。小姐、先生你们互相看一看，没准这个时候能发现你的红颜知己。

好，我们看看新娘有什么礼物送给大家？就是她手中的手捧花送给你们。来，新娘转过身来，现在给新郎找件事做，给新娘喊口号，1、2、3，抛！谁呀，来来来，有请到前面来，请举起来，给大家看看。本来非常漂亮的花，现在变成这个样子了。您是谁的朋友？来，给新人送上你的几句祝福好不好？这是×××对这对新人的衷心祝福。你的女（男）朋友来没来？没有！有机会给你们主持婚礼。

两个人的婚礼到此告一个小小的段落，让我们用掌声欢送两位新人。

我们这个婚礼哪，分为两个段落。大家不要急，接下来有精彩的第二段落。

接下来，要向大家展示的是，今天的第二乐章——浪漫烛光。

这是一种全新的婚礼形式，它是建立在传统教堂婚礼的基础上，又融进了东方文化的深深印记。神圣、浪漫而又典雅、清新；在舞台灯光、音响、技术效果的配合之下，烘托出婚礼的隆重，反映了我们的新人张扬个性、追求品位、注重婚礼的精神感受，以及希望通过婚礼加强自己对婚姻、情感、家庭的责任感的追求。

首先，出场的是英俊潇洒的伴郎和漂亮的伴娘，他们将依次点燃红地毯两侧的鲜花烛。

所有的等待，都收获在身披婚纱的时刻；所有的祝福都期待着送给自己最亲密的爱人，伴随着这婚礼的前奏曲，美丽的伴娘和潇洒的伴郎，准备和我们一起迎接一对新人的再次到来。迎接那个激动人心的时刻。

经过了久久的期盼，今天终于和自己的心上人走上了婚礼的殿堂。从今天开始，一对新人将携手步入他们人生那一个崭新的历程。好，我们大家看到，我们的新人身着典雅的礼服，新娘手捧着红色的玫瑰，在音乐的伴随下青春靓丽，一对新人登上了神圣的婚礼圣台。在温馨浪漫的氛围中，带来心灵的震撼。一对新人将共同点燃象征生命、象征爱情的蜡烛。从现在开始点燃生命之火，走向他们新的人生，现在一对新人面对着面，手牵着手，此时让我们大家都静下来，让这对新人在一组蜡烛的面前闭上你们的眼睛，为自己为对方许下一个今生的心愿。此时此刻两位新人为一个美好心愿在心中共同祈祷。大家来看一看，一对新人在这美丽烛光的映衬下，新郎更加英俊，新娘更加漂亮。在这美丽的烛光中我似乎看到新人对生活的憧憬，也似乎看到来宾对新人美好的祝愿。愿他们两个像蜡烛一样，相亲、相爱、相思、相守、相濡以沫，直到白头！

我想两个人先不要放下对方的手，咱们用掌声给他们鼓励一下，让他们两个人在大家的掌声中，在这美丽的红烛之前，两个人相互给上一个深深的吻。终生难忘的一吻，终生难忘。那么，两位新人走到香槟塔前面。来共同斟满象征幸福、甜蜜的香槟之塔。好，咱们用掌声祝福这对新人，愿他们的爱情像这香槟酒一样，幸福甜蜜源远流长。激动人心的时刻，浪漫的时刻真是一个接着一个。

当这对新人步入礼堂的那一刻，朋友们，当他们伴着掌声来到大家面前的那一刻，我特别地注意了一下，朋友们，有这么几位老人呀，他们用一种特殊的眼光，一直在默默地注视着他们，那目光中，包含着深深的祝福，那目光中，包含着深深的关爱；在这祝福关爱的目光后面我似乎又发现了一丝丝疑问，那疑问的目光似乎在说，孩子们，人生的路长呀，它不会永远是阳光灿烂，它会有风，它也会有雨呀！那么是什么人对他们有如此关爱哪？这就是他们的爸爸和妈妈。那么作为他们的爸爸妈妈在今天这个大喜的日子里面，想起了什么？大家来猜一猜。

我想他们可能想起了一对新人呱呱坠地时的喜悦；也可能想起了哺育孩子长大的艰辛；孩子们慢慢长大了，他们上学了，工作了，恋爱了，到今天哪，他们结婚了。那么，作为他们的爸爸妈妈，看看孩子们着一身喜庆的服装站在这里，我想您应该有一种特别的成就感、满足感。是你们亲手把他们抚养成人，亲眼看着他们两个人，一天一天地长起来。两个人特别跟我说呀，说在今天这个日子里面，什么内容都可以简化，什么仪式都可以减少，但一定要给他们的爸爸妈妈进行一个特别的仪式。

什么样的仪式哪？

两个人要亲手为爸爸妈妈斟上一杯甜茶，献上一束鲜花，去为生育养育他们的爸爸妈妈鞠上一躬，再甜甜地叫上一声爸爸妈妈。

来，有请一对新人！首先，有请两位新人到新郎官爸爸妈妈面前。

新郎官要亲手为爸爸妈妈斟上这杯甜茶，新娘要亲手把这杯茶敬给爸爸妈妈。您一定要喝上一口！那么，此时咱们就要改口了，不再叫叔叔阿姨，从今以后，他们多了一个好女儿。来，让我们一起给爸爸妈妈鞠上一躬。新郎再为爸爸妈妈献上一束鲜花，以表达对爸爸妈妈的感激之情。两代人感情交织在一起。

来，我们来到新娘的爸爸妈妈面前，新娘要亲手为爸爸妈妈斟上这杯甜茶，新郎官要亲手把这杯茶敬给爸爸妈妈。从今开始多了一个好儿子。两个人给爸爸妈妈鞠上一躬。来新娘同妈妈拥抱一下。从今天开始，就要离开妈妈的怀抱，成立自己的小家庭，开创自己的新生活了。歌词不是这么说吗，别忘了常回家看看。

此时此刻，我又想起这么两句话，一句是可怜天下父母心，一句是可信天下父母情。

朋友们，伸出你们热情的双手，咱们掌声祝福这对新人的父母，咱们在座各位朋友的父母和天下所有的父母们。

大家可能都为这激动人心的场面所感动、所感染。我在听，咱们的掌声够不够热烈。结婚日子里面有个说法，朋友们，我们的掌声有多热烈，一对新人的婚姻就会愈加的幸福美满。伸出你们的双手，听一听大家掌声的祝福。

好好，谢谢！谢谢大家的掌声。那么，此时此刻大家看到在这个烛台上立着一支大大的蜡烛。这是一对新人的新婚纪念品。两个人哪，要共同来点燃。

从这个时候开始，从这个地方开始，在朋友们的见证下，一对新人点燃了他们的新婚祝愿烛。这支祝愿烛浓刻着一对新人一起走过1年、2年、5年、10年、50年、100年。也让我们衷心地祝愿一对新人新婚快乐，百年好合。

那么现在，拿捧花的年轻朋友们共同来到前面，同新人一起共同来品尝这甜甜的美酒。来，新人拿起酒杯，拿到酒杯的朋友们，在座的朋友们拿起你们的酒杯，不管是黄色、白色，什么颜色，都是一份情，都是一份爱，都是一份祝福。让我们共同举起这杯酒。首先，让我代表朋友们祝福一对新人"朝朝暮暮长相守，同甘共苦长相随"。那么，请允许我代表一对新人及他们的家人，祝福在座的各位朋友们，身体健康，合家欢乐，万事如意！

好的，朋友们，请大家永远记住今天这个日子，××××年××月××日。×××先生和×××小姐结婚典礼到此全部礼成。

俗话说呢，人生像草，婚姻像船。从今天开始，两个人就要踏上一个全新的阶段，有请朋友们再次起身。咱们用热烈的掌声送新人一程。新娘，把你的手捧花拆开，一枝枝送给朋友们。每一枝玫瑰代表新人的一份感谢。新人请留步！请转过身来，再次感谢朋友们的光临。一鞠躬，再鞠躬，三鞠躬。有请新郎把新娘抱起来入洞房。

好，朋友们请坐。一对新人为朋友们准备了丰盛的婚宴。一会儿，新人还会走到您的面前，为您斟上一杯酒，点上一支烟。请大家吃好喝好！

【思考与讨论】

（1）从本例可以看出婚礼主持具有怎样的语言特点？

（2）本婚礼主持词的成功之处表现在哪些方面？

实 践 训 练

1. 文艺节目主持设计训练

训练目标：你所在的系拟举行迎新文艺晚会，请为之设计主持框架。

训练方法：定演出主题、演出情境（时间、地点、场合、受众），定节目单（演出者用真名）、定主持方式，设计出场语、连缀语和结束语。

训练要求：

（1）每15人一组，分组拿出主持设计方案。

（2）学生互评，教师及时点评。

（3）选出一组较好的方案，大家共同完善，并付诸实施。

2. 主题班会主持设计训练

训练目标：你所在的班级拟举行一次主题班会，请为之设计主持框架。

训练方法：设定班会的主题、目的、情境，再为其设计开场白和结束语。

训练要求：

（1）每15人一组，分组拿出主持设计方案。

（2）学生互评，教师及时点评。

（3）选出一组较好的方案，大家共同完善，并付诸实施。

自 主 学 习

1. 观看或点评高水平主持人主持的演出、谈话、综艺类电视节目。

2. 某市民健身中心举行剪彩典礼时，主持人在宣布了嘉宾剪彩的时候，发现嘉宾的胸花脱落了。你如果是主持人，你怎样处理？

3. 轮流主持学校、系、班级的各项活动和会议，锻炼自己的主持能力。

4. 请上"中国播音主持网"（http://www.byzc.com/）浏览各类主持文稿，分析各主持词的特点及成功之处。体会各类主持词的语言特点。

任务 10　推　　销

成功是从拒绝开始的。

——推销界名言

 任务目标

- 掌握推销口才的原则；
- 了解推销应做的准备；
- 运用推销的语言艺术提高推销效率。

 案例导入

与众不同的推销语言

有个人十年来始终开着一辆车，未曾换过。有许多汽车推销员跟他接触后，都劝他换辆新车。甲推销员说："你这种老爷车很容易发生车祸。"乙推销员说："像这种老爷车，修理费相当可观。"这些话触怒了他，他固执地一一拒绝了。有一天，有个中年推销员到他家拜访，对他说："我看你那辆车子还可以用半年；现在若要换辆新的，真有点可惜！"事实上，他心中早就想换辆新车，经推销员这么一说，遂决定实现这个心愿，次日他就向这位与众不同的推销员购买了一辆崭新的汽车。

推销口才就是运用一定的推销方式与技巧，向顾客介绍商品、劳务或理念，引导、启发、刺激、说服对方产生需求欲望，促使对方接受的口语交谈活动的能力。推销口才，是一门与顾客进行情感交流的语言艺术，是一门把话说得动听悦耳、滴水不漏的经商艺术，是赢取顾客、扩大市场、增强效益的成功法宝。决战商海，驰骋职场，必须要拥有良好的推销口才。用好推销口才，可以使推销化难为易、化繁为简，也可以让顾客变拒为纳、转疑为信，进而实现购买行为。

10.1　推销口才的原则

对于一名推销员来说，在推销的过程中，可能会经历重重阻碍、挑战，如何根据不同的情形发挥口才的威力，是推销员必须面对和解决的问题。"会不会说话"是顾客对推销员一个总的评价标准，语言可以疏通与顾客之间的感情，也能够伤害顾客的心。所以，如何选择适合的语言与顾客交流,对推销员来说尤为重要。

1. 以顾客为中心原则

"顾客就是上帝",众多商家都以此为信条。在推销活动中,应该严格执行这一信条,设身处地地为对方着想,急顾客之所需。主动说明顾客购买产品所带来的好处,并对产品优势要做详细、生动、准确的描述,才是引导顾客购买商品的关键。"如果是我,为什么要买这个东西呢?"这样换位思考,就能达成顾客所期望的目标,满足顾客的需要。这就是顾客中心原则。

在推销的过程中,顾客存在个体差异,在购买动机、性格习惯、文化层次、性别、年龄等方面都有所不同。这就要求推销员在推销过程中,以顾客为中心,根据不同的顾客使用不同的语言,做到有的放矢、对症下药;同时,还要根据不同的洽谈环境和洽谈气氛,使用不同的语言艺术。只有选择顾客最熟悉、最容易接受的语言,才能说服顾客。推销员尤其要注意,顾客性格是内向型还是外向型?是喜欢幽默还是拘谨古板?是豪爽还是谨小慎微?通过简短交谈与观察后,掌握对方的特点,再有针对性地选择恰当的语言,可以提高推销的成功率。

小贴士 10-1

二五零定律

乔·吉拉德是美国历史上最伟大的汽车推销员。在他刚当上汽车推销员后不久,有一天去殡仪馆哀悼一位朋友谢世的母亲。他拿着殡仪馆分发的弥撒卡,不禁想知道一个问题:他们怎么知道要印多少张卡片?作弥撒的主持人告诉他:他们根据每次签名簿上签字的数字得知,平均这里祭奠一位死者的人数大约是 250 人。

又有一天,吉拉德去参加一位朋友的婚礼。当他碰到礼堂的主人时,就又向他打听每次婚礼有多少客人。那人告诉他:"新娘方面大约有 250 人,新郎方面也是 250 人左右。"

这一连串的 250 人,使吉拉德悟出这样一个道理:"每一个人都有许许多多的熟人、朋友,甚至远远超过 250 人这一数字。事实上,250 人只不过是一个平均数而已。"

这就是有名的吉拉德"二五零定律"。它在揭示每一个顾客的影响力的同时,也告诉我们:每一个顾客都是"上帝",并且你即使只得罪了一位,也等于得罪了一连串的"上帝",你得罪不起!

2. 情感性与逻辑性并重原则

"感人心者,莫先乎情""通情才能达理",充满情感的语言是连接购销双方的纽带,在推销过程中,使用有情感色彩的语言,可以拉近推销员与顾客之间的距离,为成功推销奠定基础。拉近与陌生人之间距离最好的办法就是使用一些有亲情色彩的称谓,体现出语言的情感性。

在推销的过程中,语言的逻辑性也是推销员必须要考虑的。推销员在推销之前,要做一系列的准备活动,要详细了解顾客的情况,并认真整理和分析,同时还要结合所要推销的商品和所面临的市场形势,尽可能地收集相关信息,只有这样,才能使推销的语言体现出较强的逻辑性,才能使语言艺术成为说服顾客的有效手段。

⊘ 小案例 10-1

每天一美元

汤姆在负责推销一款 280 美元的烹调器具。一次,他登门向一名客户推销,客户立刻拒绝了他:"我是不会购买这么贵的东西的。"

第二天,汤姆再一次来敲这名客户的门,客户推开门,一看是他,就立刻说:"我是不会买你的东西的。"汤姆并不答话,而是从口袋中掏出一张 1 美元的钞票,当着客户的面把它撕碎,对客户说:"你心疼吗?"

客户吃惊地看着他,汤姆没等客户回答就离开了。

第二天,汤姆又来到这家客户门前,客户开门后,汤姆又掏出一张 1 美元的钞票,当着他的面把它撕碎。然后问:"你心疼吗?"

客户说:"我不心疼。你撕的是你自己的钱,如果你愿意,尽管撕吧。"

汤姆说:"我撕的不是我的钱,而是你的钱。"

客户很奇怪:"怎么会是我的钱呢?"

汤姆说:"你结婚已经 20 年了吧,如果这 20 年,你使用我的烹调器具做饭,每天就可以节省 1 美元,1 年 360 美元,20 年就 7200 美元。你一直没有使用我的烹调器具,那么这 20 年不等于就撕掉了 7200 美元吗? 你今天还是没有用它,所以又撕掉了 1 美元。"

客户被他的话说服了,立刻购买了汤姆的产品。

3. 倾听顾客心声原则

戴尔·卡耐基曾经说:"在生意场上,做一名好听众远比自己夸夸其谈有用得多。如果你对顾客的话感兴趣,并且有急切想听下去的愿望,那么订单通常会不请自到。"在进行推销时,推销员需要通过陈述向顾客传递信息,同时也需要通过倾听从顾客那里获取信息,推销工作就是一个推销员与顾客之间有效互动的过程。

管理学专家南希·奥斯汀和汤姆·彼得斯在《追求完美》一书中曾经指出:有效的倾听可以使推销员直接从顾客口中获得重要信息,而不必通过其他中间环节,这样就可以尽可能地免去事实在输送过程中被扭曲的风险。

善于聆听的推销员,能使顾客产生被尊重、被关切的感觉。当顾客发现自己可以在推销员面前畅所欲言地发表自己的意见和要求,并能得到推销员真诚的倾听时,他们内心会产生一种满足感,而且在这种安静的被关注中,他们也会获得自信和从容,从而让他们对推销员及推销情景更为关注。

可见对于推销员来说,做个好的聆听者,不仅可以对顾客全方位地了解,而且还会引起顾客的关注和倾心。推销员只有抓住顾客的心,才能抓住他的注意力,从而使其关注到推销对话。在推销过程中,推销员在培养好口才的同时,还要学会倾听,做一个好的聆听者。所以推销员不仅要掌握倾听的技巧,还尽可能地保持正确的倾听礼仪,向顾客展现出一个推销人应有的素质和涵养。推销员需要掌握哪些倾听礼仪呢? 一是认真倾听顾客所说的话,表现出对顾客讲话内容的注视和关心;二是聆听顾客心声,捕捉顾客的真实意思,适时总结归纳顾客的观点,并及时向顾客进行反馈,让顾客有受重视的感觉,从而使他们更愿意发表意见,传达内在信息;三是不直接反驳顾客的观点,因为没有哪位顾客愿意接受推销员的纠正和反驳;四是不随便打断顾客谈话。在倾听顾客谈话时,推销员可以给予简单的回应,如"嗯""是吗""是的""好的""对"等,以表示对顾客谈话内容的关注。

小案例 10-2

乔·吉拉德的教训

有一次,一个客人到乔·吉拉德那里去买车,乔·吉拉德向他推荐了一部新型车,一切都进行得非常顺利,眼看就要成交了,突然间这个顾客说:"我不要了。"明明这个顾客很中意这部车,为何突然间变卦? 乔·吉拉德对此一直懊恼不已,百思不得其解。

当天晚上 11 点,他实在忍不住拨通了这位顾客的电话,

"您好,今天我向您推销的那一款车,眼看就要签字了,不晓得您为什么突然间走了? 很抱歉,我知道现在已经 11 点了,但我检讨了一整天,实在想不出错在哪里,因此我特地打电话来向您请教。"

"真的吗?"

"真的。"

"是肺腑之言吗?"

"是肺腑之言。"

"很好,你用心听我说话吗?"

乔·吉拉德回答:"是的,我用心在听您说话。"

于是这个顾客说:"可是今天下午你并没有用心在听我说话呀,就在签字之前我提到我的儿子即将进某个大学就读,我还提到我儿子运动成绩以及他将来的抱负,我以他为荣,但是我发现你没有任何的反应。"

乔·吉拉德记得这个顾客的确是曾说过这件事,但当时他根本就没有注意听,也没有在乎。

"你根本就不在乎我说什么,我看得出来,你正在听另外一个推销员讲笑话,这就是你失败的原因。"

从此,乔·吉拉德明白了销售人员永远要学会倾听,去倾听对方的谈话内容,尊重对方的心绪,这样就成功了一半。他最终成为世界级推销大师。

4. 推销语言规范性原则

首先,推销语言必须客观、真实。以事实为依据,客观、公正地用语言进行沟通,表情达意,是推销员所要遵循的一条基本原则,购销双方以诚相待,会使整个推销过程极为融洽、和谐。同时,由于推销员所要追求的是长期效益,想要得到一个稳定的客源,所以,真实、客观地介绍自己产品的性能、质量、规格等方面的内容,会为以后的合作打下良好的基础。

其次,推销语言要通俗易懂,不犯禁忌。很多推销员都有这样一种通病,尤其是新入行的推销员,认为越专业的名词术语越能显示出自己的文化水平,给顾客更好的印象。但实际上,越是能让顾客听懂的语言和熟识的语言越能赢得顾客的好感和挑起顾客的购买欲。

最后,推销过程中,在保持积极的态度的同时,沟通用语也要尽量选择体现正面意思的

词,选择积极的用词与方式。要保持商量的口吻,不要用命令或乞求的语气,尽量避免使人丧气的说法。如表 10-1 所示,我们在交流中,要把左边这些"负面的表达"转换成右边"积极的说法"。

表 10-1　负面的表达与积极的说法范例

负面的表达	积极的说法
很抱歉让您久等了	谢谢您的耐心等待
问题是那种产品都卖完了	由于需求很多,送货暂时没有接上
我不想给您错误的建议	我想给您正确的建议
您叫什么名字	请问,我可以知道您的名字吗
如果您需要我们帮助,您必须……	我愿意帮助你,但首先我需要……
你没有弄明白,这次听好了	也许我说得不够清楚,请允许我再解释一下

5."低褒感微"原则

"低"是低调,态度谦恭,和蔼平易,尊重顾客。"褒"是褒扬赞美。推销商品时要多说赞美的话语。"感"是感谢,由衷地感谢顾客的照顾。如"谢谢您,这是我们公司的发票,请收好。""谢谢您,我马上就通知公司。""微"是微笑。推销员要常带微笑,给顾客带来好的心情。微笑点头,几乎成为推销员与顾客沟通时的必需工具,当然也是推销员最好的肢体语言。希尔顿饭店的创始人希尔顿先生是最早对点头微笑的商业意义表示关注的。在全球经济萧条时期,希尔顿先生也坚持让希尔顿饭店的所有员工都对前来光顾的旅客献上最真、最温柔的微笑,结果他创立的旅馆至今仍蒸蒸日上。

✍ **小贴士 10-2**

推销的准备

（1）掌握客户的相关资料。客户的相关资料包括:姓名、性别、年龄、职业、身份、教育背景、生活水平、购买能力、社交范围、个人喜好、业余生活以及个人比较反感的事物等。因为客户是千差万别的,每个客户又都认为自己是最重要的,因此,推销员一定要尽可能地了解对方的信息。了解对方后,就要"投其所好",采取恰当的方式接近对方,使对方觉得你很尊重他,很重视他。乔·吉拉德的做法是建立客户档案,他认为,要使顾客相信你关心他、重视他,那就必须了解顾客,收集顾客的各种有关资料。

（2）与客户见面要先预约。这种预约一般以客户的时间为主,可以事先打电话给对方或者给对方的秘书:"您什么时间方便? 我想占用您 10 分钟左右的时间。"或者"早就听说过您,因此很想登门拜访,不知道您什么时候方便?"等等,一般不要说"我某个时间有空,您方便吗?"等等,如果对方答应的话,顺便约一下地点。推销员一定要提前几分钟到达约会的地点,这是对客户的尊重,同时可以整理一下服饰,稳定情绪,以免让客户等候,让局势变得被动。

（3）准备好产品的有关资料。这包括:产品说明书、价目表、公司的介绍等。这些资料在推销过程中是必不可少的,缺少其中的某一个资料都有可能将原本要成功的交易泡汤。

有些推销员匆匆忙忙，粗心大意，经常会丢三落四，如价格表、合同、订货单、自己的名片等，就像一个忘带武器的士兵毫无准备地走向战场一样，连最基本的工作都做不好，客户一看就感觉"这人办事不可靠"。怎么能把自己的利益交付于一个不可靠的人呢？因此建议推销员在拜访客户前，一定要仔细检查资料是否备齐。

（4）讲究自身形象。客户第一眼见到的是推销员的外在形象，他们绝对不会把自己的利益交付于一个衣衫不整、精神颓废的推销员。大方、自然、庄重的人才值得他们的信赖。

10.2　推销的语言艺术

由于推销的根本目的在于说服推销对象接受推销客体，推销语言必须满足推销对象的需求，准确有效地传递推销信息，唤起其注意，激发其兴趣，促成交易的实现，实现推销的目的。推销的语言艺术包括如下几个方面。

1. 引起注意

无数的事实证明：在面对面的推销中，能否真正吸引客户的注意力，第一句话是十分重要的，它的重要性并不亚于宣传广告。客户在听我们第一句话的时候比听第二句话乃至以下的话要认真得多，当听完我们第一句话时，很多客户，不论是有心还是无意，都会马上决定是尽快地把我们打发走，还是准备继续谈下去，如果第一句话不能有效地引起顾客的兴趣，那么尔后即使谈下去，成果也不会太乐观。

（1）急人所需。抓住对方的急需提出问题，是引起对方注意的常用方法。美国一位食品搅拌器的推销员，在一住户的男主人为其开门后，第一句话就发问道："您家里有高级搅拌器吗？"男主人被这突如其来的发问给难住了，他转过脸来向夫人求证，太太有点窘迫又有点好奇地说："搅拌器我家里倒有一个，但不是最高级的。"推销员马上说："我这里有一个高级的。"说着，从提袋中拿出搅拌器，一边讲解，一边演示。

假如第一句不是这样说，而是换一种方式，一开口就说："我想来问一下，你们是否愿意购买一个新型的食品搅拌器？"或者"你需要一个高级食品搅拌器吗？"会有什么结果呢？第一种问法，要对方回答的是"有"还是"没有"。当然差不多是明知故问，但这个问题提得好，有两个好处：一是没有使客户立刻觉得你是向他们推销东西的。我们已经说过，人们讨厌别人卖给他们什么，而喜欢自己去买什么；二是我们只说我们有一台高级搅拌器，并没有问客户买不买，因此客户会发生兴趣：看看高级别的搅拌器与我们家里正在使用的有什么不同，演示说明就成为顺理成章的事情了。至于最后的购买，不是乞求的结果，也不是高压的结果，而是客户的一种满意的选择。

（2）设身处地。如果一开口，便说出一句替客户设身处地着想的话，同样也能赢得对方的注意。因为人们对与自己有关的事特别注意，而对那些与自己无关或关系不大的事，往往不太关心。有一个推销家庭用品的推销员，总能够成功地运用第一句来吸引顾客的注意。"我能向您介绍一下怎样才能减轻家务劳动吗？"这句话一下子抓住了对方的心理，为烦琐家务劳动搞得十分伤脑筋，而且又无计可施，这时听说有方法可减轻家务劳动，当然会引起注意了。请想想，如果这位推销朋友一开口就问人家："我能向你们推销一部洗衣机吗?"或者"我能给你们介绍一下我厂的新产品吸尘器吗?"效果就不会有第一种的说法好,因为后面的说法没有把产品对客户的有效作用一下子明确地提出来,而且没有设身处地地为对方着想,强调的是"我",而不是"你"。

(3) 正话反说。有的时候推销人员为了引起对方的注意,故意正话反说,这也是一种出其不意的妙法,一个高压锅厂的推销员找到一个批发部经理进行访问推销,他一开始就说了这么一句:"你愿意卖1000只高压锅吗?"推销员在推销的时候,往往不说"买"而说"卖",这句话一说,经理感到这个人很有意思,便高兴地请他谈下去,推销员抓住机会向经理详细地介绍他们工厂正在准备通过宣传广告大量推销高压锅的计划,并说明这样做的目的是为了给零售商提高销售量,这个经理便愉快地向他订下一批货。说话这件事真奇怪,同样一个意思,不同的说法,效果竟相去甚远,真是值得我们研究一辈子。

(4) 形象演示。关于产品的戏剧性形象演示,效果明显,可以极好地引起公众注意。一个纺织品推销员脸朝着太阳的方向,双手举起一块真丝产品,这时,从挂在墙上的玻璃镜中,可以看到这块真丝产品,他对顾客说:"你从来没有见过这样有光泽的图案,这样清晰的丝织品吧?"一个推销录音机的推销员,走进一个潜在客户的办公室,客户正在打电话,他马上将录音机打开,把对方的说话内容录了下来,等他打完电话后,马上放录音,同时对客户说:"你可能还没有听过自己的雄浑而悦耳的男低音吧?"这两个故事中的推销员,都善于因地制宜地利用自己所推销的商品,制造戏剧性的情节,实践表明:人们对于戏剧性的情节会产生很大的注意力和好奇心。假如不是这样,而是直截了当地问对方"你要录音机吗""你要丝织品吗"效果就肯定相差甚远。

(5) 顺水推舟。"在上个月的展销会上,我看到你们生产的橱窗很漂亮,那是你们的产品吗?"这句话马上引起了对方的注意,并使对方十分高兴,然后推销员紧接着对这位客户说:"我想,如果在你们生产的橱窗上再配上我厂的这种新产品,那就是锦上添花了。"顺手递上了自己所要推销的产品,这个推销员顺着他人产品之水,推动自己产品之舟,可谓巧妙,这种借向客户提出新的构想来推销自己的产品的方法,也是一种吸引对方注意的有效途径。

(6) 从众效应。从众,这是一种有趣的社会心理现象,它指的是,人们往往不自觉地以周围人的行为动作为自己的行动指导,特别是当自己难以选择的时候,更会以他人的行动作为自己行动的借鉴。这个原理用于推销,就要求推销员在说明产品时,同时举出已购买本产品的公司或知名人士或顾客的熟人。

"这种国产车很受欢迎,深圳、广州、珠海几家旅游公司都各订了10部。"

"李先生,你是否注意到红光印刷厂王经理采用了我们的印刷机后,营业状况大为改善?"

"这种综合电疗器特别受知识分子的欢迎,工学院的老师一买就是几十只,你们师范学院的教师也买了不少,例如,你们都认识的中文系王天教授、数学系刘明教授,都使用这种电疗器,效果不错。喏,这是他们写来的信。"

当然,推销时所碰到的场面何止千种,所谓运用之妙,存乎一心。以上的几种方法,仅供借鉴,到底要怎样说,才能最有效地吸引对方的注意,引起对方的兴趣,还要我们在实践中不断创造。

2. 介绍商品

介绍商品是推销过程的一个重要环节,推销就是通过商品的介绍,达到满足顾客真正需求和销售商品的双重目的。介绍应注意以下四点。

(1) 因情制宜。因情制宜就是指介绍商品时应根据商品的特点和推销对象的具体情况加以介绍,做到有的放矢,比如对高档商品要强调其质优物美的一面;对廉价商品则要偏重其价廉的特点;对试销商品要突出其"新颖独特"的一面,着力介绍其新功能、新结构、体现新的审美观和价值观;对畅销商品而言,因其功能、质量已广为人知,因此对商品本身不需详细介绍,而应着重说明其畅销的行情和原因,使顾客不但感到畅销合情合理,而且产生一种"如不从速购买,可能失去机会"的心理,而对滞销商品,则应强调其价格低廉、经济实惠的特点,同时适当地对照说明其滞销的某些原因和可取的优点。比如对老年人介绍说:"这种羽绒服是名牌产品,保暖性强,结实耐穿,式样大方,就是款式不够新颖,没有皮衣那么时髦,所以年轻人不太欣赏。"这正切合了老年人求经济实用、重内在质量的心理。

从推销对象来看,不同的顾客有不同的心理和需求,介绍商品时更应抓住不同顾客的心理特点,因人施语,获得顾客的认同,如年轻人喜欢新颖奇特,而老年人则注重价格;女士往往偏重款式,男士则更讲究品牌,向女士推销服装,应强调款式的新颖,风格的独特,而对男士,则应着重介绍品牌的知名、质料的考究。又如对老成持重的顾客,介绍时应力求周全,讲话可以慢一点,要留有余地;对自我意识很强的顾客,不妨先听其言,然后因势利导;对性情急躁的顾客,介绍商品时应保持平静,设身处地为之权衡利弊,促其当机立断;而对优柔寡断的顾客,则应察言观色,晓之以利,促发其购买冲动。

(2) 充满热情。推销人员在推销中要充满信心和热忱,推销人员的热情往往会感染顾客,使顾客产生信任感,构成情感上的共鸣,进而引发顾客的购买欲。如有位妈妈给孩子买马蹄衫上用的扣子,营业员见到她的小孩,说:"这是你的小孩吧,真漂亮。"这位妈妈高兴地说:"你不知道,淘气着呐!"营业员说:"小子玩玩是好,女儿玩玩是巧,将来一定有出息!"又问:"你想看点啥?""我想买五颗扣子。"营业员说:"市面上卖的马蹄衫胸前钉的是五颗扣子,袖子上还应各钉两颗。小孩好动,常掉扣子,加上一颗备用。您买十颗吧。"这位顾客很高兴:"您比我想的还周到,听您的买十颗。"推销人员以热情待人,可以使本来不想买的买了,本来想少买的多买,而原来打算买的则买得更高兴。总的来说,情能动人能感人,能够产生出好的效果。

(3) 实事求是。实事求是即指介绍商品应尊重事实,恰如其分,切忌虚假吹嘘,蒙骗顾客,应当看到,任何商品都有其长处和短处,顾客所关注的是商品的长处在多大程度上大于短处,在于商品的长处和价值要与其价格相称。所以,对商品的成功的介绍并不在于过分渲染和夸大商品的优点,这样做只能引起顾客怀疑和反感,而应当实事求是地介绍,以使顾客全面了解商品情况。消除疑虑和犹豫心理,增强对商品和企业的信任度,买得放心并且称心,推销人员应当铭记的是:商品介绍中最重要的不在于推销者说了些什么,而在于顾客相信什么,不在于告诉顾客商品如何完美无缺,而在于顾客了解此种商品有什么适应其需求的好处,所以实事求是地介绍商品是颇有说服力的。

(4) 突出重点。通常一种商品或服务,本身具有众多的优点和特征,如果我们不看对象,一股脑儿将这些特点和特征加以罗列,一一介绍,不但会白白浪费许多时间,顾客也会由于我们的"狂轰滥炸"而弄得头昏眼花，不得要领。在介绍时，我们应根据商品或服务的特点，转换成对顾客的益处，依客户之不同而进行重点不同的说明，这便是我们所说的合理的介绍最重要的一条。

以电冰箱为例，同样的一个电冰箱，也随时间、地点、人物的不同而具有不同的效用，我们介绍的时候，只要抓住这一条，就会事半功倍。

美国的一位推销员曾经向住在北极圈内冰天雪地中的爱斯基摩人推销电冰箱，他是这样来介绍他所推销的产品的："这个电冰箱最大效用是'保温'不致使我们食物的结构被冻坏而丧失它的营养价值。"（注：电冰箱里的常温是零下5度，而爱斯基摩人居住的气温终年都是零下三四十度。）对爱斯基摩人而言，这位聪明的推销员以温度的差距对食物的营养价值的影响作为说明的重点，是非常恰当的。试想，如果对爱斯基摩人说明由于冰箱里的温度低，可使食物保鲜，对方听了可能认为你到这里来是为了开玩笑的。因为这里根本不存在食物腐烂的问题。

商品虽然成千上万，不胜枚举，但是说明的重点不外乎以下几个方面。

适合性——是否适合对方的需要；

通融性——是否也可用于其他的目的；

耐久性——是否能长期使用；

安全性——是否具有某种潜在的危险；

舒适性——是否具有给人们带来愉快的感觉；

简便性——是否很快可以掌握它的使用方法，不需要反复钻研说明书；

流行性——是否是新产品，而不是过时货；

身价性——是否能使顾客提高身价，自夸于人；

美观性——外观是否美观；

便宜性——价格是否合理，是否可以为对方所接受。

这些方面因人而异、因物而异、因时而异，要求我们在作说明的时候，能对症下药。

3. 诱导购买

美国推销大师贺伊拉说："如果您想勾起对方吃牛排的欲望，将牛排放在他的面前，固然有效，但最令人无法抗拒的是，煎牛排的'吱吱'声，他会想到牛排正躺在黑色铁板上，吱吱作响，浑身冒油，香味四溢，不由得咽下口水。""吱吱"的响声使人们产生了联想，刺激了欲望。我们在推销说明中，就是凭借我们的口，针对顾客的欲望，利用商品的某种效用，为顾客描述商品，使之产生联想，甚至产生"梦幻般的感觉"，以达到刺激欲望的目的。

（1）描绘购买后的美景。为了使顾客产生购买的欲望，只让顾客看商品或进行演示还是不够的，我们必须同时加以适当的劝诱，使顾客心理上呈现一幅美景。我们首先要将有魅力的形象在我们的脑海中描绘出来，并将形象转换成丰富动人的言辞，然后用我们的口才当"放像机"在对方脑海屏幕上映现出来，借以打动对方的心结。

一位推销室内空调机的能手，他总滔滔不绝地向顾客介绍空调机的优点如何如何，因为他明白，人并非完全因为东西好才想得到它，而是由于先有想要的需求，才感到东西好，如果不想要的话，东西再好，他也不会买，因此他在说明他的产品时并不说"这般闷热的天气，如果没有冷气，实在令人难受"之类的刻板的教条。而是把有希望要买的顾客，当成刚从炎热的阳光下回到一间没有空调机的屋子里:"您在炎热的阳光下挥汗如雨地劳动后回家来了,你一打开房门,迎接您的是一间更加闷热的蒸笼,您刚刚抹掉脸上的汗水,可是马上额头上又渗出了新的汗珠。您打开窗子,但一点风也没有;您打开风扇,却是热风扑面。这使您本来疲劳的身体更加烦闷,可是,您想过没有,假如您一进家门,迎面吹来的是阵阵凉风,那是一种多么惬意的享受啊!"

凡是成功的推销员都明白,在进行商品说明的时候,不能仅以商品的各种物理性能为限,因为这样做,还难以使顾客动心。要使顾客产生购买的念头,还必须在此基础上勾画出一幅梦幻般的图景,可顿时使商品增加吸引人的魅力。

使用这种描述说明方式有几点必须注意。

第一,不要描述没有事实根据的虚幻形象。我们的描述,目的是使我们的商品或服务锦上添花。要做到这点,首先是必须是"锦",而不是破布,如果我们所描述的是没有事实根据的虚幻形象,日后必招来顾客的怨恨。我国某城市的报纸上曾为该市新建的一座森林公园大做广告,称其景观如何如何壮丽,开张的那天,不少人慕名而来,结果大呼上当,森林公园中根本见不到几棵树木,反倒见到不少的建筑工地,顾客纷纷写信去报社投诉,使该公园声誉扫地。

第二,以具体的措辞描绘。如果我们只说"太爷鸡"(这是广州市一家著名的个体户的绝活)。人们的脑海中仅会浮现出一只鸡的形象,至于什么颜色,什么香味,软硬如何,人们就不得而知,很难产生美味的形象,光说"价廉物美"不行,还应具体描述一下,价廉到什么程度,物美又美到何种地步。

第三,以传达感觉的措辞来描述。如果我们只说"痛"便不大能令人了解到底有多痛,是怎样的痛法,如果说是"隐隐作痛""针刺般地痛"或"火烧火燎一样地痛",人们就理解得深刻多了,因为后者的描述中用了传达感觉的措辞。

第四,活用比较和对照的方法来描述。"空调机比电风扇好用得多了。""电饭锅比烧煤烧柴省事得多了,且没有污染。"这样进行比较,人们的印象就会特别深刻。

第五,活用实例来描述。一位卖相机的小姐对欲购相机的另一位小姐说:"如果您出差、旅游,背上这么一部相机,不但使您更加富于现代青年的特色,而且会给您带来永久的回忆,请您想一想,如果因为没有相机而失去这些宝贵的一刹那,岂不是终生的憾事?"

如果我们把合理的说明与描述性的说话技巧结合起来,将起到画龙点睛的作用,使我们的说明更加能激发起顾客的欲望。

(2)提供有价值的情报。向顾客提供有价值的情报,也是刺激顾客购买欲望的一种说话的方法,这也是很多不喜欢谈吐的推销员能得以成功的秘诀。什么是有价值的情报呢?顾客的利益及消费的时尚,顾客的需要及利益都是有价值的情报,这里重点讲述应该如何抓住人们消费价值取向的变化,去引导顾客适应新形势,从而激发他们购买的欲望。由于技术的革新,市面上相继出现了经过新奇包装的商品。消费者的收入水准或教育水平都在提高,生活方式随着改变,买方的欲求也高度化、大型化、多样化、个性化起来,购买态度,东西的买法,顾客的选择,都一直在急速地改变,顾客对价值观的看法,也和以前完全不同,所以,只认为质量过硬或工厂设备精良,就自视商品佳,而自陷于千篇一律到处可见的推销法,注定要失败。

所谓推销，已演变成不单是推销商品了，而是推销情报。例如，小汽车，销售重点也已从便宜的经济性等因素，移向了外观、乘坐的感觉方面。纺织品，从耐久性方面，转移到色泽、花纹、设计、流行性等方面。住宅也同样，卖的不是孤立的建筑物，而是环绕建筑物的环境或有气氛的生活。即使是领带，卖的也不是单纯领带，而是一组的西装、衬衫、手帕等组合成整体的有个性的自我表现。这些销售特点，比起商品本身的价值和附加价值，便容易使顾客产生购买动机。现代的推销人员已不光是卖货、运货而已，而是提供决定商品买进有用的情报的情报员。要当好这个消费顾问，在关键时刻得会说话。即不但推销员本人要明消费趋势的变化，而且要善于把这些变化传达给那些不知情的顾客。

4. 消除疑虑

推销的过程中，顾客会产生各种疑虑，如何消除这些疑虑是推销成功的关键。

（1）正面击退法。有时，顾客出对我们公司的产品质量、信誉存在着疑虑，并由此出发来拒绝我们的产品或服务，有的顾客可能还说出一些刺耳的话来。面对这种情况，为了顺利地推销我们的产品或服务，为了维护我们企业或产品的形象，有必要正面击退顾客的批评，从而消除他内心的疑虑。我们这里所说的是正面击退顾客错误的指责或不合理的挑剔，并非意味着对顾客本人来个迎头痛击，让我们来看个实例。

有一对正准备结婚的恋人，来到××电器集团公司的展销部购买电冰箱。这对恋人，围着××牌电冰箱转了好久，男的正准备掏钱付款的时候，女方突然改变了主意。

"我看，我们还是去买日本东芝冰箱吧！"

"怎么你又变卦了，原来不是说好的吗？"

"我看这种国产的冰箱质量不保险，不如日本的好。不过是多花几百元钱而已。"

这时候，站在一旁接待他们的售货员，眼看到手的生意没了，悔恨自己刚才那么耐心地给他们解说，都白搭了。心里一急、一气，便脱口而出：

"得了，得了，你早说不买，就别问这问那，日本的好，你们又有钱，去日本买好了，为何上这儿来？"

这对恋人，给这么正面一击，转身就想走。这时候，门市部主任微笑着走了过来。

"两位请留步，我有几句话要对两位说。"这对恋人不由自主地又转过身来，仍是气鼓鼓的样子。

"真对不起，方才我们的售货员说话没有礼貌，冲撞了二位，这都怪我这个主任，平时管理不严，我向二位赔礼道歉。"

这对恋人听他这么说，才平息了怒火。

"至于买不买我们的冰箱都没问题，只是有一件事要讨教一下二位。"

听到"讨教"二字，这对恋人认真起来了。

"方才这位小姐说，我们的冰箱质量有问题，是否可以具体说明一下，也便于我们改进工作。"

小姐冷不防被主任这么一问，一时不知如何作答，迟疑了一会儿，才吞吞吐吐地说："我也是听人说，东芝的冰箱好。"她指着冰箱背后的散热管，继续说："这些弯弯曲曲的管子都露在外面，也不好看。"

主任听她这么说，心中明白了几分。

"小姐,这完全是误会。当然,东芝电器历史长牌子老,有许多优点。但是,我们国产的冰箱近些年来也有很大进步,你们刚才看到的这种冰箱,正走向国际市场。"

　　这对恋人将信将疑,主任接着说:"我们的冰箱,经过周密的计算,将散热管暴露在空气中,散热的速度可提高一倍,由于热量散得快,所以冰箱内部制冷的速度快,达到了提高效率、节约电能的目的。实验结果表明,与同等容积的密封式相比,我们耗电量仅是它们的1/3。如果一天省半度电,小姐,请你算一下,一年省多少电费?"

　　王主任换了口气继续正面进攻:"至于说到美观,这是不必要的顾虑。因为散热管在冰箱背后,紧靠墙壁或在墙角之间,对于正面观看,毫无影响,请二位放心。"

　　这位小姐竟无话可说。这时主任发动连攻:"我看这样好了,你们若信得过我的话,下午我派车给你们送去。喏,这是单据,请到那边取发票和保修单。"

　　就这样,主任巧妙地挽回了败局,促成了生意。主任正面击退的不是顾客,而是顾客由于疑虑而产生的责难。但我们注意到,主任正面反击时,没有用"这是胡说""谣言""诬蔑"字眼,而是用了一句"这完全是误会"来反驳对方的错误意见。因此,当我们使用这种方法与顾客讨论时,一定要注意语气的柔和、用词的恰当,千万不能使用刺激性强的贬义词。否则,易激怒顾客,造成难以扭转的局面。

　　(2)间接讨论法。日本一个木屋推销员与顾客之间进行了这样的一场讨论。

　　"我们喜欢×××公司的产品。"

　　"您能详细地指点一下吗?"

　　"他们的广告似乎很有气魄……"

　　"先生,我们是应该以广告的大小来做出判断呢,还是应该以房屋的真正质量来判断?"

　　"你们房屋里的各种木制家具,不是很容易产生扭曲变形的现象吗?"

　　"您说得完全正确,如果比起钢铁制品、水泥构造来说,木制家具的确容易发生扭曲变形的现象。但是,请您注意,我们制作房屋及家具的木板,不是普通的木板,而是经过完全干燥处理过的,扭曲、变形的系数降低到最小的程度,也就是说,降低到人们肉眼无法发现,而只有精密仪器才能够测定得出的地步。所以,在这点上您完全可以放心。"

　　这就是一则使用间接法与顾客进行讨论,从而达到消除顾客内心疑虑的例子。

　　间接法,又称为"是的……不过……"法。这个方法的最终目的虽也是在于反驳对方的质疑,消除对方的误解,但比起正面反击法来要婉转得多,拐了一个弯来说明我们的观点,间接地驳斥了对方的观点。我们大可一试。

　　从上面的例子我们可以得到三点重要的启发。

　　其一,当对方明确告诉我们说"不喜欢你们的商品,而喜欢别的厂家的商品"的时候,应该冷静地加以分析,诚恳地加以讨教。因为,事出有因,只有先弄清顾客心中的缘由,才能对症下药,并使之心服口服。

　　其二,当对方提出某家产品和我们相比较而扬他贬我的时候,我们不可盲目抨击对方所提出的厂家或产品,而应在笼统地与顾客同调的同时,在"但是"或"不过"后面做文章,正面阐明或介绍我方产品的优越之处,即使是前边已经进行过说明,在这里仍不妨耐心而巧妙地再来一遍。

　　其三,采用间接法时,说话的程序大致是这样的。

嗯！这很有道理，依您的看法是不是这样……我这个想法可能有错误，先生，我是这样想的……（同调）

曾经有人这么说……不过不知道可不可以这样说……（讲出自己的观点）

喔！这倒很有趣，先生，您能给我讲讲您这样认为的原因吗？（询问）

我也是这么想过的……但是……（间接法）

间接法如运用自如，效果颇佳。

（3）苏格拉底问答法。在介绍说服的方法时，我们曾提到苏格拉底问答法，也就是多说"是"法。这一方法在营销中也得到广泛应用。例如：

美国一电机推销员哈里森，讲了这么一件他亲身经历的有趣的事："哈里森，你又来推销你那些破烂了！你不要做梦了，我们再也不会买你那些玩意了！"总工程师昨天到车间去检查，用手摸了一下前不久哈里森推销给他们的电机，感到很烫手，便断定哈里森推销的电机质量太差。因而拒绝哈里森今日的拜访，推销更是无门啦！哈里森冷静考虑了一下，认为如果硬碰硬与对方辩论电机的质量，肯定于事无益，于是转而采用"苏格拉底讨论法"来攻克对方的堡垒。于是发生了以下的讨论对话。

"好吧，斯宾斯先生！就是已经买了的也得退货，你说是吗？"

"是的。"

"当然，任何电机工作时都会有一定程度的发热，只是发热不应超过全国电工协会所规定的标准，你说是吗？"

"是的。"

"按国家技术标准，电机的温度可比室内温度高出72℉，是这样的吧！"

"是的！但是你们的电机温升比这高出许多，喏，昨天差点把我的手都烫伤了！"

"请稍等一下。请问你们车间里的温度是多少？"

"大约75℉。"

"好极了！车间是75℉，加上应有的72℉的升温，共计是140℉左右。请问，如果你把手放进140℉的水里会不会被烫伤呢？"

"那——是完全可能的。"

"那么，请你以后千万不要去用手摸电机了。不过，我们的产品质量，你们完全可以放心，绝对没有问题。"结果，哈里森又做成了一笔买卖。

哈里森的成功，除了因为他的电机的质量的确不错以外，他还利用了人们心理上的微妙的变化。当一个人在说话时，如果一开始就说出一连串的"是"字来，就会使整个身心趋向肯定的一面。这时全身呈放松状态，容易造成一种和谐的谈话气氛，也容易放弃自己原来的偏见，转而同意对方的意见。

使用苏格拉底讨论法来说服对方，有几点要特别引起我们注意。

第一，一定要创造出对方说"是"的气氛，要千方百计避免对方说"不"的气氛。因此，提的问题应精心考虑，不可信口开河。例如，我国台湾地区一推销员与顾客之间发生了这么一场对话。

"今天还是和昨天一样热，是吗？"

"是的！"

"最近通货膨胀,治安混乱,是吗?"

"是的!"

"现在这么不景气,真叫人不知如何是好!"

这一类问题虽然很正常,不论推销人员如何说,对方都会回答"是的",好像已经创造出肯定的气氛,可是注意他说话的内容,却制造出一种根本无心购买的否定悲观的气氛。也就是说,顾客在听到他的询问后,会变得心情沉闷,当然什么东西也不想购买了。

第二,要使对方回答"是",提问的方式是非常重要的。什么样的发问方式比较容易得到肯定的回答呢? 最好的方式应是,暗示你所要想得到的答案。

所以在推销商品时,不应问顾客喜不喜欢、想不想买。因为你问他"你想不想买""喜不喜欢"时,他可能回答"不"。因此,应该问:"你一定很喜欢,是吧?"

第三,当你发问对方还没回答之前,自己要先点头,你一边问一边点头,可诱使对方做出肯定回答。

5. 积极应变

推销人员面对的推销对象是复杂的,它们的心理、性格、教养、行为方式是不相同的。推销中,推销人员与推销对象产生矛盾是经常的、难免的,这时,推销人员处理化解矛盾的语言艺术非常重要。总的来讲,推销人员既要给推销对象以充分的尊重,没理时当然要让人,就是有理也要让人,但同时又要维护自己的形象及自己所代表的组织的声誉。处理矛盾,应对危机的语言艺术取决于推销对象的实际情况和具体语境,没有一成不变的方式。推销人员只有仔细观察,灵活机巧,才能走出困境。例如:

一位非洲客人到某友谊商场退货,站在针织品柜台前大声说:"你们不讲友谊。"原来,他买了6条三角裤,回去试了觉得松紧较紧,要求退货。售货员一再向他解释内衣是卫生品,试穿后一律不能退货。这位非洲客人则认为:不退货是一种借口,实质是在搞种族歧视。正当双方争执不下时,商场公关人员到场了。她耐心听取了双方的陈述,立即以客人为目标"转"起脑筋来。她拿起皮尺量了量三角裤的尺寸,又征得客人的同意,替他量了量腰围,然后婉转地说:"看,您所选的三角裤尺寸正合您的需要呀,您为什么觉得紧呢? 是不是套在三角裤外面试穿的?"这位非洲客人立即点了点头。公关人员用两手拉了拉三角裤的松紧带,进一步解释说:"螺纹纱针织品的特点是:洗了后不但不缩水变小,而且时间长了还会变松。您如果买更大一点的,很快就没法穿了。"几句热情中肯的劝告把客人说动了,客人感到对自己的充分的尊重,也意识到自己的行为的确失当,使连声道歉说:"谢谢,我不退换了。"所以说,高超的语言艺术对处理矛盾,化解危机具有重要的作用。

小训练 10-1

一位顾客听完某推销员关于若干品牌的冰箱情况介绍。

顾客:谢谢你,我今天还不想买。

推销员:咦,您怎么可以不买呢? 我费了这么多口舌,是白说的吗? 如果你一个人做不了主的话,应该事先讲明呀!

顾客:你怎么是这样的态度? 我了解一下有什么过错?

推销员:算了算了,算我倒霉。

【思考】

（1）请与同学讨论推销员说得对不对？其抱怨有无合理成分？

（2）如果你想引导顾客购买，可以用什么方法再做努力和尝试？请设计一段说辞。

案例分析

1. 口才拔高了"推销之神"

在日本有个叫原一平的人，身高只有145厘米。但他的工作业绩却是相当惊人，曾连续多年占据日本全国寿险销售业绩之冠，被人誉为"推销之神"。

原来，原一平的身材虽然"低人一等"，但他的口才却高人一筹。在推销寿险产品时他经常以独特的矮身材，配上刻意制造的表情和诙谐幽默的言辞逗得客户哈哈大笑。他面见客户时通常是这样开始的。

"您好，我是明治保险的原一平。"

"噢！是明治保险公司。你们公司的推销员昨天才来过的，我最讨厌保险了，所以被我拒绝啦！"

"是吗？不过我比昨天那位同事英俊潇洒吧？"原一平一脸正经地说。

"什么？昨天那个仁兄啊！长得瘦瘦高高的，哈哈，比你好看多了。"

"可是矮个儿没坏人啊。再说辣椒是越小越辣哟！俗话不也说'人越矮俏姑娘越可爱吗？'这句话可不是我发明的啊！"

"可也有人说'十个矮子九个怪'哩！矮子太狡猾。"

"我更愿意把它看成是一句表扬我们聪明机灵的话。因为我们的脑袋离大地近，营养充分嘛！"

"哈哈，你这个人真有意思。"

凭着出色的口才，原一平就是这样与客户坦诚面谈，在轻松愉快的气氛中不知不觉拉近了自己与客户之间的距离，很快一笔业务就搞定了。

看来，一个人身材矮小用不着怨天尤人，只要他能用后天的努力来弥补先天的不足甚至缺陷，吃苦耐劳，时刻进取，有所作为，在别人的眼里形象一样很高大。

【思考与讨论】

（1）原一平的推销上有什么特色？他为什么能够拉近自己与客户之间的距离？

（2）从本案例中你还得到了哪些启发？

2. 25分钟，25万美元

美国的"超级推销大王"法兰克·贝德佳，在三十多年的保险推销生涯中，赢得了"保险行销教父"的称号。有一次，贝德佳仅用了短短的25分钟，就谈成了一笔25万美元的保险。这笔交易在美国保险业界有口皆碑，堪称贝德佳的经典之作。

一天，贝德佳从朋友处获悉，纽约一位名叫布斯的制造业巨商为了拓展业务，向银行申请了25万美元的贷款。但银行开出一个条件，要求他必须同时投保同等数额的保险。

贝德佳迅速与布斯先生取得了联系,并电话约定次日上午 10 点 45 分在布斯先生办公室见面。然后他又打了个电话给纽约最负盛名的健康咨询中心,替布斯先生预定好了次日上午 11 点 30 分的健康检查时间。

第二天,贝德佳准时到达布斯的办公室。

"您好,布斯先生。""您好,贝德佳先生,请坐。"布斯打过招呼后,摆出一副等他说话的样子。

但贝德佳没有说话,采取等客户先开口的策略。

"恐怕你会浪费时间。"布斯先生指着桌上的一叠其他保险公司企划书和申请书说,"你看,我已经打算在纽约三大保险公司中选一家。你可以留下你的企划书,也许两三个星期后,我才决定。不过,坦白地说,我认为这是在浪费时间……"

"如果您是我的兄弟,我实在等不及想告诉您一些话。"贝德佳表情诚恳地说。

"哦——是什么话?"布斯很惊讶地问道。

贝德佳继续道:"我对保险这一行颇为熟悉,所以,如果您是我的兄弟,我建议您将这些企划书都丢到纸篓中去。"

布斯先生听后,更觉得大为诧异:"此话怎讲?"

"我可否先问您几个问题?"贝德佳接着说。

"请说。"贝德佳的故弄玄虚,果然勾起了布斯的兴趣。"据我所知,贵公司正打算贷款 25 万美元拓展业务,但贷方希望您投保同额的保险,是吗?"

"没错。"布斯答道。

"换句话说,只要您健在,债权人便对您的公司信心十足,但万一您发生意外,他们就无法信任您的公司可以继续维持下去。是这样吗?"贝德佳继续问道。

"嗯,可以这么说。"布斯答道。

"所以,您要立刻投保,把债权人所担心的风险转移给保险公司承担。这是眼前刻不容缓的事情。因为,如果您的生命未附上保险,而人又有旦夕祸福,我想债权人很可能会因此而减少贷款金额,或者干脆拒绝贷款,您说呢?"贝德佳又问道。

"很有可能。"布斯答道。

"因此您要尽快取得保证自己健康的契约,这个契约对您而言就相当于 25 万美元的资金。"贝德佳说。

"你有何建议?"布斯看上去有些坐不住了,但他仍在控制着自己。

"现在我为了您,正要安排一项别人做不到的事。我已替您约好今天 11 点 30 分去看卡拉伊尔医生。他可是纽约声誉极高的医疗检验师,他的检验报告获得全国保险公司的信任。如果您想只做一次健康检查,就能签订 25 万美元的保险契约,他是唯一的人选。"

"其他的保险经纪人难道不能替我安排这件事吗?"布斯怀疑贝德佳是否"别具用心"。

"当然,谁都能办到。但他们没办法安排好您今早立刻去做检查。这些经纪人肯定是先跟一向合作的医疗检验师联络,这些人可能只是一般的检验师。因为事关 25 万美元的风险,保险公司必定会要求您到其他有完善设备的诊所做更精确的检验。如此一来,25 万美元贷款便要拖延数日,您愿意浪费这些时间吗?"

"我一向身体硬朗。"布斯仍下不了最后的决心。

"可是，我们难保自己不会在某天早晨醒来时，忽然喉咙痛或者患了感冒。即使您在保险公司所能接受的程度内恢复了，也难保他们不会说：'布斯先生，您已留下头痛的记录，在未确定您的病因是暂时性或长期性之前，我们想请您暂停投保3～4个月。'这样，您又可能失去这笔贷款。"

"是有可能。"布斯开始动摇了。

贝德佳故意看了看表，说："11点10分了，如果我们立刻出发，可以按时到达诊所。如果检查结果正常，您就可以在48小时内签订保险契约。布斯先生，您今天早上看起来精神非常好。"

"是呀，我感觉很好。"

"既然如此，您为何不现在就去做检查呢？"

布斯陷入沉思，但没过几秒钟，他便取下衣架上的帽子，说："好，我们走吧。"

【思考与讨论】

（1）法兰克·贝德佳的营销沟通的秘诀是什么？

（2）本案例对你还有哪些启示？

实 践 训 练

1. 手机销售

实训目标：通过同学间相互售卖手机的游戏，从中体会销售的技巧。

实训学时：2学时。

实训地点：教室。

实训准备：手机等。

实训方法：

（1）相邻座位的同学两人一组，分别扮演销售员和客户。销售员要将手中的手机成功地销售给客户，在推销过程中，客户提出各种疑问和拒绝，直到被销售员说服主动购买。时间5分钟。

（2）邀请2～3组同学上台演练，请其余的同学仔细观察细节。

（3）表演结束后请参与者谈谈角色感受。

（4）总结销售各环节的技巧。

2. 净化水器销售

实训目标：通过同学间相互售卖净化水器的游戏，从中体会销售的技巧。

实训学时：2学时。

实训地点：教室。

实训准备：净化水器等。

实训方法：

（1）学生分别扮演不同情况的客户，如可以分为如下情况：①客户家装修精美，房屋面积大,家里很干净,还有一个保姆;②客户家装修普通,房屋又小,地面又不干净,几个子女与其住在一起;③客户房屋装饰以古典文化装饰的,有浓郁的传统特色……

（2）邀请 3 组同学上台演练,请其余的同学仔细观察细节,表演结束后请参与者谈谈角色感受,最后教师进行评价和总结。

自 主 学 习

1. 你正在和一家百货商场的经理谈"速热"牌电暖器,他说:"我的库房里已经有很多电暖器了。"对于这点"否定",你怎样应对?

2. 如果营业员对顾客说的第一句话是:

    A."你要什么? 大点声说!"

    B."你要什么? 快说!"

    C."你要买什么?"

    D."您要看什么?"

请结合推销的语言艺术对这四句话分别进行评论。

3. 登门推销的三种说法中,你认为哪种最好? 为什么?

"先生,您需要高级食品搅拌机吗?"

"先生,我是想问一下您是否愿意购买一台高级食品搅拌机?"

"请问,您家里有高级的食品搅拌机吗?"

4. 汽车展销会上,一名推销员向前来看车的市民介绍公司的各款新车。人群中有人抱怨现在的油价太高,买车就是烧钱,于是推销员即兴发挥说:"现在油价这样高,买轿车当然是不合算的。或许最好的办法就是买辆自行车上下班,这样既便宜又不耗油,还能锻炼身体。"如果你是推销员,你怎样应对?

参考文献

[1] 蒋红梅,张晶,罗纯.演讲与口才实训教程[M].北京:清华大学出版社,2016.

[2] 刘淑娥.演讲与口才[M].北京:首都经济贸易大学出版社,2016.

[3] 龙璇.人际关系与沟通技巧[M].北京:人民邮电出版社,2016.

[4] 聂元昆.商务谈判学[M].北京:高等教育出版社,2016.

[5] 徐桂成,林超.写好会议主持词应做到"四个清"[J].应用写作,2016(10).

[6] 张良.例谈会议主持词开场白的写作方法[J].办公室业务,2016(4).

[7] 李超.论旅游服务中导游的语言艺术[J].旅游管理研究,2016(3).

[8] 蒋红梅,张晶,罗纯.演讲与口才实用教程[M].北京:人民邮电出版社,2015.

[9] 龙小语.从零开始学演讲[M].上海:立信会计出版社,2015.

[10] 史钟锋,张传洲.演讲与口才实训[M].南京:东南大学出版社,2015.

[11] 陶莉.职场口才技能实训[M].北京:中国人民大学出版社,2015.

[12] 张波.口才与交际[M].北京:机械工业出版社,2015.

[13] 张月霞,唐邈芳.秘书沟通实务[M].北京:高等教育出版社,2015.

[14] 周璇璇,张彦.人际沟通[M].厦门:厦门大学出版社,2015.

[15] 王明琴.浅谈导游讲解常用的艺术与技巧[J].经营管理者,2015(6).

[16] 崔晓文.人际沟通与社交礼仪[M].北京:清华大学出版社,2014.

[17] 李元授.人际沟通训练[M].武汉:华中科技大学出版社,2014.

[18] 李元授.演讲与口才[M].武汉:华中科技大学出版社,2014.

[19] 刘凤芹.沟通能力训练[M].北京:科学出版社,2014.

[20] 刘恋.沟通技巧[M].西安:西安电子科技大学出版社,2014.

[21] 王晶.口才训练实用教程[M].北京:清华大学出版社,2014.

[22] 吴湘频.商务谈判[M].北京:北京大学出版社,2014.

[23] 徐静,陶莉.有效沟通技能实训[M].北京:中国人民大学出版社,2014.

[24] 袁红兰.演讲与口才[M].北京:航空工业出版社,2014.

[25] 张喜春,刘康声,盛暑寒.人际交流艺术[M].北京:北京交通大学出版社,2014.

[26] 赵京立.演讲与沟通实训[M].北京:高等教育出版社,2014.

[27] 饶俊新.浅谈PAC理论在社区民警群众工作中的运用[J].北京警察学院学报,2014(11).

[28] 金常德.学生社交口才实践教程[M].北京:北京大学出版社,2013.

[29] 毛锦华,周晓.商务沟通与礼仪实务教程[M].北京:电子工业出版社,2013.

[30] 许玲.人际沟通与交流[M].北京:清华大学出版社,2013.

[31] 杨利平,艾艳红.实用口才训练教程[M].长沙:湖南人民出版社,2013.

[32] 杨群祥.商务谈判[M].大连:东北财经大学出版社,2013.

[33] 张珺.实用口才[M].南京:南京大学出版社,2013.

[34] 张颖,刘红松,郭辉.论导游人员的语言艺术[J].淮北职业技术学院学报,2013(10).

[35] 王振翼.商务谈判与沟通技巧[M].大连:东北财经大学出版社,2012.

[36] 杨丽彬.沟通技巧[M].北京:机械工业出版社,2012.

[37] 高胜林.制造幽默的技巧:飞白[J].思维与智慧,2001(12).

[38] 傅春丹.演讲与口才案例教程[M].北京:中国水利水电出版社,2011.

[39] 屈海英.新编演讲与口才[M].杭州：浙江大学出版社,2011.

[40] 汪彤彤.商务口才实用教程[M].北京：中国人民大学出版社,2011.

[41] 赵湘军.导游语言技巧与实践[M].长沙：湖南师范大学出版社,2011.

[42] 张南南.浅析导游语言的特点及其在实际中的应用[J].黑龙江科技信息,2011(14).

[43] 谢玉华,李亚伯.管理沟通[M].大连：东北财经大学出版社,2010.

[44] 谢新映.浅谈导游词的语言艺术——以福建省主要景区景点导游词为例[J].长春理工大学学报(高教版),2010(4).

[45] 乔娜,任龙.谈谈幽默语言的运用技巧[J].秘书之友,2010(1).

[46] 博文.有话要会说[M].北京：北京工业大学出版社,2009.

[47] 郭台鸿.高效沟通24法则[M].北京：清华大学出版社,2009.

[48] 梁玉萍,丰存斌.沟通与协调的技巧和艺术[M].北京：中国人事出版社,2009.

[49] 卢海燕.演讲与口才实训[M].大连：大连理工大学出版社,2009.

[50] 梅薇薇,梅雨霖.实用职业礼仪[M].北京：中国轻工业出版社,2009.

[51] 孙和.打动人心的160个口才技巧[M].北京：北京工业大学出版社,2009.

[52] 邢延国.改变你一生的口才[M].北京：中国长安出版社,2009.

[53] 宇琦,张南.向卡耐基学人际吸引力法则[M].北京：中国华侨出版社,2009.

[54] 张文光.人际关系与沟通[M].北京：机械工业出版社,2009.

[55] 张晓明,袁林.沟通与礼仪[M].北京：科学出版社,2009.

[56] 赵景卓.现代求职礼仪[M].北京：中国物资出版社,2009.

[57] 杨凯.浅谈婚礼主持的语言技巧[J].高等函授学报(哲学社会科学版),2009(6).

[58] 华阳.不只会说话更要说对话[M].北京：北京工业大学出版社,2008.

[59] 黄琳.有效沟通：王牌沟通大师的制胜秘诀[M].北京：中国华侨出版社,2008.

[60] 惠亚爱.沟通技巧[M].北京：人民邮电出版社,2008.

[61] 明卫红.沟通技能训练[M].北京：机械工业出版社,2008.

[62] 莫林虎.商务交流[M].北京：中国人民大学出版社,2008.

[63] 穆子青.最受欢迎的说话方式[M].北京：海潮出版社,2008.

[64] 邰启扬.怎么活才不累[M].北京：社会科学文献出版社,2008.

[65] 徐丽君,明卫红.秘书沟通技能训练[M].北京：科学出版社,2008.

[66] 许爱玉.魅力来自沟通[M].杭州：浙江大学出版社,2008.

[67] 周璇璇.实用社交口才[M].北京：北京大学出版社,2008.

[68] 邹晓明.沟通能力培训全案[M].北京：人民邮电出版社,2008.

[69] 陈秀泉.实用情境口才——口才与沟通训练[M].北京：科学出版社,2007.

[70] 李军湘.谈判语言艺术新论[M].武汉：武汉大学出版社,2007.

[71] 刘维娅.口才与演讲教程[M].武汉：华中师范大学出版社,2007.

[72] 王伟峰.能说会道：最实用说话技巧全集[M].重庆：重庆出版集团,2007.

[73] 徐卫卫.大学生交际口语[M].杭州：浙江大学出版社,2007.

[74] 许利平.职业口才训练教程[M].北京：北京交通大学出版社,2007.

[75] 张严明,陈卿,李增基.新编普通话口语表达技能教程[M].郑州：郑州大学出版社,2007.

[76] 阚庆华.浅谈几种修辞技法在导游语言中的运用[J].科技文汇,2007(10).

[77] 付冰峰.试谈幽默导游语言的修辞策略[J].湘南学院学报,2007(8).

[78] 罗绚丽.论导游的语言艺术[J].法制与社会,2007(6).

[79] 佚名.25分钟,25万美元[J].传奇文学选刊(人物金刊),2007(5).

［80］李静.如何写好婚礼主持词［J］.阅读与写作,2007(1).

［81］黄漫宇.商务沟通［M］.北京：机械工业出版社,2006.

［82］黄雄杰.口才训练教程［M］.北京：高等教育出版社,2006.

［83］金幼华.实用口语技能训练——大学生汉语口语能力培养教程［M］.杭州：浙江大学出版社,2006.

［84］金正昆.王牌礼仪 王牌口才［M］.西安：陕西师范大学出版社,2006.

［85］李晓.沟通技巧［M］.北京：航空工业出版社,2006.

［86］马志强.语言交际艺术［M］.北京：中国社会科学出版社,2006.

［87］潘桂云.口才艺术［M］.北京：旅游教育出版社,2006.

［88］周彬琳.实用口才艺术［M］.大连：东北财经大学出版社,2006.

［89］林一心.导游语言与语境［J］.厦门广播电视大学学报,2006(6).

［90］李小萍.电视综艺节目的主持技巧［M］.视听纵横,2006(3).

［91］邵守义.演讲学［M］.长春：东北师范大学出版社,2005.

［92］王建民.管理沟通理论与实务［M］.北京：中国人民大学出版社,2005.

［93］杨忠慧.实用口才［M］.合肥：合肥工业大学出版社,2005.

［94］张韬,施春华,尹凤芝.沟通与演讲［M］.北京：清华大学出版社,2005.

［95］傅昭.熊友平论导游语言艺术美［J］.青岛职业技术学院学报,2005(4).

［96］谭德姿.导游语言修辞八法［J］.修辞学习,2005(3).

［97］郭千水.实用口语训练教程［M］.北京：清华大学出版社,2004.

［98］柳青,蓝天.有效沟通技巧［M］.北京：中国社会科学出版社,2003.

［99］时代光华图书编辑部.有效沟通技巧［M］.北京：中国社会科学出版社,2003.

［100］王连义.幽默导游词［M］.北京：中国旅游出版社,2003.

［101］刘伯奎,王燕.口才演讲——技能训练［M］.北京：中国人民大学出版社,2002.

［102］欧阳友权,朱秀丽.实用口才训练(修订版)［M］.长沙：中南大学出版社,2002.

［103］战晓书.开口说话：演讲制胜［M］.长春：北方妇女儿童出版社,2001.